Hubert Frankemölle

Brotbrechen

Hubert Frankemölle

Brotbrechen

Glauben mit den
Emmausjüngern

FREIBURG · BASEL · WIEN

© Verlag Herder GmbH, Freiburg im Breisgau 2025
Hermann-Herder-Straße 4, D-79104 Freiburg i. Br.
Alle Rechte vorbehalten
www.herder.de
produktsicherheit@herder.de
Umschlaggestaltung: Verlag Herder
Umschlagmotiv: Codex Egberti,
Quelle: Wissenschaftliche Bibliothek der Stadt Trier/Stadtarchiv Trier;
Foto: Anja Runkel; Signatur: WiBi_Tr_Hs_ 24 f 88r.
Satz: SatzWeise, Bad Wünnenberg
Herstellung: CPI books GmbH, Leck
Printed in Germany
ISBN Print: 978-3-451-02496-2
ISBN E-Book (PDF): 978-3-451-83946-7

*In dankbarer und freundschaftlicher Erinnerung an
Rabbiner Dr. Henry Brandt (1927–2022),
Vermittler der Freude an der Tora und großer Brückenbauer
für ein dynamisches Judentum und den christlich-jüdischen Dialog
auch in schwierigen Zeiten.*

Inhalt

Vorwort 11

Einführung in das Thema 16

Die These des Buches und ihre Begründung 24

I. Heutige Probleme christlichen Glaubens 43
1. Das theologische Grundproblem 43
2. Politische und soziologische Anzeigen 48
3. Statistische Daten für Deutschland 57
4. Ursachen für den Glaubensverlust in Westeuropa . . . 61
5. Wurde die „frohe Botschaft (= Evangelium)" erst heute fremd? 66
6. War die „frohe Botschaft (= Evangelium)" am Anfang attraktiv und provokativ? 71
   6.1 Die Urgemeinde als „Kontrastgesellschaft" zum „Judentum"? 73
   6.2 Die Attraktivität des christlichen Glaubens für die antike Umwelt 82
   6.3 Kann die „frohe Botschaft (= Evangelium)" fremd sein oder werden? 96
   6.4 Provokationen des Evangeliums heute 103
   6.5 „Verstehen" als eine Voraussetzung des Glaubens? 108

II. Was bedeutet biblisch glauben? 121
1. Glauben „gemäß den Schriften" Israels und der Kirche 121
2. Glauben wie Mose, Abraham und Jesus 127
3. Vom Leben zum Glauben, vom Glauben zum Leben . 137
4. Theologie im Gespräch nach Paulus 139
5. Glauben nach dem Johannesevangelium 145
6. Glauben in den johanneischen Gemeinden 148

7. Glauben im Ersten Petrusbrief 150
8. Glauben im Jakobusbrief 154
9. Glauben im Hebräerbrief 157
10. Glauben in der Offenbarung des Johannes 159
11. Die Bibel: ein Bekenntnis zur Pluralität 160

III. Modelle von „Erlösung" im Neuen Testament 171
1. Gott und Jesus Christus als „Erlöser" nach Paulus . . . 173
  1.1 Wie spricht Paulus von „Erlösung"? 174
  1.2 „... durch und in Jesus Christus" 190
  1.3 Erlösung von der „Erbsünde": Augustinus deutet
      Röm 5,12 196
  1.4 Anselm von Canterbury: Der Tod Jesu als
      „Wiedergutmachung" 201
  1.5 Martin Luthers „allein ..." als Schlüssel für den
      Brief an die Römer 205
  1.6 Die „neue Paulusperspektive" 210
2. „Erlösung" und „Rettung" nach Lukas (LkEv und Apg) 213
  2.1 Jesus Christus als „Retter" in Lk 1–2 214
  2.2 „Rettung" und „Erlösung" durch Jesus im
      lukanischen Werk 223
  2.3 Die Deutung des Todes Jesu nach Lukas 227
  2.4 Das Wirken der Empfänger des „Heils" 233
  2.5 ... nach dem Ratschluss Gottes 242

IV. Jesu letztes Mahl in den Deutungen im
Neuen Testament 249
1. Die vierfache Überlieferung vom letzten Mahl 250
2. Jesu letztes Mahl im Kontext jüdischer Rituale 255
3. Das letzte Mahl Jesu nach den Synoptikern und Paulus 261
4. Das letzte Mahl und der Tod Jesu im
   Johannesevangelium 280

V. Rezeptionen in der Zeit nach dem Neuen Testament . . 285
1. Zwei Traditionsstränge 290
2. Didache/Lehre der zwölf Apostel 298

3. Bischof Ignatius von Antiochien 302
4. Die „Traditio apostolica"/Hippolyt von Rom 306
5. Justin der Märtyrer 310
6. Vielfalt in Theologie und Liturgie 313
7. Das Hochgebet von Addai und Mari 319
8. Kommunion unter einer oder beiden Gestalten 328
9. Zukünftige Eucharistiefeiern und Hochgebete 335

VI. Wege der Kirche in den kommenden Jahren 341
1. Kirchliche Akzente durch Papst Franziskus 341
   1.1 Die Enzyklika „Lumen fidei" 342
   1.2 Das Lehrschreiben „Evangelii gaudium" 343
   1.3 Die Enzyklika „Laudato si" 346
   1.4 Das „Dokument über die Brüderlichkeit aller Menschen für ein friedliches Zusammenleben in der Welt" 348
   1.5 Die Enzyklika „Fratelli tutti" 356
   1.6 Die Enzyklika „Dilexit nos" 361
2. Hermeneutische Grundprobleme kirchlicher Zukunft . 363
   2.1 Verschiedene Sprachen 364
   2.2 „Zwei Glaubensweisen" 365
   2.3 Wer sagt was, wie, wem, wann, mit welchen Absichten? 367
   2.4 Dogma im Wandel 368
   2.5 Unterschiedliche literarische Gattungen 369
   2.6 Bekenntnisse als Gattung 370
   2.7 Werdet Täter des Glaubens, nicht nur Hörer! . . 374
   2.8 „Ihr alle seid Geistliche" oder: Die Suche nach Synodalität 376
   2.9. Die systemische Sünde der Heuchelei 378
   2.10 Ökumenische Schritte zu einer synodalen Kirche 382
   2.11 Päpstliche Visionen und die Realität der Kirche . 385
   2.12 Brotbrechen 389
3. Die Zukunft der Kirche in der Nachfolge Jesu 391

Epilog 399

Inhalt

Abkürzungen 405

Literatur 407

Sachregister 411

Vorwort

Die Erzählung des Evangelisten Lukas von der Erscheinung des Auferstandenen vor zwei Jüngern auf dem Weg nach Emmaus (Lk 24,13–35) zählt in Kinder- und Schulbibeln sowie bei Erwachsenen zu den bekanntesten Geschichten in den Evangelien. Mit der Wendung „Jesus nahm das Brot, sprach das Dankgebet, brach es und gab es ihnen" (24,30) „erkennen" die beiden Jünger den bisher unbekannten Mitwanderer. Das Verb meint in der Bibel nicht nur einen intellektuellen Akt, sondern zielt aufgrund einer Erfahrung auf inniges, emotionales Verstehen wie beim „Erkennen" von Mann und Frau im Geschlechtsverkehr (Gen 4,1; Mt 1,25). Die beiden Jünger, die im Abendmahlssaal nicht dabei waren, „glaubten" am Anfang der Geschichte aufgrund des Wirkens Jesu „mächtig in Tat und Wort" an ihn als „Propheten" (19) und hofften auf ihn als „Erlöser" (21) – in welchem Sinn auch immer. Mit dem feststehenden Ritus der Danksagung und des Brotbrechens im üblichen jüdischen Mahl, den Jesus pflegte (35), werden den Jüngern „die Augen geöffnet und sie erkannten ihn" (31) in seiner wahren, göttlichen Existenz als von Gott auferweckt.

    Diese Christus-Erkenntnis, dieser Glaube an Jesus Christus ist der wichtigste Aspekt in der Erzählung vom „Brotbrechen". Der zweite lautet: Jesus Christus als Auferweckten „erkennen" kann man nur im Licht der heiligen Schriften Israels (25–27). „Den Sinn für das Verstehen der Schriften eröffnet" der Auferstandene in diesem Rückgriff auf den ersten Teil der christlichen Bibel auch allen anderen Jüngern (44–46). Dieser Weg des Erkennens gilt seit der Nazaret-Perikope (4,17–21) für Jesus selbst, bis zum letzten Satz der Apostelgeschichte (28,31) für Paulus und die anderen Missionare. Christsein gibt es nicht ohne Anerkennung der heiligen Schriften Israels! Der dritte Aspekt der Geschichte lautet: Glauben zielt auf Gemeinschaft. Daher gehen die zwei Jünger nach Jerusalem zurück. Sie machen sich auf den „Weg" (was Lukas in der Apostelgeschichte zur Selbstbezeichnung der christlichen Lehre macht). Sie tauschen mit den anderen ihren Glauben aus, wie es die Frauen in 24,9–11 als Erstzeuginnen des Glaubens an die Auferweckung Jesu versuchen, während die Männer ihren Glauben für „Geschwätz" halten. Petrus allein schweigt, er wundert sich „zu Hause" (12) wie die anderen Jünger (41).

Zur Gemeinschaft der Glaubenden gehört vor allem: Essen, „Brotbrechen" (42). Sie feiern in der Apostelgeschichte weiter „Brotbrechen" wie Jesus mit den Jüngern auf dem Weg nach Emmaus und wie zu seinen Lebzeiten – in Solidarität mit Armen und Kranken. „Brotbrechen" ist ohne dieses solidarische Handeln nach Lukas nicht Ritual in der Nachfolge Jesu. Christsein ist eine soziale Bewegung, wie im Evangelium und in der Apostelgeschichte vielfach belegt.

Zusammenfassend lässt sich formulieren: „Brotbrechen" ist zur Zeit Jesu zwar ein üblicher Bestandteil des jüdischen Mahles, durch die Vorgabe Jesu aber Zeichen für eine bestimmte Lebensform im Glauben an Gottes Handeln an ihm und durch ihn und in seiner Proexistenz für bedrängte Menschen jeder Art. Dies und noch mehr zentriert sich im Akt des „Brotbrechens", das für ihn selbst und sein Handeln steht. Diese Dimension und „Brotbrechen" als Bezeichnung der eucharistischen Feier haben die urchristlichen Gemeinden in der Nachfolge der Deutung des Todes Jesu durch Paulus auf Dauer nicht übernommen. In der aktuellen Krise erscheint eine Besinnung auf die ersten Jahrhunderte dringend erforderlich. Die betrifft nicht zuletzt die Frage, was „glauben" im Sinne der Bibel bedeutet und heute meinen kann bzw. sollte, wenn man davon spricht, Jesus nachzufolgen. Was meint, Jesus ist „Retter" der Welt? Nur durch seinen Tod? Dieses Buch enthält einen Rückblick in die Anfangs- und Frühzeit der christlichen Kirche und eine Vision für ihre Zukunft.

Es ist unbestritten, dass es schon im ersten Jahrtausend eine Vielfalt der Ortskirchen mit unterschiedlichen Theologien und Riten gab. Die Einheit der universalen Kirche wurde dadurch nicht in Frage gestellt. In der „Eucharistie/Danksagung" für Gottes Handeln in Jesus von Nazaret feierten die einen Gemeinden „Brotbrechen", andere „Abendmahl" oder „Herrenmahl". Die einen stehen in der Tradition des Evangelisten Lukas, die anderen in der des Paulus.

Mit diesem Zweigespann neutestamentlicher Theologie sind unterschiedliche Vorstellungen von „glauben" und „Erlösung" verbunden, die anhand der neutestamentlichen Texte skizziert werden. Beherrschend ist bis heute die Vorstellung aus der Schule des Paulus, dass Menschen durch den Tod Jesu am Kreuz erlöst werden. Dieses römische Modell gilt aufgrund der jahrhundertelangen weltweiten Mission bis heute. Das damit verbundene Bekenntnis stößt in der westlichen Welt immer weniger auf Akzeptanz durch die Gläubigen. Die Zahl der Christen, die die Kirche verlassen, spricht Bände.

Dieses Buch versteht sich als eine christliche Besinnung auf die biblischen, jüdischen Wurzeln des christlichen Glaubens aus dem Alten Testament[1] und als Beitrag zu einem besseren Verständnis zwischen Juden und Christen. Den Impuls zu diesem Thema verdankt der Autor einer Einladung vom „Rabbiner Brandt Verein" und seinem Vorsitzenden, Professor Hanspeter Heinz, in Augsburg zu einem interreligiösen Symposion am 23.–24. Oktober 2022 mit dem Thema „Tikkun olam – gemeinsam die Welt verbessern." Dieses Thema betrifft die Frage, ob die Welt und die Menschen durch den Tod Jesu schon erlöst sind oder das erst von der Zukunft oder im Jenseits erwarten. Der Festvortrag hatte die Überschrift: „Herr, stellst du in dieser Zeit das Reich für Israel wieder her?' (Apg 1,6) Weltverantwortung statt Vertröstung. Impulse aus dem Neuen Testament."[2]

---

[1] Zur Begründung vgl. H. Frankemölle, Das Evangelium des Neuen Testaments als Evangelium aus den heiligen Schriften der Juden, Münster 2013, 123–126; Ders., Das *eine* Evangelium nach dem Römerbrief. Abraham – Ölbaum – Jesus Christus – Volk Gottes, in: A. Strotmann/H. Blatz (Hrsg.), „Edler Ölbaum und wilde Zweige" (Röm 11,16–24). Christlich-jüdischer Dialog auf neutestamentlicher Grundlage. Zur Erinnerung an Maria Neubrand MC, Stuttgart 2023, 62–86.

[2] Siehe https://rabbinerbrandtverein.deutscher-koordinierungsrat.de/sites/default/files/downloads/Rabbi-Brandt/tikum%20olam%20Rede%2021.11.22-1.pdf (abgerufen am 06.03.2025). Zum Leben und zur Bedeutung Henry Brandts im jüdisch-christlichen und interreligiösen Dialog vgl. ebd. In seiner Zeit als Rabbiner in Hannover, Dortmund und Bielefeld gab es eine intensive Zusammenarbeit an der Universität Paderborn und mit der dortigen Gesellschaft für Christlich-Jüdische Zusammenarbeit.

Wie sehen jüdische und christliche Antworten aus? Was sagen ihre Gebete und Rituale? Erhoffen Juden und Christen von Gott eine „Wiederherstellung" der gerechten sozialen Ordnung im Gericht, damit Reiche und Arme dasselbe Recht erfahren, erst am Ende der Welt? Oder geht es um eine „Verbesserung" der Welt hier und jetzt? Geht es in Judentum und Christentum um mystische Feiern oder um Rituale, die das konkrete Wirken Gottes in der Welt, sein Wirken durch Jesus von Nazaret feiern unter der Voraussetzung, dass die Menschen nach der Tora Gottes vom Sinai und nach den Weisungen Jesu in seiner Lehre auf dem Berg (Mt 5–7) handeln? Dann haben Juden und Christen eine gemeinsame Aufgabe für die Welt und die Menschen.

Unter dem Titel „Lukas, der Evangelist unserer Zeit. Ein Modell für das Grundproblem des christlichen Glaubens heute?" wurde diese Frage in einem Aufsatz weiter erörtert und ansatzweise begründet.[3]

Das Thema bleibt drängend, aufgrund der kirchlichen Entwicklung in Europa seit Jahrzehnten drängender denn je. Die Gründe dafür sollen benannt werden. Was sagen die Texte im Neuen Testament und bei den Theologen bis ins 6. Jahrhundert? Angestrebt wird die Wahrnehmung eines neuen Verständnisses von „glauben", von „Erlösung", von „Abendmahl" und „Brotbrechen" im Neuen Testament, in den ersten Jahrhunderten und heute – für ein zukünftiges Christsein auf dem Weg Jesu, zu dem auch Papst Franziskus wichtige Bausteine liefert.

Dieses Buch will mit seiner These zum „Brotbrechen" kein Forschungsbeitrag im engeren Sinn sein, sondern begründet die Notwendigkeit der Behandlung dieses Problems wegen der katastrophalen kirchlichen Entwicklung. Theologische Exegese ist nie l'art pour l'art, ist nie Auslegung als Selbstzweck, sie dient dem eigenen Glauben und dem Glauben der Kirche. Anhand von Texten aus dem Neuen Testament und aus der nachneutestamentlichen Literatur soll die These des Buches nachprüfbar exegetisch erprobt werden. Dieses Vorhaben erhebt keinen Anspruch auf Vollständigkeit; es versteht sich – auf der Basis einer fast ufer-

---

[3] In: Anzeiger für die Seelsorge. Zeitschrift für Pastoral und Gemeindepraxis 10, 2023, 34–40.

losen Literatur zu fast allen Aspekten – als fachexegetische Untersuchung, zugleich als Elementarisierung, als didaktisch zu verantwortende Vereinfachung und Konzentration auf die gewählte Fragestellung.

Durchgehend wird zur Begründung der vorgetragenen Deutung (zum Nachschlagen) auf biblische Stellen, auf nachbiblische Texte und auf weiterführende Literatur verwiesen, wobei die Einsicht in die Kommentare zu den neutestamentlichen Texten nicht durchgehend belegt wird.

Erneut hat sich Beate Gehrke, Germanistin, durch intensive kritische Lektüre und Korrekturvorschläge zur sprachlichen Gestaltung bei der Erstellung des Manuskriptes große Verdienste erworben. Ich danke ihr sehr für die sorgfältige Korrektur. Maria Steiger vom Verlag Herder hat wie bisher kompetent und freundlich die Herstellung des Buches begleitet. Auch ihr gilt mein Dank.

Paderborn, im Februar 2025

Einführung in das Thema

Sprache dient der Verständigung, im Alltag, in der Politik, in der Wissenschaft, auch in der Kirche. Die Erfahrung, dass man aneinander vorbeireden kann, selbst wenn man dieselbe Sprache spricht, macht jede und jeder irgendwann im alltäglichen Miteinander, nicht nur zwischen Mann und Frau, zwischen Alten und Jungen. Es gibt beruflich bedingte Fachsprachen, auch in der Theologie. Es gibt Soziolekte, in denen alle Beteiligten eine Sprache zum Beispiel Deutsch oder Englisch sprechen (in der Wirtschaft oder im IT-Bereich). In der Regel versteht man sich. Auch das übliche „Denglisch" in der Werbung, die Vermischung von Englisch und Deutsch, ist mittlerweile eine alltägliche Erfahrung. Für Nicht-Eingeweihte ist die Verständigung schwierig. Schwieriger wird es, wenn Mitglieder einer Fachsprachengruppe sich an die Allgemeinheit wenden – und absolutes Nichtverstehen produzieren, wenn sie nicht „übersetzen" können.

Dies ist die Situation der Kirchen, besonders der lateinisch-römischen Kirche[4]. Erst im Zweiten Vatikanischen Konzils (1962–1965) wurde die tridentinische Messe in Latein 1962 offiziell abgelöst durch Messen in den Landessprachen, ohne die Gläubigen entsprechend vorbereitet zu haben. Der Streit um die „lateinische Messe", von Papst Benedikt XVI./Josef Ratzinger gefördert, ist bis heute nicht beigelegt.

Mit der Übersetzung der Texte aus dem 3./4. Jahrhundert (Credo) und aus der Scholastik/„Schulmäßigkeit" mit der ge-

---

[4] Zur Feier des Abendmahls im Glauben der reformatorischen Kirchen vgl. I. Pahl, in: H. B. Meyer, Eucharistie. Geschichte, Theologie, Pastoral, Regensburg 1989, 393–440; zur orthodoxen Eucharistielehre vgl. A. Schmemann, Sakrament des Gottesreichs, Einsiedeln 2005. Beide Aspekte behandelt H. Hoping, Mein Leib für euch. Geschichte und Theologie der Eucharistie, Freiburg 2011, 405–436; in der dritten Auflage 2022 behandelt er auch die Entwicklungen unter Papst Franziskus und in einem Exkurs das Votum des Ökumenischen Arbeitskreises katholischer und evangelischer Theologen „Gemeinsam am Tisch des Herrn".

danklich-philosophischen Durchdringung und lehrhaften Entfaltung aller theologischen Traktate im 12./13. Jahrhundert durch Thomas von Aquin (1225–1274) ist es nicht getan. Auch in Deutsch bleibt die kirchliche Sprache für die Gläubigen ohne Hochschulstudium der Theologie unverständlich. Die Kirche ist sehr beredt, aber sprachlos, da sie die Adressaten in Europa mit ihrer Botschaft als „Lehre" kaum mehr erreicht.

Die „amtlichen" Versuche, in neuen Katechismen die tradierten Glaubensinhalte für die jetzige Zeit verständlicher zu machen, erwiesen sich sprachlich und thematisch als Aktualisierungen mittelalterlicher Theologien. Leser ohne theologische Vorbildung können diese Texte nicht nachvollziehen. Dies belegt der zweibändige, nach Glauben und Lebenspraxis eingeteilte deutsche Erwachsenenkatechismus von 1985 und 1995 (zur Kritik an diesem Verständnis von „glauben" siehe unten II), mehr noch der „Katechismus der Katholischen Kirche" von 1993. Neuere Akzente setzte der viel beachtete „Holländische Katechismus" von 1966. Ein Katechismus in deutscher Sprache, der das Feuer der Botschaft Jesu von Nazaret und die Ausdeutungen der Verfasser der Schriften im Neuen Testament für Menschen von heute aktualisiert, wurde bislang nicht geschrieben. Ein wirklicher Neuentwurf, wie ihn die biblischen Schriften für ihre Zeit belegen, jede auf ihre Art (Evangelien, Apostelgeschichte oder Briefe) fehlt. Die Rekapitulation der alten Texte und Antworten aus den verschiedenen Epochen der Glaubensgeschichte sind kein „Evangelium", keine „frohe Botschaft" mehr.

Warum muss es ein oder mehrere neue „Evangelien" geben? Begründet ist die Antwort in einer prinzipiellen Erkenntnis. Erst in der Neuzeit wurde diese bewusst und hat sich von da an durchgesetzt – entgegen der Vorstellung, Texte, auch Glaubensbekenntnisse, enthielten eine überzeitliche, von der Sprache unabhängige Wahrheit. Denn: Was ist, ist geworden. Dies ist ein Gesetz des eigenen Lebens, das man – je nach Glauben oder Weltanschauung – den Eltern und Gott bzw. dem Zufall verdankt. Werden ist auch ein Gesetz der Gesellschaft, folglich auch der Kirche. Der gegenwärtige Zustand ist ein Produkt einer zweitausendjährigen Kirchengeschichte, die von Menschen gestaltet wurde[5]. Dass immer der Heilige Geist Gottes sie mitgestaltet hat, wagt kein Theologe zu behaupten, nicht einmal ein konservativer. Unsere gegenwärtigen Probleme sind in der Vergangenheit angelegt. Dies deutlich zu machen, ist Anliegen dieses Buches, im intensiven Bemühen um biblische Texte vom Ursprung des Christentums, ebenso um Texte aus den folgenden Jahrhunderten, soweit sie unsere Vorstellungen von „Abendmahl/Messe" und „Brotbrechen" bestimmten. Sie wahrzunehmen, erfordert von den Leserinnen und Lesern einige Mühe und einen langen Atem – in der Hoffnung auf sachgerechte Einsicht und Mut zu Erneuerungen. Was sein wird oder wie die Kirche sein wird, ist nicht schicksalsgegeben, es liegt auch in den eigenen Händen bzw. in den Händen der Mitglieder. Die vielfältige Geschichte der Kirchen belegt mit all ihren Denominationen, dass sie – bei allem Glauben an das Wirken des Geistes Gottes in ihnen – Menschenwerk sind.

Sind die „heiligen" Schriften des Alten und des Neuen Testaments „Wort des lebendigen Gottes", wie in jeder Messe nach der Lesung formuliert wird? Dies auch. Nach den Worten des Zweiten Vatikanischen Konzils (1962–1965) gilt zu differenzieren: „Gott hat in der Heiligen Schrift durch Menschen nach Menschenart gesprochen" (Dogmatische Konstitution über die göttliche Offenbarung „Dei verbum" Nr. 12). Entsprechend müsste der Zuruf lauten: „Wort des lebendigen Gottes in menschlicher Sprache." Das sollte Praxis werden. Erst wenn die Botschaft des Textes bei den Hörerinnen und Hörern angekommen ist, ist die Antwort „Dank sei Gott!" stimmig.

Diese theologische Erkenntnis den Gläubigen vorzuenthalten, macht das Dilemma der Kirche aus und bestärkt das Unverständnis der Glaubenden in den liturgischen Vollzügen. Dies ist nur ein Beispiel einer allgemeinen Krankheit, die Ursache für den

---

[5] Um „die gesellschaftliche Wirklichkeit besser zu interpretieren", auch die der Kirche, ist nach Papst Franziskus „eine echte historische Sensibilität" der Theologen erforderlich, bei der auch die dunklen Seiten der Kirchengeschichte nicht ausgeblendet werden; vgl. Ders., Brief zur Erneuerung des Studiums der Kirchengeschichte: https://www.vaticannews.va/de/papst/news/2024-11/wortlaut-papst-brief-zu-kirchengeschichte-studium.html 21.11.2024 (abgerufen am 06.03.2025).

Auszug vieler Christen aus den Kirchen, auch den evangelischen, ist (siehe unten I 3–4).

Die momentane, ambivalente Situation der Kirchen in Westeuropa, ihr Ist-Zustand (massenhafte Austritte aus der Kirche, Abnehmen der „Frömmigkeit", Missbrauchsfälle) hat ebenfalls mit geschichtlichen Entwicklungen zu tun. Die Anfänge der Kirche liegen im Neuen Testament, verdanken sich Jesus von Nazaret: Nur aufgrund seiner Impulse gibt es sie. Paulus deutet „nur" den Tod Jesu – und erlangt durch diesen Ansatz eine unerwartete Wirkung für die ganze Theologie- und Frömmigkeitsgeschichte. Von Anfang an deuteten verschiedene Theologen Jesu Wirken in Wort und Tat und das Wirken Gottes durch ihn und an ihm. Dafür bietet das Neue Testament mit seinen 27 Schriften eine spanungsreiche, zum Teil widersprüchliche, erstaunlich dynamische Vielfalt, modern: Diversität.

Die heutigen Probleme sind auch darin begründet, dass die 352 im weltweiten Ökumenischen Rat der Kirchen versammelten Glaubensgemeinschaften unterschiedliche theologische Entwürfe aus dem Neuen Testament bevorzugen. Dies gilt auch für die lateinisch-römische Kirche, die sich anmaßend „katholisch", das heißt übersetzt „allumfassend/die ganze Welt umfassend" nennt; schon vor der Entdeckung Australiens und Amerikas war sie es nicht.

Betrachtet man die Liturgie der lateinisch-römischen Kirche, ihre Gottesdienste, Gebete und die davon beeinflusste Volksfrömmigkeit, war und ist der Apostel Paulus der stärkste Impulsgeber, nicht Jesus von Nazaret, wie ihn die Evangelien deuten. Die dadurch entstandene Spannung soll in diesem Buch dargestellt und in ihrer Entwicklung begründet werden.

Dieses Buch ist aus der Not geboren. Im „synodalen Prozess" in Deutschland, in vielen Ländern der Welt[6] und im Vatikan wird intensiv über die Krise der „katholischen" Kirche gesprochen und gestritten, aber wenig über die theologischen Hintergründe. Ähnlich verhält es sich in den evangelischen Kirchen. Diese Krise

---

[6] Vgl. das Themenheft Herder Korrespondenz vom 29. August 2022: Weltkirche im Aufbruch – Synodale Wege.

hat mit bestimmten Theologien zu tun, die im Neuen Testament im Ansatz belegt, aber im Laufe der Zeit verabsolutiert wurden.

Im Neuen Testament gibt es bei den Nachfolgern Jesu eine Vielfalt von theologischen und pastoralen Konzeptionen von „Kirche". Als organisatorische und thematische Einheit gab es sie noch nicht. Es gab Hausgemeinden, mehr oder weniger groß, eine im Dorf oder viele in der Großstadt wie Rom. Die paulinische Theologie wurde im Lauf der Zeit verabsolutiert und „verweltlicht", weil sie durch politische Systeme vor allem im Römischen Reich derart korrumpiert wurde, dass sie mit den ältesten Gemeinden auch in der griechischen Welt kaum Ähnlichkeiten hat. Dies betrifft die theologischen Grundaussagen des Glaubens, wie sie im Glaubensbekenntnis der Kirche formuliert sind, und die pastoralen Strukturen. „Kirche" wurde immer stärker sakramental, auf die sieben Grundsakramente reduziert, das praktizierte christliche Leben spielte fast nur noch für das Gericht am Ende des Lebens eine Rolle. Dabei bleibt zu bedenken, dass die Riten, die heute „Sakramente" genannt werden, erst im 12. Jahrhundert theologisch geklärt wurden. Vorher gab es „Segnungen".

Bei der momentan noch offenen Frage, ob Frauen zu Diakoninnen geweiht werden dürfen, ist dies zu bedenken. Nach Beendigung der Vatikanischen Synode Anfang November 2024 kann man zu Recht formulieren, „dass es gute Gründe gibt, die es theologisch möglich und pastoral sinnvoll machen, den ständigen Diakonat (!) für Frauen zu öffnen. Jede Ortskirche wäre frei zu entscheiden, ob sie von dieser Möglichkeit Gebrauch machen will oder nicht."[7] Dies ist die Überzeugung fast aller Katholiken und der meisten Bischöfe. Das Schlussdokument der Vatikanischen Synode (2023–2024), bei der die „Frauenfrage" ausgeklammert bleiben sollte, erklärte nach hartnäckigen Interventionen der Synodenteilnehmer „die Frage des Zugangs von Frauen

---

[7] So der diplomatisch versierte Walter Kardinal Kasper, der „mit der Antwort auf diese Frage längere Zeit gerungen" hat; in: Communio. Internationale Katholische Zeitschrift, September/Oktober 2024; zitiert nach: https://www.herder.de/communio/theologie/walter-kardinal-kasper-im-gespraech-ueber-die-weltbischofssynode-in-rom-eine-synode-ist-kein-theologenkongress-/ (abgerufen am 06.03.2025).

zum diakonischen Amt" als „offen": „Es gibt keine Gründe, die Frauen daran hindern sollten, Führungsrollen in der Kirche zu übernehmen: Was vom Heiligen Geist kommt, kann nicht aufgehalten werden." (Nr. 60)

Das sakramentale Verständnis teilt die katholische Kirche mit den Kirchen der Orthodoxie, weniger mit den Kirchen, die aus der Reformation im 16. Jahrhundert hervorgegangen sind. Die große Masse der Gläubigen im westlich geprägten Europa teilt dieses sakramentale Grundverständnis nicht mehr; darin liegt ein Hauptgrund für den Auszug aus den Kirchen. Die Gründe sind vielschichtig (siehe unten I.). Die Probleme sind wissenschaftlich großenteils behandelt, wenn auch nicht geklärt.[8]

Paulus kann am Beginn des Römerbriefes überzeugend schreiben: „Ich schäme mich des Evangeliums nicht: Es ist eine Kraft Gottes zur Rettung für jeden, der glaubt, zuerst für den Juden, aber ebenso für den Griechen." (Röm 1,16) Heutige Christen, die die Kirchen verlassen, auch Theologen, die distanziert zum traditionellen Glauben aus der Antike stehen und sich engagiert um eine menschenfreundliche, Freiheit und „Erlösung" stiftende Neuformulierung des Glaubens ringen, würden die Frage, ob sie sich der Kirche schämen, vermutlich bejahen, – nicht nur im Hinblick auf die in den letzten Jahren bekannt gewordenen Missbrauchsfälle, sondern auch im Hinblick auf die vielen „Sünden" der Kirche die Jahrhunderte hindurch (Schwertermission, Zwangstaufen, Hexenverbrennungen, Unterdrückung von Freiheitsrechten, nicht nur der Frauen).

Für den Auszug vieler Christen aus den Kirchen sind theologische Fragen, die Theo-logie insgesamt elementarer. Es ist die „Rede von Gott (lógos theou)". Dabei war und ist seit Jahren der Glaube an die „Erlösung" im und durch den Tod Jesu am Kreuz, in dem die „Erlösung aller Menschen", sogar „Erlösung der Welt" verkündet wird, immer problematischer. Die vielen Hinweise in

---

[8] Vgl. zuletzt D. Lois, Zur Entwicklung der Kirchenmitgliedschaft in Deutschland. Eine aktualisierte Alters-Perioden-Kohorten-Analyse mit ALLBUS-Daten 1980–2021, in: KZISS, online 07.08.2024; vorgestellt und besprochen von G. Wagner, Motor der Säkularisierung. Warum die Kirchen Mitglieder verlieren, in: FAZ vom 25.08.2024, 56.

der Messe, vor allem die festliche Karfreitagsliturgie stießen bei Bekannten, Verwandten, die eigenen Kinder eingeschlossen, aber auch bei Studierenden der Theologie und bei Teilnehmern von Fortbildungstagen für Lehrer und Pfarrer sowie im Anschluss an Vorträge (nicht zuletzt mit jüdischen Teilnehmern) mit dem christlichen Bekenntnis von der Versöhnung Gottes durch das Kreuzesopfer Jesu immer mehr auf Unverständnis. Ich nehme mich davon nicht aus, bedenke ich meine Entwicklung im Glauben vom Pennäler bis zum jahrzehntelangen Bibelwissenschaftler. Der Sohn Gottes musste am Kreuz sterben, damit Gott sich mit den sündigen Menschen versöhnte? Was meint der Verfasser des Briefes an die Gemeinde in Ephesus, wenn er schreibt:

„In Jesus Christus haben wir die Erlösung durch sein Blut, die Vergebung der Sünden." (Eph 1,7)

Drängend wird diese Frage bis heute vor allem bei der Kindertaufe. Als Christ wird man von jüdischen Gläubigen, ebenso von Wissenschaftlern gefragt: Wovon muss der Säugling erlöst werden? Ist der Mensch, ist die Welt erlöst? Warum durch den Tod Jesu, an den in jedem Abendmahl, in jeder Messe nicht nur erinnert, sondern der „vergegenwärtigt" wird?

Auf gedankliche Anstrengung kann man bei der Beschäftigung mit theologischen Fragen nicht verzichten. Der Wunsch des Verfassers des Ersten Petrusbriefes sollte ein elementarer Maßstab an Kompliziertheit sein – nicht für wissenschaftliche Theologen im Gespräch mit anderen Wissenschaftlern (Textauslegern, Religionswissenschaftlern, Philosophen, Soziologen ...), sondern im Sinne des Verfassers von 1 Petr für jeden Gläubigen:

„Seid stets bereit, jedem Rede und Antwort zu stehen, der von euch Rechenschaft fordert über die Hoffnung, die euch erfüllt, antwortet aber bescheiden und ehrfürchtig." (1 Petr 3,15f)

Die befreiende Botschaft christlichen Glaubens sollte jeder Christ bezeugen und erklären können. Bei denen, die durch wissenschaftliche Beschäftigung tiefere Erkenntnisse gewonnen haben, sollte die sprachliche Artikulation für andere verständlich sein. Dieses Problem hatte schon der Apostel Paulus in Korinth. Dort gab es Christen, die „in Zungen", das heißt völlig geistreich, aber unverständlich redeten. Solchen Christen schreibt Paulus bis heute ins Stammbuch:

> „So ist es auch mit euch, wenn ihr in Zungen redet, aber kein verständliches Wort hervorbringt. Wer soll dann das Gesprochene verstehen? Ihr redet nur in den Wind. […] Wenn ich den Sinn der Sprache nicht kenne, bin ich für den Sprecher ein Fremder, wie der Sprecher für mich. […] Deswegen soll einer, der in Zungen redet, beten, dass er es übersetzen kann. […] Wenn du nur im Geist den Lobpreis sprichst und ein Unkundiger anwesend ist, wie kann er zu deinem Dankgebet das Amen sprechen; er versteht ja nicht, was du sagst. Dein Dankgebet mag noch so gut sein, aber der andere wird nicht auferbaut." (1 Kor 14,9–17)

Wie oft ist das von Christen in der Liturgie gesprochene zustimmende hebräische Amen, das übersetzt bedeutet „So ist es!" bzw. „Das steht fest!" ein „in den Wind" gesprochenes Wort?

Die These des Buches und ihre Begründung

Die viel und oft beschriebene, von vielen erlittene Kirchenkrise nicht nur in Deutschland ist eine Theologiekrise. Sie hat elementar mit Sprache zu tun – verbunden mit dem Ritus „Abendmahl" bzw. „Messe". Die Gleichberechtigung des Ritus „Brotbrechen" ist die Vision dieses Buches, da das Unvermögen des Mitvollzugs der Handlungen im „Abendmahl" bzw. in der „Messe" Hauptgrund für die Abkehr der Christen von der Feier der Eucharistie ist. Es stellt sich die Frage, ob das im Neuen Testament belegte „Brotbrechen" sprachlich und rituell eine Lösung aus dem gegenwärtigen Dilemma sein kann.

Das Konzept der „zwei Glaubenswege", der zwei Vorstellungen von „Erlösung" und damit verbunden der beiden Rituale „Brotbrechen" und „Herrenmahl" sind im Neuen Testament belegt: in den Briefen des Paulus und in den Schriften des Lukas (Evangelium und Apostelgeschichte). Die jetzigen Kirchen behaupten, die Tradition Jesu fortzuführen; sie tun es, soweit sie sein Wirken bis in den Tod in der Deutung der Verfasser der Schriften im Neuen Testament rezipieren und danach handeln. Dabei sind die Einflüsse auf die heutigen Kirchen selektiv. Die römisch-katholische Kirche belegt eindeutig die paulinische Rezeption von „Erlösung" durch das Kreuz Jesu Christi. Darin sind die momentanen Probleme, nicht nur der rasant schwindende Gottesdienstbesuch, begründet (siehe I 1–4). Könnte der Evangelist Lukas hier für das Ritual „Abendmahl" ein Kontrastmodell für heute bieten? Was sagen die biblischen Texte?

Der Verfasser nimmt den Leser mit in seine Werkstatt, die im Neuen Testament und bei den „Kirchenvätern" vorgegebenen Texte in der Vielfalt ihrer Aussagen zu verstehen und sie als Bekenntnis zur Pluralität des christlichen Glaubens nachzuvollziehen. Exemplarisch soll dies an den Begriffen und Ritualen „Abendmahl", „Messe" und „Brotbrechen" durchgeführt werden, da deren Vollzug in welcher Gestalt auch immer, gemäß den Aussagen im Zweiten Vatikanischen Konzil in der dogmatischen

Konstitution über die Kirche „Lumen gentium" aus dem Jahre 1964 „Quelle und Höhepunkt des ganzen christlichen Lebens" genannt wird (Nr. 11). Dies gilt auch für die Ostkirchen und für die aus der Reformation hervorgegangenen Kirchen.[9]

Verbunden mit „Brotbrechen" und „Abendmahl/Herrenmahl" sind verschiedene Vorstellungen von „glauben" bei alt- und neutestamentlichen Autoren (II 2–10). Ebenso ist zu prüfen, ob diese Vielfalt auch bei der Deutung von „Erlösung" und „Rettung" bei Paulus und Lukas als zwei Exponenten dieser Thematik im Neuen Testament vorliegt (III), dies ebenfalls bei den ältesten Überlieferungen des letzten Mahls Jesu in der synoptischen Tradition nach Markus, Matthäus und Lukas (IV) und bei den Rezeptionen durch die Theologen in den ersten Jahrhunderten (V).

Zusammengehalten werden alle Schriften des Neuen Testaments, vor allem die ersten drei Evangelien Markus, Matthäus und Lukas, durch ihren Glauben, dass Gott in Jesus Christus gewirkt und an ihm gehandelt hat. Dieses Wirken Gottes mit Jesus vertieft der Evangelist Johannes mit jüdisch-hellenistischen Vorstellungen (Joh 1,1: „Im Anfang war das Wort …"; 14,6.9: „niemand kommt zum Vater außer durch mich, …wer mich gesehen hat, hat den Vater gesehen"). Im Johannesevangelium spricht der (literarische) Jesus über sich und seine Sendung. In den anderen Evangelien verkündet er einzig und allein das machtvolle Wirken, die „Herrschaft/Königsherrschaft" Gottes (basileia thou theou), nie sich selbst. Man kann aber aus den Worten und Taten Jesu das Bewusstsein seiner Sendung erschließen. Dies wurde vielfach „indirekte Christologie" genannt. Die Überlieferungen der ersten drei Evangelisten dürften die Erinnerung an das, was Jesus wollte und tat, am ehesten bewahrt haben, auch wenn sie die theologische Bedeutung des „erinnerten Jesus" für ihre jeweilige Gemeinde neu akzentuierten. Bis Mitte des letzten Jahrhunderts sah man die Evangelisten nur als Sammler von Jesus-Geschichten. Seither wird das Profil jedes Evangelisten als Theologe erarbeitet. Jeder aktualisierte und verkündete mit

---

[9] Zu einem ersten Überblick vgl. den von verschiedenen Verfassern verantworteten Überblicksartikel „Eucharistie, Eucharistiefeier", in: LThK 3, ³1995, 944–968.

unterschiedlichen Akzenten für seine Gemeinde seine Deutung der Jesusgeschichte, einschließlich seines Todes und seiner Auferweckung. In Bezug auf den geschichtlichen Jesus kann man diese Sammlungen nicht „historisch" nennen, wenn doch, nur in Bezug auf die Entstehungszeit des Markusevangeliums (um 70) und des Matthäus- und Lukasevangeliums (um 80–90). Das Johannesevangelium wurde nach 95 geschrieben.[10] Anlass war für Johannes die Auseinandersetzung mit den pharisäischen Synagogen um die Frage, wer der auferweckte Jesus ist. Die johanneischen Christen wurden wegen ihres Glaubens aus der Synagoge durch einen Bann ausgeschlossen (vgl. Joh 9,11; 12,42; 16,2). Der Evangelist antwortet darauf mit einer hohen und durchreflektierten Christologie – zur Stärkung der Gläubigen in seiner Gemeinde. „Damit ihr glaubt!" lautet das Motto seines Evangeliums im letzten Vers. (Joh 20,31)

Einen anderen thematischen Schwerpunkt wählt der Apostel Paulus. Über Jesusüberlieferungen verfügt er nicht – bis auf die Tradition über das letzte Mahl (1 Kor 11,23–25), in Übereinstimmung mit der lukanischen Tradition (Lk 22,19–20). Paulus denkt nur über den Tod Jesu und seine Heilsbedeutung nach. Als ehemaliger strenger Pharisäer (Gal 1,13–19) kommt er als Jude in Konflikt mit seinem bisherigen Glauben, durch die Tora Heil zu gewinnen. Er lehnt sie nicht ab, sondern löst das schwierige Problem im Sinne des alttestamentlichen Propheten Deuterojesaja, dem Verfasser von Jes 40–55, der im Babylonischen Exil wirkte (6. Jh. v. Chr.). Mit ihm vertrat ein Teil der Juden Gottes Heil *auch* für die Völker, was ein besonderes Heil für Israel nicht ausschloss. Paulus und Lukas gehören zu diesen Theologen.[11] Nationalkonservative Juden sahen dies anders, was für Paulus bei

---

[10] K. Wengst, Bedrängte Gemeinde und verherrlichter Christus. Ein Versuch über das Johannesevangelium, München ⁴1992.
[11] Zur Begründung vgl. M. Neubrand, Abraham – Vater von Juden und Nichtjuden. Eine exegetische Studie zu Röm 4, Würzburg 1997; Dies., Israel, die Völker und die Kirche. Eine exegetische Studie zu Apg 15, Stuttgart 2006; K. Wengst, „Freut euch, ihr Völker, mit Gottes Volk!" Israel und die Völker als Thema des Paulus – ein Gang durch den Römerbrief, Stuttgart 2008.

der Frage der Beschneidung vor allem in Judäa und Jerusalem zu Konflikten führte, auch mit Judenchristen.

Die Deutung des Todes Jesu durch Paulus wurde nach dem Neuen Testament das Spezifikum der christlichen Theologie – bis heute. Dabei ist seine Warnung an Mitglieder der Gemeinde in Korinth, in der jeder meinte, sich auf seinen eigenen Theologen berufen zu können, bedeutend: „Ich halte zu Paulus, ich zu Apollos, ich zu Kephas/Petrus, ich zu Christus" (1 Kor 1,12). Diese Sektierer ermahnt Paulus: Es gibt nur die Berufung auf Jesus Christus: „Ist denn Christus zerteilt? Wurde etwa Paulus für euch gekreuzigt? Oder seid ihr auf den Namen des Paulus getauft worden?" (1,13) Christen haben nach Paulus – auch heute – nicht Paulaner, sondern „Christianer" zu sein. So wurden die Anhänger Jesu „erstmalig" von Außenstehenden in Antiochien benannt (Apg 11,26; vgl. auch 26,28; 1 Petr 4,16; Did 12,4). Für sie machte „Christsein" ihre Identität aus, der Glaube an JHWH, an Gottes Handeln an und durch Jesus. Ein bleibender Maßstab!

Auch wenn Lukas in der Apostelgeschichte viel von der Verkündigung der Apostel und von ihrem Wirken durch Heilungen erzählt, vom Leben der jungen Gemeinde und ihrer praktizierten Liebe, trat in der Zeit nach dem Neuen Testament im Römischen Reich der Glaube an den das Heil bewirkenden Tod Jesu und seine Auferweckung immer mehr in den Mittelpunkt. Das Leben im Glauben in der Nachfolge Jesu bestimmte jedoch den Alltag der Jüngerinnen und Jünger Jesu. Dies zeigen die Entstehungsgeschichten der Evangelien und ihre Sammlung und ihre Prä-Stellung im Kanon des Neuen Testaments. Die eigentliche Theo-Logie (Rede über Gott) sahen die in griechischer Philosophie gebildeten christlichen Lehrer in der Zeit nach dem Neuen Testament jedoch in Reflexionen über die Heilsbedeutsamkeit des Todes Jesu und über sein Verhältnis zu Gott (in Weiterführung der johanneischen Theologie). Im Vergleich dazu gerieten die ersten drei Evangelien immer weiter auf Nebengeleise.

Bis zur Mitte des letzten Jahrhunderts sah man in ihren Verfassern nur Vertreter der Gemeindetheologie und Sammler von umlaufenden Erzählungen und Worten Jesu. Als eigenständige Theologen nahm man sie nicht ernst. Erst nach dem Zweiten Weltkrieg sah man in ihnen immer mehr Redaktoren, die durch

Überarbeitungen und Komposition ein eigenes theologisches Profil entwickelten. Auf die weitere theologische Entwicklung in der Christologie und Soteriologie (Lehre vom Heil und der Erlösung), abgeleitet vom Bekenntnis, dass Gott der „Retter/sotär" (Lk 1,47 als Zitat von Hab 3,18) ist und auch Jesus Christus vom „Engel Gottes" als „Retter/sotär" verkündet wird (zu Lk 2,11 und zu seinem Konzept siehe unten III 2), hat der Bezug zum Handeln des geschichtlichen Jesus keine Nachwirkungen gehabt. Sehr zum Nachteil der Theologie und des christlichen Glaubens bis heute! Die Theo-logie wurde „Lehre/logos", abstrakt, ohne Bezug zum Wirken Jesu und folglich zum Leben der Gläubigen, bis heute! Der Evangelist Lukas könnte und sollte als Gegenpol zu Paulus verstanden werden bzw. beide als Pole der Einheit christlichen Glaubens. Dann wäre nicht der Bekenntnisglaube allein Maßstab christlichen Lebens, sondern die christliche Praxis wäre dem ebenbürtig oder nach Matthäus noch mehr (vgl. Mt 25,31–46), und diese kann auch von Christen außerhalb der „Kirche als Körperschaft öffentlichen Rechtes" gelebt werden. Zudem müsste das christliche Bekenntnis nicht in der griechischen und lateinischen Sprache der Antike und des Mittelalters, sondern in heutiger Sprache formuliert werden. Ein solches Credo liegt noch nicht vor.

Weder Bischöfe noch wissenschaftliche Theologen haben es formuliert. „Sprachlos" in dem Sinne, dass die Kirchen nichts sagen, sind die Kirchen nicht. Sie sagen sehr viel, zu viel zum „Geheimnis des Glaubens" (Zuruf nach der „Wandlung" in der lateinisch-römischen Messe), bedenkt man den Streit über den Opferbegriff beim Abendmahl im 9. und 11. Jahrhundert und im 12./13. Jahrhundert über die Wesensverwandlung/Transsubstantiation von Brot und Wein in der Feier des Abendmahls bzw. der Messe. Diese Lehre wurde im vierten Laterankonzil 1215 festgelegt und durch das Trienter Konzil im 16. Jahrhundert gegen die Reformatoren bestätigt (zum Opfer-Begriff siehe unten III 1.3, zur Transsubstantiation siehe unten V 6).

Der Grund des Streites hier wie dort lag daran, dass griechisch-philosophisches auf germanisches Denken stieß und die Theologen es nicht vermochten, die Sache, um die es ging, für die Gläubigen angemessen in die jeweilige Sprache zu übersetzen, wie es die Theologen im Übergang vom Aramäischen zur griechischen Sprache und von einer jüdisch geprägten zur griechisch geprägten Umwelt geschafft haben. Die Fragen bleiben bis heute offen. Sprachlich geht es darum, ob man dieselbe Sache in einer anderen Sprache mit anderen Strukturen formulieren kann; was man anstreben kann, ist in wissenschaftlicher Terminologie eine dynamische Äquivalenz, eine flexible Übereinstimmung.

Das Problem seit Jahren lautet vermehrt: Das Sprechen und Schreiben der Kirchen, auch der reformatorischen, erreicht die Adressaten in der Gegenwart nicht mehr. Die kirchliche Sprache stammt aus der griechisch-römischen Antike und dem lateinischen Mittelalter, wird ins Deutsche übertragen, kann aber Ohr und Herz der religiös Suchenden heute nicht mehr erreichen. Denn Kommunikation zielt auf Verständigung, auf Einverständnis. Daran fehlt es. Dies betrifft religiöses Sprechen, die Theologie, bestimmte Rituale.

Entgegen der jahrhundertelangen Tradierung von Satzwahrheiten ist nach Neuansätzen vor allem in der römisch-katholischen Theologie im Zweiten Vatikanischen Konzil (1962–1965) mit einer neuen Standortbestimmung im Verhältnis des Glaubens in der „Welt von heute" und angesichts des Scheiterns der Kirchen in der NS-Zeit in einem neuen Verhältnis zu den Juden als den „älteren Schwestern und Brüdern im Glauben" (Johannes Paul II.) zu fragen, bei deren Verhältnis – so der Papst 1980 in Mainz – es um eine „Begegnung zwischen dem Gottesvolk des ‚von Gott nie gekündigten' (vgl. Röm 11,29) Alten Bundes und dem des Neuen Bundes" geht.[12] Dieses Bekenntnis sollte auch Auswirkungen auf das Verhältnis von paulinischem „Abendmahl" und jesuanisch-lukanischem „Brotbrechen" haben.

Angemessen an Texten kontrollieren lässt sich die Wende an päpstlichen Konzeptionen im Vergleich zwischen Papst Johannes Paul II. und dem dogmatischen, lehramtlichen Papst Bene-

---

[12] Zu diesem wichtigen, bis heute nicht eingelösten Bekenntnis von Papst Johannes Paul II. vgl. R. Rendtorff/H. H. Henrix (Hrsg.), Die Kirchen und das Judentum. Dokumente von 1945–1985, 74–77, ebd. 75.

dikt XVI., Joseph Ratzinger,[13] noch umfassender und für die Zukunft der Kirchen nachhaltiger an den Texten von Papst Franziskus (siehe unten VI)[14], der als Papst „von den Enden der Welt" als Argentinier die südamerikanische Theologie und das damit verbundene Verständnis von „glauben" nach außen hin überzeugend repräsentierte. Sein Verhältnis zur jüdischen Religion wie zu Israel ist dagegen ambivalent (siehe unten VI 1.4).

Es bleibt zu hoffen, dass das Ritual des „Abendmahls" bzw. der „Messe" sich in Zukunft in Gebeten und im Vollzug weiter biblischer entwickelt. In Anknüpfung an das Ritual der alltäglichen Mahlgemeinschaft[15] in Familien und kleinen Gruppen oder in Ortsgemeinden – in Erinnerung an die Deutung Jesu: In seinem Tun erfuhren die an den Rand Gedrängten und Ausgestoßenen hier und jetzt Gottes Wirklichkeit. Die liturgische Symbolhandlung „Brotbrechen" wäre „Sakrament", sichtbares Zeichen für das Wirken Gottes heute. Statt unverständlicher antiker Kultveranstaltung in Erinnerung an den Tod Jesu, den er selbst so nie verstanden hat (siehe unten IV 1), solidarisches „Brotbrechen" in der Nachfolge Jesu.

Theologischer Maßstab sind die Rituale Jesu und die von ihm gegebenen Deutungen, nicht die mittelalterlichen philosophisch begründeten Spekulationen. Sie können das „Geheimnis des Glaubens" – ob auf die Eucharistie bezogen oder auf die Taufe – nicht aufheben. Was „glauben" bedeuten kann, erläutern zahlreiche biblische Texte, ebenso, was „gemeinsam essen" im Sinne Jesu bedeutet (vgl. etwa die Mahlgeschichten in Mk 6,32–44 und die Deutungen in Mt 14,13–21; Lk 9,10b–17 und Joh 6,1–15; Mt 22,1–9 par Lk 14,16–23; Lk 14,7–11.12–14; 15,1–7.8–

---

[13] Zum unterschiedlichen theologischen Ansatz der beiden vgl. H. Frankemölle, Wie hoch darf die „hohe" Christologie sein? Hermeneutische Reflexionen zu biblischen und päpstlichen Konzepten, in: Ders., Evangelium 81–98, bes. 83–90.

[14] Zum unterschiedlichen theologischen Ansatz von Papst Benedikt XVI. und Papst Franziskus vgl. G. Weiten, Synodale Communio. Papst Franziskus und Joseph Ratzinger/Benedikt XVI. im Vergleich, Regensburg 2023.

[15] Zu einer Sammlung von Erzählungen über Gastfreundschaft und Mahlgemeinschaft vgl. H. Halbfas, Tischgemeinschaft. Die Mahlzeiten Jesu und was daraus geworden ist, Ostfildern 2022, 12–125.

Die These des Buches und ihre Begründung

10.11–32; 24,13–35). Das Außerkraftsetzen der normalen „reinen" priesterlichen Ordnung auf dem Weg Jesu belegt nicht nur Lukas in der Apostelgeschichte (10,41; 11,3). Auch für Paulus ist das „gemeinsame Essen/synesthíein" von konservativen Christen mit unbeschnittenen hellenistischen Christen (Gal 2,11–21) ein für alle Beteiligten klares Zeichen für den wahren Glauben in versöhnter Gemeinschaft. Ein grundsätzlich jüdisch-christliches Thema steht zur Debatte, wobei die Grenze nicht zwischen Lukas und Paulus verläuft. Beide sind genuin christliche Theologen, auch wenn sie „glauben" und „Erlösung" unterschiedlich deuten.

Hauptthema des Buches sind innerchristliche und speziell römisch-katholische Themen und damit verbundene sprachliche Probleme bzw. Missverständnisse im Licht der Bibel. Konkret geht es um das Grundsakrament „Abendmahl" (das ist der seit Martin Luther in den evangelischen Kirchen beliebteste Begriff in Erinnerung an das letzte Mahl Jesu mit seinen Jüngern), in römisch-katholischer Tradition um die „Messe" (abgeleitet von missio/Sendung beim Schlusssegen) und in neuerer Zeit um die beliebtere Bezeichnung „Eucharistie/Danksagung". Im engeren Sinn für das Mahl mit Brot und Wein ist dieser letztgenannte Begriff im Neuen Testament nicht belegt, im weiteren Sinn jedoch 15-mal, besonders bei Paulus. Die „Danksagung" gilt Gott. Die Evangelisten kennen den Begriff nicht. Erst im 2. Jahrhundert in den Schriften des Bischofs Ignatius von Antiochien (siehe unten IV 2.3) bedeutet „eucharistia/Danksagung" das „Abend- bzw. Herrenmahl". Belegt ist bei Ignatius auch „Brotbrechen" des *einen* Brotes" als Zeichen der Einheit im Mahl der ganzen Gemeinde.

Der Begriff „Brotbrechen" für diese im christlichen Glaubensbewusstsein grundlegende Liturgie war in einigen neutestamentlichen Gemeinden die Bezeichnung eines liturgischen Rituals, das sich bis ins 6. Jahrhundert nachweisen lässt. Der Begriff und das damit verbundene Ritual sind in den letzten Jahrhunderten bei Christen, die früher oder bisher sonntäglich „Abendmahl" bzw. „Messe" feierten, unbekannt, wurden jedoch in wissenschaftlicher Literatur umfassend bearbeitet. Die Praxis des „Brotbrechens" könnte angesichts der Probleme, die gegenwärtig in Europa immer mehr Gläubige mit der traditionellen eucharistischen Feier und ihren philosophischen Deutungen der „Wesensverwandlung/Transsubstantiation" haben, eine Lösung sein. Denn der Begriff ist biblisch gut belegt und nicht durch antike und mittelalterliche mythologische Inhalte belastet oder entstellt.

„Brotbrechen" als Ritual ist metaphorisch seit jeher Gemeinschaft stiftend (ob in der Familie oder in der Gemeinde) und stärkt die Feiernden als Gruppe. Es wirkt nach Innen und schafft mit den entsprechenden Gesten (im frühen Christentum ein Kuss; heute „ein Zeichen des Friedens") und mit Gebeten nach außen eine spezifische Gruppenidentität. Diese soziale Dimension von Theologie und kultischen Riten wird seit den 1970er-Jahren deutlich gesehen.[16] Die Urchristen glaubten mit den damaligen Juden an eine wirkliche/reale Vergegenwärtigung Gottes durch Erinnerung. Sie enthält eine große Zusage Gottes an sein Volk seit dem Auszug aus Ägypten in dem vielfach belegten Zuspruch „ich werde mit dir/euch sein", der seit dem Propheten Jesaja auf alle Völker als Adressaten ausgedehnt wurde. Im Nachdenken über die einzigartige Verbindung Jesu zu Gott kann der Evangelist Matthäus diese Mitseins- und Beistands-Zusage Jesu wiederholen: „Wo zwei oder drei in meinem Namen versammelt sind, da bin ich mitten unter ihnen." (Mt 18,20). Nach Matthäus ist Jesus der leibhaftige „Immanuel, das heißt übersetzt: Gott mit uns." (Mt 1,23)[17]

Was im 1. und 2. Jahrhundert auf kleinem Raum in Palästina, Kleinasien, Griechenland und Rom an Vielfalt möglich war,

---

[16] Vgl. M. Ebner (Hrsg.), Herrenmahl und Gruppenidentität, Freiburg 2007; vgl. auch M. Theobald, Eucharistie als Quelle sozialen Handelns, Neukirchen-Vluyn 2014; M. Ebner/G. Häfner/K. Huber (Hrsg.), Der Erste Petrusbrief. Frühchristliche Identität im Wandel, Freiburg 2015; Th. Schmeller/R. Hoppe/M. Ebner (Hrsg.), Offenbarung des Johannes. Kommunikation im Konflikt, Freiburg 2016.

[17] Diese Verbindung von alt- und neutestamentlicher Theologie, von Synagoge und Kirche ist die Basis meines Glaubens seit meiner Dissertation: Jahwe-Bund und Kirche Christi. Zu den Texten zum Mitsein JHWHs im Alten Testament und (in Jesus Christus) im Matthäus-Evangelium vgl. ebd. 7–83; der Gedanke prägt das ganze Matthäus-Evangelium von 1,23 bis 28,20; zu inhaltlichen Konkretisierungen für das Handeln der Jünger als „Mitsein" für Andere ebd. 84–190.

sollte Maßstab für eine weltumspannende, umfassende „katholische" Kirche sein (kathólon: umfassend, das Ganze betreffend). In diesem Sinn ist „katholisch" schon um 120 n.Chr. bei Bischof Ignatius von Antiochien belegt. Allerdings war sein Horizont mit den Grenzen des damaligen Römischen Reiches gegeben. Da diese im 16. Jahrhundert nicht mehr existierten, die Wirklichkeit mit der behaupteten politischen und kirchlichen Einheit nicht mehr übereinstimmte, sprach Martin Luther der römisch-katholischen Kirche diese Bezeichnung ab. Zu erinnern ist auch an die Kirchenspaltungen im 4./5. Jahrhundert zwischen „Rom" und den Kirchen im Oströmischen Reich über christologische Streitigkeiten, vor allem an das morgenländische Schisma im Jahre 1054 zwischen Rom und Byzanz. Der letzte Grund theologisch war das Bekenntnis zum Heiligen Geist und sein Verhältnis zu Vater und Sohn, seine Sendung durch Vater und Sohn (filioque: „der vom Vater und Sohn ausgeht" oder: nur vom Vater; siehe unten V 6). Auch die Entwicklung des Bistums Rom zum Kirchenstaat und die damit verbundene Verweltlichung lassen „katholisch" im Sinne von „weltumspannend", aber auch im Sinne von „rechtgläubig" (seit dem 4. Jahrhundert in dieser Bedeutung belegt), als anmaßend und heuchlerisch erscheinen. Auch Katholiken sollten ein Bekenntnis an die „eine, heilige, christliche und apostolische Kirche" formulieren. So würde der Rückbezug auf Jesus Christus gewahrt und das vom Lehramt vorgegebene bei Gläubigen übliche falsche Verständnis, die lateinisch-römische Kirche als „katholische" sei die einzig wahre Kirche Jesu Christi, abgewehrt.

Das Problem heute lautet: Kann man die „Nabel-der-Welt-Vorstellung", die in der Antike aufgrund der politischen Machtstellung Roms durchgesetzt wurde und in der Neuzeit durch die Kolonisation vieler Länder durch die europäischen Staaten und durch die damit inkludierte Missionierung, noch vertreten? Trotz aller globalen Erkenntnisse (beim Klima und in der Wirtschaft) bleibt die unterschiedliche Weltsicht verschiedener Kontinente, auch der Bischofskonferenzen bestehen. Als neues Beispiel der Flexibilität „Roms" aufgrund einer angemessenen Deutung der Schöpfung aller Wirklichkeit durch Gott kann die von Rom erlaubte Beschäftigung homosexueller Menschen in der Seelsorge und die Segnung homosexueller Paare durch Papst Franziskus dienen, die in Europa und europäischen Bischofskonferenzen begrüßt, durch afrikanische Bischofskonferenzen aber radikal abgelehnt wurden. Stellt diese Differenz die Einheit des christlichen Glaubens in Frage? Dies ist nur ein aktuelles Beispiel für kontinentale Diversität aufgrund verschiedener Mentalitäten.

Können auch liturgische Rituale wie Abendmahl bzw. Messe, die im Laufe der Jahrhunderte entstanden sind[18], sich ändern, wenn Menschen sie als Lebensangebot des Glaubens nicht mehr nachvollziehen können? Gibt es angemessenere Rituale als die momentan praktizierten? Christen brauchen feste Rituale. Das steht außer Frage. Sie müssen eine existentielle Bedeutung für heutige Menschen haben. Sie müssen im Dienst des Evangeliums, der „frohen Botschaft" in der Nachfolge Jesu von Nazaret stehen – wenigstens allgemein und theoretisch. Was ist, wenn das bisherige Ritual abstirbt, keine Lebensangebote mehr für Menschen heute eröffnet? Die Statistik für Deutschland beantwortet diese Fragen (siehe unten I 3).

Aus der Vielfalt der urchristlichen Gemeinden, deren Zeugnisse im Neuen Testament versammelt sind, wurde im Laufe der ersten Jahrhunderte vor allem in der römischen Welt der Römerbrief des Apostels Paulus zum Maßstab christlichen Glaubens. Dabei wurden seine pastoraltheologischen Hinweise zum Leben der Glaubenden (12,1 – 15,13) nicht beachtet. Allein seine Reflexionen zur Rettung aller Menschen (Röm 1,18 – 8,39) wurden rezipiert. Darin sah man die Summe seiner Theologie. Seine Ausführungen zur Rettung Israels und zu seinem Verhältnis zu den „Völkern", den Nichtjuden (Röm 9,1 – 11,36), interessierten

---

[18] Das wissenschaftliche Standardwerk zur Entwicklung der „Eucharistie" in Lehre und Ritual ist immer noch J. A. Jungmann, Missarum Solemnia. Eine genetische Erklärung der römischen Messe I–II, Freiburg ⁵1962; vgl. auch H. B. Meyer, Eucharistie. Geschichte, Theologie, Praxis, Regensburg 1989. In einem deutsch-englischen Sammelband werden umfassend die wichtigsten Aspekte für die Zeit des Neuen Testaments, des frühen Judentums und der griechisch-lateinischen Antike dargestellt: D. Hellholm/D. Sänger (Hrsg.) The Eucharist – Its Origins and Contexts. Sacred Meal, Communal Meal, Table Fellowship in Late Antiquity, Early Judaism, and Early Christianity I–III, Tübingen 2017.

die christlichen Theologen nicht mehr. Zudem: In 1,18 – 8,39 sahen die Christen fälschlicherweise Paulus bei der Verhältnisbestimmung von „Glaube" und „Werken" im Kampf gegen „die Juden". Mit großer Wirkungsgeschichte vertrat diese Deutung Augustinus (354–430) und im 16. Jahrhundert vor allem Martin Luther, der seinen Kampf gegen die katholische Kirche mit dem des Paulus gegen die Juden identifizierte (siehe unten III 1.4-5). Luther kämpfte „gegen die Papisten, unsere Juden".[19] Wie immer man Luthers Wahrnehmung der „römischen" Frömmigkeit als sachgemäß beurteilen mag, Paulus konnte er aus dieser aktuellen Auseinandersetzung nur falsch verstehen.

Seit circa 30 Jahren hat sich eine neue Deutung des Römerbriefes durchgesetzt (siehe unten III 1.6).[20] Paulus wird als Diaspora-Jude verstanden, als Zeuge einer innerjüdischen Deutung der Tora, der Weisungen vom Sinai, in hellenistisch/griechisch jüdischer Perspektive. Diese universale Theologie war nicht neu.[21] Um diese Frage kreist das Denken des Paulus im Römerbrief: „Ist Gott nur Gott der Juden? Nicht auch der Heiden/Völker? Ja, *auch* der Völker/Heiden!" (Röm 3,29)

Dass Israel und Nichtjuden aufgrund des Glaubens an den einen, einzigen Gott eine Einheit bilden, war Jahrhunderte lang nicht die Sicht der christlichen Kirchen. In langen, unterschiedlichen Prozessen haben sich in der Zeit nach dem Neuen Testament „Judentum" und „Christentum", die jeweils nur in unterschiedlichen Formen, nie als globale Einheit existierten, langsam, aber stetig einander entfremdet, aber auch bewusst entzweit. In diesen Prozessen entstanden seit dem zweiten Jahrhundert bewusste Fehldeutungen der neutestamentlichen Schrif-

---

[19] Zu dieser Entwicklung und zur Deutung Augustins und Luthers vgl. K. Wengst, „Freut euch, ihr Völker", 25–36; zum Zitat ebd. 33, Anm. 116.
[20] Vgl. ebd. 63–67 und seine gesamte Auslegung des Römerbriefes; ausführlich vgl. M. Bachmann (Hrsg.), Lutherische und Neue Paulusperspektive. Beiträge zu einem Schlüsselproblem der gegenwärtigen exegetischen Diskussion, Tübingen 2005.
[21] Zur Entwicklung des Gottesbildes JHWH im Alten Testament vom Nationalgott zum Gott für alle Völker vgl. H. Frankemölle, Gott glauben – jüdisch, christlich, muslimisch, Freiburg 2021, 86–211.

ten, auch antijüdische Texte. Dieser Prozess ist hier nicht darzustellen.[22]

Nachwirkungen dieser Fehldeutungen gibt es bis heute, auch wenn seit circa 60 Jahren das gegenseitige Verständnis von Juden und Christen sich erstaunlich positiv entwickelt hat. Selbst die Schriften im Neuen Testament haben international renommierte jüdische Gelehrte angemessen kommentiert.[23]

Das Bekenntnis, dass allein durch den Tod Jesu alle Menschen errettet werden, ist im Neuen Testament auf Paulus beschränkt, es bildet bei ihm die Kernaussage des christlichen Glaubens. Mit der Verkündigung Jesu ist diese Theologie nicht kompatibel. Jesus verkündete und eröffnete in seinem Handeln die Wirklichkeit, die „Herrschaft" Gottes, die vor allem Lukas bestätigt (siehe unten III 2). Kultischen Opfern steht Jesus kritisch gegenüber (vgl. Mt 5,23), ebenso dem Tempel insgesamt, was ihm den Prozess und den Tod brachte (Mk 14,58).[24] Vergleichbar mit der Überzeugung des Paulus ist die These des Verfassers des Briefes „An die Hebräer", demzufolge der Sohn Gottes (1,1 – 4,13) als Hohepriester des neuen Bundes in seinem Opfer den Menschen die endgültige Versöhnung mit Gott eröffnet hat (4,14 – 10,18). Beide theologische Konzeptionen zeigen, worum es den Verfassern geht: um eine Auseinandersetzung mit den Priestertheologen, nur durch sie und durch Opfer im Tempel könne Versöhnung mit Gott vermittelt werden. Es geht um die Alternative: Jesus oder Tempelpriester, um den von Jesus verkündeten und in seinem Wirken erfahrbaren Gott oder um den von den Priestertheologen in der Liturgie gefeierten Gott. (Von Lukas in der Erzählung vom barmherzigen Samaritaner in 10,25–37 als Deutung der Bibelzitate aus Dtn 6,5 und Lev 19,8 pointiert formuliert.) Wenn Paulus bekennt: *„Jesus ist für unsere Sünden gestorben"* (siehe unten III 1.2), ist der Satz nicht lehrhaft,

---

[22] Vgl. dazu H. Frankemölle, Frühjudentum und Urchristentum. Vorgeschichte – Verlauf – Auswirkungen (4. Jahrhundert v.Chr. bis 4. Jahrhundert n.Chr.), Stuttgart 2006.
[23] W. Kraus u.a. (Hrsg.), Das Neue Testament – jüdisch erklärt. Lutherübersetzung, Stuttgart 2021 (aus dem Englischen).
[24] Vgl. H. Frankemölle/H. Heinz, Bei Jesus in die Schule gehen, Freiburg 2023, 95–104.

dogmatisch zu verstehen, sondern neues Lebensmodell im Bekenntnis zu Jesus Christus als Bringer des Heils. Nicht erst Anselm von Canterbury (siehe unten III 1.4) hat Paulus missverstanden, als könne der zornige Gott nur durch den Tod seines einzigen Sohnes „versöhnt" werden. Dieses Missverständnis ist bei Christen aller Richtungen bis heute weit verbreitet. Dagegen gilt. „Die biblische Rede vom Opfertod Jesu zielt im Kern auf eine Ablösung der priesterlichen Institution und ihres Opferbetriebes. Dabei bleibt sie bis heute, gerade für die katholische Kirche, eine eminent systemkritische Glaubensaussage."[25]

Von diesem paulinischen Bekenntnis in der Deutung Anselms von Canterbury (siehe unten III 1.4) sind die Theologiegeschichte und die christliche Frömmigkeitsgeschichte bis in die Malerei und die Musik (erinnert sei an die Passionen von Johann Sebastian Bach) einseitig bestimmt. Die Frömmigkeits- und Theologiegeschichte hätte auch anders verlaufen können, wenn man den Text lebensgeschichtlich im Sinne Jesu verstanden und im Hinblick auf damalige Menschen und ihr Lebensmodell gefragt hätte: Warum beschäftigt sich Paulus mit dem Bekenntnis zur Erlösung durch den Tod Jesu? Warum war die Theologie des Paulus für seine Gemeinden eine Form, Fragen des Lebens beantworten zu können? Warum wurde sie in der Folgezeit attraktiv? Warum können heutige Christen mit dieser Botschaft nichts mehr anfangen und verabschieden sich von ihr und der Kirche, die sie verkündet? Um eine Antwort auf diese Fragen geht es im ersten Kapitel I, unterstützt durch statistische Daten.

Im weiteren Kapitel II geht es um Skizzen zu unterschiedlichen neutestamentlichen Konzepten. Was verstehen sie im Vergleich zu Paulus unter „glauben"? Haben sie ein anderes Verständnis von Erlösung, die nicht an den Tod Jesu gebunden ist? Oder wird „christlich" allein durch die Theologie des Paulus bestimmt? Dies war die Überzeugung von Martin Luther. Nach ihm waren nur jene Schriften bestimmend, kanonisch, die „Christum predigen und treyben". (WA 7,384f.)

---

[25] M. Ebner, Starb Jesus wirklich für unsere Sünden?, in: Publik Forum vom 14. Juni 2024, 40.

Im nächsten Kapitel III soll „Erlösung" nach Paulus und Lukas dargestellt werden. Hier ist vor allem Lukas als Verfasser des dritten Evangeliums und der Apostelgeschichte als „Antipode" zu Paulus im Hinblick auf das von der Säkularisation geprägte Christentum im 21. Jahrhundert besonders interessant.

Thematisch wird in Kapitel IV die Frage enggeführt auf die Praxis der Mahlzeiten Jesu, die in der Regel als „Brotbrechen" oder im Hinblick auf sein letztes Mahl mit den Jüngern vor seinem Tod in nachösterlicher Perspektive als „Abendmahl" oder – so Paulus – als „Herrenmahl" benannt wird. Hier stellt sich die Frage, ob beide Formen nach Tod und Auferweckung Jesu weiter praktiziert wurden. Entgegen der üblichen These in der Wissenschaft: „In der alten Kirche war die Spendung der Kommunion unter beiden Gestalten, Brot und Wein, üblich,"[26] werden in diesem Buch nicht die Rituale gemäß den Überlieferungen von Mk 14,22–25, Mt 26,26–29; Lk 22,15–20 und 1 Kor 11,23–25 als Ausgangpunkt genommen, sondern als jüngere Stationen im Nachdenken über Jesu Handeln verstanden. Denn es ist mit dem Standardwerk von Josef Andreas Jungmann „zu beachten, dass die offensichtlichen Verschiedenheiten der vorliegenden Berichte, die ja sogar die Form der Einsetzungsworte betreffen, bereits von entsprechenden Verschiedenheiten der liturgischen Praxis herrühren müssen, in der jene Berichte ihre Stellung hatten."[27] Hält man eine Rückfrage nach der ältesten Überlieferung für angemessen, ist auch das Ritual „Brotbrechen" als mögliche Form des gemeinschaftlichen Mahles als Kennzeichen der jesuanischen Gemeinschaft nach Ostern zu verstehen, wie die Erfahrung der zwei Jünger auf dem Weg nach Emmaus belegt. Nach den Erzählungen der Apostelgeschichte führen die Christen diese Praxis weiter.

„Und als Jesus bei ihnen zu Tische lag (EÜ blass: bei Tisch war), nahm er das Brot, sprach den Lobpreis, brach es und gab

---

[26] K. Ganz, Laienkelch. I. Historisch-theologisch, in: LThK 6, ³1997, 600f., ebd. 600; so auch R. Kaczynski, Kelchkommunion, in: LThK 5, ³1986, 1385.

[27] J. A. Jungmann, Missarum solemnia I 10; so auch H. B. Meyer, Eucharistie 63.

es ihnen. Da wurden ihnen die Augen aufgetan und sie erkannten ihn." (Lk 24,30f)

Dieses zweifache Ritual (Paulus: Herrenmahl, Lukas: Brotbrechen) belegt, dass es Gemeinden gab, die nur unter dem Zeichen des „Brotes" Eucharistie feierten, während andere dies mit „Brot und Wein" taten. Verschiedene Kirchen berufen sich entweder auf Paulus oder Lukas, wie die unterschiedliche Entwicklung der „Kelchkommunion" für Laien in den reformatorischen Kirchen (vor allem durch die Hussiten und Martin Luther wurde der Laienkelch propagiert) und die seit dem 13. Jahrhundert übliche Praxis „sub una", nur „Brot" als eucharistische Gabe zu empfangen, belegt. Seit dem Zweiten Vatikanischen Konzil (1962–1965) können bei besonderen Gegebenheiten auch Laien in der katholischen Kirche unter beiden Gestalten, Brot und Wein, die Kommunion empfangen.

Die unterschiedlichen theologischen Akzente sind nicht zu übersehen: Beim „Abendmahl"/bei der „Messe" steht die Erinnerung an Jesu letztes Mahl als Kulthandlung im Mittelpunkt, vor allem in Verbindung mit dem Opfergedanken als Deutung seines sühnenden Todes. „Brotbrechen" als zentrales Ritual Jesu erinnert als Zeichen an seine und Gottes Gemeinschaft mit Sündern und Pharisäern. Die Segenssprüche belegen, dass das Ritual als Dank an den wirkenden Gott als Vater gefeiert wird. Hier hat gerade die katholische Kirche Nachholbedarf. Wie das Zeichen der „Danksagung/Eucharistie" inhaltlich gefüllt werden kann, ist von Lukas, dem Verfasser des Evangeliums und der Apostelgeschichte zu lernen.

Mit Freude darf man feststellen, dass die katholische Kirche mit den evangelischen Kirchen im Sinne der jesuanischen Traditionen die abstrakte, antike Kulthandlung mit der Aussöhnung mit den Juden verbindet. Dies war das genuine Anliegen von Papst Johannes Paul II. Dazu kommt der Gedanke an die Bewahrung der Schöpfung, an den Frieden zwischen den Religionen und Kulturen, an die Brüderlichkeit aller Menschen (dies ist das Anliegen von Papst Franziskus; siehe unten VI). Damit es nicht bei dieser allgemeinen Bemerkung bleibt, seien seine Gedanken im Schlusskapitel VI 1 skizziert. Bis auf die Einführung vier neuer Hochgebete 1970 und weiterer in den folgenden Jahrzehnten mit Erinnerung an Gottes Heilstaten in der Schöpfung, an Israel, an die Sammlung der Kirche hat der Bezug zur Geschichte und zum Leben die anderen Texte des „Abendmahls" und der „Messe" nicht tangiert. Sie bleiben dogmatisch, lehrhafte Wahrheiten. Die unterschiedliche theologische Ausrichtung und der dominierende Aspekt der Opfertheologie, die Fokussierung auf die „Erlösung" durch den Tod Jesu bleibt ein Problem, da der Bezug zum Leben fehlt. Welchen Inhalt diese Bezüge haben könnten, dafür liefert die afrikanische und südamerikanische „Theologie der Befreiung" gute Beispiele, mehr noch die Lehrschreiben von Papst Franziskus. Bislang hat diese neue Akzentsetzung die Grundstruktur von „Messe" und „Abendmahl" nicht erreicht. Immerhin wurden einige Hochgebete in der biblischen Perspektive der Weltschöpfung und des Mitseins Gottes mit „seinem Volk", Israel und Kirche, oder zu besonderen Anlässen zugelassen.

Grundsätzlich stellt sich die Frage: Wie soll man mit dem spannungsreichen oder widersprüchlichen Befund im Neuen Testament umgehen? Ist das eine Bekenntnis durch ein anderes zu ersetzen? Oder ist die Vielfalt im Neuen Testament auch für uns heute noch „kanonisch"/maßgebend?

Es gibt eine ständig zunehmende Entfremdung zwischen biblisch begründeten Erkenntnissen der wissenschaftlichen und bischöflich-vatikanischen Theologie (die Erklärungen des Zweiten Vatikanischen Konzils von 1962 bis 1965 sind ein Beleg) und dem Glauben des Volkes. Man kann von einem Schisma sprechen. Den Hochmut der „Hohepriester und der (strengen) Pharisäer", der in Joh 7,49 belegt ist („Dieses Volk, das vom Gesetz nichts versteht, verflucht ist es"), gibt es auch heute, jedenfalls in der Form, dass der Bildungsdünkel der „Studierten" nicht bereit ist, die Glaubenserfahrungen des „einfachen Volkes" wahrzunehmen und ernst zu nehmen.[28] Der Umgang des Vatikans mit

---

[28] Diese Stereotype in Joh 7,49 dürften nicht die historischen Pharisäer zur Zeit Jesu treffen. Dies gilt auch für die „Pharisäerkritik" in Mt 23, vgl. dazu H. Frankemölle, „Pharisäismus" in Judentum und Kirche. Zur Tradition und Redaktion in Matthäus 23, in: Ders., Biblische Handlungsanweisungen. Beispiele pragmatischer Exegese, Mainz 1983, 133–190. Zu einer interreligiösen Rehabilitation vgl. J. Sievers/A. J. Levine/J. Schröter (Hrsg.), Die Pharisäer. Geschichte und Bedeutung, Freiburg 2024.

südamerikanischen Vertretern einer „Theologie des Volkes" (Clodovis und Leonardo Boff, Gustavo Gutiérrez u. a.) und ihre Ablehnung durch „Rom" spricht für sich. Theologie aus dem Leben des Volkes als Antwort auf deren Fragen steht in Widerspruch zur klassischen dogmatischen, abstrakten Theologie, sei diese aus dem vierten (wie das Glaubensbekenntnis) oder aus dem sechzehnten Jahrhundert (Beschlüsse des Trienter Konzils). Gegen alles Unwissen und gegen alle plakativen Formulierungen im „Volk" hätten die theologisch „Studierten" jene sprachlichen Versuche heute einzuüben, die Theologen im Alten und Neuen Testament für ihre Adressaten geschafft haben. Dies belegt die Vielfalt ihrer Antworten.

Es wäre ein großes Missverständnis zu glauben, die gegenwärtigen Probleme der Christen, mögen sie in den Kirchen bleiben oder nicht, bestünden darin, dass ihnen der tradierte Glaube nicht genug erklärt würde. Analog zu politischen Entwicklungen in den westlichen Demokratien, in denen vielfach die Bürger den Eindruck haben, dass die Eliten paternalistisch Politik ohne sie machen, sind auch die Erfahrungen von engagierten Christen in ihren Kirchen. Dass umgekehrt ein Großteil der Kirchenmitglieder nur nominell „Christen" sind (von der Taufe angefangen die Sakramente als schöne Riten genießen), kein Interesse an wirklicher Einführung haben in das, was Christsein bedeutet, ist ein bekanntes Phänomen, das ständig zunimmt. Das zeigt sich nicht zuletzt an den kirchlichen Hochfesten, vor allem an Weihnachten. Während das Fest gesellschaftlich zwischen Kommerz, Konsum und folkloristischen Ritualen verkommt, füllen sangesfreudige Mitmenschen große Fußballstadien. Der Beginn war vor 30 Jahren im Verein Union Berlin „An der Alten Försterei". Ein Höhepunkt war 2023 mit einem neuen Rekord im Guinness-Buch im Stadion in Dortmund mit 72.000 Teilnehmern, die sich das Dabeisein teuer erkaufen mussten. Wie immer man die Motive der Teilnehmer umschreiben will – mit Volksfrömmigkeit oder kultureller Religiosität – total religiös unmusikalisch kann man die Zeitgenossen nicht nennen. Dies belegt auch das Interesse für Romane und Filme, in denen biblische Motive verarbeitet werden. Ein Beispiel ist „Herr der Ringe" von J. R. R. Tolkien aus dem Jahr 1954, ein Werk, das als Roman und als Film zu den kommerziell erfolgreichsten Werken im 20./21. Jahrhundert zählt. Nicht von ungefähr haben praktische Theologen und Religionspädagogen in den vergangenen Jahrzehnten das Verhältnis von Literatur und Theologie, von Musik und Theologie, das heißt die verdeckten Spuren menschlicher Hoffnungen in den verfremdeten biblischen Motiven in den neuen Medien erforscht.

So sehr die Zustimmung zu dogmatisch, kirchlich vorgegebenen Bekenntnissen abnimmt, das Bedürfnis nach tragfähigen Antworten auf die existentiellen Probleme des Einzelnen, der Gesellschaft, der Staaten untereinander bleibt. Bleiben Antworten von Theologen aus, kommen sie von außerhalb. Die Theologie und die Kirchen sind ein „Player" neben vielen anderen. Das entlastet den Einzelnen auch. Daher erfordert der Hinweis, man sei „Christ", in den westlichen Ländern keinen Mut, wenn man den heutigen Menschen sachgerecht den eigenen Glauben erklären will. In anderen religiösen und politischen Gesellschaften ist es anders. Auch in den neutestamentlichen Gemeinden gab es unterschiedliche Erfahrungen mit verschiedenen Glaubens-Angeboten. Um sie angemessen beurteilen zu können, ist ein genauer Blick auf die eigene Lebenswelt erforderlich.

I. Heutige Probleme christlichen Glaubens

1. Das theologische Grundproblem

Vorherrschend in der christlichen Religion ist bis heute der Gedanke der Erlösung. Wir verdanken dieses Bekenntnis dem Apostel Paulus. Konzentriert ist dieser Glaubenssatz im Opfertod Jesu am Kreuz. Er ist *das* Zentrum der christlichen Theologie in der Interpretation des Paulus:

> „Wurde etwa Paulus für euch gekreuzigt? […]
> Wir verkündigen Christus als den Gekreuzigten." (1 Kor 1,13.23)
> Das „Wort vom Kreuz ist … uns, die gerettet werden, Gottes Kraft."
> (ebd. 1,12)

Versöhnung mit Gott und Heil bewirkt Jesu sühnender Tod am Kreuz. In Aufnahme des Ritus vom jüdischen Versöhnungstag (Lev 16) in Röm 3,25 nennt Paulus in kultischer Metaphorik Jesus Christus ein „Sühnemal in seinem Blut", einen Ort der Versöhnung. In Jesu blutigem Tod am Kreuz wird die Sünde vernichtet und dem glaubenden Sünder Rechtfertigung geschenkt. Jesus Christus ist das Opfer, durch das Gott versöhnt wird.

Diese Deutung des Todes Jesu prägt Theologie, Frömmigkeit und liturgische Texte bis heute. Im Gloria der Messe heißt es zweimal:

> „Du nimmst hinweg die Sünden der Welt." (Gotteslob 166)

Im vierzehnmal wiederholten Einleitungsgebet zum Kreuzweg Jesu heißt es:

> „Wir beten dich an, Herr Jesus Christus, und preisen dich, denn durch dein heiliges Kreuz hast du die Welt erlöst." (Gotteslob 903)

Wegkreuze mit der Inschrift „Im Kreuz ist Heil/in cruce salus" oder IHS erinnern an dieses Zentrum des christlichen Glaubens in der paulinischen Sichtweise, erweitert um „im Kreuz ist Leben". (GL 296) Bei der Kreuzverehrung am Karfreitag wird gesungen: „Seht, das Holz des Kreuzes, an dem das Heil der Welt gehangen." (GL 308) Im Hochgebet der Messe und in anderen Gebeten wird der Gedanke vielfach variiert. Er war und ist bis heute der cantus firmus christlicher Theologie und Frömmigkeit: Jesus ist aufgrund seines Todes der Erlöser der Welt. Durch seinen Tod wird Gott versöhnt. Dies wird in unblutiger Weise im „Opfer" der heiligen Messe erneuert (vgl. das erste Hochgebet: „blicke versöhnt ..." oder das dritte Hochgebet: „Schau gütig auf die Gabe deiner Kirche. Denn sie stellt dir das Lamm vor Augen, das geopfert wurde und uns nach deinem Willen mit dir versöhnt hat").

Die Aussagen der Lieder vor allem in der Advents- und Weihnachtszeit stehen dem nicht nach. Im ökumenischen Lied zur Fastenzeit „O Haupt voll Blut und Wunden" (GL 289), in dem Jesu Leiden und Tod, den der Sänger „verschuldet" hat, eindrucksvoll memoriert wird, heißt die bekannteste Strophe: „Wenn ich einmal soll scheiden, so scheide nicht von mir. Wenn ich den Tod soll leiden, so tritt du dann herfür. Wenn mir am allerbängsten wird um das Herze sein, so reiß mich aus den Ängsten kraft deiner Angst und Pein." Der Trost des Beters liegt im stellvertretenden Tod Jesu.

Was ist das für ein Gottesbild, dem zufolge durch den Tod des Sohnes Gottes Erlösung geschieht? Zwar bleibt im Neuen Testament und in den ersten Jahrhunderten unklar, was „Erlösung" bedeutet, auch, wovon man „erlöst" wird, auch was „Sohn Gottes" bedeutet, doch seit der Deutung des Todes Jesu als „Genugtuung/satisfactio" des beleidigten und erzürnten Gottes durch Anselm von Canterbury (1033–1109) prägt diese „Satisfaktionstheorie" (siehe unten III 1.4), der zufolge Jesu Tod als „Sühneopfer" stellvertretend alle Menschen mit dem zornigen Gott versöhne, bis heute das Bild Gottes sowie die Deutung des Todes Jesu am Kreuz und ermöglicht den Glaubenden einen gnädigen Tod. Unzählige Christen hat dieser Glaube im Leben und Sterben begleitet und getragen.

Nicht nur das Ende des Lebens wird durch den Erlösungsgedanken bestimmt, sondern im Verlauf der Theologiegeschichte auch der Anfang. Gegen eine zu starke Betonung der Willensfreiheit des Menschen im Prozess der Erlösung betonte der Kirchenvater Augustinus (354–430) unter Berufung auf Röm 5,12 die Notwendigkeit der Kindertaufe (siehe unten III 1.3). Dafür prägte man im 15./16. Jahrhundert das missverständliche Wort „Erbsünde", das von Martin Luther aufgenommen und verbreitet wurde, so als würde durch den Geschlechtsakt die Sünde „vererbt". Die Erbsündenlehre ist dem Alten und Neuen Testament fremd. Es ist christliches Sondergut in der lateinischen Tradition, das Augustinus auf seinem Weg durch alle philosophischen Systeme seiner Zeit auf der Suche nach Wahrheit dem babylonischen gnostischen „Evangelium" des Mani (216–277) entnommen hat. Der Manichäismus vertrat einen strengen Dualismus (gut – böse, Licht – Finsternis, Geist – Materie), anthropologisch eine Leibfeindlichkeit. Die griechisch-orthodoxen Traditionen brauchen diese Lehre nicht, auch nicht die jüdische Auslegung der Bibel, um die Grundbefindlichkeit des Menschen zu erklären. Da das Wort „Erbsünde" absolut missverständlich ist und falsche Assoziationen freisetzt, verzichtet man heute darauf. Die Rezeption von Röm 5,12 durch Augustinus ist exegetisch zu prüfen. Das Ergebnis: Diese augustinische Deutung des Paulus ist nicht haltbar (siehe unten III 1.2).

Auch das Menschenbild ist zu befragen. Ist die Welt, sind die Menschen erlöst? So werden wir Christen zu Recht von Juden oft gefragt. Ist die Kirche erlöst? Wovon? Der Weltkatechismus von 1992 behauptet noch den Monogenismus, demzufolge alle Menschen von einem Menschen, Adam, abstammen und dass durch das einmalige Verhalten von Adam und Eva die Sünde in die Welt kam – entgegen der naturwissenschaftlichen Erkenntnis, dass die Menschwerdung der Gattung Mensch in verschiedenen Regionen der Welt nachweisbar ist. Auch die konkrete „Heiligkeit" der Kirche kann seit Aufkommen der historischen Wissenschaften der Neuzeit nur noch behauptet werden, da die Fakten aufgrund ihrer Verstrickung in weltliche Geschichte mit Kriegen und Versklavungen ganzer Völker, auch in eigenem Namen von Päpsten und Fürstbischöfen, dagegensprechen. Nicht erst seit 2010 mit der Aufdeckung des Missbrauchs von Abhängigen, sogar von Kindern, nicht erst durch die MHG-Studie der katholischen Kirche von 2018 ist die *systemische* Unglaubwürdigkeit der katholischen Kirche ein Grundproblem. Die evangelischen Kirchen sind davon nicht weniger betroffen, wie die Missbrauchsstudie der Evangelischen Kirche in Deutschland (EKD)

2023 bestätigte. Der jahrelange Verweis, der Zölibat sei das eigentliche Problem, erwies sich als Wunschdenken, da feststeht, dass die Zahlen der Missbrauchstäter fast gleich hoch und 99,6 % männlich sind, wobei drei Viertel der Beschuldigten verheiratet waren. Ein wichtiger Faktor bei dieser Problematik ist das Milieu der Nähe mit Heranwachsenden in der Phase von deren Selbstfindung.[29]

Neben dem Missbrauch waren es je nach Land andere Probleme wie Armut und Unterdrückung, unter denen das Ansehen der Kirche litt. Man denke an Südafrika oder Lateinamerika und die Bemühungen der „Theologie der Befreiung", diese unmenschliche Situation aufzuarbeiten und zu verändern. Darum bemühten sich nicht nur Professoren und einzelne Praktiker, sondern auch Bischöfe, wie der „Katakombenpakt" von 500 Bischöfen während des Zweiten Vatikanischen Konzils belegt, die das Leitwort von der „Kirche der Armen" von Papst Johannes XXIII. aufgriffen.[30]

Wo erfahre ich als säkularer Mensch „Erlösung" und „Befreiung", wie die Kirchen sie verkünden? Was besagen diese Begriffe überhaupt? Herbert Vorgrimler, Professor für dogmatische Theologie, stellt noch im Jahre 2000 nüchtern fest: Die Theologen im 20. Jahrhundert „konnten zwei Probleme nicht lösen, die genauere Herkunft der universalen Unheilssituation und die genauere Bedeutung und Tragweite von Erlösung (deren Begriff ungeklärt bleibt)."[31] Diese Sprachlosigkeit gilt auch heute noch. Von den Teilnehmern der Liturgie wird ohne jede thematische Begründung und Erklärung eine Zustimmung im Glauben zur „Erlösung" gefordert, die inhaltlich nicht als Hilfe im spirituellen

---

[29] So der Religionssoziologe D. Pollack, Die Gewalt der Männlichkeit, in: FAZ 02.02.2024, 13, der zu Recht darauf hinweist, dass der Zölibat beim Thema Missbrauch „überschätzt" wird.
[30] Vgl. N. Arntz, Der Katakombenpakt. Für eine dienende und arme Kirche. Kevelaer 2015; Ders./Ph. Geitzhaus/J. Lis (Hrsg.), Erinnern und Erneuern – Provokation aus den Katakomben, Münster 2018.
[31] H. Vorgrimler, Wörterbuch 159 zum Begriff „Erbsünde" (ebd. 157–159); das Resultat zum Begriff „Erlösung" (ebd. 163–167) ist damit identisch; ebd. 165: „Ein einheitliches theologisches Verständnis von Erlösung ergab sich jedoch nicht, auch nicht in kirchlich-amtlichen Aussagen."

1. Das theologische Grundproblem

und konkreten Leben erfahren wird. Viele Menschen fragen sich heute: Was ändert sich in meinem Leben, wenn ich den Formeln der Kirche zustimme, glaube und mich taufen lasse?

Ein anderer Aspekt, unter dem gerade aktive Gemeindemitglieder leiden, ist innerkirchlich wichtig. Es geht um die Frage der „Mitwirkung" oder „Mitbeteiligung" aller Christen, genauer der Laien, wovon in den Beschlüssen des Zweiten Vatikanischen Konzils oft die Rede ist. Sie sind als Verheiratete in vielen pastoralen Fragen mehr Fachleute als Kleriker. Es gibt einen alten juristischen Grundsatz, dass alle Mitglieder der Kirche (über gewählte Vertreter) mitbestimmen können und müssen, auch über die Verwendung der Gelder. Dieser lateinische Rechtsgrundsatz, der sich auch im mittelalterlichen Kirchenrecht findet, lautet: quod omnes tangit debet ab omnibus approbari/was alle betrifft, muss von allen beraten/gebilligt/beschlossen werden. Impliziert bei dieser Sentenz ist der Streit der Katholischen Kirche in Deutschland mit dem Vatikan, ob es einen im Kirchenrecht nichtvorgesehenen „synodalen Ausschuss" (Bischöfe und Laien mit gleichem Stimmrecht) geben darf, was der Vatikan bislang ablehnt, oder ob es bei synodalen Strukturen bleibt, in denen Laien beraten und mitabstimmen dürfen – unter dem Vorbehalt der Zustimmung der Bischöfe und des Papstes, der vehement an der hierarchischen Struktur der Kirche festhielt. Gleiches gilt auf der Ebene der Ortskirche für die Funktion des Pfarrers. „Laien", die im weltlichen Bereich in allen Fragen demokratische Prozesse als selbstverständlich erleben, lernen in der Kirche angeblich göttliches Recht, das heißt: ihre kirchliche Unmündigkeit kennen. Dass Priester und Laien, auch Frauen gemeinsam im Team eine Gemeinde leiten, wie in einigen Diözesen (Osnabrück, Münster) praktiziert wird, ist ein großer Schritt, ohne Gleichberechtigung bei Abstimmungen (darüber schweigt man[32]) bleibt die „Führungs- und Leitungsverantwortung" von „Laien", die sie im weltlichen Bereich haben, theologisch und gesellschaftlich ungeklärt.

---

[32] Vgl. https://www.vaticannews.va/de/kirche/news/2024-08/deutsch-munster-gemeindeleitung-laien-priester-frauen-genn.html (abgerufen am 07.03.3025).

Die Fragen verschärfen sich, wenn man bedenkt, dass Katholiken bzw. Christen im westlichen Europa nicht mehr in geschlossenen Räumen leben, sondern ihnen aufgrund der Säkularisation eine Vielfalt von Lebensentwürfen, auch atheistischen, angeboten werden.[33] Vertreibungen aufgrund von Kriegen und allgemeine Migration verstärken die Erfahrung, in gemischten Gesellschaften zu leben.

2. Politische und soziologische Anzeigen

Wir leben heute, nicht nur in Deutschland, in einer multiethnischen, multikulturellen und multireligiösen Gesellschaft. Seit dem Zweiten Weltkrieg ist ein beispielloser Traditionsbruch zu konstatieren. Volkskirchliche Strukturen lösen sich auf. Dies ist unbestritten,[34] wird aber von traditionell eingestellten Christen oft schmerzlich als Verlust erfahren. Die gesellschaftlichen und kirchlichen Veränderungen in den evangelischen und katholischen Kirchen waren bedingt durch immer stärkere Individualisierung (mit Auflösung der Großfamilien), durch Mobilisierung (Freizeitgestaltung, Ferien im Ausland), durch Medialisierung (Radio, Fernsehen, Zeitschriften), durch Immigration aus anderen Nationen und Kulturen („Gastarbeiter"), durch das Kennenlernen anderer Religionen und religiöser Praktiken (Bhagwan-Bewegung) oder Ersatzritualen (Yoga, Meditationsübungen). Seit Jahren wird an den Universitäten in Münster, Bochum und München in Forschungsgruppen zum Thema „Religion und Politik in den Kulturen der Vormoderne und Moderne" intensiv zu den politischen und kirchlichen Transformationen und ihren Ursachen geforscht.

---

[33] Vgl. D. Pollack, Säkularisierung – Ein moderner Mythos? Studien zum religiösen Wandel in Deutschland, Tübingen 2003; ²2012; Ders. (Hrsg.), Moderne und Religion. Kontroversen um Modernität und Säkularisierung, Bielefeld 2012; Ders., Religion in der Moderne. Ein internationaler Vergleich, Frankfurt 2015.
[34] Vgl. T. Großbölting, Der verlorene Himmel. Glaube in Deutschland seit 1945, Göttingen 2013; F.-X. Kaufmann, Kirche in der ambivalenten Moderne, Freiburg 2012.

2. Politische und soziologische Anzeigen

Auf einen wenig beachteten weiteren Aspekt verweist der Historiker Thomas Großbölting: Während in vielen Teilen der Welt Religionen bleibend attraktiv seien (worauf auch der Vatikan regelmäßig hinweist), habe es einen Vertrauensbruch bei Christen gegen eine amtliche, „pseudoreligiöse Bewegung mit Heils- und Erlösungsversprechungen" des Nationalsozialismus (mit unsäglichen Folgen für Juden, Sinti und Roma u. a.) in Deutschland gegeben, der durch die massive Säkularisierung in der DDR verstärkt wurde – mit Rückwirkung auf die kirchliche Entwicklung in der Bundesrepublik.[35] Eine staatlich verordnete oder amtskirchlich stark normierte und dogmatisch überhöhte Religiosität (aufgrund der weitreichenden Überschneidung von Staat und Kirche bis Mitte des letzten Jahrhunderts) erweckte auch aufgrund dieser deutschen Besonderheit immer größere Skepsis.

Einige europäische Besonderheiten, die bis Mitte des letzten Jahrhunderts nachwirkten, kommen aus der vom Mittelalter geprägten Geschichte: Noch um 1800 gab es im heutigen Gebiet Deutschlands circa 300 Klein- und Mittelstaaten. Im Mittelalter konnte der jeweilige Fürst oder Fürstbischof gemäß dem im Augsburger Religionsfrieden auf dem Reichstag von 1544 geschlossenen Kompromiss festlegen, ob die Bewohner seines Territoriums evangelisch oder katholisch zu sein hatten. Der Grundsatz lautete: „cuius regio, eius religio/wessen das Land (ist), dessen (ist) die Religion." Theologisch war nichts geklärt, wie der Dreißigjährige Krieg (1618–1648) belegt, in dem evangelische gegen katholische Staaten kämpften. Dort, wo man sich fraglos einfügte, lebte der Einzelne in seiner geschlossenen Glaubensgemeinschaft (diese Erfahrungen machten politisch Bürger in der ehemaligen DDR) „in Frieden", konnte beruflich sogar Karriere machen. Diese Strukturen hielten sich auch nach Auflösung der Kleinstaaten in ländlichen Gebieten bis in die Mitte des 20. Jahrhunderts, wie konfessionell katholisch oder evangelisch geprägte Dörfer und Kleinstädte im Münsterland oder um Tübingen herum belegen (gemischte Ehen wurden verhindert oder

---

[35] Vgl. T. Großbölting, Kirchenaustritte als Folge der deutschen Diktaturen; abrufbar unter https://www.pro-medienmagazin.de/historiker-kirchenaustritte-als-folge-der-deutschen-diktaturen/ (abgerufen am 07.03.2025).

zerstörten Familien). Dem konnte man sich nur durch Auswanderung entziehen, wie die eigene Familiengeschichte oder in größerem Stil die Geschichte der Hugenotten in Frankreich belegt. Wie weit der Einzelne seinen Glauben damals begründen konnte, sei dahingestellt. Nicht nur die fehlende Bildung dürfte deutliche Grenzen markiert haben.

Diese Vielfalt belegen die landeskirchlich geprägten Kirchen in Deutschland, ebenso die Zusammensetzung des Ökumenischen Weltrates der Kirchen. Er wurde 1948 gegründet. Mitglieder sind zurzeit 352 Kirchen in 120 Ländern. Die Vielzahl ist begründet auch durch Abspaltungen und Neugründungen. Jeder Leser kennt in Deutschland Freikirchen, Baptisten, Zeugen Jehovas, orthodoxe Christen (aus den orientalischen Kirchen) sowie katholische, altkatholische und evangelische Kirchen, seien diese lutherisch, reformiert oder uniert. Es gibt 20 weithin selbständige evangelische Landeskirchen, die sich 1948 zur Evangelischen Kirche in Deutschland (EKD) zusammengeschlossen haben.

Erstmals im Jahr 2022 sind gemäß der sechsten Kirchenmitgliedschaftsuntersuchung der Evangelischen Kirche in Deutschland, an der sich zum ersten Mal seit der Erhebung im Jahr 1972 auch die katholische Kirche beteiligt hat, weniger als die Hälfte der Deutschen Mitglied der christlichen Kirchen. Ihre Zahl nimmt aufgrund von Austritten ständig ab (allein im Jahr 2022 waren es in der katholischen Kirche 522.652, in den evangelischen Kirche 380.000). In beiden Fällen ist es ein Rekordwert. Nach der Broschüre der Deutschen Bischofskonferenz „Zahlen und Fakten 2022/23" vom 28. Juni 2023 gibt es einen Anteil der Katholiken an der Gesamtbevölkerung von 24,8 bzw. der Protestanten von 22,7. Rund 5,7 % der Katholiken besuchen am Wochenende einen Gottesdienst, bei den Evangelischen war die Zahl noch geringer (2021 lag sie dort – auch wegen Corona – bei 1,6 % und bei den Katholiken bei 4,3 %). Über die Motive für dieses Verhalten kann man fast täglich durch Medien informiert werden. Neben dem Ärger über die Missbrauchsfälle ihrer Vorsteher ist – dies bestätigen meine jahrzehntelangen Erfahrungen – der Mangel an Grundwissen über den eigenen vertretbaren, nicht durch Konventionen übermittelten Glauben, der in Lehrsätzen des Katechismus formuliert ist, die Ursache für diese Entwicklung. Dem Satz „Der Glaube sagt mir nichts, ich brauche keine Religion" stimmen 12 % der Katholiken und 13 % der Protestanten zu. Diese Bedeutungslosigkeit des Glaubens für das Leben ist erschreckend. Die oft genannte Kirchensteuer ist letztlich nicht die eigentliche Ursache für diese Erfahrung, wie die Situation in Polen, Frankreich und Italien belegt. Der Relevanzverlust der Religion für die Lebensführung ist das eigentliche Problem. Das hat mit den Inhalten der Religion und mit den sprachlich aus der Antike und dem Mittelalter stammenden Texten zu tun. Was heißt es, wenn Christen sagen, sie treten aus der Kirche aus? Immerhin betonen 32 %, sich als Christen zu verstehen, messen der Kirche aber keine Bedeutung zu. Die Sinnstiftung durch viele andere Gruppen ist der neuzeitlichen Entwicklung geschuldet.

Öffentlich und kirchenamtlich wird die Kirchenkrise wahrgenommen an der zunehmenden Austrittswelle katholischer und evangelischer Christen aus ihrer Kirche. Sie ist Teil einer allgemeinen Entwicklung in der westlichen säkularisierten Welt, in der sich ein Gefühl der Entfremdung der Menschen von Organisationen, festgefügten Ordnungen (auch der Familie, Vereinen) und von der Politik feststellen lässt. Der Austritt aus der Kirche beim Finanzamt bedeutet jedoch nicht Ende der Kirchenmitgliedschaft, wie die Beteiligten in der Regel annehmen und die „Amtskirche" suggeriert. Ein Ausschluss aus der Kirchengemeinschaft ist nicht möglich; den gab es nicht einmal bei der Exkommunikation, wie 2009 bei der Exkommunikation von vier Bischöfen, die der Priesterbruderschaft St. Pius X. angehörten, unter Papst Benedikt XVI. festgestellt wurde.

Die Kirchensteuer – sie wird oft als Begründung für den „Austritt aus der Kirche" angegeben – ist ein spezifisch deutsches und schweizerisches Problem: Sie wird als Folge der Säkularisation unter Napoleon und der Enteignungen kirchlicher Güter und der Aufhebung geistlicher Territorien seit 1803 als Zwangsabgabe an die Kirchen als Körperschaft des öffentlichen Rechtes durch den Staat eingezogen. Staats- und kirchenrechtlich ist sie eindeutig geregelt, seit Jahren aber theologisch und politisch in der Diskussion[36], auch im synodalen Prozess in Deutschland. Die

---

[36] Vgl. G. Bier, Wer nicht zahlen will, muss büßen? Zur Problematik der

Grundfrage dabei lautet, wie eng oder wie weit soll die Zusammenarbeit von Kirche und Staat gehen? Oder sollte man für eine Trennung von Staat und Kirchen plädieren? Sollte es einen laizistischen Staat geben (wie in Frankreich)? Soll Religionsunterricht an staatlichen Schulen als ordentlicher und versetzungsrelevanter Unterricht erteilt werden? Soll katholische, evangelische, jüdische und muslimische Theologie an staatlichen Universitäten ohne Einfluss der religiösen Organisationen studiert werden müssen? Dienen diese und andere (soziale und karitative) Einrichtungen dem Wohl des Staates? Kann man darauf verzichten? Darüber wurde im Kontext des synodalen Weges heftig gestritten.

Nach den Befürwortern dieses jetzigen deutschen Weges „waren es nicht die Kirche, sondern Staat und Gesellschaft, die ein genuines Interesse" an organisierten Einrichtungen wie „an der akademischen Theologie besaßen. Als geachtete, der Gesellschaft dienliche akademische Disziplin hat sie heute mehr denn je ein Existenzrecht an der Universität. [...]. Gerade die freiheitliche Gesellschaft, die selbstverständlich auch die Freiheit der Religionslosigkeit gewährt, bedarf einer wissenschaftlichen Befassung mit den in ihr vertretenen größeren religiösen Gruppierungen an öffentlichen Orten und staatlichen Universitäten." Nach dem evangelischen Kirchenhistoriker Thomas Kaufmann ist die akademische Theologie an staatlichen Universitäten „die bis heute wirksamste Zivilisierungs- und Domestizierungsinstanz der Religion."[37] Für eine konsequente Trennung von Kirche und Staat plädiert seit Jahren der katholische Kirchenrechtler Thomas Schüller, zuletzt in seiner Streitschrift „Unheilige Allianz. Warum sich Staat und Kirche trennen müssen".[38] Im Kontext der Missbrauchsfälle kritisiert er vor allem die Kirche als strafrechts-

---

„Kirchensteuer", in: Herder Korrespondenz 11, 2012, 551–555; der Verfasser ist Professor für Kirchenrecht und Kirchliche Rechtsgeschichte. Vgl. auch A. Ott, Kultursteuer statt Kirchensteuer? Die deutsche Kirchenfinanzierung auf dem Prüfstand, Freiburg 2024.
[37] Th. Kaufmann, Darum Theologie, in: FAZ vom 30.10.2023, 6.
[38] München 2023. Zu Zeitungsartikeln vgl. Ders. in: Publik-Forum vom 08.08.2019, 22.07.2022, 24.03.2023 und DIE ZEIT. Christ & Welt vom 29.10.2023.

2. Politische und soziologische Anzeigen

freie Zone und das kirchliche Arbeitsrecht. Das kirchliche Engagement in Caritas und Diakonie, im Bildungs- und Sozialbereich auf der Ebene der Kommunen und der Bundesländer hält auch er für unersetzlich.

Eine Lösung für die Zukunft wird davon abhängen, wie transparent die Kirchen in Deutschland mit dem vielen Geld umgehen, wie weit die Gläubigen mitbestimmen dürfen und ob das verlorene Vertrauen in die Kirchen in ihrer soziologischen, die Gesellschaft stabilisierenden Funktion auch Kirchenfernen einsehbar gemacht werden kann. Auf der Basis seiner Erfahrungen der Repression kirchlichen Lebens in der ehemaligen DDR schätzt der bekannte Religionssoziologe Detlef Pollack die Kirchen in ihrer Funktion für Gesellschaft und Staat, ohne an Gott glauben zu können.[39]

„Normalen" Mitgliedern der Kirche sind diese juristischen, historischen und religionssoziologischen Studien fremd. Sie werden aber monatlich von der Kirchensteuer getroffen. An ihr entscheidet sich – wie sie in der Regel glauben und ihnen von den „Amtsträgern" der Kirchen suggeriert wird – ihre Mitgliedschaft in der Kirche. Die Kirchensteuer wird jedoch von vielen Gläubigen in Deutschland in ihrer Bedeutung für die Gesellschaft (nur der Zahler von Kirchensteuer sei ein Christ) nicht mehr verstanden. In weltweiter, aber auch in theologiegeschichtlicher Perspektive kann sie nicht über das „Christsein" entscheiden. Maßstab sind andere Kriterien: Wie intensiv und umfangreich muss der Glaube an Gott, seine Dreifaltigkeit, an Jesus Christus als Gottes Sohn, an die Jungfrauengeburt, an das Wirken Gottes in den Sakramenten, in der Messe mit „das ist mein Leib/das ist mein Blut", an die Auferweckung sein? Gibt es neben diesem Katechismus-Christsein, das stark von Paulus beeinflusst ist, auch ein Christsein gemäß Lukas, der im Glauben an Gott und in der Liebe zu Gott die Grundlage sieht für das Handeln nach den Wei-

---

[39] Von seinen vielen Büchern zum Bedeutungsverlust der Kirchen durch Säkularisation, größeren Reichtum und politische Freiheit vgl. D. Pollack/G. Rosta, Religion in der Moderne. Ein internationaler Vergleich, Frankfurt ²2022; zu der liberalen, modernen These, christlichen Glaube gebe es ohne Kirchen, vgl. Ders., Theologen auf dem Holzweg, in: FAZ vom 15.11.2023, 12.

sungen Gottes gemäß der Offenbarung am Sinai und der Aktualisierung durch Jesus Christus. Vertreten beide, Paulus und Lukas, überhaupt sich ausschließende Konzeptionen? Oder nur andere Akzente, die im Laufe der Jahrhunderte zu divergierenden Konzeptionen wurden? Könnte Lukas auch für ein säkularisiertes Christsein ein Modell bieten, in dem die philosophischen Vertiefungen der Kirchenväter und der Konzilien nicht allein über das Christsein entscheiden?

Es ist die seit dem Neuen Testament belegte Aufgabe aller Glaubenden, in der Nachfolge Jesu Menschen in der Not, seien es Christen oder Nichtchristen, zu helfen. Die Nächsten-, Fremden- und Feindesliebe, schon ein Gebot im Alten Testament, wurde von Jesus nachdrücklich verkündet und gelebt und war in der Antike als Gruppenethik ein Alleinstellungsmerkmal der Christen (siehe unten I 6.1–2).

Das gilt auch für die Binnenethik, für das Verhalten zu anderen Christen und zu christlichen Gemeinden. Für die Nachfolger als Einzelne und als Gruppe ist es eine religiöse Pflicht, andere Gemeinden in ihren sozialen und pastoralen Aufgaben zu unterstützen (Röm 15,25–28; 1 Kor 16,1–4). Der Maßstab in der frühen Gemeinde in Jerusalem war die Not des Nächsten (Apg 4,35: „Jedem wurde so viel zugeteilt, wie er nötig hatte"). Für die Situation der Geber in Antiochia galt: „Jeder von den Jüngern solle nach seinem Vermögen den (hungernden) Brüdern, die in Judäa wohnten, etwas zur Unterstützung senden." (Apg 11,29) Diese Praxis gilt bis heute im Verhältnis des Einzelnen zur lokalen Gemeinde und zur Gesamtkirche, die es in Verkündigung, Diakonie und Liturgie finanziell zu unterstützen gilt – ob als freiwillige Abgabe oder in Absprache mit dem Staat. Umstritten bis heute ist in der katholischen Kirche die Mitbestimmung der Kirchenmitglieder.

Die Frage, wer ist ein „Christ", kann nicht durch staatskirchenrechtliche Verträge zur Kirchensteuer entschieden werden, wie von kirchenoffizieller Seite oft suggeriert wird. Scheiden diejenigen, die die Kirchensteuer nicht zahlen, automatisch aus der Gemeinschaft der Kirche aus? Wann ist ein Christ Christ? Bei der Antwort ist die Frage nach der Kirchensteuer absolut nebensächlich. Theologische Fragen sind maßgeblich und entscheidend: der

2. Politische und soziologische Anzeigen

Glaube an Gott und an Gottes Handeln in Jesus Christus, dem man durch die Taufe und durch ein Bekenntnis zustimmt, vor allem durch sein Handeln bestätigt.

Was sagen die Schriften des Neuen Testaments zur Frage, wann ein Jude oder Nichtjude ein Christ ist? Woran erkennen Nichtchristen einen Christen? Die Rückfrage ist schwierig, da das Neue Testament keine einfache Lösung bietet. Denn: Das Neue Testament ist nicht, wie der Begriff vorgibt, ein Buch, sondern eine Bibliothek. Die in ihr enthaltenen 27 Schriften entstanden in circa 100 Jahren: geschrieben von verschiedenen Verfassern, an verschiedenen Orten, mit verschiedenen theologischen Konzepten. Folglich gab es verschiedene Sammlungen wichtiger, „heiliger" Schriften, am frühesten eine der paulinischen Briefe für die von ihm gegründeten Gemeinden. Die Briefe wurden an die nächste Gemeinde weitergegeben (vgl. Kol 4,16) und es wurden Abschriften gemacht. Ähnlich war das Schicksal der Evangelien. Gegen 150 n.Chr. gab es erste – noch offene – Sammlungen von Evangelien und Briefen (gegen die Auswahlsammlung von Markion, einem finanzkräftigen Mitglied der Gemeinde in Rom). Athanasius von Alexandrien überliefert 367 eine kanonische „Sammlung der heiligen Schriften", nennt aber nur die der Westkirche. Als Sammlung verbindlich festgelegt für die ganze katholische Kirche wurde der Kanon der 27 Schriften (gegen reformatorische Sammlungen) erst 1546 im Konzil von Trient. Bis dahin waren einzelne Schriften wie Hebr, 1–2 Petr, Jak und Offb in verschiedenen christlichen Kirchen in ihrer Normativität umstritten.

Die Frage, wer nach dem Neuen Testament ein Christ ist, kann demnach nicht mit den im Neuen Testament gesammelten Schriften in ihrer Ganzheit beantwortet werden, da die einzelnen Texte von verschiedenen Verfassern, gerichtet an verschiedene Gemeinden, geschrieben wurden. Das heutige Wissen um diese Vielfalt weckt Erwartungen auf Veränderungen.

Christen, ob sie Kirchensteuer zahlen oder nicht, haben hohe Reformerwartungen an ihre Kirchen. Dringende Reformen erwarten von den befragten Katholiken 96 %, von den Protestanten 80 %. 78 % von den evangelischen, aber nur 49 % von den katholischen Christen sehen sie teilweise in der Vergangenheit eingelöst. Von katholischer Seite ist die geringe Zahl begründet im

Wunsch nach der Abschaffung des Zölibates (95%), nach demokratischen Wahlen bei Bischöfen (87%), nach intensiver Zusammenarbeit zwischen katholischer und evangelischer Kirche (93%). Der Wunsch nach Segnung homosexueller Partnerschaften (86%) wurde vom Vatikan im Ansatz zwischenzeitlich erfüllt. Tobias Kläden, katholisches Mitglied im Wissenschaftlichen Beirat der Befragung sieht in den Ergebnissen daher „gleichzeitig Ernüchterung und Ermutigung".[40]

Die multireligiöse Gesellschaft in Deutschland wird verstärkt auch geprägt durch die zunehmende Zahl der Muslime, seien es Aleviten, Sunniten oder Schiiten. Sie bilden nach dem Christentum die Religion mit den meisten Gläubigen in Deutschland. Die Tendenz ist steigend und wird für 2020 mit 5,5–6 Millionen angegeben. Die Zahl bleibt ungenau, da die Muslime anders als Christen nicht eine Körperschaft öffentlichen Rechtes bilden, ihre Zahl daher nicht genau erfasst ist. „Gemeinde/umma" bedeutet die Gesamtheit der gläubigen Muslime in der ganzen Welt. Ein Ritual zur Aufnahme wie im Christentum die Taufe gibt es nicht. Das öffentliche Zitieren des Glaubensbekenntnisses/shahada reicht. Es lautet: „Ich bezeuge, es gibt keinen Gott außer Allah/Gott und Mohammed ist sein Gesandter". „Allah" ist nicht der Eigenname für den Gott der Muslime, sondern das arabische Wort für Gott.[41]

Die älteste, schon in römischer Zeit in Deutschland bezeugte Religion – abgesehen von altgermanischen Vorläufern – ist die jüdische. Nach der fast gänzlichen Vernichtung durch das nationalsozialistische Deutschland unter Hitler bildeten sich nach 1945 einige Gemeinden, vermehrt nach 1989 im Zuge der Wiedervereinigung Deutschlands (zurzeit gibt es etwa 225.000 Juden in Deutschland, die sich aber etwa nur zur Hälfte einer Gemeinde oder einem Verband zugehörig fühlen).

---

[40] T. Kläden, Gleichzeitig Ernüchterung und Ermutigung. Die wichtigsten Ergebnisse der Kirchenmitgliedschaftsuntersuchung, in: Herder Korrespondenz 77,2023, 13–16.
[41] Bibeln in arabischer Sprache lesen in Gen 1,1 oder 1 Kor 15,28 jeweils „Allah"; zur Begründung vgl. H. Frankemölle, Gott glauben 428–530. Zu „Gott glauben im Koran" ebd. 467–578.

Komplettiert wird die religiöse Vielfalt in Deutschland, sichtbar in der zunehmenden ökumenischen Zusammenarbeit vor Ort, durch gläubige Buddhisten, Hindus, Jesiden, Sikhs, Bahais…

Bei der Frage nach den Überzeugungen der Menschen in Deutschland sind nicht zuletzt auch die circa 30 Millionen zu nennen (circa 37 % der Bevölkerung), die angeben, konfessionslos zu sein, aber keineswegs alle Atheisten sind.

Welcher Religion man sich zugehörig fühlt: Spätestens in oder nach der Pubertät ist man gefordert, vor sich, seinen Mitschülern und Mitmenschen diese Zugehörigkeit zu begründen, Rechenschaft abzulegen über seinen Glauben. Dieses Bekenntnis gehört zur Grundstruktur jeglichen Glaubens.

3. Statistische Daten für Deutschland

Bei Umfragen zum persönlichen Glauben an christliche Glaubensinhalte wird einseitig nach traditionellen katechetischen Merkmalen gefragt. Glaube im biblischen Sinn als Glaubenspraxis in der Nachfolge Jesu kommt nicht ins Spiel. Inwieweit solche Katechismusfragen bei soziologischen Erhebungen sinnvoll sind, sei dahingestellt. Statistisch wird (ähnliche Zahlen wurden für Frankreich, Italien, Spanien und Polen erhoben) für den Glauben der Deutschen durch Statista Research Department für das Jahr 2017[42] angegeben:

an die Seele glauben	40 %
an ein Leben nach dem Tod	28 %
an Gott	28 %
an Engel	16 %
an die Wiedergeburt	15 %
an den Himmel	15 %
an Sünde	10 %

[42] https://de.statista.com/statistik/daten/studie/34/umfrage/meinung-christliche-glaubensinhalte/ vom 23.05.2022 (abgerufen am 07.03.2025). Die sechste Kirchenmitgliedschaftsuntersuchung von 2022 bestätigt mit absteigender Tendenz die genannten Zahlen.

I. Heutige Probleme christlichen Glaubens

an die Auferstehung der Toten 8 %
an die Hölle 7 %
an den Teufel 7 %
an nichts davon 41 %.

Wie sehr die Einstellung der Befragten sich nach Zeit und Ort gewandelt hat, belegen Vergleichszahlen für Deutschland aus dem Jahr 2011:
An Gott glaubten damals 58 % in Deutschland insgesamt
in Westdeutschland 67 %
in Ostdeutschland 25 %.

Bei der Frage „Glauben Sie an Gott?" stimmten mit Nein 38 % in Deutschland insgesamt, in Westdeutschland 29 %, in Ostdeutschland 73 %.

Noch drastischer ist der Vergleich mit der Nachkriegszeit: Damals waren es noch knapp 90 % in Westdeutschland, die an Gott glaubten, in der neuesten Erhebung der sechsten Kirchenmitgliedschaftsuntersuchung (KMU VI) von 2022, in der die Zahlen der Evangelischen und der Katholischen Kirche in Deutschland erstmalig zusammen erfasst wurden, glauben nur noch 19 % an Gott, wie ihn die Bibel bekennt. Weitere 29 % glauben an Gott als ein höheres Wesen oder eine geistige Macht.[43] Der Trend nach unten dürfte anhalten. Dies belegt die im Oktober 2024 vorgestellte Shell Jugendstudie 2024 mit dem Titel „Zwischen Verdrossenheit und gelebter Vielfalt": Glaubten 2002 noch 51 %, dass der Glaube an Gott wichtig sei, so jetzt nur noch 38 %. Gaben 2002 29 % an, zu beten, so 2024 49 %, nie zu beten. 2002 gehörten noch zwei Dittel einer Kirche an, 2024 nur noch die Hälfte.[44] Unter den befragten Jugendlichen im Alter von 12 bis

---

[43] Zur Auswertung der Befragung vgl. R. Bingener, Kirchen an historischem Kipppunkt, in: FAZ 15.11.2023, 8 und: Was hält Menschen in der Kirche? Interview mit K. Merle, in: ZEIT. Christ und Welt 16.11.2023, 1–2; J. Loffeld, Ein Player unter vielen, in: ND Hirschberg 77, 2024, 31–33; das ganze Heft versucht Antworten zu geben auf die Frage „Was hält unsere Gesellschaft zusammen?" Ders., Wenn nichts fehlt, wo Gott fehlt. Das Christentum vor der religiösen Indifferenz, Freiburg 2024.
[44] Vgl. https://www.vaticannews.va/de/kirche/news/2024-10/deutschland-religion-verliert-christliche-jugendliche-bedeutung.html vom 15.10.2024

25 Jahren sinkt die Bedeutung des Glaubens kontinuierlich. Sie leben einen optimistischen Pragmatismus und haben zugleich Angst vor der Zukunft.

Die Überzeugung liberaler Theologen, christlicher Glaube außerhalb der kirchlichen Strukturen würde funktionieren, nennt der Religionssoziologe Detlev Pollack einen „Mythos"; er sieht diese Entwicklung auf einem „Holzweg".[45] Gemessen an der traditionellen sakramentalen, auf der paulinischen Erlösungslehre basierenden, vor allem katholischen und orthodoxen Überzeugung, dürfte dies zutreffen. Nimmt man die Pluralität kirchlicher Modelle im Neuen Testament ernst, stellt sich die Frage: Wie groß und umfangreich muss der dogmatische, katechismusartige Glaube sein? Oder: Wie sehr wird der gelebte Glaube in der Nachfolge Jesu etwa nach Lukas oder nach dem Gleichnis vom großen Weltgericht nach Mt 25,31–46 zum Maßstab von Christsein? Das ist kein Christsein light, wenn Menschen versuchen, wirklich wie Jesus zu handeln. Wie er[46] werden auch sie Konflikte provozieren und negative Erfahrungen machen, möglicherweise tödliche, nicht in demokratischen, wohl aber in totalitären, nichtchristlichen Gesellschaften, die nicht nur in Russland momentan, sondern auch in Deutschland unter der Herrschaft der Nationalsozialisten vielfach belegt sind.

Die Frage ist, ob Kirchen heute diese Jesus-Nachfolge als genuin mögliche christliche, auch römisch-katholische vollgültig anerkennen. Im Kontrast zur gegenwärtigen kapitalistischen, die Ressourcen und die Umwelt zerstörenden Einstellung großer Kreise der Wirtschaft, besonders der Konzerne, und in Kontrast zu einer „Gier-ist-geil-Mentalität" und Sucht nach Aktien-Steigerungen, die in großen Kreisen unserer Gesellschaft vorherrscht, ohne zu fragen, auf wessen „Rücken" die Gewinne erworben werden, hätten diese „aus der Kirche ausgetretenen" Christen eine wahrhaft globale Aufgabe, ihren christlichen Glauben zu bezeu-

---

(abgerufen am 07.03.2025). Insgesamt beschreibt die Studie in gesellschaftlichen Fragen „die Jugend als optimistisch und voller Vertrauen". So das Fazit in der ZEIT vom 17.10.2024, 37; ebd. 38 ausgewählte Zitate zu folgenden Themen: Alltag, Familie, Politik, Ängste, Zukunft, Erwachsene.
[45] D. Pollack, Theologen auf dem Holzweg, in: FAZ 15.11.2023, 12.
[46] Vgl. H. Frankemölle/H Heinz, Jesus 95–195.

gen. Dieser muss sich äußerlich nicht von der Praxis überzeugter Demokraten unterscheiden. Christen und christliche Kirchen sollten froh sein, dass jüdisch-christlich geprägtes ethisches Verhalten in Familien und in der Gesellschaft (noch) vielfach gelebt wird.

Dass jüdisch-christliche Ethik gesellschaftlich anerkannt ist und praktiziert wird, bestätigen Zahlen vom Statistischen Bundesamt in Wiesbaden von Anfang Mai 2024 zum Ehrenamt in Deutschland. Demnach engagieren sich bundesweit gut ein Drittel der Menschen zwischen 18 und 29 Jahren ehrenamtlich. Bei den 45- bis 64-Jährigen sind es sogar 38%. Die Tätigkeitsfelder gehen von Kirchen und religiösen Gemeinschaften über Sport, Rettungsdienste und freiwillige Feuerwehr (17%), freiwilliges soziales Jahr oder Bundesfreiwilligendienst. Dass der Anteil von Großstadt zur Kleinstadt unterschiedlich ist, überrascht nicht. An der Spitze lag der ländlich geprägte Kreis Höxter mit 70% mit einer eigenen Börse „Ehrenamt". Wie immer man „Religiosität" umschreibt, ob man dieses soziale Engagement christlich motiviert begründet, die Zahlen belegen, dass junge und alte Mitbürger auf existenzieller Sinnsuche sind. Inhaltlich stimmt diese mit dem Angebot überein, das der Evangelist Lukas mit seinem „Evangelium/frohe Botschaft" vom Reden und Tun Jesu seinen Lesern, damals und heute, an die Hand gibt. Hier haben Kirchen eine Chance.

Der statistische Blick auf Deutschland sollte ihn nicht verengen und verallgemeinern. Weltweit wächst die katholische Kirche, vor allem auf der Südhalbkugel. So etwa im Jahre 2022 weltweit um 1,39 Milliarden. Die Reise von Papst Franziskus im September 2024 in den Fernen Osten erinnerte daran. So sind in den Philippinen 90% katholischen Glaubens, in Osttimor sogar mehr als 97%. Es sind die einzigen mehrheitlich katholischen Länder in Asien mit starker katholischer Wachstumsrate. Beim Besuch von Papst Franziskus in Osttimor waren trotz tropischer Temperaturen rund 600.000 Gläubige, die Hälfte der Einwohner des Landes, zur Feier der Eucharistie am 10. September 2024 gekommen.[47] Wie kultisch oder solidarisch Eucharistie verstanden

---

[47] Vgl. FAZ vom 11.09.2024, 6.

werden müsste, offenbart das Faktum, dass 42 % der Bevölkerung unter der Armutsgrenze leben; ähnlich in den zuvor besuchten Ländern Indonesien und Papua-Neuguinea.

Die katholische und die evangelischen Kirchen in Deutschland und Westeuropa sind mit ihren Problemen nicht die ganze Welt, aber unsere Lebenswelt. Dies zeigt, dass die Probleme der Kirchen nicht global, einheitlich für die ganze Welt gelöst werden können, sondern nur in verschiedenen Regionen mit vergleichbaren Voraussetzungen. Innerkirchlich sind somit Bischofskonferenzen erforderlich mit ihren Synoden, während eine vatikanische Synode diese partikularen Strukturen zu beachten hätte im Dienst an der Einheit, nicht Einheitlichkeit der Kirche.

4. Ursachen für den Glaubensverlust in Westeuropa

Die Probleme der christlichen Kirchen in Europa, speziell der lateinisch-römischen, „katholischen" (= weltumfassenden) Kirche sind bekannt: Ständig werden auch in Deutschland neue Rekorde bei den Kirchenaustritten gemeldet mit Steigerungen von mehr als 50 % im Vergleich zu früheren Jahren. Der Bevölkerungsanteil der Katholiken wird im Jahre 2022 mit 24,8 %, 2023 mit 24 % benannt. Im Jahre 2023 sind zum zweiten Mal mehr Mitglieder aus den Kirchen ausgetreten als gestorben. In der Evangelischen Kirche in Deutschland waren es mehr als eine halbe Million. Traten 2022 520.000 Katholiken aus der Kirche aus, so waren es 2023 rund 430.000. Eine wirkliche Trendwende wird man das nicht nennen können, da die Zahl in 2023 im Vergleich zu den Vorjahren die zweithöchste in der Statistik war. In kirchlichen Analysen wurde sie nur im Vergleich zum Vorjahr schöngeredet. Vorausgehen kontinuierlich rückläufige Zahlen bei kirchlichen Trauungen, bei Taufen oder Beerdigungen. Unübersehbar und besonders drastisch sind die Zahlen bei den Taufen; sie gingen im Vergleich zum Vorjahr um 15 % zurück (von 155.173 in 2022 auf 131.245 in 2023). Die Rituale der Kirchen werden als lebensfremd erfahren. So gibt es seit Jahrzehnten eine schleichende Entfremdung der Christen von ihrer Kirche. Der Kommentar des Limburger Bischofs Georg Bätzing, Vorsitzender

der Deutschen Bischofskonferenz, am 27. Juni 2024 zur neuesten Statistik: „Die Zahlen zeigen, dass die Kirche in einer umfassenden Krise steckt. [...] Reformen allein werden die Kirchenkrise nicht beheben, aber die Krise wird sich ohne Reformen verschärfen. Und deswegen sind Veränderungen notwendig."

Da beide Kirchen betroffen sind, können die von Katholiken oft genannten Austrittsgründe wie fehlende Zulassung der Wiederverheirateten zu den Sakramenten, Zulassung von Frauen zu den Weiheämtern, Struktur der priesterorientierten Hierarchie und Verzicht auf demokratische Mitwirkung der Laien nicht entscheidend sein. Auch die Kirchensteuer kann es nicht sein, wie die Situation in Polen, Frankreich und Italien belegt. In den letzten Jahren kann man deutlich eine Offenheit aller Beteiligten bei kirchlich-politischen Gesprächen in Deutschland hinsichtlich ihrer Abschaffung feststellen. Es gibt auch politische Gegenstimmen.[48] Religionssoziologen sehen die Kirchen „in einer vertrackten Lage". Sie geben zu bedenken: „Bei einem Wegfall der Kirchensteuer würde die kirchliche Arbeit zusammenbrechen, weil die Leute nicht ausreichend spenden würden. Andererseits ist die Kirchensteuer einer der größten Treiber der Austritte. Mein Rat an die Kirchen wäre trotzdem: Bleibt besser bei der Kirchensteuer, dann könnt ihr damit weiterhin noch ein wenig Gutes tun."[49] Die Zahl der Kirchenmitglieder nimmt jedoch aufgrund des demografischen Wandels (immer mehr Todesfälle und weniger Geburten und Taufen) ständig ab. Die Zahl der Geburten sank nach Angaben des Statistischen Bundesamtes vom Mai 2024 im Vergleich zum Mai 2022 um 6,2 % und war seit einem Jahrzehnt nicht mehr so niedrig (9,2 % im Osten, 5,9 % im Westen; dass die Geburtenzahlen in Deutschland nicht noch niedriger waren, ist Müttern mit ausländischem Pass zu verdanken). Ebenso sank die Zahl der Mitglieder der Kirchen durch die Austritte aus der Kirche körperschaftlichen Rechts. Die Folgen für das schulische

---

[48] Zu einer klaren Absage der Veränderung vgl. Malu Dreyer, Ministerpräsidentin von Rheinland-Pfalz, „Ich hänge an dieser Kirche" in: Herder Korrespondenz 7, 2023.
[49] So D. Pollack, „Ich kenne keinen Landstrich auf der Erde, in dem es keine Religion gibt", in: FAZ Sonntagszeitung vom 30.07.2023, 11.

Handeln der Kirche (von der Kita bis zur Hochschule), ebenso für ihr karitatives Handeln (von der Telefonseelsorge bis zu Krankenhäusern) führt in allen Diözesen zu einer Situation, die bislang zu wenig bedacht wird.[50] Allerdings ist bei dieser Diskussion zu beachten, dass in der Regel Bund, Länder, Kommunen und Versicherungen (bis auf Hamberg und Bremen) rund 85 bis 95 % für kirchliche Schulen, Krankenhäuser, Kindergärten, Altenheime und Jugendwohneinrichtungen aufbringen, was in der Regel bei der politischen Diskussion, die Kirchensteuer abzuschaffen, durch einen entsprechenden vollen Wertersatz verschwiegen wird.[51]

Ohne Zweifel spielt die Kirchensteuer bei ohnehin „lauen" Kirchenmitgliedern eine wichtige Rolle. Die Gründe für einen Austritt aus den Kirchen liegen aber tiefer. Wie der kontinuierliche Rückgang seit den 60er-Jahren beim Empfang der Grundsakramente (Beichte, Taufe und Firmung), neuerdings auch bei Eheschließungen und Beerdigungen deutlich machen, ging die kirchliche Gebundenheit immer stärker zurück. Kirchliche Rituale (Morgen-, Tisch- und Abendgebete, Kirchgang am Sonntag) sind im Leben vieler Christen hierzulande nicht mehr üblich. In Sexualfragen war die „Pillenenzyklika" mit dem Verbot von Verhütungsmitteln von Paul VI. aus dem Jahre 1968 eine Zäsur. Katholiken akzeptierten die „Wahrheit" und „Allwissenheit" des zölibatären päpstlichen Amtes nicht mehr, zumal bekannt war, dass die beratende Kommission des Papstes zu einem anderen Entscheid gekommen war. In der Königsteiner Erklärung der Deutschen Bischofskonferenz von 1968 versuchten die Bischöfe den ganzheitlichen Akt der Ehe biologisch, psychisch, sakramental zu betonen, gleichzeitig aber auch die Gewissensfreiheit und die Verantwortung der Eheleute im Vollzug des ehelichen Aktes.

Das Gewissen der Christen wurde auch in anderen bioethischen Fragen (Grenzen von Leben und Tod) immer entscheidender. Die seit 2010 bekannt gewordenen Missbrauchsfälle und

---

[50] Zu einem Überblick vgl. D. Deckers, Notfall Kirche, in: FAZ vom 28.03.2024, 10.

[51] Zum Stand der Diskussion vgl. H.-J. Benedict, Kirchen tricksen, wenn es um Geld geht. Die Sozialleistungen an die Kirche als Beitrag zum Gemeinwesen? Über ein fragwürdiges Argument in der Ablösedebatte, in: Publik Forum vom 26.04.2024, 38 f.

deren Vertuschung verstärkten die distanzierte Haltung der Gläubigen zu „amtlichen", angeblich alternativlosen „authentischen" Aussagen. Die Pandemie seit 2020 hat den Abschied von der Kirche als Institution noch beschleunigt (Freiheit von der Sonntagspflicht, ohne theologisch-sachliche Begründungen zu nennen). Umfragen bestätigen, dass parallel seit Jahrzehnten die Zustimmung zu wesentlichen Inhalten des christlichen Glaubens (Gott, Jesus Christus, Erlösung) verschwindet, sowohl im allgemeinen Bewusstsein, als auch in reflektierender Betrachtung. Stichworte wie „Gott-ist-tot-Theologie", Gottesfinsternis, Gottesvergiftung, Gottesentzug, Glaubensverlust und die damit verbundenen Bücher belegen die Entwicklung[52]. Bei dieser Entwicklung geht es um reflektierende Gläubige; das „allgemeine Volk" ist davon unbetroffen.

Steht mit diesen Problemen und der skizzierten Entwicklung der gesamte christliche Glaube, vor allem paulinischer Prägung, mit der Bibel des Alten und Neuen Testaments als letztgültiger Maßstab, als „Kanon" in Frage? Oder geht es um ein durch Jahrhunderte verengtes Verständnis von christlichem Glauben als verkündeter ewiger Wahrheit? Diese Verengung legt auch noch der „Katechismus der Katholischen Kirche" von 1993 nahe mit der primären Auslegung des Glaubensbekenntnisses und der Sakramente. Laut Vorwort von Papst Johannes Paul II. soll er „als sicherer und authentischer Bezugstext" akzeptiert werden, damit er als solcher der „Darlegung der katholischen Lehre und in besonderer Weise für die Ausarbeitung der örtlichen Katechismen dient" (34). Auch die drei Jesus-Bücher von Joseph Kardinal Ratzinger/Papst Benedikt XVI. (Freiburg 2007–2012), dem Hauptverfasser des Katechismus der Katholischen Kirche, behandeln nur die „Gestalt und Botschaft Jesu" und übergehen alle Geschichten vom Handeln Jesu. Dessen pastorales Handeln hat demnach keine theologische Relevanz.

Dies bestätigen auch die jährlich erscheinenden „Statistische Daten" der katholischen Kirche in Deutschland[53]: Die „Eckdaten

---

[52] Zu einem Überblick vgl. H. Frankemölle, Gott glauben 10–54.
[53] https://www.dbk-shop.de/de/search?page=search&page_action=query &desc=on&sdesc=on&keywords=statistische+daten (abgerufen am 07. 03.2025).

4. Ursachen für den Glaubensverlust in Westeuropa

des kirchlichen Lebens" bzw. die „Äußerungen des kirchlichen Lebens" (ebd. 79–81) bildet die Statistik zur Zahl der Gottesdienstteilnehmer (von 3,9 % für Aachen bis 12,9 % für Görlitz), der Taufen, Erstkommunionen und Firmungen, Trauungen und Bestattungen. Kirchliches Leben ist sakramentales Leben.

Neuestes Beispiel dieser Verengung in meiner kirchlichen Lebenswelt sind die „Vereinbarungen zur Pastoral", beschlossen 2019 von den fünf Innenstadtgemeinden im „Pastoralverbund Paderborn Mitte-Süd", meiner Gemeinde. Hier wird auf 31 Seiten und in einer Kurzform auf 15 Seiten das Wirken der Gemeinde auf das Feiern der Sakramente reduziert[54]. Diese Leitlinien gelten auch für den Pastoralen Raum Paderborn, in dem die beiden bisherigen Pastoralverbünde bis zum Jahre 2025 eingehen sollen. Laut Einleitung will die Erklärung zeigen, „wie wir Jesus adäquat nachfolgen und so am Reich Gottes unter den Menschen mitbauen können." Hier wird etwas behauptet, was nicht eingelöst wird. Ohne Zweifel engagieren sich auch die Gemeinden im Süden Paderborns, wie die Kirche in Deutschland, vielfältig örtlich und weltweit sozial. Dies wird aber nicht ins religiöse, theologische Bewusstsein gehoben, gilt nicht als integraler Teil der christlichen Identität.

Dieses sakramentale Gemeindebild hat mit dem Handeln Jesu nichts zu tun, kann nur vage damit in verschiedenen Situationen verbunden werden. Symbolische Handlungen/Mysterien, „Zeichenhandlungen/sämeia" Jesu oder der urchristlichen Gemeinden, von denen die neutestamentlichen Verfasser berichten (Taufe, Abendmahl/Eucharistie/Herrenmahl, Salbungen, Handauflegung, Versöhnung), können biblisch nicht in einem abstrakten, unklaren Begriff „Sakrament": „sacramentum/Weihe/Heiliges/Haftgeld/Fahneneid" oder „mysterium/mystärion", nicht als Siebenzahl zusammengefasst werden. Sie wurde erstmals 1274 im zweiten Konzil von Lyon festgelegt und später 1547 im Konzil von Trient bestätigt, was die Reformatoren nicht akzeptierten. Auch hier wird vorausgesetzt, dass die Gläubigen einem abstrakten Begriff und der damit verbundenen Theologie fraglos zustim-

---

[54] https://katholisch-in-paderborn.de/pastoralvereinbarung/ (abgerufen am 14.05.2025).

men können. Die Zahl und das mittelalterliche Verständnis bleiben dem säkularen Menschen fremd; sie müssten neu begründet werden.

5. Wurde die „frohe Botschaft (= Evangelium)" erst heute fremd?

Dass Missionare mit ihrer Botschaft bei Zuhörern nicht ankamen, erfuhren nicht nur die Propheten im ersten Teil der Bibel, dem „Alten Testament", auch Jesus und Paulus blieben davon nicht verschont. Einige Propheten und Jesus zahlten für ihre Botschaft und ihre Überzeugung mit dem Leben. Auch Missverständnisse oder Unverständnis blieben nicht aus.

> „Als sie von der Auferstehung der Toten hörten, spotteten die einen, die anderen aber sagten: Darüber wollen wir dich ein andermal hören." (Apg 17,32)

Dies ist die Reaktion von Einwohnern Athens, einer „Stadt voll von Götzenbildern" (Apg 17,16), die zwar die paulinische Deutung der Schöpfung durch Gott und der Gottebenbildlichkeit der Menschen ohne Widerspruch anerkennen, nicht aber die Vorstellung von der Auferstehung der Toten. Von ihrem philosophischen Weltbild her (Platonismus und Stoa) glauben sie an die Unsterblichkeit der Seelen oder an Seelenwanderung. „Ein andermal" wollen sie ihn hören. Dies meint nicht eine grundsätzliche Offenheit, sondern als griechisches Wortspiel: „niemals". Dahinter steht die Wendung ad calendas Graecas (Sueton, Augustus 87), dem der Sankt-Nimmerleins-Tag entspricht, da calendae zwar den Monatsanfang in der römischen Sprache meint, dieser Begriff im Griechischen aber nicht vorkommt.

Bei Nichtjuden erregt der jüdische Glaube an die Auferweckung Unverständnis, Anstoß und Spott. Nach ihrem Verständnis bleibt im Tode die Individualität, das Ich des Menschen (nicht der Leib, der Leichnam!) erhalten. Die Apostelgeschichte belegt, dass diese Botschaft in Jerusalem (2,14–26) und in Antiochia (13,16–41) von „Juden und Gottesfürchtigen" verstanden und akzeptiert wurde, sie von ihr „mitten ins Herz getroffen wurden".

5. Wurde die „frohe Botschaft (= Evangelium)" erst heute fremd?

(2,37) Biblische Zitate von Joël 3,1–5 oder aus Psalmen (Ps 16,8–11; 2,7; 16,10) bestätigen diesen jüdischen Glauben, was voraussetzt, dass der Glaube an die Auferweckung nicht mit Jesus beginnt, wie viele Kirchenlieder und Osterpredigten suggerieren. Im jüdischen Weltbild wurden die Apostel gebeten, „am nächsten Sabbat (weiter) über diese Worte zu ihnen zu sprechen". (13,42) Welcher Prediger hört heute solche Wünsche?

Diese Offenheit gilt nicht für alle jüdischen Gruppen, da die Sadduzäer (vgl. Apg 5,17; Lk 20,27 par Mk 12,18–27) den Glauben an die Auferweckung ablehnen. Er ist in der Tora noch nicht entfaltet. Nur die fünf Bücher Mose waren für sie heilige Schrift. Erst in jüngeren Texten (Ps 16,10; 49,16; 73,23f) ist die Auferweckung als Teilhabe an der Wirklichkeit Gottes jenseits des Todes belegt. Griechisch sprechende und denkende jüdische Theologen ab dem 4. Jahrhundert v. Chr. bekennen, dass Gott die Welt und den Menschen aus dem Nichts erschaffen hat und sie auch wieder bei sich aufnimmt (2 Makk 7). Lukas umschreibt diesen Glauben mit der Metapher „Himmelfahrt", Johannes mit „Rückkehr zum Vater".

Paulus bestätigt diese Tradition schon als Glauben Abrahams, indem er ein Gebet der Synagoge zitiert:

> „Er ist unser aller Vater [...] im Angesicht des Gottes, dem er geglaubt hat, des Gottes, der die Toten lebendig macht und das, was nicht ist, ins Dasein ruft." (Röm 4,16f):

Auch Rabbinen im babylonischen Talmud (im 5./6. Jh. n. Chr. festgelegt) sehen hier eine Analogie zwischen Geburt/Schöpfung und Tod/Auferweckung:

> „Drei Partner sind es bei der Erschaffung des Menschen: der Heilige, gepriesen sei Er, sein Vater und seine Mutter. Sein Vater liefert den weißen Samen, aus dem die Knochen, Sehnen, Nägel, das Gehirn in seinem Kopf und das Weiß des Auges des Kindes geformt werden. Seine Mutter stößt roten Samen aus, aus denen sich seine Haut, sein Fleisch, seine Haare und das Schwarze der Augen bildet. Und der Heilige, gepriesen sei Er, verleiht ihm den Geist und die Seele, das Antlitz, das Sehvermögen, die Fähigkeit zu hören und die Fähigkeit zu sprechen und zu gehen, Verständnis und Weisheit. Wenn die Zeit naht, die Welt zu verlassen, nimmt der Heilige, gesegnet sei Er, seinen Anteil und

hinterlässt die Anteile seines Vaters und seiner Mutter bei ihnen."
(bNidda 31a–b)

Diese Spannung: Glaube an die Herkunft dank der schöpferischen Kraft Gottes und des Mittuns der Menschen im sexuellen Akt und Glaube daran, dass der menschliche Anteil begraben wird, der Anteil Gottes aber in dessen Wirklichkeit eingehen darf, könnte für Christen die vielfach diskutierte Frage „Ist mit dem Tode alles aus?" entschärfen und zu einem sachgerechten Glauben führen. In beiden Bekenntnissen geht es um Glaubensfragen, die im Judentum schon vor Jesus gelöst waren. Auch das Bekenntnis „Jesus ist auferweckt worden" erhält durch die Erzählungen von der Auferweckung Jesu keine neue Glaubenswahrheit. Es ist ein und dieselbe. Die längeren, orientalisch farbigen Erzählungen sind wahre Geschichten, auch wenn sie anders zu verstehen sind, als viele Christen und Kirchenlieder in der modernen Welt meinen. Mit Juden glauben Christen an die schöpferische Kraft Gottes am Anfang der Welt und am Beginn des Lebens eines jeden Einzelnen und an die schöpferische Macht Gottes über den Tod hinaus. Auch heute gilt die uns fremde und provokative Botschaft des Paulus und der Evangelisten:

> „Denn wenn Tote nicht auferweckt werden, ist auch Christus nicht auferweckt worden. Wenn aber Christus nicht auferweckt worden ist, dann ist euer Glaube nutzlos." (1 Kor 15,16f)

Wie Paulus versteht auch Jesus sich nicht nur bei der Frage nach der Auferweckung nach Markus (12,18–27) und nach seinen beiden Seitenreferenten Matthäus und Lukas (Mt 22,23–33; Lk 20,27–40) als Pharisäer und grenzt sich von den Sadduzäern ab. Bei anderen Aspekten kann man Jesus einen Liebespharisäer nennen, der die Theologie der Tempelaristokraten und ihre Dienste kritisch sieht.[55]

Nicht immer bleibt es bei diesen verbalen Reaktionen. Dort, wo Paulus und Silas das wirtschaftliche System und die Einkünfte der Römer in Frage stellen, werden sie in Philippi in Mazedonien auf Befehl der „obersten Beamten" von Römern mit Ruten geschlagen, ins Gefängnis geworfen und in den Block als Fußfessel

---

[55] Zur Begründung vgl. H. Frankemölle/H. Heinz, Jesus 83–104.

5. Wurde die „frohe Botschaft (= Evangelium)" erst heute fremd?

gelegt (Apg 16,23-34). Nicht nur Lukas erzählt in der Apostelgeschichte von diesen Erfahrungen, auch Paulus bestätigt Schläge, Gefängnis, Auspeitschung, Steinigung und Verleumdungen durch Mitchristen und Ablehnungen durch Römer und andere Juden (2 Kor 11,23-28).

Der jüdische und christliche Glaube ist für Außenstehende oft eine *fremde* und *provokative* Botschaft zur Zeit des Neuen Testamentes.

Fremd und provokativ ist bis heute die Vorstellung vieler Christen, Jesu Grab sei leer gewesen, was eine körperliche Auferweckung voraussetzt. Jesu Leichnam ist verwest, da Jesus wirklich Mensch gewesen ist. Sein Ende ist dem aller Menschen gleich, an deren Auferweckung die Pharisäer und Jesus glauben.

Für die meisten Christen in Deutschland und in der westlichen Welt ist vor allem Paulus ein *fremder* Apostel. Seine Botschaft ist am schwierigsten, obwohl sie am stärksten den christlichen Glauben bis heute prägt. Immer mehr stößt sie auf Desinteresse oder auf Ablehnung. Moderne Christen finden sich und ihre Probleme durch die paulinische Theologie nicht mehr angesprochen. Darauf reagiert die „offizielle" Theologie bisher nicht.

Wo in Ländern Machtfragen oder wirtschaftliche Interessen tangiert werden, schlägt im Neuen Testament die Ablehnung der christlichen Religion in blutige Verfolgung um. Die Auseinandersetzungen Jesu mit den Priestern und Politikern am Tempel sind innerjüdisch bekannte Beispiele. Außerjüdisch sei erinnert an den „schweren Aufruhr" der Silberschmiede in Ephesus, die silberne Tempelchen und Götterstatuen für Artemis herstellten. Sie sahen ihr Geschäft durch die Predigt des Paulus vom einen, einzigen Gott geschädigt. (Apg 19,23-40) Wie hier waren Ablehnung und Widerstand aktuell oder lokal begrenzt.

Beendet wurde diese Phase der christlichen Minderheit, deren Glaube und Glaubenspraxis auf Unverständnis und Ablehnung stießen, im Jahr 313 durch das Mailänder Toleranzedikt mit gesetzlicher Religionsfreiheit. Vorher hatte schon 260 Kaiser Gallienus ein solches Edikt erlassen und die Christen staatlich anerkannt, ohne dadurch die Verfolgung unter Diokletian zu verhindern, ebenso 311 Galerius. Erst durch das Edikt von 313 wurde die christliche Religion nicht nur erlaubt, eine religio licita, sondern staatstragend. Erlassen wurde es durch die Kaiser Konstantin für den westlichen und Kaiser Licinius für den Oströmischen Reichsteil. Von nun an wurden die Christen nicht mehr verfolgt und mussten sich nicht mehr aus Furcht vor Verfolgung in den Katakomben verstecken. Kaiser Theodosius I. machte 380–391 im geeinten Römischen Reich das Christentum zur Staatsreligion, wodurch die bisherige polytheistische Mehrheitsreligion zur Minderheit wurde – mit entsprechenden negativen Erfahrungen für deren Mitglieder.

Heute ist die christliche Religionsgruppe weltweit die am meisten verfolgte. Vielen Christen und Nichtchristen ist dies nicht bewusst. Die vertriebenen Christen sind Teil von 120 Millionen Menschen, die am Weltflüchtlingstag, dem 20. Juni 2024, von den Vereinten Nationen gezählt wurden. Zuletzt belegte „Kirche in Not" besonders die Zerstörung christlicher Kirchen, Vertreibung oder Inhaftierung von Christen in Pakistan, Burkina Faso, im Bundesstaat Manipur in Indien, in Nicaragua und Niger.[56] 2023 gab es in Nigeria eine ständige, auch wirtschaftlich bedingte Verfolgung und Ermordung von Christen durch den muslimischen Staat, die ihren Höhepunkt zu Weihnachten mit 198 Toten erreichten. In Nicaragua ließ der Diktator Daniel Ortega 2023 zahlreiche Priester verhaften, den Jesuitenorden für illegal erklären und die Freiheit der Christen mehr und mehr einschränken. Für den Zeitraum 2022–2024 hat laut „Kirche in Not" die Christenverfolgung durch islamische Gewalt vor allem in Afrika weltweit noch einmal zugenommen.[57] Auch in Europa haben laut der Nichtregierungsorganisation „Observatory on Intolerance and Discrimination against Christians in Europe" im Berichtsjahr 2023 Hassverbrechen gegen Christen deutlich zugenommen, wenn auch weniger als gegen Juden und Muslimen.[58] Stärker wahrgenommen in der Bundesrepublik wurde bis 1989 die Unterdrückung von Christen in den Ostblockstaa-

---

[56] Vgl. https://www.vaticannews.va/de/welt/news/2023-08/kirche-in-not-verfolgte-christen-weltweit-interview.html (abgerufen am 10.03.2025).
[57] Vgl. https://www.vaticannews.va/de/welt/news/2024-11/christenverfolgung-weltweit-zugenommen.html (abgerufen am 10.03.2025).
[58] Zu Zahlen und Beispielen vgl. St. Löwenstein, Wenn die Taufe zum Risikofaktor wird, in: FAZ vom 04.12.2024, 8.

ten, einschließlich der DDR. Davon ist die Religiosität dort bis heute geprägt. Menschen wurden religiös „unmusikalisch", wie zu Recht formuliert wurde.

Die Situation in Deutschland und in Westeuropa ist eine andere. Die vorstehenden Hinweise sollten nur andeuten, wie unterschiedlich es den Mitgliedern oder Missionaren der christlichen Religion ergehen kann, je nachdem, ob ihre Mitglieder eine Minderheit oder eine Mehrheit der Bevölkerung bilden und wie hoch die Toleranz der Anderen ist. Heute erfahren die Kirchen in Deutschland weniger kämpferische Ablehnung, nicht einmal durch Atheisten, sondern primär Desinteresse, auch von eigenen Mitgliedern, die die Kirche verlassen. Nach den Gründen, vordergründigen und elementaren, ist zu fragen. Begründet ist die Ablehnung in der *Fremdheit* des Evangeliums, vor allem des Apostels Paulus und seiner Deutung seines Todes. Diese Aspekte der paulinischen Theologie wurden intensiv im Alten Orient, in Griechenland und Rom rezipiert.

Diese Entwicklung sich bewusst zu machen, ist erforderlich, da sonst Symptome behandelt werden, die kaum Wege in die Zukunft der Kirchen andeuten. Ob mit dem Kirchenaustritt ein Verzicht auf eine christliche Lebensweise einhergeht, bleibt zu fragen. Wenn nicht, bliebe nach der Relevanz des Glaubens für eine bestimmte Lebensweise zu fragen, ob das tradierte offizielle Glaubensverständnis lebensfremd geworden ist. Wenn nicht alles täuscht, dürfte dies der Fall sein. Was bedeutet „glauben" gemäß den heiligen Schriften der Bibel und was im heutigen kirchlichen Verständnis?

6. War die „frohe Botschaft (= Evangelium)" am Anfang attraktiv und provokativ?

Das Bild von der Urgemeinde in Jerusalem, das Lukas als Verfasser der Apostelgeschichte zeichnet, wird als „Kontrastgesellschaft" (Gerhard Lohfink) gedeutet[59]; dieser Begriff wurde vielfach rezipiert und versucht, ihn in der „Katholischen Integrierten

---

[59] Seit 1982 belegbar. G. Lohfink, Wie hat Jesus Gemeinde gewollt? Kirche

Gemeinde" zu verwirklichen. Es stellt sich die Frage, ob die damit Charakterisierten sich selbst so wahrnahmen und in welchem „Kontrast" sie zu wem standen. Zum vielfältigen Judentum im ersten Jahrhundert n. Chr., auch nach der Zerstörung Jerusalems im Jahr 70 n. Chr., erscheint der Begriff als plakativ, undifferenziert den „Gegensatz" zur jüdischen Umwelt zu stark zu betonen. Denn Lukas spricht von keiner Neugründung nach Auferweckung und Himmelfahrt Jesu, sondern betont die weitere Bindung der Jesusjünger an den Tempel: „Tag für Tag verharrten sie einmütig im Tempel, brachen in ihren Häusern das Brot und hielten miteinander das Mahl in Freude und Einfalt des Herzens. Sie lobten Gott und waren beim ganzen Volk beliebt." (Apg 2,46f) Die Gemeinde von Frauen und Männern (1,12–14) verstand sich weiter als Juden – auch mit ihrem Bekenntnis zu Jesus als Messias (= Christos). Das gilt auch für Paulus, dessen Wirken der zweite Teil der Apostelgeschichte gewidmet ist. Er war kein „Christenverfolger", er war wohl als radikaler Pharisäer ein Verfolger der hellenistisch-reformorientierten Judenchristen und stimmte dem Tod des Stephanus zu (Apg 8,1a). Außenstehende in Antiochia nannten die Anhänger dieser Richtung, „zum ersten Mal Christen/Christianer/Christianoi" (Apg 11,26; vgl. auch Did 12,4). Von welchen jüdischen Richtungen unterschieden sich diese Christen jüdischer und nichtjüdischer Herkunft? Für wen boten sie eine neue Lebensweise und einen neuen Glauben?

Da zu ihrer Lebenswelt auch die griechisch-römische Gesellschaft gehörte (Israel war von 333 – 63 v. Chr. unter hellenistischer, ab 64 v. Chr. bis 330 n. Chr. unter römischer Herrschaft), ist in einem weiteren Punkt zu fragen, ob und inwiefern der christliche Glaubensweg in Kontrast zur römischen Lebensführung stand und warum der christliche „Weg/hodós" so schnell und intensiv rezipiert wurde, dass er im 4. Jahrhundert sogar Staatsreligion werden konnte. Als „Weg" nennt Lukas sowohl die neue Gruppe (Apg 9,2; 24,14) als auch deren Lehre (Apg 19,23; 22,4; 24,22), aber nicht in Abgrenzung zum Judentum, was in 24,14 deutlich abgewehrt wird.

---

im Kontrast, Stuttgart 2015; zur Thematik vgl. Th. Laufmöller, Aufruhr! Warum wir eine neue Urkirche brauchen, Freiburg 2024.

6. War die „frohe Botschaft" am Anfang attraktiv und provokativ?

6.1 Die Urgemeinde als „Kontrastgesellschaft" zum „Judentum"?

Für Christen in Europa, ob Kirchgänger oder nicht, wird der christliche „way of life" von Kindheit an nicht als fremd wahrgenommen, sondern als „normal" angesehen, da viele Aspekte der ethischen Praxis (Gleichheit der Menschen, Gewaltlosigkeit, soziale Gerechtigkeit, empathische Nächsten- und Fernstenliebe, Kranken- und Armenfürsorge, Belehrungen, Abbau von verletzenden Strukturen, bewahrender Umgang mit der Welt...) in der westlich geprägten Welt zum Standard demokratischer Gesellschaften geworden sind, jedenfalls als Vision. Faktisch erfahren sie diese von jüdisch-christlicher Ethik geprägte Gesellschaft als positive Kontrastgesellschaft zu einer Kirche, die absolutistisch-hierarchisch geprägt ist (ohne Gewaltenteilung und ohne Volkssouveränität), ohne Gleichberechtigung der Frauen, mit Ausgrenzung sexueller Minderheiten, mit Vertuschung von Missbrauch und Wahrheit.

Jesu Verkündigung von der in seinem Handeln und in ihm anbrechenden und wahrnehmbaren „Herrschaft Gottes/basileia theou/malkut schamaim" eröffnet seinen Zeitgenossen eine neue Deutung der Tora und eine neue Sicht auf das Wirken Gottes im Hier und Jetzt. Ihm geht es um eine versöhnte Gemeinschaft untereinander und mit Gott. Gerd Theißen spricht von einer „Revolution der Werte"[60], wenn man Jesu Aufruf zur Nächstenliebe mit dem damals üblichen sozialen jüdischen und römischen Verhalten vergleicht. Diese These ist im Hinblick auf römisches ethisches Verhalten zutreffend, auf jüdisches zu global formuliert, selbst wenn man „Revolution" laut Duden im Sinne von „Aufstand" und nicht im ursprünglichen Sinn von „Umsturz" versteht. Das klingt zu antijüdisch, was Jesus nicht war. Er war ein Jude seiner Zeit, der wie andere Theologen (Samaritaner, Qumran-Essener, Pharisäer, Sadduzäer, Apokalyptiker, Johannes der Täufer, Tempeltheologen, hellenistische Theologen) die Tora interpretierte und aktualisierte, nie jüdisches Denken hinter sich ließ. Er ist ein menschenfreundlicher, weltoffener „liberaler" Pha-

---

[60] G. Theißen, Die Jesusbewegung. Sozialgeschichte einer Revolution der Werte, Gütersloh 2004.

risäer wie Rabbi Hillel – bis auf die Deutung der Ehe, bei der er der strengen Richtung von Rabbi Schammai anhängt.

Nach Tod und Auferweckung Jesu wird das Festhalten an Jesu Tora-Deutung bei der Frage zum Problem, ob die Beschneidung für Jesus-Nachfolger notwendig sei. Jesus wurde zwar nach Lukas beschnitten (Lk 2,21), hat die Beschneidung aber nie zum Thema gemacht. Daher dürfte der Hinweis von Lukas seiner Intention, den Anfang der Geschichte Jesu und des Täufers ganz nach biblischen Vorgaben zu deuten (1,5 - 2,52), verpflichtet sein. Ob Jesus beschnitten war, wissen wir nicht. Nach Ostern wurde die Beschneidung im vielfältigen Judentum ein Problem: „Es erhoben sich einige aus der Partei der Pharisäer, die gläubig geworden waren, und sagten: Man muss sie (die Nichtjuden) beschneiden und von ihnen fordern, am Gesetz des Mose festzuhalten." (Apg 15,5) Dies wird von Petrus, Jakobus und der ganzen Gemeinde unter Hinweis auf biblische Prophezeiungen zum Herbeiströmen nichtjüdischer Völker zum Volke Gottes abgelehnt (Apg 15,6-29). Es standen nationalgesinnte und globalgesinnte religiöse Juden einander gegenüber. Die letzteren glaubten, JHWH sei nicht nur ein Nationalgott Israels, sondern *auch* ein Gott für alle Völker (nicht *statt!*). Es gab in der Urgemeinde „gläubige" Pharisäer im Sinne der „Nachfolge" Jesu. Wie offen Pharisäer für neue Deutungen waren, belegt auch das Verhalten „eines Pharisäers namens Gamaliel" im Hohen Rat (Apg 5,34-39. Als Paulus vom römischen Oberst vor den Hohen Rat geladen wird, argumentiert er in seiner Verteidigung mit dem Wissen, „dass der eine Teil des Hohen Rates zu den Sadduzäern, der andere zu den Pharisäern gehörte", mit dem Argument: „Ich bin Pharisäer und ein Sohn von Pharisäern." Bei dem folgenden Streit, wie man „Auferweckung" deuten kann, heißt es von den „Schriftgelehrten der Pharisäer: Wir finden nichts Schlimmes an diesem Menschen." (Apg 23,6-9) An dieser Offenheit der Juden hält Lukas bis zum Ende der Apostelgeschichte bei der Verkündigung des Paulus fest: „Die einen (Juden: 28,17) ließen sich durch seine Worte überzeugen, die anderen blieben ungläubig." (28,24)

Der Evangelist Lukas hat Jesu Überzeugungen am stärksten aufgenommen. Er betont Jesu Offenheit zu allen religiösen Grup-

6. War die „frohe Botschaft" am Anfang attraktiv und provokativ?

pen seiner Zeit, auch zu gläubigen Nichtjuden sowie zu Zöllnern und Sündern. Damit verbindet er die Kritik an peinlicher Beachtung der Reinheits- und Zehntbestimmungen und an der Höherstellung liturgischer Vollzüge im Tempel vor der konkreten Hilfestellung des Notleidenden (vgl. zum Verhalten des Samaritaners als Vorbild für Priester und Leviten in Lk 10,30–35), als hinge von penibler Einhaltung ritueller Gebote das Heil ab. Gerade Lukas entfaltet die Anliegen Jesu in vielen hervorragenden Geschichten. Radikale Pharisäer, die anderer Meinung waren, kritisierte Jesus. Lukas hat diese Tendenz Mitte der 80er-Jahre des 1. Jahrhunderts oder später bei der Erinnerung an Jesus und in der Erfahrung, dass die pharisäischen Gruppen zu seiner Zeit mit seiner Gruppe der Christusgläubigen in Konkurrenz standen, vertieft.

Im Hinblick auf die gesamte Gesellschaft seiner Zeit, die geprägt war von römischen Herrschern, Priester- und Tempeltheologen, ist Jesus gescheitert. Frauen und Männer, die ihm gefolgt waren und ihm und an seinen „Weg" glaubten, lebten nach seinem Tod und im Glauben an seine Auferweckung seine Vision einer Gemeinschaft, vom „Volk Gottes" weiter. Nach Lukas waren Frauen und Männer „ein Herz und eine Seele" (Apg 4,32), „verharrten Tag für Tag einmütig im Tempel" und brachen gleichberechtigt wie Jesus in ihren Häusern das Brot in „Freude und Lauterkeit des Herzens" (2,46), teilten das Vermögen untereinander (4,32–37), und die Apostel taten wie Jesus zahlreiche „Zeichen und Wunder" an Kranken aus Jerusalem und „den Städten ringsum" (5,12–16). Die Folge: „Sie fanden Gunst beim ganzen Volk. Und der Herr fügte täglich ihrer Gemeinschaft die hinzu, die gerettet werden wollten." (2,47) „Das Volk schätzte sie hoch. Immer mehr wurden im Glauben zum Herrn geführt, Scharen von Männern und Frauen." (5,12)

Das Bild von der Urgemeinde in Jerusalem mit dem Begriff „Kontrastgesellschaft" (Gerhard Lohfink) zu umschreiben, ist undifferenziert. Es wäre, soweit dies anhand der Quellen möglich ist, nach dem Verhältnis der „Christen" zu den einzelnen religiösen Gruppen des Judentums zu fragen. Ab Kapitel 6 der Apostelgeschichte trifft diese Bezeichnung nicht zu, da von innergemeindlichen Konflikten in der Armenfürsorge (6,1–7), von der Steinigung des Stephanus (7,54–60) und von einer Trennung aufgrund unterschiedlicher judenchristlicher und heidenchristlicher Theologien (8,1–3) berichtet wird. An Judas, „den Anführer derer, die Jesus gefangen nahmen", und an sein schreckliches Ende „gemäß der Schrift" wird in 1,16–20 erinnert. Auch zwischen Paulus und Barnabas „kam es zu einer heftigen Auseinandersetzung" und Trennung (15,36–41). Dies zeigt: Wie „das" Judentum im 1. Jahrhundert vor und nach Jesus keine monolithische Einheit war – der Glaube an JHWH als den in der Geschichte Israels und aller Völker sowie in der Schöpfung wirkenden Gott verbindet alle Juden –, so auch nicht „das" Christentum, das erst auf vielerlei Wegen war, sich als Reformjudentum im Glauben an den in Jesus von Nazaret wirkenden JHWH als neue religiöse Richtung im Judentum und außerhalb des Judentums zu finden. Diese sprachlichen Versuche waren vielfältig – auch im Hinblick auf die unterschiedlichen Adressaten und ihre Lebensprobleme in der Mittelmeerwelt. Erstaunlich bleibt der Mut zu neuen Glaubensdeutungen – in Weiterführung und Abänderung vorhandener Traditionen.

Nach dem Evangelisten Matthäus, der Mitte der 80er-Jahre des 1. Jahrhunderts wie kein anderer im Neuen Testament in seiner Auslegung der Tora (Mt 5,17–48) und weisheitstheologischer Traditionen (6,19 – 7,12) darauf pocht, dass Jesus in seinen Worten und Handeln der einzig legitime Aktualisierer der Tora ist (5,17–19; 8,1 – 9,34)[61], sind die Jüngerinnen und Jünger Jesu für die Umwelt dermaßen attraktiv im Reden und Handeln, dass Jesus sie am Beginn der Rede auf dem Berg (5–7) universal „Salz der Erde" und „Licht der Welt" nennt (5,13–16). Voraussetzung ist, dass sie bei der umfassenden Erfüllung der Tora, beim „Tun" Gott allein als „Vater" (5,16; 23,9) und Jesus allein als „Lehrer" (23,10) bekennen. Das spricht gegen jede jüdische Hierarchie nach Art der Rabbinen (23,8) und gegen jede Vorrangstellung der „Katecheten" (kathägätäs: Lehrer, Führer, Wegweiser) nach römischer Art („bei euch soll es nicht so sein"). In Erinnerung an

---

[61] Zu diesen Themen im MtEv und zu seiner formalen Struktur (4,23–25; 9,35 – 1,23, 28,20) vgl. H. Frankemölle, Matthäus-Kommentar, Düsseldorf I–II, ebd. I, Düsseldorf 1999², 200–280.

6. War die „frohe Botschaft" am Anfang attraktiv und provokativ?

Jesus muss die christliche Gemeinde auf jedes herrschaftliche Amt in der Gemeinde auf Dauer verzichten. Da genügt es nicht, „Amt" mit „Demut" zu identifizieren. Matthäus entwirft ein geschwisterliches Bild einer Gemeinde (ohne priesterliche Theologen) als Kontrast zur jüdischen und römischen Umwelt. Die Rangstellung Jesu ist dabei nach Matthäus gottähnlich, da er ihn zu Beginn des Evangeliums personal als „Jesus/Jä-sous/Gott rettet/erlöst" (1,21) und als leibhaftigen „Immanuel/Immanu-el" in Erfüllung der Weissagung von Jes 7,14 sogar mit Übersetzung ankündigt: „Das heißt übersetzt: mit uns ist Gott." (1,23) Dieses jüdische Bekenntnis in griechischer Tradition (Matthäus zitiert Jes 7,14 in der griechischen Septuaginta-Fassung und glaubt somit an die Jungfrauengeburt[62]) kann nicht überboten werden. Matthäus versteht diese Deutung als jüdische! Mögen priesterliche, radikal pharisäische, national gesinnte religiöse Richtungen im Judentum, die generell gegen neue hellenistische Deutungen des Gottesbildes sind, anders denken. Bei Matthäus bleibt dieses Bekenntnis nicht abstrakt, da es das ganze Evangelium umrahmt (Mt 1,23 – 28,20) und strukturiert (17,17; 18,20; 26,29.38.40).[63] Wie „Jä-sous" (1,21) und „Immanu-el" (1,13) den vielfältigen in der Bibel bezeugten Glauben an den rettenden und Israel und den Einzelnen erlösenden Gott erinnern, so erinnert Matthäus in seinem Evangelium an die Menschen „froh machende Verkündigung (=Evangelium)" und an das von Krankheiten und Sünden befreiende, Gemeinschaft stiftende Handeln Jesu, wobei er vom Stammbaum an (1,1–17) „alle Völker" einbezieht. Für national gesinnte Juden war dieses Glaubensangebot eine Provokation, für andere und Nichtjuden eine attraktive Möglichkeit, das eigene Leben und die Geschichte zu deuten – basierend auf den Erfahrungen der ersten Jünger mit Jesus. Deshalb bekannten sie ihn als Messias, Sohn Gottes, als Vermittler der Offenbarung (Mt 5–7), mehr als Mose und in weiteren Titeln.

Jesu Deutung Gottes und seiner „Wirklichkeit/Herrschaft" in der Geschichte der Menschen, besonders Israels, war für seine

---

[62] Dem Glauben an die Jungfrauengeburt entspricht im jüdisch-griechischen Denken die „Schöpfung aus dem Nichts" (etwa 2 Makk 7,28f). Zur Begründung H. Frankemölle, Gott glauben 195–203.
[63] Zur Begründung H. Frankemölle, Jahwe-Bund und Kirche Christi 7–83.

Zeitgenossen, „zuerst die Juden, dann die Griechen" (Röm 1,16), attraktiv, neu im Vergleich zu anderen Deutungen. Sonst hätten Frauen und Männer sich Jesus auf seiner Wanderung nicht angeschlossen, Haus und Familie verlassen, in Hausgemeinden sich zusammengeschlossen. Theologisch, historisch und soziologisch bot Jesus ein Programm, das sich deutlich von anderen theologischen Richtungen im vielfältigen Judentum seiner Zeit unterschied, vor allem von den Priestertheologen, Sadduzäern und apokalyptischen Theologen, aber auch von den Pharisäern der strengeren Richtung.[64] Die Lebenswelt der Griechen und Römer war ohnehin eine andere.

Nach der Apostelgeschichte des Lukas sahen Frauen und Männer in der von Jesus verkündeten und gelebten Deutung der Tora mit ihrem Angebot der Gestaltung des Lebens einen spezifischen „Weg". Diese Metapher zielt nicht auf abstrakte Glaubensinhalte, sondern auf den *im Glauben an Gott begründeten Lebenswandel*. Das entspricht der jüdischen Überzeugung (siehe unten II), sodass Lukas „Weg" zur spezifischen Bezeichnung der so glaubenden und lebenden Gemeinschaft und ihrer religiösen Richtung machte (Apg 9,2; 19,23; 22,4; 24,14.22). Um der historischen und religiösen Wahrhaftigkeit willen sei betont, dass diese Bezeichnung nicht (wie viele Christen bis heute meinen) gegen *das* Judentum gerichtet war (das gab es in der geschlossenen Form ebenso wenig wie *das* Christentum), wohl jedoch gegen bestimmte Richtungen im vielfältigen Judentum der damaligen Zeit und gegen römisch-griechische Lebensentwürfe.

Die Szene des Apostels Paulus vor dem Hohen Rat (Apg 23) zeigt einen innerjüdischen Streit zwischen Pharisäern und Sadduzäern (Apg 23,6-10), das heißt zwischen Pharisäern und „Hohepriestern und Ältesten" in Jerusalem (23,14), die zur letzteren Gruppe gehörten. Sie versuchten, Paulus beim römischen Statt-

---

[64] H. Frankemölle/H. Heinz, Jesus 110-195. Die soziologische Perspektive in der Deutung Jesu und des Urchristentums wurde frühzeitig vor allem von G. Theißen betont; vgl. Ders., Soziologie der Jesusbewegung, München 1977; Ders., Studien zur Soziologie des Urchristentums, Tübingen 1983, Ders., Die Jesusbewegung. Sozialgeschichte einer Revolution der Werte, Gütersloh 2004. Zu seinen Thesen und zur Kritik zuletzt M. Tiwald, Frühjudentum und beginnendes Urchristentum, Stuttgart 2022, 265-274.

6. War die „frohe Botschaft" am Anfang attraktiv und provokativ?

halter Felix anzuklagen. Er sei in ihren Augen „eine Pest, ein Unruhestifter bei allen Juden in der Welt und ein Rädelsführer der Nazoräersekte. Er hat versucht, den Tempel zu entweihen" (Apg 24,5f). Es geht um innerjüdische Differenzen und Spaltungen. Dem griechischen Begriff hairesis fehlt semantisch die negative Fixierung auf „Häresie"; er bedeutet allgemein „Schulmeinung, Partei, Richtung" (Apg 24,14). Man streitet um die „Auferweckung von den Toten" (Apg 24,21). Diesen Glauben lehnen die Sadduzäer ab, die Pharisäer nicht. Paulus selbst ist stolz, „Pharisäer und ein Sohn von Pharisäern" (Apg 23,6), aus dem Stamm Benjamin (Röm 11,1; Gal 1,14) zu sein. Da Paulus als Bürger der Stadt Tarsus (Apg 21,39) von Geburt an römisches Bürgerrecht besaß (Apg 16,27; 22,28), „Römer" ist (Apg 23,27), kommt es nicht zum Prozess.

Der römische Statthalter/Prokurator von Judäa Felix hörte mit seiner Frau Drusilla, einer Jüdin, dem Paulus sogar zu, „was er über den Glauben an Jesus Christus berichtete" (Apg 24,24). Einen ähnlichen Erfolg bei nichtjüdischen römischen Amtsträgern hatte Paulus auf Zypern schon auf der ersten Missionsreise: Der Prokonsul Sergius Paulus, der als „verständiger Mann" charakterisiert wird, ließ nicht nur Barnabas und Paulus rufen, weil er „wünschte, von ihnen das Wort Gottes zu hören" (Apg 13,7). Nach einem Zeichenwunder des Paulus an einem Gegner heißt es: „Als der Prokonsul das alles sah, wurde er gläubig, denn er war betroffen von der Lehre des Herrn." (ebd. 13,12)

Warum hatten römische Staatsbeamte, deren offizielle Religion von einer Vielzahl von Göttern bestimmt wurde, Interesse an der jüdisch-christlichen Verkündigung? Inwiefern war diese auch für sie attraktiv und provokativ (dazu weiter unten I 6.2.)?

Zuvor seien die skizzierten Aspekte zur Frage, warum Jesus und die Urgemeinde für die jüdische Umwelt attraktiv, aber auch provokativ waren, anhand von Beispielen zusammengefasst:

- Im Hinblick auf den Tod Jesu war seine Kritik an der praktizierten Tempelfrömmigkeit für Sadduzäer und Hohepriester entscheidend (Mk 14,58).[65] In deren Augen war er ein „Auf-

---

[65] Zu den Gründen für den Tod Jesu durch die Römer auf Betreiben der Priestertheologen vgl. H. Frankemölle/H. Heinz, Jesus 95–104.

rührer". Analog deuteten ihn die Römer politisch. Für Jesus war der Tempel nicht der eigentliche und alleinige Ort der Gegenwart Gottes.
In der Urgemeinde halten Petrus, Jakobus und Paulus an dieser Freiheit vom Tempel vor der Tempelzerstörung (im Jahre 70) fest. Bedingung für das Heil ist der Glaube, der Geistempfang und die Taufe.

- Den radikalen Pharisäern, die die Menschen lehrten, die Reinheitsgebote wortwörtlich einzuhalten, sprach Jesus nicht grundsätzlich mosaische Autorität ab (Mt 23,1-3), warf ihnen aber vor, sich selbst nicht daran zu halten. Ihre Charakterisierung in Mt 23,4-7 kann ein Spiegelbild der Haltung von Bischöfen und Klerikern oder ihrer Hofierung in modernen Gesellschaften sein. Die Verpflichtung zu religiösen Praktiken wie Händewaschen vor dem Essen (Mk 7,3) erinnert an die subtilen Anordnungen zur Nüchternheit vor dem Kommunionempfang in der katholischen Kirche bis zum Zweiten Vatikanischen Konzil.
- In der Urgemeinde werden Hananias und Saphira wegen ihrer Heuchelei bestraft (Apg 5,1-11). Stephanus wird gesteinigt, weil er den Zuhörern vorhält, die Tora zu besitzen, sie aber nicht zu halten (5,53). Mit den sogenannten „Liebespharisäern" stimmt Jesus in vielem überein (Gottes- und Nächstenliebe, Glaube an die Auferweckung, Beten zu Gott dem „Vater"). Zu meinen, eine penible und wortgemäße Erfüllung der zehn Gebote sei wahre Frömmigkeit, lehnt Jesus ab (vgl. Mt 5,17 - 7,29). Wenn rituelle Gebote die Not des Nächsten ausblenden, können solche „Frommen" vor Gott nicht bestehen (Mt 25,31-46 in Aufnahme von Jes 58,1-14 und Ps 82,3-6). Das Ethos Jesu ist nicht gesetzlich zu begrenzen, schafft Gesetze aber nicht ab.[66]

Die Apostel und die Ältesten „beschlossen mit der ganzen Gemeinde" von Jerusalem (Apg 15,22) die Freiheit von rituellen Geboten der Tora, z. B. der Beschneidung, ohne die sozialen Gebote zu tangieren. Petrus lebt diese Freiheit (10; ebd. Vers

---

[66] Zu diesen und den folgenden Aspekten vgl. H. Frankemölle/H. Heinz, Jesus 110-177.

6. War die „frohe Botschaft" am Anfang attraktiv und provokativ?

28 die Kurzformel: „Gott hat gezeigt, dass man keinen Menschen unheilig oder unrein nennen darf").
- Die „Wirklichkeit", das „Wirken" Gottes konnten Menschen im Handeln erfahren, wie Jesus es vorgelebt hat. Daher ist Jesus kein apokalyptischer Theologe wie Johannes der Täufer. Er erwartet nicht das Heil von der Zukunft, nicht am Ende der Welt, sondern hier und jetzt, hält aber am zukünftigen Handeln Gottes fest, auch am Gericht.
- Gottes Zuwendung gilt allen, die nicht an der heilen Schöpfungswirklichkeit teilhaben (körperlich oder psychisch Kranke, Unreine) oder sozial geächtet sind (Zöllner, Prostituierte).
Gemäß der Apostelgeschichte führen die Apostel (2,43; 5,12–16), namentlich Petrus (9,36–42) und Paulus (13,6–11; 14,3; 16,16–18) Jesu heilende Tätigkeit weiter.
- Gottes Zuwendung durch Jesus gilt auch Frauen und Kindern (Mk 9,36f; 10,13–16 parr).
Frauen sind in der Apostelgeschichte auf gleicher Augenhöhe mit den Aposteln (1,14). Sie sind Ansprechpartner bei Heilungen (9,36–42) und in der Verkündigung (16,13–18; 17,7).
- Gottes Zuwendung durch Jesus gilt auch Nichtjuden, den sogenannten „Heiden",
(die keine waren, da sie an viele Götter glaubten). Entscheidend ist der Glaube.
Die Taufen des Äthiopiers (Apg 8,26–40) und des Römers Kornelius (10,1–48) erzählen die Vorwegnahme der großen Hinwendung zu den Menschen (ab 9,32) in Kleinasien, Griechenland und Italien.

Die Provokationen Jesu mit seiner Botschaft und mit seinem Handeln waren für die einen befreiend, wenn auch radikal in ihrem Anspruch, für die anderen so radikal, dass sie am Ende damit seinen Tod begründeten, den er als Bestätigung seines Glaubens freiwillig auf sich nahm. Überträgt man seine befreiende, attraktive und provokative Botschaft bei allen Unterschieden von privatem Handeln und vom notwendigen Wirken auf gesellschaftliche und globale Strukturen in die heutige Zeit, lassen sich durchaus Analogien finden (siehe unten I 6.4).

Wünscht man einen knappen „Beichtspiegel" für „christliches" Handeln in der Spur Jesu, bieten sich die Verse 25,35f aus der

Erzählung vom großen Weltgericht aus dem Matthäusevangelium an. Bei der Lektüre stellen Christen vielfach erstaunt fest, dass das Dogma, der Glaube an Jesus Christus, Gottes Sohn, nicht angesprochen wird. Matthäus denkt wie Jesus ganz jüdisch. Im Glauben an Gott und an sein Wirken in der Schöpfung und in der Geschichte aller Menschen ist das „Gehen/Wandeln (Halacha)" entscheidend. Eine Trennung zwischen religiösem und nicht-religiösem „Wandeln" kennt der jüdische Glaube nicht.

Bestehen wird man vor Gott, im Gericht, wenn man folgende Kriterien gegenüber Notleidenden erfüllt hat:
- „ich war hungrig, und ihr habt mir zu essen gegeben";
- „ich war durstig, und ihr habt mir zu trinken gegeben";
- „ich war fremd und obdachlos, und ihr habt mich aufgenommen";
- „ich war nackt, und ihr habt mir Kleidung gegeben";
- „ich war krank, und ihr habt mich besucht."

Diese Kriterien galten für die Mitglieder der neutestamentlichen Hausgemeinden, für Gemeinden damals in der Stadt und gelten heute in einer globalisierten Welt. In Variationen finden sich diese ethischen Handlungsmuster, in denen sich der Glaube bewähren sollte, vielfach im Neuen Testament, vor allem in der Briefliteratur, bezogen auf christliche Lebensgestaltung (vgl. Eph 4), aber auch für das Leben der christlichen Gemeinde in Gesellschaft und Staat (vgl. Röm 12–15). Christen lebten in neutestamentlicher Zeit mit einem spezifischen Ethos, das identisch war mit dem jüdischen, wie die vielfachen Zitate aus der Bibel belegen.

6.2 Die Attraktivität des christlichen Glaubens für die antike Umwelt

Jesus von Nazaret hat sich einer klaren Stellungnahme bei der Frage, ob dem Kaiser von Rom göttliche Hoheit zukäme, was nach römischem Verständnis der Fall war, enthalten. „Gebt dem Kaiser, was dem Kaiser gehört" kann isoliert als umfassende Zustimmung verstanden werden, wird jedoch durch den Nachsatz „und Gottes, was Gott gehört" relativiert. (Mk 12,13–17) Dass

6. War die „frohe Botschaft" am Anfang attraktiv und provokativ?

Jesus von römischer Seite verurteilt und gekreuzigt wurde, hat direkt nichts mit theologischen Gründen zu tun. Der römische Staat war gegenüber anderen Religionen neutral; die unterworfenen Städte oder Völker mussten nur loyal sein.

Das setzt auch Paulus in Röm 13 voraus, der keine abstrakte Staatslehre entwirft, sondern von den vorgegebenen staatlichen Strukturen ausgeht und positive Erfahrungen gemacht hat (13,4: „Denn die staatliche Gewalt steht im Dienst Gottes für dich zum Guten"). Was ist, wenn sie gegen die in der Bibel verkündete Ordnung Gottes steht? Das steht in diesem Buch nicht zur Debatte. Auf lokaler Ebene konnte es zwischen Juden bzw. Christen zu Konflikten mit den römischen Behörden kommen. Berief ein römischer Bürger wie Paulus sich auf sein römisches Bürgerrecht (vgl. Apg 25,1–12), wurde ein solcher Fall nach Rom übertragen. Bei Jesus, dem Juden, war der römische Staat durch den Statthalter Pilatus in Jerusalem zu Reaktionen gedrängt aufgrund der theologischen Auseinandersetzungen Jesu mit dem Tempelpersonal, den Sadduzäern und dem Hohepriester in Jerusalem, die in ihm einen Gesetzesbrecher und Unruhestifter sahen. Dadurch entstand in Jerusalem zum Paschafest ein „Tumult/thórybos" (Mk 14,2; Mt 26,5; 27,24). Jesu Tod ist den theologischen Konflikten und der rechtlich-politischen Situation zuzuschreiben.

Politisch war auch nach dem Tod Jesu das Bekenntnis zu seiner Auferweckung, das die Jünger Jesu mit vielen Juden teilten, nicht provokativ. Die christliche Bewegung war eine unter vielen im Römischen Reich. Bei Lukas in der Apostelgeschichte traten die Römer dann auf den Plan, wenn die innerjüdischen Auseinandersetzungen, auch zwischen verschiedenen Richtungen der „Christianer", vor allem zwischen den hellenistisch ausgerichteten „Christianern" wie Stephanus, Petrus, Paulus und Barnabas, die traditionellen Vorstellungen (zu Beschneidung und Auferweckung, zum einen-einzigen Gott) in Frage stellten. Dann bedienten sich romtreue Juden der staatlichen Gewalt, um die „Unruhestifter" loszuwerden.

Nach Ostern war aus der wandernden Gruppe um Jesus, neben der es auch schon zu seinen Zeiten „Häuser" gab, in denen er und seine Jünger aufgenommen wurden (Lk 10 par Mt 11,20–24), in Jerusalem eine sesshafte Gemeinde geworden. In ihr gab es nicht nur theologische Auseinandersetzungen, sondern auch konkrete Probleme der Versorgung (Apg 6,1–7). Eine wichtige Rolle spielten die elf Apostel (ohne Judas) und der „Herrenbruder" Jakobus (Mk 6,3; Mt 13,55), der zwischen Judaisten und Hellenisten eine vermittelnde Rolle spielte (Apg 15,13). Andere in der Nachfolge Jesu Engagierte waren Wandermissionare: Philippus, Petrus, Johannes und vor allem Paulus; sie führten die Lebensweise Jesu fort: von Jerusalem bis Rom.

Wie attraktiv war das Zusammenleben von Männern und Frauen, von Herren und Sklaven, von Eltern und Kindern, von jüdischen und nichtjüdischen Christusanhängern für die römische Gesellschaft?

Da Palästina als römische Provinz Syria ab 64 v. Chr. (bis 330 n. Chr.) zum Römischen Reich gehörte, sind deren gesellschaftliche und religiöse Vorstellungen und kultische Strukturen ein Modell einer in sich stimmigen Gesellschaft. Dies betrifft auch die liturgischen Praktiken.

Das römische Volk war eine Ständegesellschaft, wobei eine strikte Trennung nicht immer durchgeführt werden kann und die Funktion der einzelnen Gruppen je nach Ort, Gesellschaftsschicht und Zeit verschieden war. Auch konnte sich die Stellung in der Hierarchie, besonders in der Kaiserzeit abhängig von der Loyalität zum Kaiser ändern.[67] Grundsätzlich standen neben den alten Geschlechtern der Patrizier/des Geburtsadels (in der Kaiserzeit wurden sie durch die nobilitas/Vornehmen als führende Schicht ersetzt) die plebeii/Plebejer (plebs/Volk). Auch sie waren römische Vollbürger, hatten aber nicht alle Rechte, auch nicht das Recht einer Eheschließung mit Patriziern. Zur plebs gehörten alle unterhalb der Schichten von Rittern und Senatoren.

Kernzelle der römischen Gesellschaft waren die Großfamilien (gentes) mit dem pater familias an der Spitze. Zur „Familie", die nicht mit der heutigen „Familie" identisch ist, gehörten Angehörige des gleichen Blutes, aber auch Klienten (abhängig geworde-

---

[67] Vgl. A. Klingenberg, Sozialer Abstieg in der römischen Kaiserzeit. Risiken der Oberschicht in der Zeit von Augustus bis zum Ende der Severer, Paderborn 2011.

6. War die „frohe Botschaft" am Anfang attraktiv und provokativ?

ne Freibauern) und Sklaven, die rechtlich als Sache galten. Auch über Kinder hatte der pater familias Verfügungsrecht, über Söhne bis zur Emanzipation (e-manus-capere) mit 14 Jahren. Die Frau war Herrin (domina) des Hauses, unterstand aber der Gewalt (manus) des Mannes oder blieb rechtlich in der Gewalt des Vaters und wurde nur Gattin (uxor) des Mannes.

Gegliedert war das römische Volk in folgende Stände/ordines:
- Sklaven/servi: ihre natürlichen Grundrechte als Mensch waren nicht anerkannt,
- Freigelassene/liberti: sie hatten eingeschränktes römisches Bürgerrecht,
- Nichtbürger/peregrini: Bewohner des Imperiums ohne Bürgerrecht,
- Bürger/cives mit allen bürgerlichen Rechten,
- Ritter /equites: sie finanzierten die eigene Ausrüstung und dienten als Offiziere,
- Senatoren/senatores: Rat der Ältesten in Rom.

Drei Bibelstellen zeigen den Kontrast zwischen christlicher Gemeinde und römischer Umwelt und zugleich die radikale Provokation der christlichen Botschaft: Im Brief an die Gemeinden in Galatien, Teil der römischen Provinz Asia, formuliert der Apostel Paulus einen Kernsatz christlicher Anthropologie und pastoraler Existenz:

> „Durch den einen Geist wurden wir in der Taufe alle in einen einzigen Leib aufgenommen, Juden und Griechen, Sklaven und Freie." (1 Kor 12,13)

> „Denn alle seid ihr durch den Glauben Söhne (und Töchter) Gottes in Christus Jesus. Denn ihr alle, die ihr auf Christus getauft seid, habt Christus angezogen. Es gibt nicht mehr Juden und Griechen, nicht Sklaven und Freie, nicht männlich und weiblich, denn ihr alle seid einer in Christus Jesus." (Gal 3,26f)

> Unter den Getauften „gibt es nicht mehr Griechen und Juden, Beschnittene und Unbeschnittene, Barbaren, Skythen, Sklaven, Freie." (Kol 3,11)

Gegen eine zu enge christologische Deutung ist auf die Rück- und Einbindung der Christologie in die Theo-logie, in die Rede von Gott zu erinnern. Paulus spricht nicht von Kirche Christi, sondern von „Kirche Gottes" (Gal 1,13) oder differenzierter von

„Kirche Gottes in Christus" (Gal 1,22).[68] Im Hintergrund steht die schöpfungstheologische Aussage von Gen 1,26f, der zufolge der *eine* Gott „den Menschen als sein Bild erschuf, männlich und weiblich" (zitiert in Eph 4,24; Kol 3,10), als „Bild Gottes" (Jak 3,9). Nach Paulus wird diese Schöpfungsordnung Gottes in Jesus Christus erneuert. Nicht nur jeder einzelne, sondern „als Glieder des einen Leibes" (Kol 3,15). Zu ihr gehören auch alle „Barbaren", die nicht nach griechischer Kultur leben, ja sogar die „Skythen", die als kriegerisches Reitervolk bei Griechen als besonders grausam (vgl. 2 Makk 7,4), fast wie „wilde Tiere" galten (Josephus, Contra Apionem 2,269).

Die christliche Gemeinde ist eine egalitäre Gesellschaft, in der es keine hierarchische Abstufung gibt. Die politische, gesellschaftliche Struktur wurde dadurch nicht in Frage gestellt. Deshalb schickt Paulus den Sklaven Onesimus an seinen Mitarbeiter Philemon zurück, „nicht mehr als Sklaven, sondern als weit mehr: als geliebten Bruder" (Phlm 16), als Vollmitglied seiner Familie. Dies bedeutet „Gemeinschaft" (ebd. 17) bei verschiedenem sozialem Stand. Wenn christliche Sklaven an anderen Orten nichtchristlichen Herren dienen (Eph 6,5-9; Kol 3,22 - 4,1; 1 Tim 6,1f; Tit 2,9), sollen sie „ihren Herren gehorchen, ihnen in allem gefällig sein, nicht widersprechen, nichts veruntreuen, sie sollen zuverlässig und treu sein, damit sie in allem der Lehre Gottes, unseres Retters, Ehre machen" (Tit 2,9). Solche „Haustafeln" regelten in der Antike alle Beziehungen im Hause, sie galten auch in den christlichen Gemeinden.

Diese boten für die römische Umwelt attraktive Angebote, vor allem für die niedrigeren Schichten, für Frauen und Kinder. Gleichzeitig boten sie für die höhergestellten ein Lebensmodell, in der Nachfolge Jesu die Liebe zum Nächsten (philanthropía, caritas) sozialverträglich zu gestalten.[69]

---

[68] Das „in" zu streichen und von „Gemeinden Christi" (so die EÜ) zu sprechen, verkennt die jüdische Denkstruktur des Apostels; vgl. H. Frankemölle, Jüdische Wurzeln 407-430.
[69] Ein Bespiel ist die Gemeinde von Korinth; vgl. dazu G. Theißen, Soziale Schichtung in der korinthischen Gemeinde, in: Ders., Studien zur Soziologie des Urchristentums, Tübingen ³1989, 231-271.

6. War die „frohe Botschaft" am Anfang attraktiv und provokativ?

Der größte Kontrast des christlichen Glaubens (in Übereinstimmung mit dem jüdischen) zum römischen und griechischen besteht im Glauben an Gott. Dem Glauben an den einen, einzigen Gott[70] steht der Glaube der Römer an viele Götter (Polytheismus) entgegen. Neben dem römischen Staatskult gab es vielfältige Privatkulte. Diese leitete der Hausvater/páter familias. Letzteres war im Judentum und frühen Christentum nicht anders, wie die Pastoralbriefe belegen. Das sind Briefe an die „Hirten", Vorsteher/Wahrer/epískopoi einer christlichen Gemeinde im Neuen Testament (1-2 Thimotheus, Titus); sie wurden um die Jahrhundertwende geschrieben. Die deutschen Übersetzungen sprechen bei epískopos von „Bischof", den es im heutigen Verständnis damals nicht gab, zumal er eine einzelne Hausgemeinde oder eine kleine Ortsgemeinde mit mehreren Familien in allen Belangen, auch als „Vorsteher" der Eucharistie und der Kasse, leitete. Die Kriterien in der Spätzeit des Neuen Testamentes für seine Aufgabe waren:

„Er muss unbescholten und Mann einer einzigen Frau sein, mit gläubigen Kindern, die nicht unter dem Vorwurf der Liederlichkeit stehen oder ungehorsam sind. Denn der Vorsteher muss unbescholten sein als Haushalter Gottes, nicht überheblich und jahzornig, kein Trinker, nicht gewalttätig, nicht habgierig, sondern gastfreundlich, das Gute liebend, besonnen, gerecht, fromm und beherrscht, einer der sich an das zuverlässige Wort [des Evangeliums] hält." (Tit 1,6-9; ähnlich in 1 Tim 3,1-7)

„Wer das Amt eines Vorstehers anstrebt, der strebt nach einer großen Aufgabe [...] Er muss seinem eigenen Haus gut vorstehen, seine Kinder in Gehorsam und allem Anstand erziehen. Wenn einer seinem eigenen Haus nicht vorstehen kann, wie soll der für die Kirche Gottes sorgen [...] Er darf kein Neubekehrter sein, damit er nicht hochmütig wird [...] und er muss bei den Außenstehenden einen guten Ruf haben." (1 Tim 3,1.4-7)

---

[70] Zu den Entwicklungen in der Bibel und im frühen Judentum, an eine Vielzahl von „Wirkweisen (middot)" des einen Gottes, in griechischer Sprache später „Hypostasen (das Darunter-Stehen)" genannt, zu glauben, vgl. H. Frankemölle, Gott glauben 150-195; zur Einbeziehung Jesu Christi in den Ein-Gott-Glauben ebd. 288-466.

„Unbescholten sein als Haushalter Gottes" und „nicht gewalttätig" muss man aus aktuellem Anlass ergänzen um: „keinen sexuellen Missbrauch" gegen Kinder und Abhängige vertuschen oder selbst praktizieren. Die seit 2010 zu Recht öffentlich gemachte Missbrauchskrise wurde auch eine abgründige Bischofskrise,[71] deren Ausmaße und Nachwirkungen noch kaum einzuschätzen sind.

Der Gemeindevorsteher im Neuen Testament erhält keinen besonderen Titel, theologisch überhöht, auch nicht in den paulinischen Briefen, in denen Frauen als Vorsteherinnen oder als prophetische Rednerinnen belegt sind (1 Kor 11,2-16; Röm 16,1-16). Paulus geht es um eine vor Gott in Jesus Christus gleichberechtigte Gemeinschaft. Vor allem für niedriggestellte Römer/Römerinnen und Griechen war dies ein attraktives Angebot. Eine strukturelle Hierarchie wie in den römischen Vereinigungen und Bruderschaften (collégia/sodáles) oder im Staatskult mit dem póntifex maximus/Oberpriester an der Spitze sollte es nach der Tradition Jesu weder in Analogie zu jüdischen noch zu römischen Vorgaben (entgegen der mittelalterlichen und neuzeitlichen kirchlichen Entwicklung zum Papsttum) geben:

> „Ihr sollt euch nicht Rabbi nennen lassen; denn nur einer ist euer Meister, ihr alle aber seid Brüder. Auch sollt ihr niemanden auf Erden euren Vater nennen; denn nur einer ist euer Vater, der im Himmel. Auch sollt ihr euch nicht Lehrer nennen lassen; denn nur einer ist euer Lehrer, Christus." (Mt 23,8-10)

> „Ihr wisst, dass die, die als Herrscher gelten, ihre Völker unterdrücken und ihre Großen ihre Macht gegen sie gebrauchen. Bei euch aber soll es nicht so sein, sondern wer bei euch groß sein will, der soll euer Diener sein, und wer bei euch der Erste sein will, soll der Sklave aller sein." (Mk 10,34f, aufgenommen von Matthäus in 20,25f und mit leichten Variationen von Lukas in 22,24-27)

Diese herrschaftsfreie und priesterlose gesellschaftliche Struktur der christlichen Gemeinden verzichtet nicht auf Autorität, wie die Hinweise aus den Pastoralbriefen zeigen. Neben Aposteln

---

[71] So in einem lesenswerten Artikel zum Thema „Verantwortung" in juristischer Perspektive der Jurist J. Isensee, Die Amtsverantwortung der Hierarchen. Von der Missbrauchskrise zur Bischofskrise, in: FAZ 21.09.2023, 6.

6. War die „frohe Botschaft" am Anfang attraktiv und provokativ?

wie Philippus, Jakobus, Petrus und Paulus werden Propheten, Älteste/presbýteroi (daraus entwickelt sich das deutsche Lehnwort „Priester"), Diakone, Episkopen/Aufseher (daraus entwickelt sich das Wort „Bischof"), Witwen, Hausvorstände genannt, teils dem jüdischen, teils dem weltlichen Umfeld entnommen, wobei alle noch keine „Ämter" im späteren Sinn sind. Wurden die Gemeinden wie in Jerusalem größer, bedurfte es Differenzierungen in den „Diensten", wie die Wahl der Sieben zur täglichen Versorgung der Witwen und die Beauftragung durch Handauflegen durch die Apostel belegt. (Apg 6,1–7)[72] In der Didache, der Zwölf-Apostel-Lehre, (siehe unten V 2) werden neben sesshaften Aposteln auch sesshafte, „echte" Propheten genannt, die von der Gemeinde unterhalten werden (Did 13,1–2). Mit der Wendung „wie ein Arbeiter ist er seiner Nahrung wert" wird das Sprichwort aus Mt 10,6 zitiert. Auch Jesus war ein Wanderprophet, der von Sympathisanten in ihre Häuser aufgenommen wurde. Ansonsten müssen Christen ihren Unterhalt selbst verdienen. Durchreisende dürfen „nur zwei oder drei Tage bleiben" (Did 12,2), ein durchreisender Apostel, „nur einen Tag, wenn es nötig ist, auch einen zweiten", sonst ist er „ein Lügenprophet" (12,4). Man kann verstehen, warum Paulus im Brief an die Korinther allen Wert darauf legt zu betonen, dass er „heimatlos" ist und „mit eigenen Händen" seinen Lebensunterhalt verdient (1 Kor 4,11f); nach Lukas war er wie das Ehepaar Aquila und Priscilla „Zeltmacher" (Apg 18,3).

Eine andere Qualität hat die Angleichung der Dienste in den Gemeinden an die hierarchische Struktur der weltlichen römischen Gemeinden und des Staates seit dem 4. Jahrhundert. Diese Parallelisierung bringt den rituellen, von der Gemeinde „amtlich" bestellten „Priester", zuständig für „Opfer", und die subtile Priesterhierarchie in der römisch-lateinischen Kirche hervor: mit Subdiakon, Diakon und Kaplan, Vikar, Pfarrer, Dechant auf Ortsebene sowie Weihbischof, Bischof und Erzbischof auf Provinzebene und den Patriarchen für einen größeren Bezirk (Rom, Alexandrien, Antiochien, Jerusalem, später Konstantinopel, noch

---

[72] A, Vögtle, Die Dynamik des Anfangs. Leben und Fragen der jungen Kirche, Freiburg 1988.

später Moskau). Verbunden war die patriarchale Entwicklung auch mit verschiedenen Glaubensrichtungen (Armenier, Maroniten, Melkiten) oder mit dem Anspruch des römischen Bischofs und Patriarchen des Abendlandes, dem Papst mit den Kardinälen. Einen kleinen Schritt zurück tat Papst Paul VI. 1972 mit der Abschaffung der Stufen und der Spendung der „niederen Weihen" vor der Priesterweihe (Lektor, Ostiarier/Türhüter, Akolyth/Helfer, Subdiakon). Ihre Aufgaben haben in Westeuropa aufgrund des Mangels beim Priesternachwuchs mittlerweile Frauen und Männer übernommen.

Nicht geklärt wurde bislang die Stellung des Papstes, weder innerkatholisch noch innerchristlich. Seine Stellung zu den Bischofskollegien und Bischofskonferenzen war im Zweiten Vatikanischen Konzil (1962–65) heftig umstritten und ist bis heute nicht geklärt.[73] Das gilt auch im katholisch-evangelischen und katholisch-orthodoxen Gespräch für seine Stellung als Patriarch. Bedauerlicherweise wurde die in den 1960er-/1970er-Jahren geführte ökumenische Offenheit, nach der Rom von den Ostkirchen nicht mehr an Primatslehre fordern wolle, als im ersten Jahrtausend formuliert und gelebt wurde,[74] nicht weiter kirchenamtlich und ökumenisch vertieft. Papst Franziskus geht mit seiner üblichen Bezeichnung „Bischof von Rom" und mit seinem ökumenischen und interreligiösen Dialog auf Augenhöhe z. B. mit Patriarch Bartholomäus von Konstantinopel diesen Weg in der Praxis weiter (siehe unten VI.). Bedacht werden müssten in diesem Dialog als ebenso wichtig die Aussagen des Neuen Testamentes zum Petrusdienst, ihre Rezeption in den verschiedenen kirchlichen Traditionen *und* die gegenwärtige einsehbare Sinnhaftigkeit dieses notwendigen universalen Dienstes. Zur Geschichtlichkeit menschlichen und kirchlichen Lebens gehört die Offenheit für sinnvolle und notwendige Veränderungen, durch die die Vision Jesu von einer herrschaftsfreien Kommunikation

---

[73] Vgl. die Artikel von H. J. Pottmeyer/W. Aymans/E. Gatz, Bischofskollegium/Bischofskonferenz, in: LThK 2, ³1994, 493–499. Ausführlicher: O. H. Pesch, Das Zweite Vatikanische Konzil, Würzburg ³1994, 132–208.
[74] Vgl. H. Schütte, Ziel: Kirchengemeinschaft, Paderborn 1985, 139–170, bes. 161 f.; Ders. (Hrsg.), Im Dienst der einen Kirche. Ökumenische Überlegungen zur Reform des Papstamts, Paderborn 2000.

6. War die „frohe Botschaft" am Anfang attraktiv und provokativ?

und Sozialisation eingelöst werden muss. Der Verzicht auf theologisch verbrämten Status ist für die Zukunft unabdingbar.

Das *Leben aus dem Glauben* ist in verschiedenen gesellschaftlichen und politischen Strukturen in der Nachfolge Jesu im Kontext des üblichen weltlichen und staatlichen Verhaltens zu leben. Im Neuen Testament und frühen Christentum stand der „neue" Lebenswandel der Christen in Kontrast zum „alten" Leben in einer polytheistischen Umwelt. Dieser wird in der Literatur in der Regel „heidnisch" genannt, so als ob die Menschen vorher nicht an Götter geglaubt hätten. Die Verfasser der Schriften im Neuen Testament malen das unterschiedliche Ethos oft in kontrastiven Farben: Zum ehemaligen „Götzendienst" zählen sie „Unzucht, Unreinheit, Leidenschaft, böse Begierde und die Habsucht [...] Zorn, Wut, Bosheit, Lästerung und schmutzige Rede." (Kol 3,5.8) In Gal 5,19–21 nennt der Apostel Paulus als Laster der nichtjüdischen und nichtchristlichen Umwelt „Unzucht, Unreinheit, Ausschweifung, Götzendienst, Zauberei, Feindschaften, Streit, Eifersucht, Jähzorn, Eigennutz, Spaltungen, Parteiungen, Neid, maßloses Trinken und Essen und Ähnliches mehr." Einem solchen Lasterkatalog, der auch in der philosophischen Literatur der Stoa als pädagogische Gattung beliebt war und keineswegs als realistische Beschreibung der Wirklichkeit gelesen werden darf, stellt nicht nur Paulus einen entsprechenden Tugendkatalog als Idealbild der Christen gegenüber: „Die Frucht des Geistes ist Liebe, Freude, Sanftmut und Enthaltsamkeit." (Gal 5,19–21) Diese Kataloge konnten beliebig erweitert werden, um auf die Hörer einzuwirken (vgl. 2 Kor 6,6f; Eph 4,2f.32; Phil 4,8; 1 Tim 4,12; 6,11; 2 Tim 2,22–24; 3,10; Tit 1,8; 3,1; 1 Petr 3,8 mit Röm 1,18–32; 13,12–14; 1 Kor 5,10f; 6,9f; 2 Kor 12,20f; Eph 4,31; 5,3–8; 1 Tim 1,9f; 6,4f; 2 Tim 3,2–5; Off 21,8). Die Anzahl der Belege zeigt die Beliebtheit dieser Redegattung. Erstaunlich ist, dass der „Götzendienst" nur ein Fehlverhalten unter anderen ist.

Dabei erweist sich dieser Aspekt des urchristlichen Evangeliums ebenso attraktiv für die römische Umwelt, der auf Dauer noch integrativer wirkte, als ein bestimmtes soziales Verhalten, da – auch heute – christliches und humanes Verhalten sich inhaltlich im besten Fall nicht unterscheiden. Wer das meint, hängt Vorurteilen an. Beim „Götzendienst" geht es um das von Paulus und den anderen Aposteln verkündete Gottesbild, wie es Lukas den Paulus in Athen auf dem Areopag in Apg 17 verkünden lässt:

> „Paulus sah die Stadt voll von Götzenbildern." (17,16)

> „Er scheint ein Verkünder fremder Gottheiten zu sein. Denn er (Paulus) verkündete das Evangelium von Jesus und von seiner Auferstehung." (17,18)

> „Als ich (Paulus) umherging und mir eure Heiligtümer ansah, fand ich auch einen Altar mit der Aufschrift ‚einem unbekannten Gott'. Was ihr verehrt, ohne es zu kennen, das verkünde ich euch. Der Gott, der die Welt erschaffen hat und alles in ihr, der Herr über Himmel und Erde, wohnt nicht in Tempeln, die von Menschenhand gemacht sind. Er lässt sich auch nicht von Menschenhänden dienen, als ob er etwas brauche, er, der allen das Leben, den Atem und alles gibt." (17,23–25)

> „Er hat einen Tag festgesetzt, an dem er den Erdkreis in Gerechtigkeit richten wird, durch einen Mann, den er dazu bestimmt hat." (17,31)

Den „heftigen Zorn" (17,16) des Paulus erregen Götterbilder, nach jüdischem Glauben „Götzenbilder", d. h. „goldene, silberne oder steinerne Gebilde menschlicher Kunst oder Erfindung" (17,29), denen man Tier- und Speiseopfer darbringt. Da jeder Gott und jede Göttin einen eigenen Tempel oder eine Statue hatte, ebenso wie die Göttinnen und Götter der unterdrückten Völker je nach Bedeutung (vor allem Mithras und Isis), waren die Städte voll davon. Von solchen Göttinnen und Götterbildern zeugen noch heute die Tempel der Antike: Iupiter, Mars, Iuno, Minerva, Neptunus, Vesta, Vulcanus ...

Das staatliche und familiäre Leben stand unter dem Schutz der Götter. Die emotionale Bindung an sie ging in der Kaiserzeit verloren, aber auch aufgrund neuer Wahrnehmung orientalischer Religionen: der ägyptischen Kulte des Serapis und der Isis, der phrygischen Kulte der Kybele und des Attis, vor allem der persischen Lichtgottheit Mithras, der syrischen Baale, des Sonnengottes Sol, verschiedener Mysterienreligionen und der gnostischen Philosophie als Erlösungslehre. Dadurch gewann auch die christliche Religion immer mehr Einfluss auf die emotionalen Bedürfnisse der Menschen. In der Theologie des Paulus finden sich Anklänge an Mysterienreligionen: Taufe als Sterben mit Christus, der „alte" Mensch stirbt, der Getaufte zieht ein neues

6. War die „frohe Botschaft" am Anfang attraktiv und provokativ?

Kleid an. In Apg 17,17f diskutiert Paulus mit Anhängern der philosophischen Schulen Epikurs und Zenons und zitiert in 17,28 den griechischen Dichter Arátos (3. Jh. v. Chr.). Trotz vieler Anknüpfungspunkte mit griechischen Philosophien – die existentiellen Grundbedürfnisse der Menschen verschiedener Kulturen und Religionen ähneln sich – ist mit dem Hinweis auf „Gott, der die Welt erschaffen hat und alles in ihr" als „Herr über Himmel und Erde" das jüdische Grundbekenntnis zu dem einen, einzigen Gott formuliert. An anderen Stellen der Apostelgeschichte wird der Schöpfungsglaube um den in der Geschichte wirkenden Gott ergänzt. Nach der Heilung eines Gelähmten im Tempel zitiert Petrus Ex 3,6.15f, eine Stelle, die von Stephanus vor dem Hohepriester bestätigt wird:

> „Was starrt ihr uns an, als hätten wir aus eigener Kraft und Frömmigkeit bewirkt, dass dieser gehen kann? ‚Der Gott Abrahams, Isaaks und Jakobs, der Gott unserer Väter' hat seinen Knecht Jesus verherrlicht." (3,13)

Den monotheistischen Glauben gemäß der Kurzformel „Gott ist ‚der Eine'" (Röm 3,30) oder „wir haben nur einen Gott und Vater" (1 Kor 8,4.6; vgl. auch Gal 3,20) teilt Paulus mit allen Evangelisten und nachpaulinischen Briefschreibern. Dass es nur einen Gott gibt, ist für ihn die unbestreitbare Voraussetzung, wenn er die Zuordnung Jesu Christi zum Vater reflektiert als Griechisch sprechender Jude in jüdischen Kategorien.[75] Auch Christen glauben an den einen, einzigen Gott. Für die spätere Anerkennung als „religio licita/staatlich erlaubte Religion" war dieser Glaube eine wichtige Voraussetzung.

Juden und Christen waren im Römischen Reich „a-theoi/Atheisten", da sie nicht an eine Vielzahl Götter glaubten. Deshalb konnten sie auf lokaler Ebene in Konflikte mit römischen Behörden kommen, nicht primär wegen des Glaubens, sondern weil die offizielle Religion und die damit verbundene Staatsautorität, vor allem der Anspruch der Kaiser in Frage standen.

---

[75] Zur Begründung vgl. Frankemolle, Gott glauben 356–384; dasselbe gilt für die Einbeziehung des Geistes in das jüdische Gottesbild: ebd. 150–195.

I. Heutige Probleme christlichen Glaubens

Ohne hier die konfliktreiche Geschichte des Verhältnisses von Judentum und Kirche im Römischen Reich auch nur andeuten zu können, zeigte sich nach langen Kämpfen die gesellschaftlich und politisch einende Kraft des christlichen Glaubens. Er war nicht an ein „Volk" gebunden und kannte keine Standesunterschiede. Aufgrund der Gleichberechtigung mit anderen Religionen durch Kaiser Konstantin im Toleranzedikt von Mailand (313), zementiert durch die Anerkennung als einzig legitime Staatsreligion durch mehrere Erlasse von Kaiser Theodosius I., dem Großen (279–395), wurde die soziale Funktion einer einheitlichen Religion für die Einheit des Staates überdeutlich. Gleichzeitig lässt sich eine „Verzweckung" der Religion aus politischen Gründen nachweisen, da schon für Kaiser Konstantin als Nichtchrist gilt: „Er handelte in der Tradition der römischen Kaiser, die in der Funktion des póntifex máximus die Oberaufsicht über die Religionsausübung hatten; ihre Gesetzgebungsvollmacht schloss die sacra ein. Die Sorge um den débitus cultus, um eine ‚gesetzmäßige' Gottesverehrung war für Konstantin Bedingung für das Wohlergehen des Reiches."[76]

So ließ Konstantin ab 313 den christlichen Kult nicht mehr nur in Privathäusern feiern, sondern nach antiken Vorbildern Basiliken erbauen: in Betlehem (wegen der Geburt Jesu), in Jerusalem die Grabeskirche, in Rom eine Basilika am Grab des Petrus und in Ostia (Ankunft des Paulus in Italien). In Rom stiftete Konstantin den Lateran sowie weitere Bischofskirchen in Albano, Capua Vetere und Neapel. Diese Basiliken im Stil einer langen rechteckigen Apsiden-Basilika waren für alle ein sichtbares Zeichen staatlicher Anerkennung und wurden zum dominanten Kirchentyp. Umstritten ist bis heute, ob nicht seine Mutter Helena[77] die eigentlich treibende Kraft in der öffentlichen „Christianisierung" war. Sie unterstützte ihren Sohn seit 306 am Trierer Kaiserhof, wurde frühzeitig Christin, erhielt 324 den Titel Kaiserin und hat ab 326 „eine herausragende Stellung inne" aufgrund ihrer „Bautätigkeit in Rom". Auch werden ihr weitere Kirchengründungen in Trier, Bonn, Köln und Xanten zugeschrieben. Im Jahre 326/

---

[76] J. Martin, Konstantin(os), in: LThK 6, ³1997, 296.
[77] Vgl. St. Heid, Helena, in: LThK 4, ³1995, 1403 f.

6. War die „frohe Botschaft" am Anfang attraktiv und provokativ?

27 machte sie eine Pilgerreise nach Jerusalem mit der Auffindung des Kreuzes Jesu. Sie wurde Vorbild späterer Pilger und Kreuzritter.

Anders als seine Mutter ließ Kaiser Konstantin sich erst kurz vor seinem Tod taufen, was damals nicht unüblich war. Er kann aber seit 312 als Sympathisant und Unterstützer der christlichen Religion gelten, vor allem wohl aus machtpolitischem Kalkül. „Der erste Christ" auf dem römischen Kaiserthron ist er in der späteren Rezeption geworden. Auf dem Konzil von Nizäa (325), das er angesichts christologischer Streitigkeiten einberief, legte er die Formel „wesensgleich/homoousios" zur Beschreibung des Verhältnisses von Vater und Sohn fest. Ein erstaunlicher Vorgang. Ein christliches Ethos lässt sich bei ihm nicht feststellen, da er das Strafrecht verschärfte (Ertrinken im Sack) und Nebenbuhler wie den Mitkaiser Licinius und dessen Sohn ermorden ließ, sogar seine Frau und seinen Sohn. Noch bis 325 ließ er zahlreiche Münzen für den Sonnengott Sol prägen und in der alten Stadt Byzanz heidnische Tempel erbauen, die er 330 zum „neuen Rom" unter dem Namen „Konstantinopel" zur Hauptstadt wählte.

Konstantin (er starb 337) bleibt nicht der Einzige, der der davidischen Versuchung (wie König David) erlegen war. Der Monotheismus ist vor Missbrauch nicht geschützt. Dennoch war der Glaube an den einen, einzigen Gott nicht nur am Anfang für die römische Welt zunächst provokativ und attraktiv.

Spätestens mit Kaiser Theodosius (379–395) gingen durch die staatliche „Verzweckung" der Religion als Reichskirche deren eigentliche Anliegen verloren. Für Deutschland wurde erst 1919 durch die Weimarer Verfassung die enge Bindung von Staat und Kirche aufgehoben. Auch die „Allgemeine Erklärung der Menschenrechte", 1948 durch die Vereinten Nationen proklamiert, hat ihre Wurzeln nicht in der Bibel und deren Rezeption, sondern in philosophischen und politischen Konzepten, die sich historisch oft gegen kirchliche Machtansprüche durchsetzen mussten. Hier haben die Kirchen lange und konfliktreiche Prozesse erlitten.

Eine wirkliche Wende im theologischen Bewusstsein eines akzeptablen Verhältnisses von Theologie und Politik, von Kirche und Staat gibt es erst mit dem Zweiten Vatikanischen Konzil (1962–65) und durch die Enzyklika „Pacem in terris" (Frieden auf Erde) aus dem Jahre 1963, von Papst Johannes XXIII. als Menschenrechts- und Frauenrechts-Enzyklika verfasst. Sie bleibt aber nach außen gerichtet, blendet die Menschenrechte *in* der Kirche aus. Dies bleibt die Perspektive bis Papst Franziskus, während weltweit Reformgruppen (Befreiungstheologen in Südafrika und Südamerika, Bürgerrechtsbewegungen in den USA und in Südafrika) und Synoden (vor allem in Deutschland) mit Begründungen aus der Bibel anderes einfordern.

Die Botschaft des christlichen Glaubens muss in der Nachfolge Jesu attraktiv und aufrüttelnd bleiben – gegen alle Deformationen in der Geschichte. Dies gilt nach außen zur „Welt", erst recht nach innen zu den getrennten Christen. Sie haben sich lange genug vom Weg Jesu entfernt, sind auf Holzwegen gelaufen oder haben sich in Sackgassen verrannt – auch noch nach dem Zweiten Vatikanischen Konzil.[78]

6.3 Kann die „frohe Botschaft (= Evangelium)" fremd sein oder werden?

Die Frage ist keineswegs rhetorisch im Hinblick auf die heutigen Glaubensprobleme gemeint. Schon die Reaktion der Athener auf die Botschaft des Paulus von der Auferweckung Jesu in Apg 17,31f zeigt: Sie ist für seine nichtjüdischen Adressaten fremd. Unverständnis und Spott sind die Reaktionen, nur einige namentlich Genannte, Dionysius, der Areopagit, und eine Frau Damaris schlossen sich Paulus an und wurden gläubig. Für die Mehrzahl der Griechen und griechisch sozialisierten Römer war der Tod eine begehrenswerte Befreiung der Seele aus dem Kerker des Leibes. Der Glaube an die Unsterblichkeit der Seele taucht im Alten Testament erst spät auf: durch die griechische Kultur (vgl. Weish 3,4; 8,17). Bis dahin glaubten Juden an die Auferweckung

---

[78] Zum theologischen, pastoraltheologischen und gesellschaftlichen Programm vgl. H. Frankemölle/H. Heinz, Jesus 255–314. G. M. Hoff, In Auflösung. Über die Gegenwart des römischen Katholizismus, Freiburg 2023.

6. War die „frohe Botschaft" am Anfang attraktiv und provokativ?

des Leibes (sōma), nicht des Fleisches (sarx). Es geht um das „Ich" des Menschen bei allen Transformationen im Laufe des Lebens (zur Deutung des Paulus mit der Metapher Samenkorn vgl. 1 Kor 15,35–44). In der Ablehnung einer Auferweckung von Leib und Seele, dem Ich des Menschen, stimmen die Athener auf jüdischer Seite mit den Sadduzäern und Samaritanern überein, da diese die Lehre noch nicht in den fünf Büchern Mose vorfanden (Mt 22,23; Apg 23,7f). Nur diese frühen Bücher der Tora hielten sie maßgeblich für ihren Glauben.

Beim Fest „leibliche Aufnahme Mariens in den Himmel" am 15. August, seit dem 4. Jahrhundert in Syrien belegt, im November 1950 durch Papst Pius XII. zum Dogma erklärt, sind diese Differenzierungen zu beachten. Nach dem Katholischen Katechismus der deutschen Bischöfe wird hier von Maria ausgesagt, was für alle Christen gilt (daran glaubt auch Paulus in 1 Kor 15,35–57).

Die Ablehnung der christlichen Botschaft kann begründet sein in einer neuen Hörerschaft. Dies ist keine neue Einsicht. „Ein Jude, der bekannte: ‚Jesus ist der Prophet, der kommen soll', etwa nach der Prophetie, die in Dtn 18 [als Wort von Mose], steht: ‚Einen Propheten wie mich wird der HERR aus der Mitte eurer Brüder erwecken. Auf ihn sollt ihr hören' machte aus seinem Verständnishorizont, aus seinen theologischen Denkmöglichkeiten eine genauso hohe Aussage, wie ein vom Griechentum herkommender Mensch, der bekannte: ‚Jesus ist der Sohn Gottes'."[79] Ebenso „lässt sich gut denken, dass es für einen ehemaligen [etwa pharisäischen] Juden sehr viel besagen musste, wenn er sich zu dem Satz bekannte ‚Jesus ist der Christus, der Messias', während dieses Bekenntnis für einen Griechen, der in der Welt der olympischen Götter oder in der Schule eines stoisch-kynischen Philosophen aufgewachsen war, wenig hergab. Umgekehrt konnte der gleiche Heide viel mit einem Bekenntnis anfangen, in dem die Gemeinde von Jesus sagte, er sei ihr ‚Soter', ihr Heiland; war es doch genau das Prädikat, das man in seiner Welt den Göttern und den vergöttlichten Kaisern beilegte, während dieses Be-

---

[79] R. Schnackenburg/F. J. Schierse, Wer war Jesus von Nazareth? Christologie in der Krise, Düsseldorf 1970, 6.

kenntnis einem Juden fernlag."[80] Jesus Christus wäre bei Griechen und Römern beim Bekenntnis „Er ist ‚Sohn Gottes'" nur einer unter vielen Göttern.[81] Juden verbanden mit dem Bekenntnis, Jesus sei der „Messias/christós/Gesalbter", eine gegenwärtige oder zukünftige Rettergestalt in sozialer, nationaler, politischer oder kultischer Bedeutung. Jüdische Christen konnten in der einen oder anderen Bedeutung dieses Bekenntnis formulieren, nichtjüdische Christen kannten diese Bedeutungstradition nicht mehr, sie machten daraus einen Eigennamen und verbanden damit eine Glaubensaussage über das Heilswirken Gottes an ihn wie: „Jesus Christus ist der Herr/Kyrios" (Röm 10,9) oder „Christus ist für unsere Sünden gestorben und ... wurde auferweckt." (1 Kor 15,3f)

Sprachsoziologisch betrachtet ist für die Annahme einer „frohen Botschaft" entscheidend, ob die unterschiedlichen Hörer bzw. Leser in der Botschaft eine auf ihr Verständnis und ihre Erfahrungen treffendes, befreiendes und für ein gelingendes Leben tragfähiges Deutungsangebot wahrnehmen. Das gilt für alle Hoheitstitel und alle kurzen und langen Bekenntnisse nicht nur im Neuen Testament. Dabei spielt die Sprache eine entscheidende Rolle und die mit ihr verbundenen Erfahrungen (Herausführung aus Ägypten) oder Hoffnungen (Befreiung von der Fremdherrschaft oder Wiederherstellung des Kultes im Tempel). Jesus sprach in Galiläa um 30–33 Aramäisch, die Verfasser der Schriften im Neuen Testament schreiben zwischen 70 und 100 in Griechisch. Diese Jahrzehnte bedeuteten für das hellenistische Judentum und für das entstehende Christentum einen tiefgreifenden Umbruch.

Die Notwendigkeit von Transformationen erleben Christen in Europa seit der neuzeitlichen Aufklärung und auch heute wieder in vollem Umfang. Von der Mehrzahl der Gläubigen werden sie in ihrem neuzeitlichen Welt- und Menschenverständnisses, be-

---

[80] J. Gnilka, Jesus Christus nach frühen Zeugnissen des Glaubens, München 1970, 12.
[81] Vgl. das informative, reich bebilderte Sachbuch zur Bibel von D. Zeller, Christus unter den Göttern. Zum antiken Umfeld des Christusglaubens, Stuttgart 1993.

6. War die „frohe Botschaft" am Anfang attraktiv und provokativ?

dingt durch die „Aufklärung", wahrgenommen, aber von der „Amtskirche" (Bischöfe und Vatikan) bis heute verdrängt.[82] Dabei spielt die Wahrnehmung der geschichtlichen Entwicklungen in der Bibel des Alten und Neuen Testaments eine entscheidende Rolle. Den Theologen im Neuen Testament ging es nicht nur um Vertiefungen und Aktualisierungen des Glaubens, sondern sie interpretierten das Angebot Gottes in und durch Jesus von Nazaret je nach Bedarf neu. So bleiben im aramäisch-sprachigen Raum die grundlegenden theologischen Akzente Jesu noch in der griechischen Sprache (als Verwaltungs- und Literatursprache) erhalten, während Theologen, die im griechischen Umfeld aufwuchsen und wirkten, bei allen Glaubensbekenntnissen – ob in Geschichten, bei Bekenntnissen oder durch neue Hoheitstitel Umdeutungen vorlegten.[83]

Ein Beispiel: Der Zentralbegriff der Verkündigung Jesu vom Wirken und der „(Königs-)Herrschaft Gottes/basileia tou theou" ist die Übersetzung des hebräischen „malkut JHWH" oder des aramäischen „malkuta dejahwä". Matthäus formuliert: „basileia tōn ouranōn/Königsherrschaft der Himmel" als Übersetzung der rabbinischen Wendung „malkuta schamajim", mit der räumlich und zeitlich die umfassende Macht Gottes und das Bekenntnis „Gott ist König" aller Welt und aller Zeiten umschrieben wird. Beim Apostel Paulus und beim Evangelisten Johannes findet sich

---

[82] In den langen differenzierten Prozessen der „Aufklärung" wurde das ungeschichtliche theologische Denken durch Erfahrungen, Geschichtswissenschaft und Philosophie verdrängt mit der These: Das „Licht der Vernunft" steht über dem „Licht der Offenbarung". Zum Begriff, zur Geschichte, auch der katholischen Aufklärung, zur Theologie vgl. den Überblick von R. Ciarfardone/R. Reinhardt/A. Schilson, Aufklärung, in: LThK 1, ³1993, 1207–1216.
[83] Zur Entwicklung vgl. H. Frankemölle, Glaubensbekenntnisse. Zur neutestamentlichen Begründung unseres Credos, Düsseldorf 1974; zur biblischen Entwicklung des Gottesglaubens bis ins 4. Jh. der Konzilien und ins 7. Jh. des Korans vgl. Ders., Gott glauben. – Zur neuesten Begründung zur Geschichtlichkeit des christlichen Glaubens vgl. G. Werner/S. Wendel/J. Scheiper (Hrsg.), Ewig wahr? Zur Genese und zum Anspruch von Glaubensüberzeugungen, Freiburg 2023; M. Striet, Alte Formeln – lebendiger Glaube. Das Glaubensbekenntnis ausgelegt für die Gegenwart, Freiburg 2024.

der Zentralbegriff der Verkündigung Jesu nur spärlich. Sie verzichten auf ihn und verbinden mit ihm keine tragenden theologischen Aussagen mehr. Der Anspruch der römischen Kaiser und die Anschauung der Griechen und Römer dürften dem entgegengestanden haben. Angesichts der „Herrschaft" der Kaiser, die sich seit Mitte des 1. Jahrhunderts n. Chr. „dominus ac deus/Herr und Gott" nannten, war der Begriff „Königsherrschaft Gottes" nicht opportun. Paulus und Johannes individualisieren den Begriff und ersetzen ihn. Zentralbegriff für Paulus ist „Rechtfertigung durch Gott/dikaiosynē theou", für Johannes „Leben/zōä". Ob diese Begriffe „sachliche Äquivalente" zur Verkündigung Jesu sind, wie oft behauptet wurde und wird, sei dahingestellt.

Was nicht mehr verstanden wird, wird ersetzt, fällt weg oder wird mit neuen griechischen Vorstellungen gedeutet. Dies ist beim neutestamentlich späten Bekenntnis zur Geburt Jesu aus der „Jungfrau" Maria der Fall. Bei Paulus heißt es ganz prosaisch:

„Als aber die Zeit erfüllt war, sandte Gott seinen Sohn,
geboren von einer Frau
und dem Gesetz unterstellt." (Gal 4,4)

Paulus nennt hier nicht den Namen Maria und kennt auch sonst nicht den Glauben an die Jungfrauengeburt. Er betont Jesus als Juden; so ist er der durch Mose geoffenbarten Tora vom Sinai „unterstellt". Jesu Geburt entspricht den Vorstellungen der hebräischen Bibel (vgl. Jes 7,14). Wie Paulus kennen auch Markus, Johannes, die sonstigen neutestamentlichen Autoren und die Evangelisten Matthäus und Lukas (sieht man von ihren jüngeren Vorgeschichten ab) den Gedanken der Jungfrauengeburt nicht. Maria und Josef werden ohne weiteres „Eltern Jesu" genannt (Lk 2,27.33.41.43.48; 4,22). Nur in Mt 1,18.20.23; Lk 1,35 taucht die Bezeichnung „Jungfrau" auf. In 1,23 gibt Matthäus den Ort in der Bibel an, wo er diesen Gedanken gefunden hat: in Jes 7,14 in der griechischen Ausgabe der Bibel (Septuaginta). Hier liegt kein Übersetzungsfehler vor, wie von evangelischer Seite lange behauptet wurde. Es geht den griechischen Übersetzern um eine bewusste Deutung.[84] In der vorgegebenen Tradition lasen sie

---

[84] H. Frankemölle, Gott glauben 195–239.

6. War die „frohe Botschaft" am Anfang attraktiv und provokativ?

über den Glauben an JHWH als einzigen Schöpfer der Welt und des Menschen allein durch das „Wort" Gottes (Gen 1). Durch das „Wort" hat Gott die Chaosmächte von Gen 1,2 (das Tohuwabohu, die Finsternis, das Urmeer) überwunden und das Ganze als Kosmos, als Lebenshaus für Menschen, Tiere und das ganze Weltall gestaltet. Unter hellenistischem philosophischem Einfluss deuteten die Übersetzer der Septuaginta die Schöpfung als Schöpfung aus dem Nichts, inklusive auch die Erschaffung des Menschen:

> „Ich bitte dich, mein Kind, schau dir den Himmel und die Erde an; sieh alles, was es da gibt, und erkenne: Gott hat das aus dem Nichts erschaffen und so entstehen auch die Menschen." (2 Makk 7,28)

Auch Aquila, der als Jude um 120/130 n. Chr. die hebräische Bibel erneut ins Griechische übersetzte, deutet Gen 1,1 „wüst und leer" mit „das Leere und das Nichts". Jüdische synagogale Gebete nehmen diesen Gedanken auf und übertragen ihn auf die Macht Gottes über die Todesgrenze hinaus. So zitiert Paulus aus der zweiten Benediktion des Achtzehngebetes:

> „Gott, der die Toten lebendig macht, und das, was nicht ist, ins Dasein ruft." (Röm 4,17)

„Auferweckung" und „Schöpfung aus dem Nichts" – bezogen auf die gesamte Welt, die Menschen und Jesus von Nazareth – sind zwei weitere Beispiele für die geschichtliche Bedingtheit des Sprechens über den Glauben. Nach der Bibel des Alten und Neuen Testaments ist die Offenbarung ein fortdauerndes Geschehen, ebenso sind es die Glaubensdeutungen von Menschen in ganz unterschiedlichen Zeiten, wenn sie ihre Erfahrungen mit der Offenbarung Gottes deuten. Ein früher oft behaupteter „Abschluss der Offenbarung", wie vor allem die katholische Kirche bis Mitte des 19. Jahrhunderts behauptete, hat nur relativen Wert und kann nicht objektiv festgeschrieben werden. Spätestens mit der Erkenntnis des „Durchbruchs des geschichtlichen Denkens" gehört die Überzeugung vom „Dogma im Wandel" auch zum katholischen Glauben, wenn nicht bei allen Gläubigen, so doch zur offiziellen Theologie und zur Grundorientierung seit dem Zweiten Vatikanischen Konzil (1962–65).[85] Überzeitliche Geltungs-

---

[85] P. Hünermann, Der Durchbruch des geschichtlichen Denkens im

ansprüche dogmatischer Glaubensaussagen sind seitdem im Licht der Bibel zu befragen.

Dass die „offiziellen" Kirchen dazu nicht bereit sind, unfähig, auf neue säkulare und naturwissenschaftliche und andere existentielle Erfahrungen (mit der Demokratie oder im Sexualbereich) der Menschen in der Neuzeit zu reagieren, antike und mittelalterliche Formulierungen auf ihre Akzeptanz zu befragen, erfahrungsgesättigte Glaubenskonzeptionen der Bibel, speziell des Neuen Testaments als Modelle für gegenwärtigen Glauben zu sehen, offenbart die Kirchenkrise der letzten Jahrzehnte. Sie erweist sich als Theologiekrise, die nur überwunden werden kann, wenn man das „Dogma" vom „Evangelium" her interpretiert, nicht umgekehrt, wie es bis Mitte des 20. Jahrhunderts der Fall war.

Mag der Inhalt des christlichen Glaubens im sprachlichen Kleid der spätantiken Philosophie und Theologie den Menschen heute, die von der Aufklärung, von Säkularisierung und Naturwissenschaften geprägt sind, fremd geworden sein, nicht aber der Glaube, um den es im Evangelium geht, bei religionssoziologischer Betrachtung, wie neuere Umfragen bestätigen: „Es wäre viel zu einfach, lediglich der verbreiteten Kirchenkritik (und dem wachsenden Kirchenhass) zu folgen und die Sache ansonsten auf sich beruhen zu lassen. Denn richtig ist auch: 85 Prozent der in der Kirche ehrenamtlich Engagierten sagen [...], dass in der Kirche ein wertschätzender Umgang miteinander herrsche. Die Kirchen sind ein Hort der Zivilgesellschaft; kirchlich gebundene Menschen neigen weit eher dazu, sich ehrenamtlich zu engagieren; Kirchen setzen sich für Alte, Kranke, Behinderte ein, diskutieren Werte, bieten Anerkennung und Solidarität – also vieles von dem, was unsere krisengeschüttelte Gesellschaft braucht."[86] Modelle dafür finden sich in der jüdisch-christlichen Tradition der Bibel, deren „frohe Botschaft/Evangelium" für alle

---

19. Jahrhundert, Basel/Wien 1967; M. Seewald, Dogma im Wandel; O. H. Pesch, Das Zweite Vatikanische Konzil. Vorgeschichte, Verlauf – Ergebnisse, Nachgeschichte, Würzburg [4]1996, 271–290; G. Werner/S. Wendel/ J. Scheiper (Hrsg.), Ewig wahr? Zur Genese und zum Anspruch von Glaubensüberzeugungen, Freiburg 2023.

[86] D. Pollack, Die Gewalt von Männlichkeit, in: FAZ vom 02.02.2024, 13.

6. War die „frohe Botschaft" am Anfang attraktiv und provokativ?

Menschen leben- und freiheitspendend ist. Das gilt für das Neue wie für das Alte Testament (vgl. die Zitate von Jes 52,7; 61,1 in Mt 11,5; Lk 4,18; Apg 10,36; Röm 10,3).[87]

Sie sind für die Gegenwart zu aktualisieren und im Ritual von „Herrenmahl/Messe" bzw. „Brotbrechen" zu vergegenwärtigen als sichtbares Zeichen gelebter Glaubensgemeinschaft.

6.4 Provokationen des Evangeliums heute

Überträgt man die provokativen Impulse der Botschaft Jesu in Wort und Tat für die damalige jüdische und römisch-griechische Gesellschaft auf die heutige westliche, von Säkularisierung und Industrialisierung geprägte Zeit, lassen sich folgende Themenbereiche nennen, in denen das von der Kirche verkündete Evangelium weiter provokativ sein könnte bzw. müsste. Vieles praktiziert die Kirche heute schon. Dieses Handeln zählt die lateinisch-römische Kirche angesichts ihres sakramentalen Selbstverständnisses nicht zu ihren Wesenseigenschaften. Dies hängt nicht davon ab, ob die Kirche eine „Volkskirche" bleibt (was sie schon lange nicht mehr ist). Jede Pfarrgemeinde oder Personalgemeinde steht unter diesen in der Bibel strukturell vorgegebenen Forderungen des von Jesus verkündeten und gelebten Evangeliums.

Provokativ und attraktiv sollte die Kirche heute in ausgewählten Themenbereichen sein, wobei nicht an eine Hierarchie von wichtigeren oder weniger wichtigen Bereichen zu denken ist. Die Themen sind abhängig vom Lebenskontext des Einzelnen:
- Um welche Grundeinstellung sollte sich der einzelne Christ bemühen – gemessen an den Weisungen in Röm 12–15, 1 Kor 13 und Eph 4?

---

[87] Im sozial-ethischen und schöpfungstheologischen Bereich sind jüdische und christliche „frohe Botschaft" in Grundzügen bei aller Angleichung an die jeweilige Lebenssituation identisch; vgl. H. Frankemölle, Evangelium, in: HGANT, Darmstadt [5]2016, 178 f. 424 f. 454 f.; Ders., Feindesliebe I. Biblisch, in: LThK 3, [3]1995, 1212 f.; Ders., Frömmigkeit I. Biblisch und im Judentum, in: LThK 4,[3]1995, 166–168.

I. Heutige Probleme christlichen Glaubens

- Was erfordert die Nachfolge Jesu in der Familie an Empathie: zwischen den Ehepartnern, vom Kleinkind bis zu pflegebedürftigen Alten sowie bei der Gleichberechtigung der Frau?
- Was erfordert die Nachfolge Jesu in der Pfarrgemeinde und in der Stadt: Hilfe für Hungernde und Obdachlose durch Tafeln, Kleiderkammern, Akzeptanz anderer Kulturen und Religionen, Besuche von Einsamen …? Wo gibt es einen ausländischen Mitbürger mit anderer Hautfarbe als Mitglied des Gemeinderates?
- Was ist auf der Ebene der Staaten und der Kirchen gefordert? Frieden in der Welt zwischen Religionen und Kulturen? Nie wurden so viele Christen verfolgt wie heute.
- Wo wird die Würde des Einzelnen beschädigt (Missbrauchsskandal)?
- Wo sind die Grenzen der digitalen Welt? Wo werden Kinder, Jugendliche und Erwachsene in ihrer Freiheit manipuliert, wo wird ihnen ein antijüdisches und antichristliches Menschen- und Weltverständnis unbewusst oktroyiert?
- Wie ist es um den Schutz des Lebens von Anfang bis zum Ende bestellt?
- Wie kann die soziale Ungerechtigkeit in der Sklavenhaltergesellschaft beendet werden (auch bei uns gibt es Kinderarbeit und zahllose Leiharbeiter und Zwangs-Prostituierte)?
- Wie kann die Kirche den Egoismus des Einzelnen und den völkischen Nationalismus der Länder verändern?
- Was sagen Kirchen zur Asylanten- und Flüchtlingsfrage? Nie gab es so viele Flüchtlinge auf der Welt wie heute.
- Was sagten Kirchen zu den Einschränkungen der Persönlichkeitsrechte bei der Corona-Epidemie 2020–2022? Was sagen sie kritisch im Rückblick?
- Was tun die Kirchen zum Schutz des Klimas, für die Schöpfung als Gottes guter Ordnung?
- Wie reagieren die Kirchen auf den Kampf und die Kriege um Wasser? Die Berufung auf den Papst als Vorbild zählt nicht.
- Welches kirchliche Engagement gibt es gegen den immer stärker grassierenden Rassismus und Antisemitismus? Seit dem mörderischen Anschlag der Hamas auf ein jüdisches Dorf am 7. Oktober 2023 steigerte sich die Zahl antisemitischer Straf-

6. War die „frohe Botschaft" am Anfang attraktiv und provokativ?

taten um mehr als 83 % allein in Deutschland, 4782 Fälle wurden dokumentiert, 10.722 wurden gemeldet. In dieser Situation gelang es dem deutschen Bundestag nicht, eine fraktionsübergreifende Resolution gegen Antisemitismus zu entwerfen. Analog steht es in den Kirchen. Das Problem ist nicht neu, wie die Studie der EU-Grundrechteagentur zu 13 Ländern von Juli 2024 belegt, die für die Zeit vor dem 7. Oktober für Deutschland feststellt, dass 96 % der Befragten im Jahr vor der Befragung im Alltag von Antisemitismus belästigt worden waren. Auch wenn die Studie nicht repräsentativ ist, belegt sie ein elementares Arbeitsfeld der christlichen Kirchen für die Akzeptanz der „älteren Schwestern und Brüder im Glauben" (Papst Johannes Paul II.).
– Sieht die „monarchisch"-päpstliche Kirche deutlich genug die Gefährdung der demokratischen Freiheit durch populistische Parteien, durch Corona-Regeln, durch staatliche Einwirkung auf Justiz und Presse?
– Sehen die Kirchen die Gefahr der ständigen körperlichen und seelischen Selbstoptimierung schon bei Jugendlichen durch Schönheitsoperationen, übermäßige Sportausübung oder Drogen?

Nehmen die Landeskirchen und die kontinentalen Bischofskonferenzen genauso klar wie Papst Franziskus Stellung gegen die ständig steigende Zahl der Obdachlosen und Armen, die ausgeschlossen sind vom gesellschaftlichen Leben? Die Entwicklung in Deutschland, dem immer noch reichsten Land der Welt, erfordert vom Evangelium her eine Antwort, die der Staat und seine Parteien von ihrem Vorverständnis her nicht geben.

Kein anderer hat wie Papst Franziskus von seinem ersten Lehrschreiben *Evangelii gaudium* an (siehe unten V 1.2) den „vergötterten Markt" (ebd. 56) und die „sakralisierten Mechanismen des herrschenden Wirtschaftssystems" (ebd. 54) offengelegt und das viel zitierte Wort „Diese Wirtschaft tötet" gegen den Turbokapitalismus und gegen die heuschreckenartige Praxis der Großkonzerne formuliert.[88] Auch nach der Bibel (vgl. Jesus Sirach 34,26f) „mordet den Nächsten, wer ihm den Unterhalt nimmt". Die

---

[88] Zum Thema vgl. F. Segbers/S. Wiesgickl (Hrsg.), „Diese Wirtschaft tö-

„Anbetung des Goldenen Kalbes" (vgl. Ex 32,1–35) geht munter weiter. Wer meint, dem Papst gehe es nur um wirtschaftliche Fragen, irrt sich. Nicht nur in diesem Punkt hat Papst Franziskus verstanden, was jüdisch-christlicher Glaube meint (siehe II).

Christen und Kirchen stehen als Nachfolger Jesu in der Verantwortung für ihre Umwelt – zusammen mit anderen Religionen im Glauben an den einen Gott, mag man ihn JHWH, Vater Jesu oder Allah (= Gott) nennen. Die Gläubigen der monotheistischen Religionen glauben an ihn als Schöpfer des Alls und als tragfähigen Urgrund allen Seins, als wirksame Gegenwart, so wie Jesus sie verkündet hat und damit Menschen befreite und „erlöste".

Kirchen haben nicht nur nach außen, in der Welt, bisher ungelöste Aufgaben, sondern auch nach innen: Kirche in der Nachfolge Jesu kann nur als dienende/diakonische und arme Kirche sein Evangelium verkünden und vor allem leben. Diese Einsicht ist durchaus bei Bischöfen vorhanden, wie der „Katakombenpakt" von 1965 (genannt nach der Domitilla Katakombe als Treffpunkt außerhalb Roms) der 40 Bischöfe, die am Zweiten Vatikanischen Konzil teilnahmen, belegt. Ihnen schlossen sich bald 500 weitere Bischöfe an, die wie Papst Johannes XXIII. eine „Kirche der und für die Armen" im Sinne Jesu forderten und in ihren Diözesen zu leben versprachen.[89] Diese Worte griff Papst Franziskus bei seiner ersten Audienz für die Medienvertreter am 16. März 2013 auf: „Wie sehr möchte ich eine arme und eine Kirche, die für die Armen da ist." Nach Phil 2,6–11 hat Jesus Christus eine „Karriere nach unten" (Heinz Schürmann) gemacht. Nicht nur die „Großen" in der Kirche haben es ihm gleich zu tun.

Der Klerikalismus, die gelebte Hierarchie und der römische Zentralismus vor allem der lateinisch-römischen Kirche und der Prunk stehen einer notwendigen Attraktivität der Kirche unter den Bedingungen der Zeit und der kulturell verschiedenen Orts-

---

tet". (Papst Franziskus). Kirchen gemeinsam gegen Kapitalismus, Hamburg 2015.
[89] N. Arntz, Der Katakombenpakt. Für eine dienende und arme Kirche, Kevelaer 2015; Ders./Ph. Geitzhaus/J. Lis (Hrsg.), Erinnern und Erneuern – Provokation aus den Katakomben, Münster 2018.

6. War die „frohe Botschaft" am Anfang attraktiv und provokativ?

kirchen und Kontexten am meisten entgegen.[90] Worte und tatsächliches Verhalten fallen auseinander. Die römische Weltsynode 2023/24 mit dem im Juli 2024 veröffentlichten Arbeitspapier, das allzu sehr eine binnenkirchliche Perspektive vertritt, offenbart die nicht aufgelöste Spannung zwischen der Gemeinschaft der Glaubenden im Sinne Jesu, den kirchlichen Konzeptionen im Neuen Testament[91] und der realexistierenden Kirche (siehe unten V 2.7 und 2.8 zur systemischen Heuchelei der Kirche).

Papst Franziskus hat die Notwendigkeit der Aktualisierung des Evangeliums und des Systems der Kirche unter den Bedingungen der heutigen Zeit erkannt. Die Einberufung der Weltsynode belegt seinen Reformwillen, noch mehr die Ankündigung, den Schlusstext der Synode zu akzeptieren und nicht wie üblich ein postsynodales Lehrschreiben zu veröffentlichen, in denen in der Vergangenheit weniger die synodale Intention als die Theologie des Papstes zu lesen war. Er erkennt den Abschlussbericht der Weltsynode als authentischen Text des Lehramtes an. Dadurch relativiert er de facto das Papstdogma von der Unfehlbarkeit und des Jurisdiktionsprimats vom Ersten Vatikanischen Konzil von 1870. Daher gehört eine Skizzierung seiner Lehrschreiben und Enzykliken notwendig in dieses Buch (siehe unten VI 1). Seine Vision eines neuen Bildes von Kirche leuchtet indirekt in ihnen auf. Erst auf der Basis von geglückten Erfahrungen in den von ihm behandelten Themen kann man Gott danken und Gemeinschaft feiern im „Brotbrechen" und in Erinnerung an das „Abendmahl" Jesu mit seinen Jüngern, das heißt mit allen daran Glaubenden. Dass die Texte dieser Feiern ebenfalls einer Erneuerung bedürfen, sieht der Papst in einem Text von 2023 klar (siehe unten V 2.9), ohne dass er den „Staub" der Jahrhunderte, „der sich auf den Seiten des Evangeliums angesammelt hat" und die „Phrasen, die mechanisch und müde wiederholt werden", bislang gewagt hat zu verändern. Immerhin formuliert er seine Wünsche an Andere sehr deutlich: „Wir brauchen das

---

[90] Vgl. die schonungslosen Analysen eines Pfarrers: St. Jürgens, Ausgeheuchelt! So geht es aufwärts mit der Kirche, Freiburg 2019; Ders., Dranbleiben. Glauben mit und trotz der Kirche, Freiburg 2021.
[91] H. Frankemölle/H. Heinz, Jesus 110–195.

Genie einer neuen Sprache" durch Schriftsteller, Dichter und Künstler, deren „kraftvolle Geschichten und Bilder" Jesu Anliegen für heutige Menschen „in die Welt hinausschreien."

Eine Möglichkeit könnte nicht nur die Anerkennung der eucharistischen Texte von Addai und Mari für eine begrenzte Kirchenprovinz sein (siehe unten V 7), sondern die grundsätzliche Akzeptanz einer jahrhundertelang praktizierten Feier des „Brotbrechens" in der Tradition des Evangelisten Lukas und Jesu (siehe unten IV). Die eucharistische Feier des „Brotbrechens" müsste das paulinische „Abendmahl" bzw. die „Messe" nicht ersetzen, aber als theologisch gleichwertig gedeutet und akzeptiert werden, da auf diesen Texten nicht der „Staub" antiker Vorstellungen liegt, sondern „Brotbrechen" durch Jahrhunderte als sozial allgemein praktizierter und verständlicher Ritus verstanden wurde. Auch beim „Brotbrechen" geht es um das „Geheimnis des Glaubens".

Dieser Glaube kann nicht in der Forderung nach einem absoluten Vertrauen auf Gottes Wirken bestehen, dies wäre ein blinder Glaube, er kann auch nicht dem einseitig intellektualistischen Glaubensverständnis der Neuscholastik entsprechen, vielmehr reflektiert er biblisch verstanden gemachte Erfahrungen Einzelner, von Großfamilien, eines ganzen Volkes oder reflektiert (so in der Weisheitsliteratur) Regeln zu tragfähigem menschlichem Verhalten in der Glaubensgemeinschaft, basierend auf Gottes Schöpfungsordnung. Im Wahrnehmen bestimmter Prinzipien, in Einsicht in die von Gott gestiftete Ordnung kann das Leben gelingen. Glauben schließt Verstehen nicht aus. Dies ist nicht nur ein biblisches Thema.

6.5 „Verstehen" als eine Voraussetzung des Glaubens?

Der Überblick in den vorherigen Unterpunkten deutet ein Problem an, das im Hinblick auf die Lebenssituation der Erstleser der biblischen Texte bewusst zu formulieren ist, zumal es sich in der Neuzeit aufgrund der Aufklärung und der Säkularisation verschärft hat.

War schon in biblischen Zeiten ab dem 4. Jahrhundert v. Chr. in der Diaspora, aber auch im Mutterland Palästina (selbst Texte

6. War die „frohe Botschaft" am Anfang attraktiv und provokativ?

in Qumran belegen es) die Transformation vom hebräisch-aramäischen Denken zum griechischen Neudenken des jüdischen Glaubens mit philosophischen Vorstellungen ein Quantensprung,[92] so folgen in der Neuzeit weitere. Als Kopernikus 1543 die Erde als Mittel- und Ausgangspunkt des Kosmos entfernte und die Sonne als Mittelpunkt unseres Planetensystems erkannte, hatte es Folgen für das Denken. Es stellte die traditionellen dogmatischen, allegorischen, kirchenzentrierten Deutungsmuster der Bibel in Frage. Auch der Rückgriff der Reformatoren auf den Text der hebräischen Bibel gegen die römische Lesart wirkte in diesem Sinn nachhaltig bis heute.

Die Bibelkritik im 18./19. Jahrhundert ist ohne diese „Wende", die auf die Kraft der Vernunft mit den Erfolgen in den Naturwissenschaften setzte, nicht zu denken. Philosophisch „kopernikanisch" bedeutend[93] war Immanuel Kant, der 1781 in seiner „Kritik der reinen Vernunft" dem Verstand des Menschen die Fähigkeit zu vernünftigem und moralischem Handeln zuschrieb. Sprichwörtlich wurde seine Deutung des lateinischen Sprichwortes „sápere aude/wage, weise zu sein!" mit „Habe Mut, dich deines eigenen Verstandes zu bedienen!". Darin sah er den Leitspruch der Aufklärung. In der Folge standen Naturwissenschaft und Glaubenswissenschaft nicht nur einige Jahrzehnte mit der jeweiligen Deutungshoheit im Widerspruch. Ausgetragen wurde der Disput über Darwins Evolutionstheorie „Über die Entstehung der Arten" von 1859. Spätestens mit dem Zweiten Vatikanischen Konzil (1962–65) wurden auch kirchenamtlich die „Widersprüche" als unterschiedliche, mögliche Denkweisen verstanden.

Im Hinblick auf die Bibel lautet die Erkenntnis: Sie ist „Wort Gottes in menschlicher Sprache". Deutungen der Wirklichkeit aus dem Glauben und säkulare Entwürfe sind zwei „Sprachspiele", die ihren Wert im Freiheit und Frieden stiftenden Dienst für die Menschen und die Natur (Tiere, Klima …) haben. Dabei kann Weltdeutung aus dem Glauben nicht geschichtslos, sondern

---

[92] Vgl. Frankemölle, Frühjudentum 128–221; zur Gottesfrage speziell Ders., Gott glauben 150–195.
[93] Vgl. M. Willaschek, Kant. Die Revolution des Denkens, München 2023.

nur jeweils im aktuellen Weltbild geschehen – analog zu den Verfassern der hebräischen, aramäischen und griechischen Bibeltexte, die Texte nicht „auslegten", „Exegese" betrieben, sondern aktualisierten. Diese Rückbindung an das jeweilige Verstehen ist unabdingbar. „Glauben" gibt es nicht ohne „Verstehen", – neuzeitlich formuliert: ohne Rationalität. Welche verstandesmäßigen Voraussetzungen braucht es zum „glauben" im biblischen Verständnis als „Vertrauen, Festmachen in Gott und in Jesus Christus"? Kann der christliche Glaube heute nur in der sprachlich konservierten, griechisch-römischen Form des großen Credos von Konstantinopel und Nizäa aus dem 4. Jahrhundert weitergegeben werden? Wo sind die heutigen Grenzen einer Transformation und Aktualisierung? An einem Beispiel aus der jüngeren Glaubensgeschichte in Deutschland, das weltweit exemplarisch gewirkt hat, sei das Problem verdeutlicht.

Hans Küng (1928–2021), gebürtiger Schweizer, ab 1963 Professor für Dogmatik in Tübingen, war seit Beginn seines Studiums an den verschiedenen Glaubensweisen der christlichen Konfessionen, später auch der Religionen interessiert. Seine Dissertation zum Thema „Rechtfertigung. Die Lehre Karl Barths und eine katholische Besinnung. Mit einem Geleitbrief Karl Barths" (1957) führte die sprachlichen Differenzen auf unterschiedliche Sichtweisen zurück und schuf damit die Voraussetzung, die jahrhundertelangen kontroversen Diskussionen über die gegenseitige Verwerfung der katholischen und reformatorischen Kirche im 16. Jahrhundert, ein scheinbar unlösbares Grundproblem des Glaubens, zu beenden. Kirchenoffizielle Anerkennung fand sein Ansatz im Text „Gemeinsame Erklärung zur Rechtfertigungslehre" durch den Lutherischen Weltbund und die katholische Kirche im Jahre 1999, dem sich in den folgenden Jahren weitere protestantische Kirchen anschlossen (siehe dazu II 11). Auf dieser Basis wurde eine verstärkte Zusammenarbeit von evangelischer und katholischer Kirche möglich, wie sie sich im sogenannten konfessionell-kooperativen Religionsunterricht zeigt, an dem evangelische und katholische Schülerinnen und Schüler teilnehmen, der wechselweise von katholischen und evangelischen Lehrkräften geleitet wird. So weit ist man bei der sogenannten „ökumenischen Trauung" noch nicht, die sich ökumenisch nur

6. War die „frohe Botschaft" am Anfang attraktiv und provokativ?

auf die liturgische Gestaltung, nicht auf den kirchenrechtlichen Akt der Erklärung des Ehewillens vor dem evangelischen oder katholischen Leiter der Liturgie bezieht. Da sich nach katholischer Lehre die Eheleute das Sakrament selbst spenden, wäre eine wirklich ökumenische Lösung leicht möglich, wenn man Kirche als Glaubensgemeinschaft und Kirche als Körperschaft öffentlichen Rechts unterscheiden würde.

Die hermeneutische Erkenntnis, dass sprachliche Differenzen und Sichtweisen nicht unbedingt Glaubenstrennung bedeuten, wurde innerkatholisch bei den weiteren von Küng bearbeiteten Themen nicht mehr beachtet. Seine Versuche, im neuzeitlichen Welt- und Sprachverständnis den überlieferten Glauben neu zu formulieren, mussten unter dieser Voraussetzung – nimmt man die sprachlichen Formulierungen des Credos zum Maßstab – scheitern. Ein Grund war auch, dass Küng sich in seinem ökumenischen und „reformatorischen" Drang mit den Büchern „Unfehlbar?" (1970), „Christ sein" (1974) und „Existiert Gott?" (1978) zu zentralen Strukturen der katholischen Kirche und ihrer Lehre an ein größeres Publikum richtete. Eine universitäre Diskussion wäre zu dieser Zeit nicht gemaßregelt worden.

Küngs pastorales Problem stammte hinsichtlich des christlichen Credos aus dem 4. Jahrhundert: „Was soll ein Jude, Chinese, Japaner oder Afrikaner, was aber auch der heutige durchschnittliche Europäer oder Amerikaner mit jenen griechischen Chiffren anfangen?"[94] Dogmengeschichtlich formulierte er das Problem so: „Immer zugespitzter wurden die philosophisch zugespitzten Begriffe, immer differenzierter die Unterscheidungen zwischen den Schulen, immer komplizierter die Erklärungen, immer zahlreicher die Absicherungen der Orthodoxie durch Dogmen, die Staatsgesetze wurden. Aber auch immer zahlreicher wurden die Missverständnisse, die Parteiungen, ja Spaltungen, die gegeneinander gerichteten Synoden und die sich gegenseitig exkommunizierenden Bischöfe. Wäre es in einer neuen Weltepoche nicht angebracht, statt die alten hellenistischen Dogmen nur zu wiederholen, sich neu auf die neutestamentliche Botschaft selber zu konzentrieren und sie für zeitgenössische Christen auch wie-

---

[94] H. Küng, Christ sein; München 1974, 123.

der neu auszulegen, wie das nun einmal die hellenistischen Theologen für ihre Zeit zu Recht getan haben?"[95] Nachträglich kann man zum umfassenden Reformprogramm von Hans Küng sagen: Er wollte zu viel und war zu schnell, vorschnell – verglichen mit den meisten Bischöfen[96] beim Zweiten Vatikanischen Konzil (1962–65), dessen „peritus/Berater" er war. Noch bevor die akademische und bischöfliche Theologie sich in Ruhe mit allen Fragen in den einzelnen Ländern beschäftigt hatte, wollte Küng alle Gläubigen erreichen und mitnehmen. Der Stau der jahrhundertelang verkrusteten Theologie wurde um 1960 noch nicht stark genug empfunden, um wie im Neuen Testament und bei den Kirchenvätern zu Lösungen im Sinne der Verkündigung Jesu zu kommen.

In der Gegenwart scheint dies der Fall zu sein, wie länderübergreifende Synoden in aller Welt, auch in Deutschland (2019ff.), und der Vatikan mit einer eigenen, universalen Synode (2021–2024) hoffen lassen. Ob dieser globale Ansatz von Papst Franziskus neutestamentlich begründbar ist, lässt zweifeln. Die heutige Welt ist nicht globaler als das Römische Reich für die neutestamentlichen Gemeinden. Und doch bestätigt das Neue Testament nicht nur eine spannungsreiche Vielfalt, sondern auch eine widersprüchliche Einheit. Es geht heute darum, analog zur neutestamentlichen Situation diesseits des scheinbaren sprachlichen Widerspruchs einen „differenzierten Konsens" im Glauben zu finden, wie seit der gemeinsamen Erklärung zur Rechtfertigungslehre von 1999 formuliert wird: Worte können verschiedenes bedeuten, Akzente unterschiedlich gesetzt werden, Themen unterschiedlich ausgeführt werden, sie wollen aber „den Konsens in den Grundwahrheiten nicht wieder aufheben." (Nr. 40) Die Gemeinschaft der Kirchen im Neuen Testament werden nach Ansicht der Theologen und Gemeinden, die die Schriften von Pau-

---

[95] Ders., Das Christentum. Wesen und Geschichte, München 1994, 238.
[96] Eine Ausnahme bilden die südamerikanischen Bischöfe, die sich regelmäßig während des Konzils zur Messe in der Domitilla-Katakombe trafen; zu ihrem Reformprogramm vgl. N. Arntz, Der Katakombenpakt. Für eine dienende und arme Kirche, Kevelaer 2015; Ders./Ph. Geitzhaus/J. Lis (Hrsg.), Erinnern und Erneuern – Provokationen aus den Katakomben, Münster 2018.

6. War die „frohe Botschaft" am Anfang attraktiv und provokativ?

lus, Jakobus und Lukas, Matthäus und Johannes zum Kanon zusammenstellten, nicht in Frage gestellt (siehe weiter unten II).

Küngs Fragen bleiben, ohne differenziert auf die Angemessenheit der Aktualisierungen und Transformationen von ihm einzugehen: Wie soll man „Irrtumslosigkeit" und die Schrift als „Wort des lebendigen Gottes" allgemeinverständlich, in einfacher Alltagssprache erklären? Wie die „Wesensgleichheit Jesu Christi mit Gott als Vater", wie seine „Präexistenz"? Wie den Glauben an den einen, dreifaltigen Gott? Wie das Dogma der „Unfehlbarkeit" von 1870? Die Transsubstantiation/Wesensverwandlung von Brot und Wein?

Auf Drängen der vatikanischen Glaubenskongregation entzog die Deutsche Bischofskonferenz 1979 Küng die kirchliche Lehrerlaubnis. Entscheidend waren Küngs Thesen zur Wandelbarkeit des Dogmas, zur Unfehlbarkeit des Papstes und zur Christologie. Neuere Bücher und offizielle Vatikanische Dokumente belegen,[97] dass die Diskussion weiterging – aufgrund der Einsicht in die Notwendigkeit der Aktualisierung. Nur das Wiederholen alter Formeln gilt als rudimentär, nicht akzeptabel. So sieht es auch Papst Franziskus (siehe unten VI 2.9).

Wohl um des pastoralen Friedens willen haben es sich der Vatikan und deutsche Bischöfe mit dem Anliegen von Hans Küng zu leicht gemacht, da sie die Formulierungen des Credos zum alleinigen Maßstab dafür machten, ob ein Theologe noch „katholisch" war oder nicht. Dies gilt für die Erklärung der Glaubenskongregation über die Kirche „gegen einige heutige Irrtümer" von 1973 wie für die nachfolgende Erklärung der deutschen Bischöfe von 1977, in der Küng eine „unzulängliche Verengung" und „Verkürzung des Glaubensinhaltes" vorgeworfen wird, da dieser „unzureichend dargestellt" sei. Leo Scheffczyk, konservativer Kollege von Küng in Dogmatik, kritisierte

---

[97] Vgl. etwa M. Seewald, Dogma im Wandel; H. Wolf, Der Unfehlbare. Pius IX. und die Erfindung des Katholizismus im 19. Jahrhundert, München 2020. Das Vatikanische Dokument „Der Bischof von Rom" von Juni 2024 bietet eine Bilanz des ökumenischen Dialogs zur Rolle des Papstes. Vorarbeiten der über 30-jährigen Gespräche lieferte vor allem der Gemeinsame orthodox-katholische Arbeitskreis des Johann-Adam-Möhler-Instituts für Ökumene in Paderborn (siehe unten VI 2.11).

„schwere" Defizite in der Christologie. Wegen dieser klaren Positionierung und als Dank für seine scholastische, ungeschichtliche, vatikanische Theologie wurde Scheffczyk nach der Emeritierung Kardinal ohne Bischofsamt.

Weniger leicht machte es sich Alois Grillmeier (1910-1998), Jesuit und nach der Professur (1948-1978) ebenfalls 1994 als Kardinal ohne Bischofsamt geehrt. Seine drei Bände zum Konzil von Chalzedon von 451, vor allem sein in fünf Teilbänden veröffentlichtes Werk „Jesus Christus im Glauben der Kirche" sind bis heute Standardwerke zur Dogmengeschichte und zur Theologie der Kirchenväter. In einer ausführlichen Besprechung[98] prüfte er Satz für Satz das Konzept von Küng, bejahte seinen Ansatz (ebd. 33), sah einige Aspekte als „förderlich" an (76), hielt es aber beim Vergleich mit der Christologie der Kirchenväter für gescheitert (76-80). Seine kritische Frage lautet, „ob Hans Küng den Christusglauben der Konzile und der Väterzeit in seiner Fülle mit in die Zukunft nimmt, oder ob er – in seinem Bemühen, Christus und das Christsein verständlich zu machen – das Maß nicht allzu klein genommen hat, weil er – wie es scheint – Kopf und Verstand des modern-kritischen Menschen dafür erwählt hat, der gar leicht erklärt, er könne nicht mehr ‚verstehen'." (33 f.) Dazu gilt umgekehrt die Frage, ob Grillmeier nicht den Maßstab der Kritik zu groß genommen hat, zumal er das Problem, wie man seinshaftes Sprechen von Gott in Jesus Christus auch geschichtlich, dynamisch neu formulieren kann – analog zum Sprechen von Gottes Wirken in der Bibel, ausklammert. Sein Ansatz führt nicht weiter und ist für die Gegenwart ein Holzweg, den zu gehen Menschen nicht mehr bereit sind. Auch seine Voraussetzung, dass der Glaube der Konzilsväter von Nizäa, Chalzedon und Konstantinopel von den damaligen Gläubigen geteilt wurde, ist eine Unterstellung, durch nichts beweisbar. Dafür waren die Kontroversen zu groß, die theologischen Probleme zum Verhältnis von Gott-Vater zu Jesus Christus zu ungeklärt, die philo-

---

[98] A. Grillmeier, Die Einzigkeit Jesu Christi und unser Christsein. Zu Hans Küng, Christ sein, in: Ders., Fragmente der Christologie. Studien zum altkirchlichen Gottesbild, hrsg. von Th. Hainthaler, Freiburg 1997, 33-80.

6. War die „frohe Botschaft" am Anfang attraktiv und provokativ?

sophischen Antworten für philosophisch nicht Gebildete zu kompliziert.

Das Zweite Vatikanische Konzil (1962–65) nahm erstmalig für die katholische Kirche die Erkenntnisse der biblischen Theologie vom Wandel sprachlicher Formulierungen, aber auch der Diversität vielfacher Deutungen der Person Jesu in den vier Evangelien wahr. Das heißt: Dogmen gibt es nur im geschichtlichen und sprachlichen Wandel, wenn man Menschen mit der Botschaft vom Wirken Gottes in Jesus erreichen will. Die biblischen, auch die neutestamentlichen Texte belegen: Unterschiedliche Sprachen können dieselbe Wahrheit unterschiedlich formulieren. Dass diese hermeneutische Erkenntnis nicht Lehrbuchtheologie bleiben muss, bewies der Vatikan im Jahre 2001 mit der Anerkennung des Hochgebetes/der Anaphora von Addai und Mari, in der die Einsetzungsworte fehlen (siehe unten V 7).

Gegen die statische Ontologie in der Christologie und gegen die „Substanztheologie" des „wahrer Gott und wahrer Mensch", die heutige Menschen nicht mehr erreichen könne, formulierte der Fundamentaltheologe und spätere Bischof von Aachen, Klaus Hemmerle (1929-1994) neue Thesen auf der Basis seiner nüchternen Erkenntnis zur bisherigen Theologiegeschichte: „In der Symbiose des Christlichen mit der Ontologie blieb es, fast unbemerkt, bei einem Gaststatus des Christlichen in mannigfachen, von anderswoher geprägten philosophischen Entwürfen und Systemen." Gegen dieses Defizit nahm er den biblischen, geschichtlichen und erfahrungstheologischen Ansatz auf und umschrieb die *einzigartige Beziehung* Gottes zu Jesus von Nazaret: „Gott selbst teilt in Jesus all das Unsere und all das Seine. Nichts von sich ist draußen aus der Geschichte, die Gottes eigene Geschichte ist."[99] Systematische Theologen hätten diesen gut biblischen Ansatz, frei von platonischen Ideen- und Seinsvorstellungen und frei von aristotelischen statischen Substanzvorstellungen, die Thomas von Aquin (1225-1274) aufgenommen hatte und damit entscheidend das Denken der christlichen Theologie prägte, im Kontext moderner Sprachtheorien und Philosophien

---

[99] K. Hemmerle, Thesen zu einer trinitarischen Ontologie (1976), hrsg. v. W. Hagemann, Würzburg 2020, 30.39.

für die Gegenwart und für säkulare Menschen zu durchdenken. Gute Ansätze liegen vor.[100] Auch Pastoraltheologen „mit der Hand am Puls der Zeit" mit der einen und mit der anderen an der Bibel sind gefragt.

Die Bibel bietet grundlegende Modelle, wie man glauben und den Glauben begründen und deuten kann. Für Christen sind die Verkündigung und die Praxis Jesu in der vierfachen Deutung der Evangelisten maßgebend/„kanonisch". Doch auch Paulus ist nicht so systematisch, ungeschichtlich, wie man jahrhundertelang meinte. Auch wenn er den Tod Jesu und seine Wirkungen auf den jüdischen Glauben in den Mittelpunkt seiner Theologie stellt, denkt auch er in allen Aspekten eine Beziehungs-Theologie und Beziehungs-Christologie. Allerdings hat es lange gedauert, bis F. C. Baur 1836 als erster den Römerbrief als historisches Dokument deutete mit der Frage, warum Paulus seine Überlegungen gerade an die Christen in Rom geschickt habe. Das müsse mit der Situation und den Lebensproblemen der Adressaten dort zusammenhängen.

Bis dahin las man den Römerbrief auch in der reformatorischen Theologie dogmatisch, als Glaubenslehre. Viel zitiert wird das Diktum von Philipp Melanchthon (1497–1560), der Römerbrief sei ein „compendium christlicher Lehre". Ähnlich formuliert M. Luther in der Vorrede zum Römerbrief von 1522: „Diese Epistel ist das rechte Heubtstück des newen Testaments vund das allerlauterste Evangelium." (WA 56) Nimmt man „Christum predigen und treyben" zum Maßstab (Vorrede zur Septemberbibel von 1522), konnte der Jakobusbrief seiner Meinung nach nicht zum eigentlichen Kanon gehören (zum „glauben" nach Jakobus siehe unten II 8).

„Glauben" nach der Bibel setzt „Vertrauen" voraus, ebenso „Verstehen" – in welchem Umfang und welcher Tiefe auch immer. Den früher oft behaupteten unausweichlichen Gegensatz von re-

---

[100] Bücher zur Frage nach Gott von Theologen wie Walter Kasper oder Herbert Vorgrimler versuchen Brücken zu schlagen. Zur Konkretisierung des Ansatzes von Klaus Hemmerle mit der Darstellung von modernen Philosophien (Heidegger, Levinas, Ricœur u. a.) vgl. K. Kienzler, Bewegung in die Theologie bringen, Freiburg 2017.

6. War die „frohe Botschaft" am Anfang attraktiv und provokativ?

ligiösen und säkularen Sinndeutungen hat man überwunden, da es bei beiden Ansätzen um die eine Wirklichkeit geht. Das gilt auch für die Akzeptanz theologischer Entwürfe im Neuen Testament mit unterschiedlichen Akzenten etwa durch Paulus und Jakobus. Biblische Theologen haben ihren Glauben nie absolut gesetzt, als Maßstab zur Verteufelung anderer, wie es seit dem Altertum und Mittelalter seitens der katholischen Kirche in Kooperation mit dem Staat gegen Ketzer und Häretiker Praxis war.

Dies hängt mit der fundamentalen Erkenntnis zusammen: Vor jedem Verstehen stehen Erfahrungen: im eigenen Leben, in der Geschichte der Glaubensgemeinschaft, in Erzählungen anderer (zur Begründung vgl. das folgende Kapitel). Die in der Bibel belegten Glaubensgeschichten sind Erzählungen gelebten Lebens, das vom Glauben an Gott gedeutet und reflektiert wird. So können sie in Texten (Geschichten, Psalmen u. a.) verdichtet sein. Glaubensentwürfe im Alten und Neuen Testament entstammen Erfahrungen, die im Lichte überlieferter Erfahrungen zur Sprache kommen. Der Umgang von Menschen, ob Juden oder Heiden, Männern oder Frauen mit Jesus bestätigt diesen Ansatz. Die jeweilige Reaktion auf Jesu Wort und Handeln deutet Glauben als Korrespondenz: „Dein Glaube hat dich gerettet" (Mk 5,34). Glaube bedeutet nach biblischem Verständnis, dass Erfahrungen mit Gott in der Geschichte (Auszug Israels aus Ägypten), im Leben des Einzelnen wie bei Abraham (Gen 15) oder bei den Jüngern Jesu die Hoffnungen der Beteiligten bestätigen. Glauben ist biblisch immer eine Ich-Du-Beziehung, in der Menschen ein erfülltes Leben erhoffen und sich auf das erfahrene Angebot von „Heil" verlassen, ihr Leben in ihm festmachen „hä ämin/Amen/das steht fest" sagen. Je nach lebensgeschichtlicher Situation ändern sich diese Hoffnungen, sodass Glauben immer lebendig bleibt.

In der Neuzeit, seit der Säkularisation kommt erschwerend hinzu, dass Naturwissenschaften auf die Zweiteilung Himmel – Erde verzichten und die himmlische göttliche Welt nicht mehr als Gegenwelt zur irdischen Welt verstehen. Wie kann ein moderner Mensch glauben? Glaube als ein Nachsprechen von Formeln, die mit dem Leben nichts oder wenig zu tun haben, wäre „blind". Dies ist der Zustand des Glaubens heute, da die Menschen nicht

„verstehen" und ihnen nicht klargemacht wird, was der Glaube für ihr Leben bedeutet, was sich in ihrem Leben ändert, wenn sie glauben. Je nach Gefangensein in der Realität (psychisch, sozial, politisch) kann Glaube das Leben entscheidend verändern, wenn aufgrund der neuzeitlichen Erkenntnisse weltliche und christliche Verhaltensweisen mehr oder weniger kongruieren. Glaube ist nicht beliebig, sondern fordert und begründet die Unbedingtheit solchen Verhaltens – in der Nachfolge Jesu gemäß der Deutung der ersten drei Evangelisten.

Gibt die Verkündigung Jesu in der Deutung der Evangelisten Hinweise dafür, wie man (trotz des auch von Jesus angenommenen antiken Weltbildes mit Himmel – Erde – Unterwelt) an Gott im Diesseits glauben kann? Können biblische Konzepte in ihrer Eigenart Impulse und Modelle für heute sein? Inwiefern unterscheidet sich nichtchristliches humanes Verhalten vom christlichen, eine Entscheidung für ein humanes Verhalten und für ein Verhalten, das im Glauben begründet ist? Oder ist dies eine falsche Alternative? Auch in irdischen Bereichen kann nicht alles rational begründet werden, müssen Menschen sich auf die Sinnhaftigkeit der Wirklichkeit und des menschlichen Zusammenlebens verlassen – wie Glaubende auf die Treue und das Mitgehen Gottes. Die Tora, die fünf Bücher Mose als „Weisungen" Gottes vom Sinai, unterscheiden nicht zwischen Lebens- und Glaubenswelt; sie sind Grundlage einer gelingenden Lebensführung des Einzelnen, der Familie und des Staates, wie die Zehn Gebote/Dekalog (Ex 20,1–17; Dtn 5,6–21) belegen. Die weisheitstheologischen Texte im Alten und Neuen Testament mit ihrem erfahrungstheologischen Ansatz bestätigen diese „irdische" Perspektive (vgl. besonders die Bücher Weisheit und Jesus Sirach oder Mt 5–7 und Jakobus). Die 30 anscheinend profanen Liebeslieder im Hohelied besingen die erotische Liebe zwischen Mann und Frau; sie sind nicht deshalb Offenbarung, weil man sie auf die Beziehung Gottes zu Israel, Christi zur Kirche oder der Seele zu Gott allegorisch deutet; Ansätze dazu finden sich schon im 1. Jahrhundert v. Chr. All diese Texte sind ein Geschenk Gottes, „frohe Botschaft/Evangelium" für die Praxis des Lebens. Die Frage, wer mein Nächster sei, ist mit der Deu-

6. War die „frohe Botschaft" am Anfang attraktiv und provokativ?

tung des Menschen in seiner Gottebenbildlichkeit (Gen 1,27) seit der Schöpfung beantwortet.

Vergleicht man den üblichen, von der Kirche vermittelten Glauben mit dem der alttestamentlichen Theologen oder der vier Evangelisten, kann man einen Perspektivenwechsel feststellen: Dort kommen Menschen aufgrund von geschichtlichen Erfahrungen (Auszug aus Ägypten oder Rückkehr von Babylon) zu ihren Deutungen vom Wirken Gottes, hier werden katechismusartige Lehrsätze gelernt, die man nur schwer oder gar nicht mit den eigenen Erfahrungen verbinden kann. Ideal wäre es, keine Differenz zwischen profan und religiös zu sehen. Auch heute gilt: Die Wirklichkeit „Gott" finden *in* allen Dingen und Ereignissen! Die Wirklichkeit ist transparent. So lautet das biblische Programm, das die Evangelisten, besonders Lukas, im Leben Jesu verwirklicht sehen.

Dieser Paradigmenwechsel im Verständnis von „glauben" sei an biblischen Schriften erläutert.

II. Was bedeutet biblisch glauben?

1. Glauben „gemäß den Schriften" Israels und der Kirche

Der Katechismus der katholischen Kirche formuliert 1993 als ersten Satz: „Gott ist unendlich vollkommen und glücklich. In einem aus reiner Güte gefassten Ratschluss hat er den Menschen aus freiem Willen erschaffen." (38) Im Ersten Vatikanischen Konzil 1870 wurde formuliert: „Gott, der Ursprung und das Ziel aller Dinge, kann mit dem natürlichen Licht der menschlichen Vernunft aus den geschaffenen Dingen gewiss erkannt werden."[101] Der „Grüne Katechismus" der Deutschen Bischofskonferenz, benannt nach seiner Farbe, als kleiner Katechismus für die Jugend (Freiburg 1955 ff.), formuliert entsprechend im Frage-Antwort-Spiel: „Wozu sind wir auf Erden? Wir sind dazu auf Erden, um Gott zu erkennen, ihn zu lieben, ihm zu dienen und einst ewig bei ihm zu leben." Durch den absoluten, einseitigen Bezug auf Gott wird ein bestimmter Glaubensinhalt gefordert, der hellseherisch formuliert ist und mit dem Leben und den Erfahrungen des Einzelnen oder der Glaubensgemeinschaft nichts zu tun hat. Dies ist eine abstrakte Theologie, die auf Behauptungen baut, die mit dem jüdischen Glauben und der biblisch-jüdischen Verkündigung Jesu in Wort und Tat im Ansatz wenig gemein haben.

Diesen hermeneutischen Ansatz hat Martin Buber (1878–1965), der große jüdische Philosoph und Religionswissenschaftler, in einer Vorlesung im Jahre 1950 klarsichtig mit dem hebräisch-jüdischen Glaubenssystem verglichen und von „zwei Glaubensweisen" gesprochen. Er formuliert die These: „Es stehen einander zwei, und letztlich nur zwei, Glaubensweisen gegenüber. Wohl gibt es eine große Mannigfaltigkeit von Inhalten des Glaubens, aber ihn selbst kennen wir nur in zweierlei Grundform. […] Die christliche Pistis wurde außerhalb der Geschichts-

---

[101] H. Denzinger/P. Hünermann (Hrsg.), Kompendium der Glaubensbekenntnisse und kirchlichen Lehrentscheide, Freiburg [17]1991, 813.

erfahrungen von Völkern, sozusagen im Austritt aus der Geschichte, geboren, in den Seelen von Einzelnen" mit der „Forderung" zu glauben, „dass ein in Jerusalem gekreuzigter Mann ihr Erlöser ist."[102] Die beiden Glaubensweisen „lassen sich von schlichten Tatsachen unseres Lebens aus anschaulich machen: die eine von der Tatsache aus, dass ich zu jemand Vertrauen habe, ohne mein Vertrauen zu ihm zulänglich ‚begründen' zu können, die andere von der Tatsache aus, dass ich, ebenfalls ohne es zulänglich begründen zu können, einen Sachverhalt als wahr anerkenne." (9) Die erste Glaubensweise „hat ihr klassisches Beispiel an der Frühzeit des Glaubensvolks Israel, [...], die zweite an der Frühzeit der Christenheit." (11) Dieses Glaubenskonzept „im Sinn eines Nunmehr-für-wahr-Haltens" ist „griechischen Ursprungs" und vom „griechischen Denken abhängig". (13) Dieser These hat David Flusser (1917–2000), ein jüdischer Religionswissenschaftler und Kenner der Überlieferungen zu Jesus, in einem langen Nachwort zu „Zwei Glaubensweisen" nach kritischen Hinweisen zugestimmt: „Bubers Grundthese ist also richtig, und man sollte an ihr aus Voreingenommenheit nicht rütteln." Allerdings ist seine Differenzierung zu beachten, die in der Regel übersehen wird: „Es gibt wirklich, und zwar innerhalb des Christentums, zwei unterschiedliche Glaubensweisen, von denen die erste den drei monotheistischen Religionen gemeinsam ist und die andere dagegen nur dem Christentum eigen ist."[103]

Während Buber am Ende seiner Vorlesung einen „starren Paulinismus" im Verständnis von „Glaube/pistis" behauptet und formuliert: „Der Glaube des Judentums und der Glaube des Christentums sind, in ihrer Weise, wesensverschieden" (183)[104], sieht Flusser im Neuen Testament, *innerhalb* des Christentums die unterschiedlichen Glaubensweisen – je nach thematischem Ansatz. Er denkt stärker historisch, vom Auftreten Jesu bis zu seinem

---

[102] M. Buber, Zwei Glaubensweisen. Mit einem Nachwort von David Flusser, Gerlingen ²1994, 9.181.
[103] Ebd. 236. Vgl. Ders., Jesus, Reinbek 1968; ²¹1999; Ders., Das Christentum, eine jüdische Religion, München 1990.
[104] Auch G. Vermes, Jesus der Jude. Ein Historiker liest die Evangelien, Berlin 1993, sieht Paulus als den ersten und einzigen Stifter des Christentums.

1. Glauben „gemäß den Schriften" Israels und der Kirche

Tod, der mit jüdischen Kategorien interpretiert werden musste. „Um möglichen Irrtümern vorzubeugen, ist zu betonen, dass die andere Glaubensweise im Christentum erst nach dem Kreuzestod sich stufenweise entwickelt hat." (228) Die These dieses Buches lautet: Bei den zwei Glaubensweisen handelt es sich nicht um ein christlich-jüdisches Problem, sondern primär um ein genuin innerchristliches, das als Problem aber auch jüdischem Glauben, spätestens in der Weisheitsliteratur, inhärent ist, aber auch bereits in der hebräischen Phase mit dem Bekenntnis zur ruách, zum pneuma, zum Geist Gottes thematisiert wird.[105]

Das Substantiv „Glaubens*weise*" im Titel von Bubers Vorlesung ist der damaligen Sicht von Philosophie und Theologie geschuldet: Es geht um eine abstrakte Beschreibung, eine ungeschichtliche Gesamtschau eines Denk- und Glaubenssystems; dieser Ansatz wurde damals auch in der „systematischen Theologie" und in Katechismen versucht. Zutreffender ist es, von „Glaubenswegen" zu sprechen. Der Begriff „Glaubenswege" impliziert Veränderung und Geschichtlichkeit in sozialer und sprachlicher Hinsicht, Inhalte des Glaubens, vor allem seine Praxis, wozu Rituale wie gemeinsames Essen gehören. Er stimmt mit dem hebräischen „Halacha/Wandel" (von halach/gehen) überein, jener Tradition vom Berge Sinai, die von den rabbinischen Theologen ständig aktualisiert und neuen Lebensbedingungen angepasst wurde. Jesus von Nazaret stand in dieser Tradition (vgl. die Lehre auf dem Berg in Mt 5–7). Im Neuen Testament aber bezeichnet allein Lukas, der auch der Verfasser der Apostelgeschichte ist, die Bewegung Jesu (Apg 9,2; 24,14) und die christliche Lehre als „Weg/hodós" (Apg 19,23; 22,4; 24,22).

Nach Buber haben Kernsätze des christlichen Glaubens nichts mit geschichtlichen Erfahrungen zu tun, während jüdischer Glaube erfahrungsgesättigt ist. Bubers eingängiges und viel zitiertes Konzept ist ein grober Holzschnitt, bei dem einiges richtig, anderes arg verzerrt gesehen wird. Paulus steht in einem jahrzehntelangen innerchristlichen Traditionsprozess und noch wichtiger: in vielfältigen langen innerjüdischen Glaubensentwicklungen

---

[105] Zur Begründung vgl. H. Frankemölle, Gott glauben 175–195.

hebräischer und griechisch formulierter Theologien.[106] Sie belegen unterschiedliche Menschenbilder und ein vielfältiges Gottesbild. Unterschiedliche Messiasvorstellungen sind ebenso bekannt wie der Glaube an seine Präexistenz oder an die des Sohnes Gottes, der Weisheit oder des Logos/des Wortes Gottes. Der Glaube an Stellvertreter Gottes auf Erden wie auch der Glaube an die Auferweckung sind breit belegt.[107] Nicht alle jüdischen Texte beziehen sich auf konkrete geschichtliche Erfahrungen.

Das gilt auch für Jesus bezüglich der hebräisch-aramäischen Traditionen; seine Auseinandersetzungen mit seinen theologischen Gegnern bestätigen diesen Befund.[108] Auch bei Jesus gehört der Glaube an die Auferweckung zum jüdischen Glauben an Gott, dessen Macht an der Todesgrenze nicht endet (vgl. Mk 12,18-27 par Mt 22,23-34). Paulus und Jesus sind in ihrem Glauben keine diametralen Gegensätze, da auch Juden von einem „Dass"-Glauben ausgehen. Beide sind überzeugt, „dass" am Sinai Gott Moses eine Offenbarung erfahren ließ, dass Gott zum leidenden Gerechten steht. Heute sind Juden wie Christen davon überzeugt, dass dieser Glaube die Lebenswirklichkeit verändern muss. Die ersten Christen – auch Lukas und Paulus – haben dies noch so gesehen. Doch ging dieser notwendige Bezug zum Leben, den zu betonen Lukas sich bemüht, in der Rezeption vor allem des Römerbriefes verloren (siehe unten III 1), wenn man die Aussagen des Paulus dogmatisch, nicht im Kontext des gesamten Briefes liest. Dogmatisch „richtige" Sätze prägten immer stärker die christliche Theologie der philosophisch geschulten Kirchenväter in der griechisch-römischen Welt.[109] Darin hat Martin Buber recht.

---

[106] Zur Begründung, dass auch Juden Paulus als jüdischen Theologen sehen vgl. St. Meißner, Die Heimholung des Ketzers. Studien zur jüdischen Auseinandersetzung mit Paulus, Tübingen 1996; E. P. Sanders, Paulus. Eine Einführung, Stuttgart 1995. Zur Offenheit jüdischer englischsprachiger Theologen zum Neuen Testament vgl. W. Kraus u. a. (Hrsg.), Das Neue Testament jüdisch erklärt, Stuttgart 2016; zu „Paulus gegen das Judentum", „Paulus und das Judentum" und „Paulus innerhalb des Judentums" vgl. den Essay von P. Frederiksen, Paulus und das Judentum, ebd. 684-689.
[107] Vgl. H. Frankemölle, Gott glauben 60-283.
[108] Ebd. 297-346; Ders./H. Heinz, Jesus 71-177.
[109] Beide Denkansätze in der Christologie im Denkmuster von unten –

1. Glauben „gemäß den Schriften" Israels und der Kirche

Die ungeschichtliche, dogmatische Perspektive auf eine transzendente Welt beherrscht bis heute das übliche christliche und vor allem das lateinisch-römische Glaubensverständnis. Auch dessen Wurzel findet sich in der Bibel, auch im Neuen Testament. Diese Engführung ist nicht generell das Verständnis der Theologen im Neuen Testament. Es kann sich aber auf die Auslegungsgeschichte vor allem der paulinischen Briefe berufen, vor allem des Briefes an die Gemeinde in Rom. Er wurde seit dem 1521 erschienenen Kommentar von Melanchthon, einem Freund Luthers, in der Regel als dogmatischer Traktat, als „Kompendium" der christlichen Theologie verstanden.

Blickt man von der gegenwärtigen Gestalt der „einen, heiligen, katholischen und apostolischen Kirche", vor allem von der in lateinischer Sprache und ihren liturgischen Abläufen geprägten „einen" römischen Kirche auf das Neue Testament, so springt die Vielfalt der neutestamentlichen Theologien ins Auge. Daraus müsste folgen, dass man „katholisch" nicht mit der lateinisch-römischen Kirche identifiziert, was jeder lateinisch-römische Christ beim Beten des Credos fraglos voraussetzt, da man auch vom katholischen bzw. evangelischen Pfarrer spricht. Das Adjektiv „katholisch/catholicus", abgeleitet vom griechischen „katholikós" (das Ganze betreffend, allgemein) bezieht sich auf die gesamte im Glauben geeinte „katholische" Kirche. Dieses Verständnis belegen die seit dem Altertum so genannten sieben „katholischen" neutestamentlichen Briefe (Jakobus, 1–2 Petrus, Judas, 1–3 Johannes), weil die Verfasser sie nicht an einzelne Gemeinden, sondern an die gesamte Kirche richten.

Dieses Verständnis gilt auch für das im 4. Jahrhundert n. Chr. formulierte große Glaubensbekenntnis von Nizäa und Konstantinopel. Es wird bis heute als das (letzte) einigende Band aller christlichen Kirchen gebetet. Es wäre angemessen, wenn die lateinisch-römische Kirche den Gläubigen nicht weiter vorgäbe zu glauben, was sie offiziell nicht vertritt und die Stelle im Credo ökumenisch mit „wir glauben an die eine, heilige, *christliche* und

---

von oben betonte ich in: Jesus – Anspruch und Deutungen, Mainz 1977; zu Jesu lebensgeschichtlichen Kontext vgl. Ders., Der Jude Jesus und die Ursprünge des Christentums, Mainz 2003.

apostolische Kirche" betet. Die bisherige Praxis ist verlogen und anmaßend. Etwas mehr Demut stände auch der „Deutschen Bischofskonferenz" (DBK) an, wenn sie den mit der Bezeichnung implizit erhobenen Anspruch, die einzige zu sein, aufgäbe. „Evangelische Kirche in Deutschland" (EKD) ist sachlich zutreffender und demütiger.

Betrachtet man das Neue Testament, erstaunt die Vielfalt der soziologisch unterschiedlichen Gemeindeformen (nach der Apostelgeschichte Leitung durch ein Gremium von „Ältesten", nach Paulus Mitbeteiligung aller Gläubigen, nach den Pastoralbriefen 1–2 Tim und Tit ein Hausvater – verheiratet, mit Kindern).[110] Es ist erstaunlich, welchen Mut die Verfasser der neutestamentlichen Schriften zu eigenen Glaubensformulierungen und Gemeindestrukturen hatten. In je unterschiedlichen Situationen und zu verschiedenen Zeiten formulierten sie neue Texte und erprobten neue Gemeindemodelle. Wie der Evangelist Johannes sagt, taten sie dies in Erinnerung an Jesus im Glauben an den Beistand des Geistes Gottes und Jesu, „der euch alles lehren und euch an alles erinnern wird, was ich euch gesagt habe." (Joh 14,26) Den „Amtsträgern" in der Kirche heute fehlt dieser Glaube und dieser Mut, weniger vielen wissenschaftlichen Theologen und etlichen Pfarrern, die deutlich ihre Stimme erheben. Gerade in Umbrüchen der Gesellschaft, wie wir sie in der Gegenwart durch Globalisierung und Digitalisierung erleben, ist solcher Mut erforderlich, will man die Menschen überhaupt noch erreichen. Papst Franziskus sieht diese Notwendigkeit (siehe unten VI 2.9). Die monotone Wiederholung von Formeln, die zu ihrer Entstehungszeit Menschen aufhorchen und zum Glauben kommen ließen, sind heute „Steine statt Brot, Schlangen statt Fische". So das bekannte Wort Jesu aus der Lehre auf dem Berg nach Matthäus (Mt 7,9f). Solche Reden lassen verhungern oder vergiften die Menschen.

---

[110] Eine gut lesbare Zusammenfassung bietet zuletzt M. Ebner, Zur Vielfalt neutestamentlicher Gemeindemodelle, in: Theologisch Praktische Quartalschrift 169, 2021, 115–123; vgl. auch Frankemölle/Heinz, Jesus 196–204.

2. Glauben wie Mose, Abraham und Jesus

Die Vielfalt von Glaubensweisen und Gemeindestrukturen damals ist ein erstes Merkmal, das heute einen starken und wegweisenden Impuls freisetzen könnte, wobei zugleich die Grundstruktur des jüdisch-biblischen Verständnisses von Glauben als „Weg/Wandel/halachá" erhalten bliebe. Dies meint nicht einen verengten Begriff von Orthopraxie als Gegensatz zur Orthodoxie. Natürlich hat der Begriff „emuná/Glauben" ungeschichtliche Inhalte (etwa zur Auferweckung der Toten, zum Gericht Gottes). Dennoch gilt der oft von Juden zitierte Satz „Das Judentum hat keine Dogmen" oder differenzierter: „Das Judentum hat keine eigentliche systematisch-theologische Dogmatik, vor allem kein hierarchisches Lehramt geschaffen. [...] Das Judentum war weit mehr auf Diskussion eingestellt als auf Glaubensentscheidungen."[111] Diese Offenheit gilt auch für die Frage nach der spezifischen Form des Rituals „Abendmahl/Messe". Grundsätzlich wichtig ist die Wahrnehmung der Grundstruktur jüdischen Glaubens als emuná und die Zustimmung zu ihm, was im „Amen" der christlichen Gebete mit dem hebräischen „So ist es/das steht fest" zustimmend zur jüdischen Vorgabe bekannt wird (zum vielfachen feierlichen Amen vgl. Dtn 27,15–26, von Jesus vielfach aufgenommen: Mt 5,18.26; 6,2.5.16 und öfter, ebenso von Paulus: Röm 1,25; 9,5; 11,36 und öfter).

2. Glauben wie Mose, Abraham und Jesus

Wie stark „glauben" gemäß der Bibel die Lebensgeschichte und zwischenmenschliches Verhalten prägt, lässt sich an den biblischen Erzählungen über Mose, Abraham und Jesus ablesen.

Das rabbinische Judentum verehrte *Mose* als „Mosheh Rabbenu/Mose, unser Rabbi",[112] nicht als irgendeinen der Vorväter, sondern als Empfänger der grundlegenden Offenbarung Gottes am Sinai. Mose machte sich auf den Weg, führte die jüdischen

---

[111] C. Thoma, Dogma, in: Lexikon der Begegnung. Judentum – Christentum – Islam, Freiburg 2009, 110–117.
[112] Zu einer lesenswerten Deutung vgl. Ch. Dohmen, Mose. Der Mann, der zum Buch wurde, Leipzig 2011.

Fremdarbeiter aus Ägypten und initiierte so mit Gottes Hilfe das „Volk Israel". Die Offenbarung empfing er anders als andere Propheten von Gott „von Mund zu Mund" (Num 12,8). Gott „erkannte ihn von Angesicht zu Angesicht" (Dtn 34,10b). Mose verteidigte gegen neu aufkommenden Götzendienst in Form der Verehrung eines Stieres (Ex 32) die Weisungen Gottes. Daher wird bei seinem Tod formuliert: „Niemals wieder ist in Israel ein Prophet wie Mose aufgetreten" (Dtn 34,10a). Aber er durfte wegen seines sündigen Verhaltens die Volksgruppe nicht ins „Verheißene Land" führen. Wie am Anfang in Midian seine Tierliebe geschildert wird, der Priester von Midian, Jitro, ihm daraufhin seine Tochter Zippora zur Frau gab, Mose als vorbildhafter Hüter von Schafen und Ziegen lebte (Ex 2,16 – 3,1), so wird im Rückblick auf sein Leben auch sein menschliches Verhalten klar benannt: sein „Unglaube" an das ständige Mitsein Gottes (Num 20,12) und, dass er sich wie Aaron dem „Befehl (Gottes) widersetzt" hat (Num 27,14). Es bleibt die Zusage Gottes für die Zukunft: „Einen Propheten wie dich will ich ihnen mitten unter den Brüdern erstehen lassen." (Dtn 18,15.18) Dieses Wort ist in den vorausgehenden Versen gegen jede Art von Unglauben und gegen Pseudopropheten gerichtet. Durchs Feuer gehen, aus dem Becher weissagen, Gebetsbeschwörungen, Totengeister, Hellseher und Verstorbene befragen, Wolkendeuter und Orakelleser. All dies „ist dem Herrn ein Gräuel". (Dtn 18,9–14)

„Glauben" betrifft die Grundhaltung des Menschen zu einem gelingenden Leben. Das Leben ändert sich von Grund auf, wenn man sich wie Mose auf JHWH einlässt. Das ist Inhalt der Urgeschichte des Volkes Israel. Daher bilden den ersten Hauptteil der jüdischen Bibel „die fünf Bücher Mose". Das „Buch mit den Weisungen des Mose" (Neh 8,1) kann nicht auf Werktag und Sabbat/Sonntag ausdifferenziert werden. Es bindet Leben und Glauben zusammen, Geschichte und Tora, Schöpfungsordnung und Leben des Einzelnen und der Gemeinschaft. Die Tora mit ihren Weisungen zu allen Aspekten des Lebens des Einzelnen, der Großfamilie, des Stammes und des ganzen „Volkes Israel" kann nur als „Haus- und Lebensordnung Gottes" (Erich Zenger) für Israel und für alle verstanden werden.

2. Glauben wie Mose, Abraham und Jesus

Die Tora haben die Christen in den Urgemeinden als „heilige Schrift" rezipiert. Dieser „Glaube" war ein Glaubensweg – im Vertrauen auf das „Mitsein" Gottes, in dessen Handeln sich sein Wesen zeigt. Einen Namen wie die Götter in der Umwelt hatte er nicht. Er ist der „Gott eurer Väter, der Gott Abrahams, der Gott Isaaks, der Gott Jakobs", er ist der „Ich bin da", der mitgehende, geleitende, hilfreiche und barmherzige Gott (Ex 3,14-16). Zur Barmherzigkeit Gottes vergleiche man die thematisch zentrale sogenannte Gnadenformel in Ex 34,6f, die an vielen Stellen im Alten Testament rezipiert wird (Neh 9,17; Ps 86,15; 103,8; 145,8; Joël 2.13; Jona 4,2). Menschen müssen sich ebenso verhalten. Ohne solches Handeln im Glauben sind Opfer sinnlos (Hos 6,6, zweimal zitiert in Mt 9,13 und 12,7). Das gilt für jegliches Handeln von Juden und Christen und bindet auch das „Opfer" Jesu am Kreuz an sein barmherziges Handeln (zur missverständlichen Deutung des Todes Jesu als „Opfer" durch Anselm von Canterbury siehe III 1.4). Eine Opfertheologie findet dadurch ihre Grenze. Mit der Verkündigung Jesu von der „Gottesherrschaft/ Wirklichkeit Gottes", die Menschen in seinem Handeln erfahren können, ist sie ausgeschlossen. Der Evangelist Matthäus gibt mit dem zweifach zitierten Spruch (9,13; 12,7) nicht nur die Überzeugung des Propheten Hosea, sondern auch die Jesu angemessen wieder:

> „An Liebe habe ich Gefallen, nicht an Schlachtopfern, an Gotteserkenntnis mehr als an Brandopfern." (Hos 6,6)

Lukas bezieht in der Rede des Petrus auf dem Tempelplatz bei der Rückschau auf die Vorgeschichte Jesu die Ankündigung von Mose in Dtn 18,15.18 „und aller Propheten von Samuel an" auf das Wirken und die Person Jesu (Apg 3,19-23). Matthäus geht noch einen Schritt weiter und macht den Namen „Jesus" als gräzisierte Form des Namens Josua „Ja-sous/JHWH ist Rettung" sogar am Beginn seines Evangeliums zum Programm von Jesu Leben (1,21: „Er wird sein Volk von seinen Sünden erlösen", nicht erst am Kreuz); dieses Bekenntnis ist begründet in dem „Mitsein Gottes" in ihm (1,23: „Immanu-el, das heißt übersetzt: Gott mit uns"). Außerdem deutet Matthäus in seiner „Rede auf dem Berg" (Mt 5-7) Jesus in der Gestalt des Mose. Er überbietet ihn aber in

II. Was bedeutet biblisch glauben?

den Antithesen wie in Joh 1,17f: „Das Gesetz wurde durch Mose gegeben, die Gnade und die Wahrheit kamen durch Jesus Christus. Niemand hat Gott je gesehen. Der Einzige, der Gott ist und am Herzen des Vaters ruht, er hat Kunde gebracht."

Martin Buber hat den antithetischen Anspruch Jesu im „Ich aber sage euch" gedeutet als „den wohl stärksten Ausdruck [...] zur Urreinheit der Offenbarung zurückkehren" zu wollen, sozusagen über den Sinai-Berg hinaus – mit der Folge, „dass dieser Platz durch keine der üblichen Kategorien umschrieben werden kann."[113] Dem pflichtet David Flusser in seiner Besprechung emphatisch bei: „Es kann kein Zweifel daran bestehen, dass Buber das Eigentliche der Glaubensweise Jesu richtig erfasst hat: Jesus ging von dem Wortlaut der Schrift aus, um hinter ihm zu der Urabsicht der Offenbarung, zu der vollen Offenbarungsintention zu gelangen."[114]

Matthäus komponiert sein Evangelium in fünf großen Reden (in Anlehnung an die fünf Bücher des Mose).[115] Dabei wird der Bund Gottes mit Israel am Sinai gemäß der Ausweitung dieses Angebotes an alle Völker, wie jüdische Theologen seit dem 6. Jahrhundert glaubten, auch von Lukas in Apg 3,25 mit Verweis auf Abraham mit dem Zitat aus Gen 12,3: „Durch dich sollen alle Sippen der Erde Segen erlangen" universal gedeutet.

Die Figur Mose ist entscheidend für die religiöse Volkswerdung Israels. Eine solche Bedeutung hatten die Sippen, die als Nomaden oder Halbnomaden lebten, nicht, ebenso wenig die in Kanaan lebenden Kleinbauern.[116] Mit dem Namen *Abraham* verbindet sich in der jüdischen Tradition von Anfang an der universale Aspekt; er hat Bedeutung für alle Völker. Stammend aus Ur in Chaldäa in Mesopotamien wird Abraham von Gott beauftragt, „Verwandtschaft und Vaterhaus" zu verlassen und zusammen mit seiner Frau Sara in das Land Kanaan zu ziehen (Gen 12,1). Er folgte bedingungslos und wurde so zum Vorbild für bedingungs-

---

[113] M. Buber, Zwei Glaubensweisen, Gerlingen 1994, 105.15.
[114] D. Flusser, ebd. 217.
[115] Vgl. H. Frankemölle, Matthäus. Kommentar 1, Düsseldorf ²1999, 77–127.200–288.
[116] Zu den drei Gruppen in der Frühgeschichte Israels vgl. Ch. Frevel, Geschichte Israels, Stuttgart 2016, 42–92.

2. Glauben wie Mose, Abraham und Jesus

los Glaubende, die nicht an die eine oder andere Satzwahrheit glaubten, sondern ihr ganzes Leben und das der Familie auf die Zusage Gottes bauten. In der Verheißung Gottes geht es um ein neues Land als Heimat und eine große Nachkommenschaft (Gen 12,1–3; 17,4f). In seinem Vertrauen auf Gott ist Abraham „Vater im Glauben" für Juden *und* Christen.[117] Als Grundthese heißt es in Gen 15,6 – aufgenommen von Paulus in Röm 4,3:

> „Abraham glaubte Gott, und das wurde ihm als Gerechtigkeit angerechnet."

In Weiterführung der universalen Schöpfungs- und Menschheitsgeschichte von Gen 1–11 ist Abraham ein Segen für „alle Geschlechter der Erde" (Gen 12,2–3). Dem entsprechend ist nach Paulus in Röm 4,1–25 Abraham Vater aller Glaubenden, der Juden und *auch* der Nichtjuden (Christen lasen hier bis Mitte des letzten Jahrhunderts *statt* der Juden, *an Stelle* der Juden, obwohl Paulus vielfach das „auch" betont).[118] Daher werden auch Christen „Söhne Abrahams" genannt (Gal 3,7), wenn sie so wie Abraham glauben und sich auf den Weg machen. Dann stehen sie gemeinsam im „Bund Gottes mit Abraham." (Gen 15,18)

Nicht alle Theologen im frühen Judentum waren mit dieser abstrakten Beziehung ohne Konkretisierungen beim Bekenntnis „was heißt glauben wie Abraham?" zufrieden. Von Anfang an gab es Kritik an seinem Glauben, der auf das Tun des Glaubens verzichtete, sich auf das Fürwahrhalten beschränkte. Nach Johannes dem Täufer genügt es nicht zu sagen, „Abraham zum Vater" zu haben, ohne „Früchte zu bringen, die eure Umkehr zeigen" (Mt 3,7–10). Dies ist die Grundüberzeugung des Evangelisten Matthäus auch im Hinblick auf das Bekenntnis zu Christus, wie nicht nur die Erzählung vom Weltgericht in Mt 25,31–46, sondern

---

[117] H. Frankemölle, Vater im Glauben? Abraham/Ibrahim in Tora, Neuem Testament und Koran, Freiburg 2016; das Fragezeichen bezieht sich auf die spezifische Rezeption im Koran, in dem Abraham sich mit dem polytheistischen Glauben seines Vaters und dessen Sippe auseinandersetzt (vgl. Sure 6,74–83; 19,41–50; 21,51–70; 26,69–89; 29,16–27; 37,83–101; 43,26–28).
[118] Exegetisch grundlegend M. Neubrand, Abraham – Vater von Juden und Nichtjuden. Eine exegetische Studie zu Röm 4, Würzburg 1997.

auch die Konkretisierung der Tora-Gebote in der Lehre auf dem Berg in Mt 5,17 - 7,29 belegen. Matthäus hält hier an einer Grunddimension der Überlieferung Jesu in Wort und Tat fest, die wir auch bei Lukas finden. Der Verfasser des Jakobusbriefes ist ebenfalls ein wahrer Bruder Jesu, wenn er „glauben" und „tun" als Zweigespann sieht und erklärt:

> „der Glaube für sich *allein* ist tot, wenn er nicht Werke vorzuweisen hat". (Jak 2.20–24, ebd. Vers 17)

Mit einem Zitat aus Gen 22,9 („Abraham hat seinen Sohn Isaak auf den Altar gelegt") interpretiert Jakobus sachgerecht nach jüdischer Semantik Gen 15,6 („Abraham glaubte dem HERRN und das rechnete er ihm als Gerechtigkeit an").

Auch die Erzähler der Abrahams-Geschichten in Gen belassen es nicht bei dem dogmatischen Glaubenssatz in Gen 15,6, sondern deuten ihn konkret mit der Erzählung von der Beschneidung als Bundeszeichen (Gen 17), mit der Erzählung von Abrahams Gastfreundschaft (Gen 18,1–15), als Fürsprecher für Sodom (18,16–33) und mit der Erzählung von der unmenschlichen „Fesselung/Bindung/akedáh" seines einzigen Sohnes Isaak (Gen 22,1–19). Es geht nicht um die „Opferung" Isaaks, wie fälschlicherweise christliche Bibelausgaben suggerieren, sondern um eine „Probe/Erprobung" (Gen 22,1) des Glaubens Abrahams. Als in jeder Hinsicht Erprobter wurde Abraham in der rabbinischen Überlieferung gedeutet, im Neuen Testament am ausführlichsten und positivsten von Lukas (1,46–55.68–79; 13,16; 16,19–31; 19,9), der am stärksten die Vorgaben Jesu aufnimmt.

Paulus erlebt eine Wende in seinem Leben. Vor seiner Berufung zum Apostel Jesu Christi sah er die genaue Erfüllung der einzelnen großen und kleinen Gebote als Weg des Glaubens und als Weg der Gerechtigkeit an (Gal 1,13f). Nach seiner Berufung ist er der Überzeugung, „dass der Mensch gerecht wird durch Glauben, unabhängig von Werken des Gesetzes" (Röm 3,28; Gal 2,16). Scheinbar erklärt er das Tun für überflüssig, versteht aber „glauben" als Jude im umfassenden Sinn: „Es kommt nicht darauf an, beschnitten oder unbeschnitten zu sein, sondern darauf, Glauben zu haben, der in der Liebe wirksam wird." (Gal 5,6) Nicht umsonst wird auch der Römerbrief – dies hat man jahr-

2. Glauben wie Mose, Abraham und Jesus

hundertelang nicht gesehen (siehe unten III 1.5) – mit Texten zum guten Tun umrahmt (1,18 – 3,20; 12,1 – 15,13). In der christlichen Interpretationsgeschichte las man den Römerbrief zum Teil anders (zur Kritik siehe unten III 1.5), weil man meinte, einzelne Verse isolieren zu dürfen, da sie eine abstrakte, dogmatische Wahrheit enthielten.

Martin Luther las in Röm 3,28 ein „allein" und formulierte sein berühmtes dreifaches „allein aus Glauben, allein aus Gnade, allein aus Christus/sola fide, sola gratia, solo Christo". Motiviert war er bei dieser Lesart durch seinen Kampf gegen die von Rom propagierte „Werkerei". Er blendete damit den Rahmen des Römerbriefes zum Tun des Glaubens aus. Luther sah mit seiner Deutung einen Gegensatz zwischen dem wahren Evangelium des Paulus und dem Brief des Jakobus, der nicht mehr wert sei, als seine Pfeife zu entzünden. Dass sich beide an unterschiedliche Adressaten richteten, ihre Texte pragmatisch, handlungsorientiert, also nicht lehrhaft, dogmatisch zu verstehen sind, sah er nicht. Auf diese Aspekte bei der Auslegung achtet man in der Exegese erst seit den 1960er-Jahren. Mit Recht wehrte Luther sich in seinem Sermon von den guten Werken wie auch in seinem Kleinen und Großen Katechismus gegen ein allein auf die Gnade fixiertes Verständnis. Auch im Augsburger Bekenntnis von 1530 fängt der Artikel 20 an: „Den Unseren wird zu Unrecht nachgesagt, dass sie gute Werke verbieten."[119]

Mit Luther ist das Verhältnis von Glauben und Tun konsekutiv zu verstehen; dem Glauben müssen „äußerliche Werke" folgen (WA30 II, 664, 24–20). Glaube muss durch Tun be-glaubigt, „wirksam" werden, sie müssen „zusammenwirken" (Jak 2,22: „Du siehst, dass bei Abraham der Glaube und die Werke zusammenwirkten und dass erst durch die Werke der Glaube vollendet wurde"), auch wenn die Überzeugung als Voraussetzung bleibt: „Abraham glaubte Gott, und das wurde ihm als Gerechtigkeit angerechnet." (Röm 4,3; Gen 15,6) Umgekehrt kann das nicht formuliert werden, dass dies „Werke" ermöglichen, auch wenn gerade

---

[119] Zu Luthers frühen und späteren Deutungen des Römerbriefs und des Jakobusbriefs sowie zur Rezeptionsgeschichte bis heute vgl. H. Frankemölle, Der Brief des Jakobus. Kapitel 1, Gütersloh 1994, 106–120.

II. Was bedeutet biblisch glauben?

durch sie Abraham in der rabbinischen Theologie ein Vorbild ist. Unter beiden Aspekten, auch in ihrem Verhältnis zueinander, bleibt Abraham für die neutestamentlichen Theologen Maßstab dafür, was „glauben" bedeutet; nur von Jesus wird er übertroffen.

Jesus von Nazaret ist gemäß den Deutungen in den Evangelien nicht nur irgendein Vorbild jüdischen Glaubens im Reden und Tun (wie Propheten vor ihm), sondern glaubt absolut an die Offenbarung Gottes an ihn und macht sein ganzes Leben in Gott fest. Diese Überzeugung der Hinordnung auf und das Festmachen in Gott ist in den fünf Büchern Mose vorgegeben. Sie wurden aktualisiert durch die Propheten. Von ihnen war es vor allem Jesaja, dessen Buch Jesus gemäß den Deutungen durch die Evangelisten rezipierte. Daneben waren es etliche Psalmen, die auf Jesu Glauben einwirkten, von denen vor allem Psalm 103 viele wichtige Begriffe für seine Verkündigung bietet. Jesus lernte als Jugendlicher umfassend aus biblischen Traditionen, die in allen Gemeinden gepflegt wurden.[120]

Wie die alttestamentlichen Propheten und auch Paulus (vgl. Gal 1,1.6–9.11f.15f) überzeugt waren, von Gott eine exklusive Offenbarung erhalten zu haben, so auch Jesus. Er empfängt sie gemäß der Erzählung in Mk 1,9–11 in der Taufe, dem die Seitenreferenten Lukas in 3,21f und in einer Art Schriftmeditation Matthäus in 3,13–17 folgen. In der Logienquelle (Mt 11,27 par Lk 10,22) findet sich ein Logion ohne Orts- und Zeitangabe. Ein Niederschlag dieser Überlieferung findet sich im Disput in Joh 1,29–34.

> „Jesus ließ sich von Johannes im Jordan taufen. Und sogleich, als er aus dem Wasser stieg, sah er, dass der Himmel aufriss und der Geist wie eine Taube auf ihn herabkam." (Mk 1,10)

> „Alles ist mir von meinem Vater übergeben worden; niemand kennt den Sohn nur der Vater, und niemand kennt den Vater, nur der Sohn." (Mt 11,27 par Lk 10,22)

Der spezifische Anspruch Jesu in seinem Glauben an Gott[121] ist die Einheit von heilendem Tun und Ankündigung des gegenwär-

---

[120] H. Frankemölle/H. Heinz, Jesus 71–81.
[121] Vgl. ebd. 162–177.

2. Glauben wie Mose, Abraham und Jesus

tig wirkenden Gottes, wodurch er sich von allen Propheten und den zu seiner Zeit lehrenden Rabbinen unterschied. Es gab in Palästina Lehrer und Heiler, aber nicht beides in einer Person. Die Reaktion der Menschen auf Jesu Anspruch ist die Frage, von wem er die „Vollmacht" hat (Mk 1,22.27; 11,31–33; Mt 7,22f). Letztlich geht es bei ihr um die vor allem vom Evangelisten Johannes behauptete Willens- und Aktionseinheit mit Gott, da der Vater als der „Sendende" und der Sohn als der „Gesandte" im Reden und Tun „eins" sind (Joh 5,19–30; 10,29–36). In personalen Kategorien formuliert: Jesus ist das „Wort/lógos" des Vaters, das in die Welt kam (Joh 1,1–14).

So hat Jesus nicht gesprochen. Mit jüdisch-griechischen Vorstellungen im Gottesbild[122] interpretiert Johannes das Verhältnis von Gott als den Einzigen (Joh 10,35) als „Vater" und „Sohn". Dies ist ein Geheimnis des Glaubens (Joh 10,22–30). Der Evangelist Matthäus versucht eine ähnliche Aussage mit den biblisch vorgegeben Begriffen „Immanue-el/Gott ist mit uns" (1,23) und „Jä-sous" (Ja/JHWH ist Retter" (1,21.25). Auch nach Lukas „ist in keinem anderen Rettung zu finden." (Apg 4,12) In den Evangelien nach Markus, Lukas und Matthäus verkündigt Jesus nicht sich selbst, sondern einzig Gottes „Wirken". In Rezeption damaliger altorientalischen Vorstellungen von Gott als „König" verkündet Jesus dessen umfassende „Königsherrschaft/basileía tou theou/malkut JHWH (hebr.)/malkut malkuta dejahwä (aram.)". Diese kann in Jesu Wirken, das heißt auch in ihm, hier und jetzt erfahren werden. Anders lassen sich die konkreten Erfahrungen von Menschen nicht erklären: in Heilungen von Krankheiten, im versöhnenden Mahl Jesu mit Sündern und Zöllnern, in der Annahme von nichtjüdischen Frauen und Männern, in der gesellschaftlichen Akzeptanz von Kindern, Frauen, Nichtjuden und römischen Beamten. Jesus lebte in seinem durch Tun be-glaubigten Glauben die Lebensordnung Gottes. Die Antwort kann als Summarium mit Lk 17,21 lauten: „Die Gottesherrschaft ist in eurer Mitte" oder mit Mk 1,15: „Die Herrschaft Gottes ist da." Die Einheitsübersetzung bietet hier und an anderen Stellen „das Reich Gottes ist nahe". Der Begriff „das Reich" ist zu politisch, zu

---

[122] Vgl. H. Frankemölle, Gott glauben 150–195.

statisch und: Das Verbum steht im Griechischen im Perfekt, das einen vollendeten Ist-Zustand umschreibt.

Achtet man bei den Geschichten über Mose, Abraham und Jesus auf die gemeinsamen anthropologischen Voraussetzungen, so lassen sich Übereinstimmungen mit der eigenen Sozialisation in den Glauben deutlich sehen. Das ist ein Grundproblem biblischen Glaubens, das im Verlauf der Jahrhunderte immer mehr zurückgedrängt oder vergessen wurde. Erst aus der neuzeitlichen Not des Glaubens heraus wurde die biblische Perspektive in Südamerika als „Theologie der Befreiung" in einer „Kirche der Armen" neu entdeckt.[123] Deren Theologie entsteht aus dem Schrei von unterdrückten, entrechteten, armen, verelendeten, kranken und verfolgten Menschen gemäß Ex 2,23: „Ich habe den Schrei meines Volkes gehört". Sie ist nicht wie bisher eine Verkündigung *für* diese Menschen, sondern sie sind selbst Subjekt, um Antworten des Glaubens auf diese lebensgeschichtlichen Situationen zu geben. Entfaltet wurde der Ansatz durch die südamerikanische Bischofsversammlung in Medellin (1968), die die neuen Erkenntnisse aus dem Zweiten Vatikanischen Konzil, vor allem aus der Pastoralen Konstitution über die „Kirche in der Welt von heute/ Gaudium et spes" (1965) auf die eigene Lebenswelt übertrug. Gemäß der umfassenden Tätigkeit Jesu von Nazaret in Wort und Tat betrifft „Rettung/Befreiung" die umfassende geistliche, seelische, körperliche und gesellschaftliche Wirklichkeit. Papst Paul VI. machte in dem apostolischen Schreiben „Evangelii nuntiandi" (1975) dieses „ganzheitliche" (EN 30) Verständnis von Theologie, Glauben und Verkündigung lehramtlich.[124] Das Zeugnis des Lebens als „Erstverkündigung" (EN 21) muss durch weiteres Lernen, durch Katechesen (EN 44) vertieft werden; nur so kommt es zu einem vertieften und reifen Glauben wie in den Glaubenserzählungen von Mose, Abraham und Jesus.[125] In der

---

[123] Zum neuen Ansatz vgl. C. Mesters, Vom Leben zur Bibel, von der Bibel zum Leben. Ein Bibelkurs aus Brasilien für uns, Bd. 1–2, Mainz 1983.
[124] Zur Entwicklung und zum Durchbruch der „Theologie der Befreiung" vgl. den Überblick von Th. Schreijäck, Theologie der Befreiung, in: Lexikon der Religionspädagogik II, Neukirchen 2001, 2097–2107.
[125] Auch Jesus hat im Glauben gelernt; vgl. H. Frankemölle/H. Heinz, Jesus 66–94.

fünften Vollversammlung der Bischöfe aus Lateinamerika und der Karibik wurde unter dem Vorsitzenden Kardinal Jorge Mario Bergoglio gefordert, „als samaritanische Kirche zu leben (vgl. Lk 10,25–37)." Dies war seit 2013 auch sein Programm als Papst Franziskus.[126]

Dieser Perspektivenwechsel gemäß den biblischen Vorgaben sei weiter erläutert. Auch die Unterschiede zwischen Paulus und Lukas sind davon betroffen.

3. Vom Leben zum Glauben, vom Glauben zum Leben

Die erzählten Lebenssituationen von Mose, Abraham und Jesus und ihre Entscheidungen zum Glauben an JHWH, den einzigen Gott, stimmen darin überein, dass es nicht um die logische Annahme von Satzwahrheiten und Katechismuswissen geht, sondern um essentielle geschichtliche Erfahrungen[127], die als Wirken Gottes gedeutet werden, wodurch das ganze Leben bestimmt wird. Alle drei waren nicht nur Verkünder von Gottes Weisungen, sondern Mittler von Gottes Wirklichkeit. Voraussetzung ist ein dialogisches Verständnis zwischenmenschlicher Art, ebenso ein Dialog zwischen göttlicher Wirklichkeit und menschlicher Offenheit. Dies ist grundlegend für die jüdische Sicht von Wirklichkeit; ohne diese Voraussetzung kann man die biblischen Propheten und andere Mittler Gottes nicht verstehen[128], auch nicht Jesus von Nazaret.

Denn nach dieser biblischen Überzeugung glaubt man, dass die Welt gemäß Gen 1 und 2 von Gottes Geist geschaffen und

---

[126] Zur Erklärung der Vollversammlung vgl. Aparecida 2007, hrsg. Sekretariat der Deutschen Bischofskonferenz, Bonn 2007; N. Arntz, Pastorale Umkehr. Das Programm des Franziskus-Pontifikats, München 2014, mit Texten.
[127] Die neuere Liturgiewissenschaft betont diesen Aspekt ausdrücklich; vgl. im Sammelband „Dynamik und Diversität des Gottesdienstes. Liturgiegeschichte im neuen Licht", hrsg. v. A. Gerhards/B. Kranemann, Freiburg 2018, die Einleitung der Herausgeber und die Beiträge von Benedikt Kranemann, Friedrich Lurz und Teresa Berger.
[128] Zu Beispielen vgl. H. Frankemölle, Gott glauben 239–283.

erfüllt ist und der „Mensch/adám" von Gott aus der „Erde/adamá" erschaffen wurde: „Gott blies in seine Nase den Lebensatem. So wurde der Mensch zu einem lebendigen Wesen" (Gen 2,7), „sein Bild, Bild Gottes, männlich und weiblich" (Gen 1,27). Mit Juden glauben Christen an das Wirken dieses Geistes (ruách/pneuma) in der Geschichte, in der Welt, in den Glaubensgemeinschaften und in allen Christen, die nach Paulus alle „Geistliche" sind (1 Kor 2,13.15; Gal 6,1; Röm 1,11f; Lk 4,18f; Apg 2,1–21).[129] Zwischenmenschliche Kommunikation gleicht der zwischen Menschen als „Bild Gottes" und Gott selbst. Theologie ist in einem kommunikativen Handlungsmodell zu verstehen: als Kommunikation Gottes mit der „Welt" und mit bestimmten Menschen und als Antwort des Menschen auf die Kommunikation Gottes.[130]

Diese geschieht in subjektiver Deutung und durch Entscheidung (auch gegen andere Gottesvorstellungen), dass die jeweilige geoffenbarte Gottesvorstellung dem einzelnen Menschen oder dem Volk gelingendes Leben und Freiheit eröffnet. Das Wort Gottes in der Schöpfung *erschafft* die Welt, den Kosmos, Tiere und Menschen. Der Glaube im biblischen Verständnis bedeutet kein abstraktes Akzeptieren von Gottes Wirkmächtigkeit, sondern erfordert ein das eigene Leben und die Gesellschaft veränderndes Verhalten. In den konkreten Erfahrungen des Lebens, auch mit der Schöpfung (vgl. die Gleichnisse Jesu) und Mitmenschen hat der Mensch die Möglichkeit, Gotteserfahrungen zu machen.

Aufgrund solcher Erfahrungen fangen die Armen an, den Armen diese frohe Botschaft zu verkündigen (Lk 2,20). Sie sind nicht Objekt der Pastoral, sondern vom Geist Gottes erfüllte Glaubenssubjekte. Selbst von Paulus wird dieses Verständnis bestätigt, der in der Theologiegeschichte allzu sehr isoliert, hypostasiert und dogmatisiert wurde. Der Kommunikation Gottes mit

---

[129] K. H. Schelkle, Ihr alle seid Geistliche, Einsiedeln 1964.
[130] Zu einem frühen Deutungsversuch auf sprachwissenschaftlicher Basis vgl. H. Frankemölle, Pneumatologie und kommunikatives Handlungsmodell. Von der Wirkmächtigkeit des Geistes Gottes im Volk Gottes, in: Ders., Biblische Handlungsanweisungen. Beispiele pragmatischer Exegese, Mainz 1983, 109–132.

den Menschen muss die zwischenmenschliche Kommunikation entsprechen.

4. Theologie im Gespräch nach Paulus

Der Apostel Paulus ist für dieses Verständnis von Offenbarung durch Gott, dadurch bedingter Lebensumstellung und zwischenmenschlicher Verkündigung im Dialog ein hervorragendes Beispiel. Dieser Dreischritt trägt sein ganzes Leben. Er ist nicht der isolierte Apostel, sondern versteht seine Sendung/„Mission" als Teamarbeit; er praktiziert eine synodale Theologie. Die Mitwirkenden werden in der Literatur abwertend „Mitarbeiter" des Paulus genannt, als seien sie nur seine Assistenten. Davon kann keine Rede sein. Auch wenn Paulus in seinen Briefen Ich-zentriert formuliert, betont Lukas in der Apostelgeschichte immer das „Wir". Zu nennen sind Barnabas für Antochia, auf der ersten Missionsreise auf Zypern und im südlichen Kleinasien (Apg 13,4 – 14,28), Silas und Timotheus auf der zweiten Missionsreise nach Kleinasien und Griechenland (Apg 15,36 – 18,22), Sopater, Aristarch, Sekundus, Gaius Timotheus, Tychikus und Trophimus auf der dritten Reise (Apg 18,23 – 21,17). Zudem werden zahlreiche Unterstützer namentlich genannt wie das Ehepaar Priska und Aquila oder Gemeindeleiterinnen wie Phöbe und Junia (Röm 16,1-16), die unabhängig von Paulus pastoral wirken.[131] Das entsprach der sozialen Stellung der jüdischen Frau als Synagogenleiterin in Ägypten, wo circa 20 mal eine Frau als „Mutter der Synagoge" oder „Älteste" vorkommt. Ähnliche Belege gibt es auch aus Italien, Griechenland, Nordafrika und Kreta.

Lukas beschreibt in der Apostelgeschichte primär die Erfolgsgeschichte der Verbreitung des gesetzesfreien Evangeliums durch Paulus von Jerusalem nach Rom. Da Barnabas damit nicht übereinstimmte, trennten sie sich (Apg 15,36-41). Paulus betont in

---

[131] Vgl. W.-H. Ollrog, Paulus und seine Mitarbeiter. Untersuchungen zu Theorie und Praxis der paulinischen Mission, Neukirchen 1979; er zählt circa 60 Personen, die mehr oder weniger die Mission des Paulus unterstützen oder mittragen.

seinen Briefen seine spezifische Verkündigung, die er im direkten (Gal oder 1 Kor) oder im indirekten Gespräch (wie im Röm) entfaltet oder gegen Gegner verteidigt: mit allen theologischen Modellen, die ihm die heiligen Schriften und die frühjüdische Theologie zur Verfügung stellten. Den Gemeinden in Galatien stellt er sich im ersten Vers vor als „Apostel berufen, nicht von Menschen oder durch einen Menschen, sondern durch Jesus und Gott, den Vater" (Gal 1,1; vgl. Röm 1,1). Entgegen der ausmalenden Erzählung des Lukas (Apg 9,1–22) mit Sturz vom Pferd und Blindheit spricht Paulus in Gal 1,12.16 von einer „Offenbarung ... in mir". Ähnlich schreibt er in 1 Kor 9,1 vom „Sehen", in 1 Kor 15,8 von „Erscheinung", in 2 Kor 4,6 und Phil 3,8 von einer wohl inneren „Erleuchtung zur Erkenntnis". Diese innere Erfahrung deutet Paulus gemäß prophetischen Vorgaben als „Berufung" durch Gott (vgl. Jer 1,7; Jes 49,1), wodurch sich sein Leben als „größter Eiferer/Zelot" für die „Überlieferungen der Väter" (Gal 1,14) mit Verfolgung anderer zum messianischen Juden als Apostel der Völker radikal änderte. Dieses frühere Leben als Christenverfolger bekennt er in aller Offenheit (Gal 1,13–24) und wertet es als „Verlust/Schaden/zämía" und „Kehricht/Dreck/skýbalon" (Phil 3,7f). Wenn er in Gal 1, um seine ihm von Gott gegebene „frohe Botschaft/euangélion" zu betonen, jegliche Abhängigkeit von Menschen abstreitet (1,11f: „es stammt nicht von Menschen, ich habe es ja nicht von einem Menschen übernommen oder gelernt"), er gemäß 1,16 „nicht Fleisch und Blut zu Rate zog", wie er in Zukunft leben sollte, kann das Evangelium nur die grundsätzliche Neuorientierung durch die Offenbarung Gottes bedeuten. Es geht um die Berufung zum Apostel Jesu Christi und sein Evangelium für Juden *und* Nichtjuden.

Bei allem oft postulierten Selbstbewusstsein des Paulus weiß er um die Notwendigkeit der Gemeinschaft mit anderen Aposteln wie Kephas/Petrus und Jakobus. Er hat sie „kennengelernt", nicht um eine Bestätigung für seinen Glauben zu erlangen (1,18). Denn allein kann man biblisch Glauben nicht leben.

Dies zeigt sich an der Vorstellung von Gemeinde, die er mit der in der Antike bekannten Metapher „Leib" nennt (1 Kor 12,12–30). Wie staatliche Gemeinden funktionieren auch die christlichen. Wie im Staat die Glieder unterschiedliche Funktionen haben, aufeinander angewiesen sind und nur so angemessen leben können, so auch in der Gemeinde: Unterschiedlichste Begabungen, die Paulus als Gaben des Heiligen Geistes interpretiert, lassen die Gemeinde leben (1 Kor 12,1 – 14,40). Dazu gehören – dies mag heutige Christen erstaunen – nicht durch Weihen vermittelte und liturgisch-sakramentale Gaben, sondern „Weisheit" und „Erkenntnisse vermitteln", „Krankheiten heilen", „Machttaten wirken" und „Geister unterscheiden". Die Aufgaben der Lehrer und Ärzte sind kirchliche, theologische Tätigkeiten. „Prophetisch reden" dürfen Männer wie Frauen (11,4–5), diese nach damaliger Sitte mit Kopftuch, was jedoch keinen theologischen Unterschied macht: „Im Herrn gibt es weder die Frau ohne den Mann noch den Mann ohne die Frau" (11,11). Eine Hierarchie gibt es nicht, auch wenn Paulus die Reihenfolge Apostel, Propheten, Lehrer, Wundertäter und Ärzte nennt (12,28). Für alle Funktionen gilt der Grundsatz: „Gott ließ dem benachteiligten Glied umso mehr Ehre zukommen" (12,24). Alle sind, mit welchen Funktionen auch immer, aufgrund der Taufe „berufene Heilige" (Röm 1,7; 1 Kor 1,2 und öfter), Frauen und Männer sind angesprochen. Spezifische „Geistliche/Priester", gebunden an das männliche Geschlecht, gibt es nicht.

Wie das zwischenmenschliche Leben in der Gemeinde von kommunikativer Struktur ist, so sind auch die Christen an vorgegebene jüdische und judenchristliche Traditionen gebunden. Wie stark auch Paulus von solidarischer Kommunikation und von schriftlichen Traditionen lebt, belegt sein Grundbekenntnis in 1 Kor 15,1–5:

> „Vor allem habe ich euch überliefert, was auch ich empfangen habe,
> Christus ist für unsere Sünden gestorben, gemäß der Schrift,
> und er ist begraben worden.
> Er ist am dritten Tag auferweckt worden, gemäß der Schrift
> und er erschien dem Kephas/Petrus, dann den Zwölf."

Alle thematischen Aspekte sind kommunikativ: Paulus ist ein Lernender. Er steht in einer Glaubenstradition mit den Gemeinden in Arabien und Damaskus (Gal 1,17) und mit den Christen in Korinth (vgl. 1 Kor 15,1: „ihr habt das Evangelium angenommen, das ich euch verkündigt habe"). Alle gemeinsam stimmen überein mit den biblischen und frühjüdischen Offenbarungen Gottes, dass Menschen „gemäß der Schrift" für andere zu sterben bereit sind und daher von Gott „auferweckt" werden.[132] Der Glaube an die Auferweckung ist kein neuer christlicher Glaube, wie viele Christen meinen: Diese jüdische Überzeugung wird aber auf Jesus Christus als den Gekreuzigten übertragen. Vor allem begründet und erläutert Paulus die einzelnen Aspekte theologisch (siehe unten III 1).

Wie kommunikativ handlungsorientiert Paulus seine Funktion als Gemeindegründer verstand, belegen seine Briefe, die auf konkrete Situationen in den Gemeinden reagieren. Sie sind halbierte Gespräche. Man kann weniger einen Wandel im Denken bei Paulus feststellen, eher Reaktionen auf Gemeindeprobleme, die etwa durch gegnerische Missionare entstanden. In 1 Kor 1,11 nennt er „Leute der Chloe", die ihm über Streitigkeiten und Schismen in der Gemeinde berichteten. Am Ende in 16,17f bedankt sich Paulus, „dass Stephanus, Fortunatus und Achaicus [aus Korinth] zu mir [nach Ephesus] gekommen sind". Auch durch sie wurde er über die Entwicklungen in Korinth informiert.

Noch klarer wird diese kommunikative Verkündigungsstruktur in 1 Kor: Gemeindemitglieder hatten dem abwesenden Paulus einen Brief geschickt, Fragen gestellt, auf die er antwortet:

„Nun zu dem, was ihr geschrieben habt:
Es ist gut für den Mann, keine Frau zu berühren." (7,1)

„Was aber die Jungfrauen (EÜ: Unverheirateten) betrifft." (7,25)

„Nun zu der Frage des Götzenopferfleisches. Gewiss, wir haben alle Erkenntnis." (8,1)

„Auch über die Gaben des Geistes möchte ich euch nicht in Unkenntnis lassen." (12,1)

„Einige von euch sagen: Eine Auferstehung der Toten gibt es nicht." (15,12)

Bei den sexualfeindlichen Thesen gegen die Ehe oder für Enthaltsamkeit in der Ehe deutet Paulus seine Antwort als „Zugeständ-

---

[132] Zur Entwicklung dieser Glaubensauffassungen vgl. H. Frankemölle, Gott glauben 203–239.381–384.

nis, nicht als Gebot" (7,6) und plädiert für Achtsamkeit auf die Bedürfnisse des Partners bzw. der Partnerin. Auch die Beziehung in der Ehe ist „eine Gnadengabe von Gott", Ehelosigkeit ebenso (7,7). „Jeder soll so leben, wie der Herr es ihm zugemessen hat." (7,17) Ähnlich argumentiert er anthropologisch in 7,25: Für die Frage „habe ich kein Gebot vom Herrn. Ich gebe euch nur einen Rat." Man kann seine Überlegungen und seine Antwort in 12,1 – 13,13 sozialethisch, gesellschaftlich nennen, wobei die Liebe (13,1-13) der eigentliche kritische Maßstab für jegliches Können und Verhalten ist, auf die Christen in Korinth gepocht haben. Konkurrierende Gemeindegruppen mit eigenen Theologen (1,11f: Paulus, Apollos, Kephas/Petrus, Jesus Christus), auch das gegenseitige Ausspielen verschiedener Begabungen in der Gemeinde (12-14) lässt Paulus nicht gelten. Er verweist von Beginn seines Briefes auf Jesus Christus als Einheitsband der Gemeinde und bringt um seine Alleinstellung theologisch zu begründen, Jesu Tod ins Spiel:

> „Ist Christus zerteilt? Wurde etwa Paulus für euch gekreuzigt?" (1,1,13)

Aufgrund anderer Überzeugungen in Korinth kann Paulus nicht anders, als den Tod Jesu und den damit verbundenen jüdischen Glauben an seine Auferweckung durch Gott immer tiefer zu bedenken, ohne das praktische Leben aus dem Glauben auszublenden, wie man lange den Römerbrief fälschlicherweise verstanden hat (siehe oben).

> „Wenn es keine Auferstehung der Toten gibt, ist auch Christus nicht auferweckt worden. Ist aber Christus nicht auferweckt worden, dann ist unsere Verkündigung leer, leer auch euer Glaube." (15,13f, wegen der Wichtigkeit der Aussage wiederholt er sie in 15,15-17)

Paulus ist kein Theologe, der weiß, was einzig richtig ist, und andere belehrt, selber aber nicht lernt – von vorgegebenen Traditionen, aber auch von den Mitchristen zusammen lernt. In aller Klarheit heißt es zur Leselenkung in Röm 1,11f:

> „Ich sehne mich danach, euch zu sehen; ich möchte euch ein wenig mit geistlicher Gnadengabe beschenken, damit ihr bestärkt werdet, oder besser: damit wir, wenn ich bei euch bin, miteinander Zuspruch empfangen durch den gemeinsamen Glauben, euren und meinen."

Wie sehr Paulus in Abstimmung mit seinen Gemeinden lebt und sich von deren Mehrheit abhängig versteht, belegen andere Stellen:

> „Die Strafe, die dem Schuldigen von der Mehrheit auferlegt wurde, soll genügen." (2 Kor 2,6)

> „Im Namen Jesu, unseres Herrn, wollen wir uns versammeln, ihr und mein Geist, und zusammen mit der Kraft Jesu, unseres Herrn, diesen Menschen dem Satan übergeben, zum Verderben seines Fleisches, damit sein Geist am Tag des Herrn gerettet wird." (1 Kor 5,4f)

Worum es hier thematisch geht, ist nebensächlich für unser Thema – und umstritten. Es geht nicht um die Sünden, die begangen wurden, sondern um die Frage, ob Paulus oder die Gemeindeleiter allein über Strafen bis hin zur Exkommunikation entschieden haben. Das war weder in den Gemeinden des Paulus noch in der des Matthäus üblich (vgl. Mt 18,15–17).

Paulus hält fest, dass man durch „Handhebung/cheirotonātheis" abgestimmt hat, was in der EÜ allgemein mit „von den Gemeinden bestimmt wurde" übersetzt wird. (2 Kor 8,19) Auch wenn es hier nur darum geht, dass Titus zum Begleiter des Paulus für die Überbringung einer Kollekte nach Jerusalem bestimmt wurde, ist die Mitbeteiligung aller Gemeindemitglieder bemerkenswert.

Theologie als kommunikativ und handlungsorientiert zu verstehen, ist die grundsätzliche Voraussetzung, das Konzept des Paulus angemessen verstehen zu können. Das gilt auch für sein Verständnis von Tod und Auferweckung Jesu. Er entwirft keine abstrakte, überzeitliche Glaubenslehre, sondern eine Theologie im Prozess des Miteinanders der Christen. Der Römerbrief macht eine Ausnahme, da die Hausgemeinden in Rom[133] ihm nur vom Hörensagen etwa durch das Ehepaar Priska und Aquila

---

[133] Nach P. Lampe, Die stadtrömischen Christen in den beiden ersten Jahrhunderten. Untersuchungen zur Sozialgeschichte, Tübingen ²1989, 302 gab es dreizehn unabhängige christliche Hausgemeinden und vierzehn inschriftlich belegte jüdische Gemeinden/Synagogen (367 f.); zur Anzahl der Christen in der Stadt Rom im 1./2. Jahrhundert vgl. ebd. 422–425, von denen 100 historisch wahrscheinlich sind, davon 23 Frauen. Im Buch werden sie einzeln behandelt.

bekannt waren, die unter Kaiser Claudius mit anderen christusgläubigen Juden vertrieben worden (Apg 18,2f), aber nach dem Tod des Kaisers (54 n. Chr.) zurückgekehrt waren (Röm 16,3f). Paulus will nach Rom und Spanien reisen, um sein Evangelium zu verkünden, das er vorab im Brief gegen mögliche Missverständnisse von jüdischer Seite verteidigt.

5. Glauben nach dem Johannesevangelium

Die vielfältigen Kontakte des Paulus mit den Gemeinden, denen er Briefe geschrieben hat, zeigen den Unterschied zum johanneischen Schrifttum (JohEv, 1–3 Joh), ebenso den Unterschied zwischen dem Evangelium und den Briefen. Das Evangelium vom „verherrlichten Christus, Sohn und Logos/Wort Gottes" schreibt der Evangelist Johannes als Reaktion auf Bedrängnisse der Gemeinde durch andere nichtchristusgläubige Juden, die die Mehrheitsgesellschaft bilden.[134] Die drei Briefe hingegen sind an eine Binnengruppe gerichtet, deren Anhänger sich als „Freunde" bezeichnen (3 Joh 15), geschart um einen „Ältesten/presbýteros" (2 Joh 1,1; 3 Joh 1,1), der an Grundaussagen des Evangeliums erinnert. Dieses bietet im Gegensatz zu den drei anderen Evangelien eine neuartige Deutung der Überlieferung von Jesus Christus, seiner Worte und Taten und vor allem seiner Person. Diese christologische Konzeption hatte auf die theologischen Bemühungen der folgenden Jahrhunderte, bis zu den ersten Konzilien von Nizäa, Chalzedon und Konstantinopel maßgeblichen und nachhaltigen Einfluss und bis heute.

Sprachlich und thematisch neu beginnt das Evangelium des Johannes mit einem Logos-Bekenntnis: „Im Anfang war das Wort/lógos, und das Wort/lógos war bei dem Gott/theón/auf den Gott hin und (ein) Gott war der Logos". (1,1) Der Evangelist zeigt Mut, für seine Adressaten den Glauben mit neuen Kategorien attraktiv zu machen. Im ersten Vers liest man ein abstraktes,

---

[134] Zu diesem Hintergrund vgl. K. Wengst, Bedrängte Gemeinde und verherrlichter Christus. Ein Versuch über das Johannesevangelium, München [4]1992.

philosophisches Bekenntnis in der Tradition Philos von Alexandrien. Erst durch 1,14a („und das Wort ist Fleisch geworden und hat unter uns gewohnt") und durch die Figur Johannes des Täufers wird es geerdet und geschichtlich gebunden, vor allem durch das Bekenntnis der Gemeinde. Mit ihm schließt der Evangelist sich durch das „Wir" zusammen: „und wir haben seine Herrlichkeit gesehen." (1,14b) Das Zeugnis der Glaubenden am Anfang, die in den vielen „Zeichen", wie Johannes die „Wunder" nennt, einen Hinweis auf das Wirken Gottes und auf das Wirken Jesu in Willens- und Handlungseinheit mit ihm sieht, kann dem (heutigen) Leser die Augen öffnen: „damit auch ihr glaubt." (20,30f) So endet das ursprüngliche Evangelium. Kapitel 21 wurde nachträglich angefügt (vgl. die Anmerkung in der EÜ), um neben Petrus vor allem den „Lieblingsjünger" (19,26; 21,20-24) als Garanten der johanneischen Überlieferung zu betonen, da „er all das bezeugt und aufgeschrieben hat; und wir wissen, dass sein Zeugnis wahr ist." (21,24)

Im Evangelium wird von Zeugen erzählt, wie sie zum Glauben kamen: Johannes der Täufer, Nikodemus, die Frau am Jakobsbrunnen, Samaritaner, Martha, die Schwester des Lazarus, Maria von Magdala, Maria, die Mutter Jesu und weitere Frauen, nicht zuletzt die Jünger Jesu. Sie deuten die Zeichen und Worte Jesu und „sehen" hinter dem Äußeren die von Jesus eröffnete Wirklichkeit. Mitten im Evangelium kommt es über Jesu „Zeichen" und seine deutende Rede (6,1-21.22-59) zu einer Spaltung unter den „Jüngern": „Viele seiner Jünger zogen sich zurück und gingen nicht mehr mit ihm umher." (6,66) Die „Zwölf" bleiben, Petrus gibt die Begründung: „Zu wem sollen wir gehen? Du hast Worte des ewigen Lebens. Wir sind zum Glauben gekommen und haben erkannt: Du bist der Heilige Gottes." (6,68f) Der Inhalt des „wir haben seine Herrlichkeit geschaut, die Herrlichkeit des einzigen Sohnes vom Vater" von 1,14, kann variiert werden, wie der Epilog bestätigt: „damit ihr glaubt, dass Jesus der Christus ist, der Sohn Gottes, und damit ihr durch den Glauben Leben habt in seinem Namen." (21,31)

Für griechisch gebildete Juden und Römer (sie sprachen zu dieser Zeit griechisch) in Syrien oder Ephesus war das johanneische Angebot von Heil und Erlösung attraktiv: nicht durch Philosophie, nicht durch Gnosis/eigene „Erkenntnis" oder durch Opfer in heidnischen Tempeln, nicht durch die Hoffnung auf den Messias (Joh 4,25), sondern durch den Glauben an das „Wort Gottes" in Jesus von Nazaret und an die von ihm eröffnete Weltsicht und Handlungsanweisungen.

Es kommt nicht darauf an, die theologisch hochspekulative Theologie des Evangelisten Johannes zu verstehen, sondern seine für jüdische und nichtjüdische Zuhörer provokative These und ihre Begründung zu sehen. Sie verläuft anders, als der übliche christliche Glaubensansatz, wie er im Credo formuliert ist: „Ich glaube an Gott ..., an Jesus Christus, seinen eingeborenen Sohn ..." Bei diesem Ansatz lautet die Logik: Weil Jesus als Gottes Sohn geglaubt wurde, waren und sind seine Worte und Taten wahr. Im Johannesevangelium wie in den anderen Evangelien hingegen ist das „Damit ihr glaubt" eine Folge des „Sehens". Nicht weil Jesus als Sohn Gottes geglaubt wird, kann er alles das verkündigen und tun, wovon der Evangelist erzählt, sondern umgekehrt: Weil Menschen in Jesu Worten und Taten Gottes Wirken als befreiend erfahren, kommen sie zum Glauben an Gott und an Jesus. Siebenmal heißt es als Reaktion auf seine Zeichen und Worte: „Viele glaubten an ihn" bzw. „seinen Namen" (2,23; 7,31; 8,30; 10,42; 11,45; 12,11.42), sogar „von den führenden Männern" der Juden (12,42). Glaube gründet nach dem Evangelisten Johannes auf Erfahrungen.

Da das Johannesevangelium einen langen Prozess der Entstehung durchlaufen hat, kann der Evangelist in der letzten Überarbeitung bei diesem Glauben der Leser ansetzen und Jesus Christus (als Erzählfigur) in metaphorischen Ich-Worten von sich sprechen lassen: Ich bin das wahre Brot des Lebens (6,35), ich bin das Licht der Welt (8,10), ich bin die Tür (10,9), der gute Hirt (10,11), die Auferstehung und das Leben (11,25f), der Weg, die Wahrheit und das Leben (14,6) und der wahre Weinstock (15,1). Vor allem die aus dem alltäglichen Leben gewählten Metaphern halten den anthropologischen Ansatz durch: Weil Menschen tragfähige Erfahrungen mit Jesus und seinem Handeln gemacht haben, können sie mit ihrer Hilfe die Einzigkeit Jesu deuten. Zugleich eröffnen sie den Blick für weitere Urworte wie Leben, Wahrheit und Auferweckung (durch Gott). Ihre Zahl ist unbegrenzt, „ein Bild sagt mehr als tausend Worte". Die „Wirklichkeit" Gottes, seine „Herrschaft" – dies zeigt die Vielzahl der johanneischen Bildworte – kann jedoch nie von Menschen ganz erfasst werden. Dies bleibt – das bestätigt bereits der Evangelist im Prolog – dem „Wort Gottes" vorbehalten: „Niemand hat Gott je gesehen. Der Einzige, der Gott ist und am Herzen des Vaters ruht, er hat Kunde gebracht." (1,18)

Das ist der Glaube der johanneischen Gemeinden, der Glaubensüberzeugungen anderer Gemeinden nicht ausschließt, aber auch absolutistisch gedeutet werden kann. Das würde jede Kommunikation mit Juden und anderen Überzeugungen ausschließen. Der Evangelist Johannes bindet diesen Glauben an die Erfahrungen der jüdischen und nichtjüdischen Zeitgenossen Jesu und des Johannes (nicht umgekehrt, wie Katechismen und Bücher der Dogmatik bisher vorgaben). Von der Entstehungsgeschichte des Evangeliums her ist der Prolog in 1,1-18 der jüngste Text; ihn hat der Evangelist als Leseanleitung und Kommentar dem Evangelium vorangesetzt.

6. Glauben in den johanneischen Gemeinden (1 – 3 Joh)

Das Doppelgebot Jesu von der Gottes- und Nächstenliebe (Mk 12,28-34 parr; vgl. Röm 13,8-10) muss immer auch eine Außenseite haben. Der Verfasser des ersten Johannesbriefes formuliert in aller Klarheit:

> „Meine Kinder, wir wollen nicht mit Wort und Zunge lieben, sondern in Tat und Wahrheit. Und daran werden wir erkennen, dass wir aus der Wahrheit sind." (1 Joh 3,18f; vgl. 2,29)

> „Wenn jemand sagt: Ich liebe Gott, aber seinen Bruder hasst, ist er ein Lügner. Denn wer seinen Bruder nicht liebt, den er sieht, kann Gott nicht lieben, den er nicht sieht. Und dieses Gebot haben wir von ihm: Wer Gott liebt, soll auch seinen Bruder lieben." (1 Joh 4,20f)

Auch wenn der Verfasser der Johannesbriefe eine Binnenethik, eine „Bruderliebe" der Gemeindemitglieder „untereinander" (1 Joh 3,11-24; 4,7) vertritt, stimmt sein Ansatz beim Thema „glauben" und „lieben" mit anderen Texten im Neuen Testament

6. Glauben in den johanneischen Gemeinden (1 – 3 Joh)

überein. Gott glauben und lieben bleibt für Außenstehende unsichtbar. Wenn Menschen gemäß den Geboten/der Tora Gottes leben, können dies Außenstehende nicht übersehen, vor allem nicht, wenn jene als Minderheit in der Gesellschaft leben. Bekennt man im traditionellen Verständnis im Credo der Messe den Glauben, wie von der Kirche vorgegeben, stört das niemanden in der Gesellschaft. Entspricht das Tun dem Glauben gemäß der Tora und gemäß den Weisungen Jesu, hat das nach den Erfahrungen des Verfassers von 1 Joh Konsequenzen:

> „Wundert euch nicht, Brüder und Schwestern, wenn die Welt euch hasst. […] Das ist sein Gebot: Wir sollen an den Namen seines Sohnes Jesus Christus glauben und einander lieben gemäß dem Gebot, das er uns gegeben hat." (1 Joh 3,13.23)

Das griechische Wort „misein", in deutschen Übersetzungen mit „hassen" zu übersetzen, legt den Blick des Lesers auf das Verhältnis zur nichtchristlichen Umwelt zu sehr fest (ähnlich in den Worten Jesu in Mt 5,43; 6,24; 24,9f und Lk 14,26). Das Verbum „misein" entspricht in seiner Bedeutung dem alttestamentlichen Äquivalent sanā mit der Bedeutung „weniger lieben, hintansetzen, hassen". Verse mit „misein" sollten also offen gelesen werden, sofern der Text nicht eine enge Bedeutung erfordert. In 1 Joh 3,11-24 gilt die Unbedingtheit der Verschränkung von „einander lieben" und „an den Namen seines Sohnes Jesus Christus glauben" (3,23). Dabei ist „Name" in der Bibel nicht Schall und Rauch, sondern die genannte Person selbst, ihre Geschichte, ihr Schicksal (vgl. Apg 2,38: „taufen auf den Namen Christi"). Wie in Röm 6,3 („wisst ihr nicht, dass wir alle, die wir auf Christus Jesus getauft wurden, auf seinen Tod getauft worden sind") bindet der Verfasser von 1 Joh wie in einem Joch „glauben" und Jesu Lebenshingabe (3,16.23) zusammen und kann metaphorisch die Bruderliebe mit „So müssen auch wir für die Brüder das Leben hingeben" umschreiben (3,16). „Tat und Wahrheit" (3,18) bedingen einander.

Dieses Grundaxiom christlichen Glaubens in der Gemeinde gilt auch im Verhältnis der Christen zur nichtchristlichen Umwelt.

II. Was bedeutet biblisch glauben?

7. Glauben im Ersten Petrusbrief

Im ersten Brief unter dem Namen Petrus geht es darum, Rechenschaft zu geben über seinen Glauben und seine Glaubenspraxis aus den Erfahrungen des eigenen Lebens, der Gemeinschaft und mit der Schöpfung in Auseinandersetzung mit anderen Überzeugungen. Die angeredeten Christen leben als Minderheit in einer „heidnischen" Umgebung. Die zentrale Stelle lautet:

> „Seid stets bereit,
> jedem Rede und Antwort zu stehen,
> der von euch Rechenschaft fordert
> über die Hoffnung, die euch erfüllt." (1 Petr 3,15)

Die Aufforderung, die der Verfasser um etwa 100 n.Chr. an seine Leser richtet, klingt für heutige Leser banal, ist sie aber nicht, weder damals für die ersten Leser noch heute. Wo es Glaubende gibt, gibt es Außenstehende oder Mitglaubende, die Fragen stellen, vor allem, wenn Mitglieder einer Gruppe aus der Mehrheitsgesellschaft ausgestiegen sind: was Glauben ist, wie man persönlich glauben kann und was man glaubt. Vor allem, wenn die Glaubenden eine Minderheit in einer Gesellschaft bilden, wie es für die Adressaten von 1 Petr zutrifft.[135] Bereits im ersten Vers werden sie als „die erwählten Fremden in der Diaspora/in der Zerstreuung" angesprochen. Ihre Lebenswelt wird mit „Pontus, Galatien, Kappadokien, der Provinz Asia und Bithynien" umschrieben, die mit mehreren römischen Provinzen in Kleinasien identisch sind. Geschrieben wurde der Brief „in Babylon" (1 Petr 5,13), ein Deckname für das „heidnische", polytheistisch glaubende Rom. Da der Verfasser sich als „Zeuge der Leiden Christi" und „Mitältester/Mitpresbyter" unter anderen „Presbytern" charakterisiert (5,1), macht er in Rom in der Mehrheitsgesellschaft, in der um 100 n. Chr. vierzehn verschiedene jüdische Einzelgemeinden und zur Zeit des Paulus sieben christliche Hausgemeinden exis-

---

[135] Zu einer Auslegung von 1 Petr mit den Fragen „Wer spricht was und wie mit wem in welcher Sprache und unter welchen sozialen Umständen mit welchen Absichten und Konsequenzen" vgl. H. Frankemölle, 1. und 2. Petrusbrief. Judasbrief, Würzburg ²1990, 9.

7. Glauben im Ersten Petrusbrief

tierten[136], ähnliche Erfahrungen wie die „Presbyter" und ihre Gemeinden in Kleinasien. Römische Städte hatten zu dieser Zeit analoge gesellschaftliche Strukturen mit verschiedenen ethnischen und religiösen Richtungen (vgl. I 6.2). Die Toleranz und Offenheit Roms gegenüber anderen Völkern, Sitten und Religionen ist vielfach belegt. Grenzen gab es offiziell ab den 60er-Jahren des 1. Jh. n. Chr. wegen der Ablehnung des Kaiserkultes durch Christen, inoffiziell, wenn Menschen sich von der Mehrheitsgesellschaft durch Glauben und Lebensstil trennten. Dies setzt der erste Petrusbrief für die christlichen Adressaten voraus:

> „Darum richtet euch, solange ihr noch auf Erden lebt, nicht mehr nach den menschlichen Begierden, sondern nach dem Willen Gottes. Lange genug habt ihr in der vergangenen Zeit getan, was die Heiden/Völker wollen." (4,2f)

Der Verfasser kann mit einer gewissen Autorität die Adressaten als Gruppe (zweimal heißt es „euch") auffordern, Antworten zu ihrer Überzeugung zu geben. Bei einer dritten Gruppe setzt er Interesse an der Überzeugung der Mitglieder der Wir-Gruppe voraus. Auffällig ist, dass er nicht nach ihrem „Glauben" fragt, sondern nach der „Hoffnung, die euch erfüllt", von der die Wir-Gruppe bestimmt wird. Das Verständnis von Glauben als Hoffnung hängt mit der Lebenssituation der Erstadressaten zusammen (siehe unten).

Die dargestellte Situation im Brief ist nicht einmalig. Vor 50 Jahren, am 22. November 1975, endete nach vier Jahren die Würzburger Synode, die im Zusammenwirken von Bischöfen und Laien die Erkenntnisse und Beschlüsse des Zweiten Vatikanischen Konzils zur veränderten Situation der Bundesrepublik Deutschlands fördern und aktualisieren sollte. Der wichtigste Beschluss, stark rezipiert und noch immer hochaktuell, trägt den Titel „Unsere Hoffnung. Ein Bekenntnis zum Glauben in unserer Zeit." Der Grundtext stammt von Johann Baptist Metz, von dessen „politischer Theologie" er geprägt ist.[137] Ihm zufolge kann es

---

[136] Zu den Belegen vgl. Peter Lampe, Die stadtrömischen Christen in den ersten beiden Jahrhunderten. Untersuchungen zur Sozialgeschichte, Tübingen ²1989, 301–320.367f.
[137] Zum Verlauf der Synode und zu ersten Analysen der Texte vgl.

keine Theologie ohne Einbeziehung gesellschaftlicher, soziologischer und kultureller Aspekte geben.[138] In Teil IV werden als spezifische deutsche Aufgaben genannt: Als Land der Kirchenspaltung im 16. Jahrhundert: Ökumene als Einheit der getrennten Kirchen, als Land der Schoa: Dialog und Versöhnung mit dem jüdischen Volk, als reiche Nation: Solidarität mit den Armen der Welt/„Option für die Armen", als reiche Kirche: Verantwortung für eine lebenswerte Zukunft der Menschheit (zu weiteren Aufgaben der Christen heute siehe oben I 6.4).

Neben den Erschütterungen des Glaubens durch die Säkularisation, in deren Folge unsere Gesellschaft nicht mehr selbstverständlich religiös geprägt ist, wurde die christliche Religion nach dem Zweiten Weltkrieg durch weitere Kriege (in Vietnam, auf dem Balkan), durch die 68er-Bewegung, durch Individualisierung und Liberalisierung (sexuelle Revolution) erschüttert. Davon war nicht nur der Einzelne betroffen, sondern die ganze Gesellschaft. In diesem unsicheren lebensgeschichtlichen Kontext wurde der Glaube als „sicheres Feststehen in der Wahrheit" in Frage gestellt und immer stärker in seiner Hoffnungsstruktur erfahren. Nicht als Vertröstung auf ein Jenseits sollen Christen leben, sondern im Glauben an den „Gott unserer Hoffnung" (Röm 15,13) als Aufforderung, im Vertrauen auf den „Gott Abrahams, Isaaks und Jakobs" (Ex 3,6; Mt 22,32) und Jesu die weltlichen Verhältnisse zu verändern „auf dem Weg des Friedens" (Lk 1,79), Schritt für Schritt.

Obwohl die Situation im Ersten Petrusbrief und im Text der Würzburger Synode historisch grundverschieden sind, haben sie durchaus Parallelen. Damals wie heute kann man nicht von geschlossenen christlichen Gesellschaften ausgehen. Im Bundesland Thüringen zum Beispiel sind zwei Drittel der Bevölkerung konfessionslos, knapp 20% gehören den protestantischen Kirchen an, gut 7% der römisch-katholischen.

D. Emeis/B. Sauermost (Hrsg.), Synode – Ende oder Anfang, Düsseldorf 1976; ausführlich J. B. Metz/J. Reikersdorfer (Hrsg.), Ein Bekenntnis zum Glauben in dieser Zeit I–II, Freiburg 2022.
[138] Vgl. Ders., Politische Theologie, in: LThK 8,³1999, 392–294.

7. Glauben im Ersten Petrusbrief

In den Jahrzehnten vor der Wende im Jahre 1989 wurde der Erste Petrusbrief besonders von Christen in der damaligen DDR gern gelesen. Ihre Situation als Minderheit in der Diaspora und ihre Erfahrungen mit anderen, staatlich verordneten Deutungsangeboten der Welt ließen sie zu diesem Text greifen. Der Brief zeigt, dass es nicht nur um einen dogmatisch-geschichtslosen Glauben geht, sondern um Glaubenspraxis. Er zeigt, wie man in ähnlichen Situationen „den Fußspuren Christi" (1 Petr 2,21) folgen kann.

Die Lebenssituation gilt mittlerweile für die ganze westliche Welt (siehe oben I 2-4). „Fragt man nach der spezifischen Aktualität des Ersten Petrusbriefes, so stößt man auf eine Reihe von Ähnlichkeiten hinsichtlich der gesellschaftlichen Situation der Gläubigen des Ersten Petrusbriefes und der gegenwärtigen Situation des Glaubens", auf „starke Analogien."[139] Vor allem lässt sich hier wie dort ein religiöser Pluralismus feststellen.

„Der Briefschreiber legt den Gläubigen eine Religiosität nahe, die durch eine intensive, persönlich geprägte Erfahrung gekennzeichnet ist. Der Brief setzt voraus, dass die Adressaten durch eigene Wahl zum Glauben gekommen sind. Ihre Entscheidung für den Glauben hat sie in Spannung zur Majoritätsgesellschaft gebracht. Der Briefschreiber hebt die Bedeutung der Gemeinschaft und der Liebe für die Gläubigen hervor. Er sagt ihnen die Geborgenheit im Glauben zu (1,5). Auf der einen Seite stärkt er sie in ihrem Glauben, der einen Ausstieg aus der Majoritätsgesellschaft bedeutet. Es geht um einen differenz- und diasporafähigen Glauben. Auf der anderen Seite zielt der Briefschreiber aber auch einen kommunikationsfähigen Glauben an. Er warnt vor einem fundamentalistischen Rückzug aus der Gesellschaft. Es geht ihm - so könnte man sagen - um einen pluralismusfähigen Glauben."[140] Diese letzte Funktion des Glaubens bezieht sich nach 1 Petr nicht auf die Gesamtheit oder Mehrheit der nicht-

---

[139] K. Gabriel, Ausstieg aus der Majoritätsgesellschaft. Soziologische Beleuchtung - im Blick auf den Ersten Petrusbrief, in: M. Ebner u. a. (Hrsg.), Der Erste Petrusbrief. Frühchristliche Identität im Wandel, Freiburg 2015, 49-66, ebd. 62.64.
[140] Gabriel, a. a. O. 64f.

christlichen Gesellschaft; die Glaubenden bleiben in der Minderheit, jedoch als Gemeinschaft, die fähig ist, Nicht- oder Andersgläubigen mit ihrer überzeugenden Lebenspraxis und im Wort die eigene Überzeugung vermitteln zu können.

In der DDR war der Erste Petrusbrief das meistgelesene „Evangelium", angetan, sich über das Christsein als Minderheit in einer atheistischen Welt bewusst zu sein. Diese Handlungsanweisung gilt auch heute in einer multireligiösen Umwelt, in der die „Großkirchen" ihre Bedeutung verlieren bzw. schon gar nicht mehr existieren.

8. Glauben im Jakobusbrief

Das Glaubensverständnis des unbekannten Verfassers, der um 100 n. Chr. vorgibt, in der Autorität des „Herrenbruders" Jakobus, Leiter der Gemeinde von Jerusalem (vgl. Apg 15,13–21), „an die zwölf Stämme der Diaspora", das heißt: an alle Christen zu schreiben, ist bis heute in den christlichen Kirchen vom Theologie- und Glaubensverständnis durch Martin Luther geprägt (siehe unten III 1.5). Da nach Luther dogmatisch der Glaube an Gott, die Christologie und die Gnade als alleiniger „Zugang" zum Heil – durch den Tod Jesu vermittelt – gelten, können die Anweisungen des Jakobus zu einem guten Handeln nur abschätzig beurteilt werden. Eine analoge Logik liegt vor, wenn man die Entscheidungen der Konzilien von Nizäa (325) und Chalzedon (451) und das von allen Christen bis heute gebetete Glaubensbekenntnis als Maßstab wahrer Theologie versteht. Diese Texte sind auf den systematischen Glauben konzentriert; vom Handeln Jesu und vom Tun des Glaubens findet sich im Credo kein Wort.

Entsprechend sieht Luther[141] in der allgemeinen Vorrede zur Septemberbibel von 1522 im Jakobusbrief „eyn rechte stroern Epistel gegen sie, denn sie doch keyn Evangelisch art an yhr hat" (WA, DB 6,10), das heißt im Vergleich zum „Evangelium", zur

---

[141] Vgl. H. Frankemölle, Der Brief des Jakobus I–II, Gütersloh 1994, I 106–110, auch mit sachlich angemessenen Aussagen Luthers zum Verhältnis von Glauben und Tun.

8. Glauben im Jakobusbrief

„guten (christologischen) Nachricht", die im JohEv, Röm, Gal, Eph und 1 Petr entfaltet wird. In der speziellen Vorrede zum Jak schreibt er: Der Jak „gibt stracks widder Sanct Paulon vund alle ander schrifft den wercken die rechtfertigung," während „alle sampt Christum predigen und treyben." Nicht weniger bekannt ist Luthers Deutung des Jakobusbriefes als „stroern Epistel" und sein Diktum aus einer Tischrede, er wolle mit dem Jak „den Ofen heizen" (WA 6,10), der Jak nicht mehr wert sei, als seine Pfeife anzuzünden. Dies sind Äußerungen aus polemischen Auseinandersetzungen. Bei der Auslegung des Jakobusbriefes in Vorlesungen, vor allem vor seiner reformatorischen Wende, sieht er das Verhältnis von Glauben und Tun durchaus sachlich angemessener. Dennoch bleibt das paulinische Evangelium Norm seiner gesamten Theologie. Dies ist der Grund, den Jakobusbrief nur in den Anhang seiner Bibel zu setzen.

Luther und vielen Interpreten fehlt ein Verständnis für die literarische Gattung des Briefes als Weisheitsschrift in Anlehnung an Jesus Sirach; dort fand Jakobus die theologische Grundlage seiner pastoralpraktischen Weisungen. Diese findet sich im Prolog in Jak 1,2-18.[142]. Darin werden Gefährdungen des Glaubens, die im Brief entfaltet werden, angesprochen und die Bewährung durch Gebet und festen Glauben, alles von Gott zu erhalten, ermöglicht. Von der Macht des Gebetes, vom Glauben, der alles von Gott erwartet, wird ebenfalls in den letzten Versen des Briefes, im Epilog in 5,13-18, zur Erinnerung gesprochen.

> „Fehlt es einem von euch an Weisheit, dann soll er sie von Gott erbitten; Gott wird sie ihm geben. [...] Wer bittet, soll im Glauben bitten und nicht zweifeln." (1,5f)

> „Jede gute Gabe und jedes vollkommene Geschenk kommt von oben herab, vom Vater der Gestirne [...]. Aus freiem Willen hat er uns durch das Wort der Wahrheit geboren." (1,17f)

> „Nehmt in Sanftmut das Wort an, das in euch eingepflanzt worden ist und die Macht hat, euch zu retten." (1,21)

---

[142] Vgl. H. Frankemölle, Jakobus I 80-88, II 561-571.

II. Was bedeutet biblisch glauben?

> „Das gläubige Gebet wird den Kranken retten und der Herr wird ihn aufrichten. [...] Viel vermag das inständige Gebet eines Gerechten." (5,15f)

Vor allem Pochen auf die Notwendigkeit im Miteinander, eine solidarische Einstellung zu praktizieren, steht das Bekenntnis zur Existenz Gottes, nicht als bloßes Bekenntnis, sondern als Glauben an den wirkmächtigen Gott, dem das Handeln der Adressaten zu entsprechen hat:

> „Du glaubst: Es gibt nur einen Gott. Damit hast du Recht; das glauben auch die Dämonen und sie zittern." (2,19)

> „Was nützt es, meine Brüder und Schwestern, wenn einer sagt, er habe Glauben, aber es fehlen die Werke? Kann etwa der Glaube ihn retten? [...] Der Glaube für sich allein ist tot." (2,14.17)

> „Werdet Täter des Glaubens und nicht nur Hörer!" (1,22)

Jakobus geht noch einen Schritt weiter: Er begründet das Tun des Menschen ohne Nebengedanken und das ganzheitliche Sein des Menschen im Sein und Handeln Gottes.

> „Gott gibt allen gern und macht niemandem einen Vorwurf. [...] Gott lässt sich nicht zum Bösen versuchen, er führt aber auch selbst niemanden in Versuchung. [...] Er ist der Vater der Gestirne, bei dem es keine Veränderung oder Verfinsterung gibt." (1,5.13.17)

Die Logik des Jakobusbriefes besagt: Gott ist der Eine und Einzige, Schöpfer der Welt, Geber aller guten Gaben, gemäß dem hellenistischen Gottesbild von Philon von Alexandrien unveränderlich in seinem Sein und Handeln, Vorbild des Menschen. Der Mensch hingegen hat „zwei Seelen/dipsychos, ist unbeständig auf all seinen Wegen." (1,8) Er ist ein Mangelwesen an Glauben und Weisheit, ungeduldig und durch sich selbst versuchbar. Diese Erfahrung soll er als Prüfung verstehen, zu einem „vollkommenen Tun/Werk" gelangen, um mit diesem gerechten Tun „vollkommen und untadelig" zu werden (1,4). Vom Glauben an das Sein und Handeln Gottes leitet Jakobus die Möglichkeit gerechten menschlichen Handelns ab. Von dieser theologischen Voraussetzung lebt der ganze Brief. Wer diese theo-logische Rückbindung nicht beachtet, missversteht den ganzen Brief – wie Luther.

Wer nur einen Vers zitiert, versteht nur die Aussage dieses Verses, nicht aber die Theologie des Jakobus, die im gesamten Brief in seiner übergreifenden Einheit zu finden ist. Dieses hermeneutische Prinzip hat Luther in den Anfangsjahren seines Wirkens durchaus gesehen, weicht aber nach der reformatorischen Wende bei der Auslegung von Röm 1,17 und beim Jakobusbrief aus dogmatischen Gründen davon ab. Das Verhältnis von Werken zum Glauben versteht Luther später zu Recht in konsekutivem Sinn als „preysung, bewerung, zaychen, sigel, volgen, frucht und beweysung". (WA 10 III, 225,18 – 226,8) Der Glaube bewirkt das Heil, das Werk bezeugt es. Beide wirken zusammen – wie bei Abraham, „als er seinen Sohn Isaak auf den Opferaltar legte" (2,21 als Zitat von Gen 22,9). Die Konsequenz lautet:

> „Du siehst, dass der Glaube mit seinen Werken zusammenwirkte und dass der Glaube aus den Werken zur Vollendung kam. [...] Ihr seht, dass der Mensch aus Werken gerechtfertigt wird und nicht aus Glauben allein. [...] Denn wie der Körper ohne Geist tot ist, so ist auch der Glaube ohne Werke tot." (2,22.24.26)

Paulus und Jakobus haben die Akzente unterschiedlich gesetzt, was mit dem vorausgesetzten Glauben der Adressaten zusammenhing. Wenn man bei Paulus nicht die Konsequenzen des Glaubens in Röm 12–15 ausblendet und bei Jakobus nicht den Glauben an die Rettung allein durch Gottes Wirken als Voraussetzung deutet (1,2–18), dann gehören beide gleichberechtigt in den biblischen Kanon. Bei beiden geht es um das Zentrum des christlichen und jüdischen Glaubens, bei dem man nicht an abstrakte Wahrheiten glaubt, sondern in diesem Glauben handelt.

9. Glauben im Hebräerbrief

Jesus von Nazaret verkündete und handelte nach den Überzeugungen, die er von Gott und seinem Wirken hatte. Er setzte sich mit anderen Theologen seiner Zeit auseinander, besonders mit den Priestertheologen am Tempel in Jerusalem und ihrem Anspruch, die Rituale am Tempel und der Tempel selbst seien allein

Ort der Gegenwart Gottes. Mit seiner Kultkritik steht Jesus in langer Tradition der Propheten (Jes 1,11–17; Jer 7,1–15). Wie sie ist er der Überzeugung, Gott ist größer als der Tempel, da sein Thron im Himmel ist. „Was ist das für ein Haus, das ihr mir bauen könnt?" (Jes 66,1) Dieses universale Gottesbild bestimmt Jesu Identität und das der neutestamentlichen Gemeinden nach seinem Tod, vor allem nach der Zerstörung des Tempels durch die Römer im Jahre 70.

Daher mussten sich die neutestamentlichen Theologen in der Nachfolge Jesu wie er mit dem Anspruch der Priesteraristokratie am Tempel in Jerusalem auseinandersetzen. Auch die Pharisäer taten dies ständig, später auch die rabbinischen Theologen, ebenso die Verfasser der Schriftrollen von Qumran, die sich bewusst vom Tempelkult in Jerusalem abgewandt hatten. Nach der Zerstörung des Tempels blieb das Problem einer jüdischen Identität ohne Tempel, die man in der Befolgung der sozialen Vorgaben der Tora gemäß prophetischen Forderungen nach dem „reinen Herzen" (vgl. die Glückseligpreisungen in Mt 5,3–12) zu finden versuchte.

Der Verfasser des Hebräerbriefes, dessen Abfassung vor oder nach 70 umstritten ist, fokussiert die Berechtigung des Tempelkultes auf die Person des Hohepriesters in der Nachfolge Aarons (Ex 28). Nur er hatte das Privileg, die täglichen Opfer darzubringen (Ex 30,7.10) und durfte als Einziger am Versöhnungstag das Allerheiligste betreten. Wenn Jesus Christus als der Hohepriester schlechthin gedeutet wird, ist damit keine abstrakte, dogmatische Aussage über ihn formuliert im Kontext der jüdisch-hellenistischen Aussagen über Stellvertreter Gottes auf Erden als Vermittler von Erlösung und Sündenvergebung.[143] Vielmehr dient das Bekenntnis des Verfassers dazu, sich nicht weiter auf die Vermittlung von Erlösung durch die Opfer des Hohepriesters zu verlassen, sondern sie allein dem Tode Jesu zuzuschreiben. Das Bekenntnis *„Jesus* ist der Retter" oder *„er* hat uns erlöst" ist alternativlos für einen neuen Lebensentwurf zu verstehen. Wer daran glaubt, versteht sich anders und handelt anders als vorher, da die

---

[143] Zu Gott und Mittlergestalten im Frühjudentum vgl. H. Frankemölle, Gott glauben 239–261.

Geschichten über das Handeln Jesu für Andere (bis in den Tod) Maßstab sind. Ohne den Gegensatz: Jesu Tod – Hohepriester und Opfer im Tempel hätte dieser Entwurf in einer personal konzipierten Theologie als Wesens-Christologie über Jesus Christus als „Sohn Gottes" (vgl. Hebr 1,5–13; 2,5–18) verstanden werden können. Im Sinne des Autors war diese Deutung nicht, da der Anspruch Jesu für ihn die Voraussetzung der Ablehnung der Tempel-Ansprüche war.

Für spätere Leser bleibt zu bedenken: Christologische Aussagen dieser Art waren als innerjüdische Auseinandersetzungen hinnehmbar, da selbst pharisäische Kritik untereinander keineswegs diplomatischer war.[144] Nach der Trennung der beiden Wege christlich-jüdisch und rabbinisch-jüdisch waren solche Texte der Beginn[145] einer jahrhundertelangen Trennung der Christen von den Juden. Das Wissen um gemeinsame Wurzeln im Glauben wurde nach der Schoa erst langsam, wenn auch nicht radikal genug wieder lebendig. Die antijüdische Rezeption des Hebräerbriefes durch den Barnabasbrief, durch Judendekrete des Vierten Laterankonzils (1215), der Konzilien von Basel (1434) und Florenz (1442) bestätigen die Gefahr einer „hohen Christologie". In diesem Verdacht steht jede christlich-griechische Reflexion mit philosophischen Begriffen.[146]

10. Glauben in der Offenbarung des Johannes

Der Verfasser der Offenbarung des Johannes, dem letzten Buch im Kanon des Neuen Testaments, entwirft in Aufnahme des Mo-

---

[144] Zu innerjüdischer Fremd- und Selbstkritik und zur Rezeption etwa durch den Evangelisten Matthäus in Mt 23 vgl. H. Frankemölle, Biblische Handlungsanweisungen. Beispiele pragmatischer Exegese, Mainz 1983, 133–190; zu frühjüdischen Stellen ebd. 147–153.
[145] Zu Ansätzen im Neuen Testament und zu antijüdischen Texten in den ersten Jahrhunderten vgl. H. Frankemölle, Frühjudentum 315–370.
[146] Am Beispiel des Hebr und seinen über 30 antithetischen Typologien vgl. H. Frankemölle, Wie hoch darf die „hohe" Christologie sein? Hermeneutische Reflexionen zu biblischen und päpstlichen Konzepten im christlich-jüdischen Dialog, in: Ders., Das Evangelium 81–98.

tivs aus Jes 60 und Ez 40–48 in Offb 21–22 das Bild der tempellosen Stadt Gottes, des „neuen Jerusalem". Diese Stadt „ist die Wohnung Gottes unter den Menschen! Er wird in ihrer Mitte wohnen und sie werden sein Volk sein, und er, Gott, wird bei ihnen sein." (Offb 21,3) Die Stadt, nicht der Tempel „ist erfüllt von der Herrlichkeit Gottes." (22,11) Dieses virtuelle Jerusalem umfasst den „neuen Himmel und die neue Erde" (21,1) gemäß der universalen Wirksamkeit Gottes als „Alpha und Omega, als Anfang und Ende" (21,6) und gemäß dem Lamm, das durch sein „Blut Menschen für Gott erworben hat aus allen Stämmen und Sprachen, aus allen Nationen und Völkern". Alle sind gleichberechtigt; es gibt nicht Kleriker und Laien, sondern: „du hast sie für unseren Gott zu einem Königreich und zu Priestern gemacht; und sie werden auf der Erde herrschen." (5,9f) Dieser Gedanke wird durch Wiederholung verstärkt. Bereits in der Einleitung schreibt der Verfasser in Aufnahme von paulinischen Deutungen des Todes Jesu (dazu unten III 1–2) politik- und kultkritisch: „Jesus Christus ist […] der Erstgeborene der Toten, der Herrscher über die Könige der Erde. Ihm, der uns liebt und uns von unseren Sünden erlöst hat durch sein Blut, der uns zu einem Königreich gemacht hat und zu Priestern vor Gott seinem Vater. Ihm sei die Herrlichkeit und die Macht in alle Ewigkeit. Amen." (Offb 1,5f)

Juden und Nichtjuden wird ein neues Selbstverständnis angeboten ohne Tempel und Tempelpriester. Alle haben priesterliche Würde. Die ehemalige Vorherrschaft der Priestertheologen und sonstiger amtlicher Gelehrter gibt es im „Königreich Jesu Christi" nicht. Was Jesus durch sein Verhalten vorlebte, wird nach seinem Tod tiefer gedeutet.

11. Die Bibel: ein Bekenntnis zur Pluralität

Wer heute in die christliche Religion hineinwächst, erfährt sie als festes, wohlgeordnetes System mit einer festen Sammlung, als „Kanon/Maßstab" heiliger Schriften des Alten und Neuen Testaments. Am Anfang war es anders.[147] Nicht nur Juden und Chris-

---

[147] Zur Begründung vgl. H. Frankemölle, Schrift/Schriftverständnis, in:

ten haben unterschiedliche Sammlungen (christlich zählen auch die ab 400 v. Chr. geschriebenen griechischen Bücher, vor allem die Weisheitsschriften dazu), auch innerhalb der christlichen Kirchen gibt es Unterschiede beim Rang einzelner Schriften und ihrer Überlieferung in Hebräisch, Griechisch oder Latein. Papst Johannes Paul II. verfügte am 15. April 1979, dass die lateinische „allgemein" verbreitete Übersetzung des Hieronymus, die „Vulgata", in der römischen Liturgie verwendet werden soll.[148]

Trotz dieser unterschiedlichen Rezeption gilt für die jeweilige Glaubensgemeinschaft: Die Bibel war und ist nicht ein „Buch/biblion", sondern eine Bibliothek von Buchrollen. Die Texte des Alten Testaments wurden zwischen 1000 bis 200 v. Chr. geschrieben, die ersten Sammlungen datieren aus der Zeit von 400–100 v. Chr., die des Neuen Testaments etwa von 48 bis 110 n. Chr. Die ersten Sammlungen (der paulinischen Briefe) stammen vom Ende des 1. Jahrhunderts. Die historisch-kritische, theologische Exegese hat in der Neuzeit gelernt, die biblischen Texte in dieser Vielfalt, geschrieben zu verschiedenen Zeiten an verschiedenen Orten von verschiedenen Verfassern, zu lesen. „Heilig" oder „maßgeblich/kanonisch" waren diese Texte nicht von Anfang an, sie sind es erst durch die Rezeption neuer Leser und neuer Gemeinden *geworden*, in der Regel durch den gottesdienstlichen Gebrauch. Das gilt für den langen Prozess der Sammlung mündlicher und schriftlicher Traditionen im Judentum wie für den langen Prozess der Sammlung der christlichen Schriften. Beide Sammlungen, aus christlicher Perspektive AT und NT genannt, waren für die Christen theologisch gleichberechtigt.

HGANT 44–50, und Ders., Kanon, ebd. 281–283 und die anderen zugeordneten Begriffsartikel.
[148] Zu den Sprachen in der Bibel und den jeweiligen Übersetzungen vgl. den Anhang von „Die Bibel. Einheitsübersetzung der Heiligen Schrift. Gesamtausgabe", Stuttgart 2016, 1451–1460. Von wissenschaftlicher jüdischer Seite wird diese Vielfalt bei der erstmaligen Auslegung des gesamten Neuen Testaments religionswissenschaftlich anerkannt; vgl. NTJ 755–769.869. Die Herausgeber in Deutsch bieten den Text in der revidierten Luther-Übersetzung von 2017 (ebd. XXIV). Zur Vertiefung: K. Schmid/J. Schröter, Die Entstehung der Bibel. Von den ersten Texten zu den heiligen Schriften, München ²2019.

II. Was bedeutet biblisch glauben?

Hätte man einen Christen um 100 n. Chr. gefragt, ob es einen Kanon christlicher Schriften gäbe, hätte er wie die Theologen im Neuen Testament auf „die Schrift" im Sinne der Tora oder auf „Gesetz und Propheten" verwiesen. Nie ist die ganze heute vorliegende Sammlung (inklusive der „Schriften") gemeint. Zu dieser Vielfalt und Offenheit passt, dass es weder im jüdischen Bereich einen formellen Beschluss etwa der pharisäischen Richtung über die von ihnen als „heilig" angesehenen 22 Schriften gibt, noch von der christlichen Kirche zu den christlichen Schriften. Jede jüdische Richtung wählte aus (zur Zeit Jesu erkannten die Sadduzäer nur die fünf Bücher Mose an). Für die christliche Gemeinde in Rom ist Ende des 2. Jahrhunderts im Canon Muratori eine unvollständige Sammlung belegt, in der sich das Buch der Weisheit befindet und eine Apokalypse des Petrus. Um 140 versuchte Markion, ein finanzkräftiges Mitglied der Gemeinde von Rom, einen Kanon der gesamten Bibel einzuführen. Er wurde aber von der Gemeinde exkommuniziert, da er eine Zwei-Götter-Lehre vertrete (das Alte Testament belege einen strafenden, zornigen, das Neue Testament einen gütigen Gott). Um 367 listet Athanasius von Alexandrien im 39. Osterfestbrief alle im Westen anerkannten Bücher des Neuen Testaments auf und unterscheidet „kanonische" und „apokryphe" Texte (ep. Fest 39). Besonders im 4. und 5. Jahrhundert sind Schriftsammlungen von Cyrill von Jerusalem, der Synode von Laodizäa, von Eusebius von Cäsarea, von Gregor von Nyssa oder Augustinus und der Synode von Karthago bekannt, die in der Regel die vier Evangelien enthalten und die wichtigsten Briefe. Verbindlich festgelegt wurde durch die katholische Kirche, gegen die Auswahl der Reformatoren, der Kanon aller Schriften des AT und NT erst 1546 auf dem Konzil von Trient. Die Offenheit der anderen Kirchen, etwa der Reformierten und Lutheraner für die genaue Anzahl und die Sprache des AT (aramäische oder griechische Bibel/hebräische Bibel oder Septuaginta in griechischer Sprache) der kanonischen Schriften gilt bis heute.

Die tradierten Schriften und mündlichen Erzählungen wurden für die jeweiligen Gemeinden und durch die Weitergabe in andere Gemeinden, wenn sie ihnen hilfreich für ein gelingendes Leben erschienen, immer bedeutender. Dies belegen vor allem die paulinischen Briefe und deren Sammlung. Das betrifft auch die vielen anderen Schriften, die nicht im Gottesdienst einer Gemeinde verlesen wurden. Juden nennen diese Texte „außenstehende Bücher", Christen nennen sie „apokryph/verborgen" im Sinne „nicht zur Gruppe der vorzulesenden Bücher gehörend". Für die Geschichte der Theologie sind sie ebenso wichtig wie die später kanonisierten, zumal sie für Kunst und Musik oft prägend waren. Sie belegen die Vielfalt der Deutungen von Gottes Wirken in der Welt und durch Jesus Christus. Die Sammlung kanonischer Schriften blieb ein lebendiger Prozess, da immer neue Menschen in ihrem kulturellen Umfeld ihren Glauben formulierten. In der katechetischen und liturgischen Verwendung des vorliegenden Kanons wurden etliche Verse neu eingefügt, wie die Erläuterungen in den Bibelausgaben zur Schlussdoxologie im Vaterunser (Mt 6,9), zur Erzählung von Jesus und der Ehebrecherin (Joh 7,53 – 8,1) und zu den Nachtragskapiteln Mk 16,9–20 und Joh 21 belegen. Die vielen Handschriften zu den einzelnen Texten bestätigen die lebendige Fortschreibung des „Wortes Gottes in menschlicher Sprache".

Dies betrifft den Glaubensinhalt (Deutungen Jesu als „Retter/Heiland/sotär") und die liturgische Praxis der verschiedenen Gemeinden (siehe unten IV zum „Brotbrechen" und „Abendmahl").

Gibt es bei allen thematischen Akzenten und unterschiedlichen Schwerpunkten so etwas wie eine „Mitte" des Neuen Testaments und der ganzen Bibel? Darüber wurde in den letzten Jahrzehnten vor der Jahrtausendwende intensiv gestritten,[149] angestoßen durch einen Vortrag des evangelischen Neutestamentlers in Tübingen, Ernst Käsemann, aus dem Jahre 1951 mit dem Titel „Begründet der neutestamentliche Kanon die Einheit der Kirche?" Die Antwort auf diese Frage „kann nur lauten: Der nt. liche Kanon begründet als solcher nicht die Einheit der Kirche. Er begründet als solcher, d. h. in seiner dem Historiker zugänglichen Vorfindlichkeit dagegen die Vielzahl der Konfessionen."[150] Diese

---

[149] Zum Verständnis, zur eigenen Deutung und zur Literatur vgl. H. Frankemölle, Mitte, in: HGANT 339–340.
[150] In: Ders., Exegetische Versuche und Besinnungen, Göttingen 1964, 214–223, ebd. 221.

historische Nüchternheit, bei der man bei der Rezeption in der Regel stehen bleibt oder sie verstärkt[151], ergänzte Käsemann um den biblischen Gedanken, dass „Buchstabe/Kanon und Geist/ Evangelium dialektisch zueinander stehen". Denn der Glaubende ist überzeugt: „Man hat Gott nie dingfest in seiner Hand, weil er dann aufhört, Gott und unser Herr zu sein". Das gilt auch für das Verhältnis von der Botschaft Gottes und den sie bezeugenden Texten: „Man hat Gott auch nicht im nt.lichen Kanon dingfest." Die frohe Botschaft von Gott und seinem Wirken kann nicht objektiv festgemacht werden, ist nicht mit dem Kanon identisch, ist demnach vielfältig in den Zeugnissen von Menschen überliefert, denen sie eine befreiende und ein menschenwürdiges Leben ermöglichende Botschaft ist. „Insofern begründet dann auch er (der Kanon) Einheit der Kirche."[152]

Nimmt man als Beispiel die angebliche „theologische Unvereinbarkeit von paulinischer Rechtfertigungslehre und derjenigen des Jakobusbriefes", die Ernst Käsemann mit Martin Luther „als zutreffend beurteilt" (ebd. 220), bleibt man bei dieser Aussage auf der Ebene der „Buchstaben", nicht des „Evangeliums". Auch wenn über deren Widersprüchlichkeit jahrhundertelang kontrovers durch die Reformatoren gestritten wurde, stimmen beide im Glauben an den alles bewirkenden Gott überein[153], von dem alles kommt (Jak 1,5), da „jede gute Gabe und jedes vollkommene Geschenk von oben herabkommt, vom Vater der Gestirne, bei dem es keine Veränderung oder Verfinsterung gibt" (1,17). Während der zweifelnde Mensch „zwei Seelen" hat (1,8), soll er im Gebet darum bitten, „vollkommen und ganz" zu werden (1,4) – wie Gott, der „vorbehaltlos" (1,5) dem Bittenden alles gibt, wo-

---

[151] Anders S. Schulz, Die Mitte der Schrift. Der Frühkatholizismus im Neuen Testament als Herausforderung an den Protestantismus, Stuttgart 1976.
[152] Käsemann, a.a.O. 222f.; vgl. Ders., Das Neue Testament als Kanon. Dokumentation und kritische Analyse zur gegenwärtigen Diskussion, Göttingen 1970.
[153] Zur konsequenten Theozentrik in diesem Brief, alle Aussagen von Gott her zu denken, vor allem im Prolog und Epilog in 1,2–18 und 5,17–20 vgl. H. Frankemölle, Der Brief des Jakobus I–II, Gütersloh 1994, ebd. I 93–120.152–222 (Exkurs); II 420–478.719–751.

11. Die Bibel: ein Bekenntnis zur Pluralität

rum er bittet: „Das gläubige Gebet wird den Kranken retten und der Herr wird ihn aufrichten; und wenn er Sünden begangen hat, werden sie ihm vergeben." (5,16)

Auch der Römerbrief ist theozentrisch geprägt, auch wenn Martin Luther die Christologie, „Christum predigen und treyben" und den „Glauben allein" zum Maßstab der Dignität der neutestamentlichen Schriften gemacht hat. Doch auch im Römerbrief geht alles Handeln von Gott, dem Einen, aus (siehe unten III 1.1), und die Weisungen für das Leben der Gemeinde in Kapitel 12 – 15,13 sprechen gegen Luthers Fixierung, die gesamte Theologie des Paulus aus isolierten Versen in Röm 3,21–28 ableiten zu können, so wichtig diese auch sind. Die in Jahrhunderten beliebte Rosinenpickerei, aus einem einzelnen Vers eine systematische Lehre zu machen, ist nach neuzeitlichem Textverständnis obsolet. Ein einzelner Vers ist in seinem übergreifenden Zusammenhang und als Sprachhandlung in bestimmter Situation eines Briefes oder eines Evangeliums zu lesen.

Aufgrund der Einsicht der Differenz zwischen Sache und Sprache, zwischen Konsens und Lehre haben am 30. Oktober 1999 in Augsburg der Lutherische Weltbund und die römisch-katholische Kirche feierlich die „Gemeinsame Erklärung zur Rechtfertigungslehre" unterzeichnet. Die grundlegende Einigung besteht darin: „Was das Verständnis der Rechtfertigung des Sünders angeht, so betreffen die beiderseitigen hier erörterten Verwerfungsaussagen des 16. Jahrhunderts nicht mehr mit kirchentrennender Wirkung den Partner von heute. Dieses Fazit hat umso mehr Gewicht, als der historische Einblick in den damaligen Streit zeigt, dass er in vielen Einzelpunkte [...] sogar den Gegner von damals nicht in dem traf, was er wirklich meinte."[154] Für die Zukunft war es wichtig, dass sich 2006 der Weltrat methodistischer Kirchen, 2017 die Weltgemeinschaft der Reformierten Kirchen und die Anglikanische Kirche der Erklärung anschlossen. Die Einheit in versöhnter Verschiedenheit bedeutet, dass unterschiedliche sprachliche Formulierungen denselben Glauben

---

[154] K. Lehmann/W. Pannenberg (Hrsg.), Lehrverurteilungen – kirchentrennend? I. Rechtfertigung, Sakramente und Amt im Zeitalter der Reformation und heute, Freiburg 1986, 74.

bezeugen können. Dabei haben zwischenkirchliche Erklärungen darauf zu achten, „die je eigene verbindliche konfessionelle Tradition nicht zur Disposition zu stellen. Dies vom Gesprächspartner nicht zu verlangen, ist ein ungeschriebenes Gesetz allen ökumenischen Dialogs."[155] Im jüdisch-christlichen Gespräch wird dieses Prinzip seit Jahrzehnten beachtet.

Thematisch lassen sich die unterschiedlichen Akzente von Jakobus und Paulus mit Herbert Vorgrimler so umschreiben: „Ökumenisch konsensfähig sind die Aussagen, dass Menschen *allein aus Gnade im Glauben* an die Heilstat Jesu Christi, *nicht aufgrund eines Verdienstes,* von Gott angenommen werden und den Heiligen Geist empfangen, der die menschlichen Herzen erneuert und Menschen befähigt und aufruft *zu guten Werken.*"[156] Als Korrektur wäre allerdings „die Heilstat Jesu Christi" als von Gott „durch" und „in" Jesu Christi Handeln zu deuten, nicht als absolut christozentrisches Wirken; hier schwingt zu sehr die spätere dogmatische Entwicklung und Luthers Grundentscheidung mit (siehe unten III 1.5). Natürlich setzt jeder Theologe im Neuen Testament (wie jeder Prediger heute) im Hinblick auf die Glaubenssituation seiner Adressaten und im Kontext seiner Theologie seine eigenen Akzente. Weder Paulus noch Jakobus haben ihre Theologie (im Sinne der späteren Ausleger) verabsolutiert, sondern an der Balance des biblischen Glaubens (siehe oben II) festgehalten.

Die Frage, ob bei aller Pluralität das Neue Testament *ein* grundlegendes Bekenntnis vermittelt, eine glaubensmäßige „Mitte" hat, kann nur mit dem Bekenntnis zu Jesus Christus beantwortet werden, im Hinblick auf die Prae-Position der jüdischen heiligen Schriften, genauer mit dem Bekenntnis zu „Gott und Gottes Handeln in und durch Jesus Christus". Auch Paulus versteht sein christologisch akzentuiertes „Evangelium" (Röm 1,1–4) als von den Propheten „im voraus verkündet", als Auslegung des Bekenntnisses „Gott ist Einer" (Röm 3,30). In Theologie, Liturgie und Gebet haben Christen ein neues astronomisches Koordina-

---

[155] O. H. Pesch, Rechtfertigung VII. Ökumenischer Dialog, in: LThK 8, ³1999, 897–902, ebd. 900.
[156] H. Vorgrimler, Rechtfertigung, in: Ders., Wörterbuch 527–529, ebd. 529.

tensystem zu entwickeln, in dem Gott die Mitte bildet (Ps 27,1; 36,10; 97,11; 104,2; Mi 7,8), da nicht nur historisch, sondern auch sachlich das Neue Testament ein Trabant des Alten Testaments ist.

So notwendig diese sachlichen Klärungen sind zu dem, was christlich und biblisch „glauben" bedeutet, es fehlt ein entscheidendes Kriterium, wie Kapitel II belegte. Im Neuen Testament wie im Alten geht es nicht um die Anerkennung eines Wahrheitsanspruches, dies auch, aber dieser ist nichts wert, wenn er keine Auswirkungen auf das Verhalten der Adressaten hat. In klassischer Kürze formuliert Jakobus: „Du glaubst: Es gibt nur einen Gott. Damit hast du Recht; das glauben auch die Dämonen und sie zittern." (Jak 2,19) Jakobus betont im Kontext das notwendige Zusammenspiel von Glauben und ihm folgenden Tun.

Ähnlich deutet Paulus in seinem ältesten Brief an die Gemeinde in Thessalonich, der zugleich der älteste christliche Text ist, den Zusammenhang: „Man erzählt sich überall, welche Aufnahme wir bei euch gefunden haben und wie ihr euch von den Götzen zu Gott bekehrt habt, um dem lebendigen und wahren Gott zu dienen." (1 Thess 1,8–9) Das Verbum „douleuein/dienen" meint vom Wortstamm „Sklavendienst tun", sich ganz in den Dienst Gottes und seiner Weisungen in der Tora stellen gemäß dem Grundbekenntnis, dem „Schema Israel" aus Dtn 6,4. Dies schließt Werke nicht aus, verpflichtet aber nicht alle auf alle Riten (der Beschneidung oder bestimmter Reinheitsgebote), wie die Propheten und Jesus in ihrer Kritik an reichen und unsolidarischen Mitbürgern oder Paulus in Auseinandersetzung mit orthodoxen Mitjuden belegen. Wahrer Glaube muss im Tun beglaubigt werden, Auswirkungen auf das konkrete Leben haben. Zu bekennen „Jesus ist auferweckt worden" muss das Leben verändern wie bei den Frauen und Männern, die Jesus begleitet haben, wie Lukas in Kapitel 24 seines Evangeliums und in der gesamten Apostelgeschichte erzählt.[157]

Zu denen, die sich auf den Weg machten, gehört nach Lukas auch Paulus, der vom Verfolger der Christen (Apg 8,1a; Gal

---

[157] Diesen Aspekt betont zu Recht P. Trummer, Auferstehung jetzt – Ostern als Aufstand, Theologische Provokationen, Freiburg ²2023.

1,13.22) zum alle übertreffenden „Apostel/Boten" des Evangeliums von Gottes Handeln durch und an Jesus Christus wurde (Apg 9,1–9). Mit seiner Reflexion über das Handeln Gottes in Passion, Tod und Auferweckung setzt er einen Schwerpunkt für die christliche Theologie, die oft in der Rezeption einzelner Verse verabsolutiert und auch antijüdisch instrumentalisiert wurde. Erst nach dem Zweiten Weltkrieg im Kontext der unmenschlichen Erfahrungen der Schoa setzte in der biblischen Theologie ein neues Denken ein (siehe unten III 1.6). Aber in der Volksfrömmigkeit, in liturgischen Texten und Gebeten, im sakramentalen Grundverständnis der lateinisch-römischen Kirche ist das einseitig dogmatische Verständnis des Paulus nicht überwunden. Demnach sind lateinisch-römische „Christen/Christianer/christianoi" (Apg 11,26) weniger Nachfolger Jesu Christi als „Paulaner", da sie die Heilsbedeutung Jesu einzig in den Deutungen des Paulus annehmen, verengt auf Jesu Sühnetod (siehe oben I 1 und unten III 1.1). Einer solchen Fokussierung auf seine Person und Theologie widerspricht Paulus in seinem Brief an die im Streit liegenden Christen in Korinth vehement (1 Kor 1,10–17). „Seid ihr auf den Namen des Paulus getauft worden?" (1,13) Die Einheit der Gemeinde ist einzig begründet im „Namen" Jesu und im „Evangelium" des Paulus (1,17), das mit dem der vier Evangelien wenig gemeinsam hat. Übermitteln die ersten drei die Erzählungen von Jesu Handeln in Wort und Tat, von der „Herrschaft", vom Wirken Gottes, der Evangelist Johannes auch theologisch deutende Aussagen über den Verkünder und Handelnden, so konzentriert sich Paulus auf Jesu Ende, seinen Tod, den er mit allen literarischen Mitteln aus dem weltlichen wie liturgischen Bereich zu deuten versucht.

Aufgrund der breiten Rezeption des Paulus in den christlichen Kirchen sei dessen Konzeption zunächst vorgestellt (III 1), dann die des Lukas (III 2), der neben Jakobus die Intentionen Jesu am besten rezipiert hat. Da die Deutung der „Erlösung" durch Lukas weniger unter Christen verbreitet ist, sei sie anhand von Texten ausführlicher erläutert. Wegen der Bekanntheit der paulinischen Themen in der Liturgie geht es vor allem um Revisionen, um ein sachgerechtes Verstehen aus der paulinischen Lebenswelt. Worin besteht die Heilsbedeutsamkeit Jesu in der damaligen jüdischen

11. Die Bibel: ein Bekenntnis zur Pluralität

Welt? Inwiefern ist Jesus „Retter/Heiland/sotär"? Wovon befreite er Menschen? Warum verstanden Menschen ihn als ihren „Erlöser"? Was brachte er Neues, das über die Bekenntnisse zu Gottes Handeln hinausging, die von anderen Theologen damals (Pharisäer, Johannes der Täufer, Sadduzäer und Priestertheologen) verkündet wurden? Sie zu behandeln, ist hier nicht der Ort.[158] Die gegenwärtige christliche Rezeption Jesu als Vermittler des Heils in der Deutung des Lukas und der des Paulus bestimmen das Thema und den Aufbau dieses Buches.

---

[158] Vgl. zuletzt H. Frankemölle/H. Heinz, Jesus 56–195.

III. Modelle von „Erlösung" im Neuen Testament

Das Neue Testament ist kein Buch, sondern eine Bibliothek von inhaltlich sehr unterschiedlichen Buchrollen. Seit 200 Jahren, intensiv erst seit Beginn des 20. Jahrhunderts[159], wird das Thema „Jesus und Paulus" historisch-kritisch behandelt.[160] Wie sprechen beide von „Erlösung"? Lukas im Evangelium und in der Apostelgeschichte, Paulus in seinen Briefen.

Kein Theologe im Alten und Neuen Testament behauptet, der Mensch und die Welt seien vollkommen und paradiesisch, bedürfen keiner Befreiung und Erlösung. Menschen der Antike glaubten, unter unheilvollen Mächten zu stehen. Erlöst werden konnten sie nur durch eine höhere, göttliche Macht, Juden durch JHWH, der sich der Gruppe aus Ägypten am Sinai als „Erlöser" geoffenbart hatte.

> „So sollen sprechen die vom HERRN Erlösten,
> die er erlöst hat aus der Hand des Bedrängers." (Ps 107,2)

Es ist ein antijüdisches Vorurteil, wenn Christen behaupten, sie seien erlöst, Juden aber nicht. Juden sind vom HERRN erlöst. Auch wenn sie Sünden begangen haben, gilt die Zusage Gottes:

---

[159] Vgl. dazu W. G. Kümmel, Das Neue Testament. Geschichte der Erforschung seiner Probleme, Freiburg 1970, und: E.-M. Becker (Hrsg.), Neutestamentliche Wissenschaft, Tübingen 2003; diese Erkenntnisse gelten für die evangelischen (autobiografische Berichte ebd. 9–322) wie für katholische Exegeten der Bibel (ebd. 325–373). Vgl. auch H.-J. Klauck, Die katholische neutestamentliche Exegese zwischen Vatikanum I und Vatikanum II, in: H. Wolf (Hrsg.), Die katholisch-theologischen Disziplinen in Deutschland 1870–1962. Ihre Geschichte, ihr Zeitbezug, Paderborn 1999, 39–70.
[160] Ausführlich mit Überblicken zur Forschungsgeschichte verhandelt von J. Blank, Paulus und Jesus. Eine theologische Grundlegung, München 1968.

III. Modelle von „Erlösung" im Neuen Testament

> „Israel, warte auf den HERRN,
> denn beim HERRN ist die Huld, bei ihm ist Erlösung in Fülle.
> Ja, er wird Israel erlösen aus all seinen Sünden." (Ps 130,7f)

Die sprachliche Vielfalt dessen, was man unter Erlösung verstand, findet sich nicht nur bei Paulus und Lukas, sondern bereits im Alten Testament:

> „Sag zu den Israeliten: Ich bin der HERR. Ich führe (hotseti) euch aus dem Frondienst für die Ägypter heraus und rette (we-hitslachti) euch aus der Sklaverei. Ich erlöse (we-ga'alti) euch […] Ich nehme (laqachti) euch als mein Volk an […] Ich führe (we-heveti) euch in das Land, das ich Abraham, Isaak und Jakob unter Eid versprochen habe." (Ex 6,6–8)

Der Judaist Clemens Thoma erklärt diese Verse vom Handeln Gottes so: „Entsprechend den fünf Verben verstanden die Rabbinen Erlösung als ein Herausführen, Herausholen aus der Unterdrückung, als Befreiung, Loskauf, Annahme und Hineinbringen an den Ort der Sicherheit und Geborgenheit."[161] „Erlösung" ist kein rein geistliches Heil, sondern zielt auf konkrete Erfahrungen, politisch und umfassend menschlich.

Dies gilt auch für die Vergebung von Schuld und Sünden als Unheilsmächten (Ps 78; 103), ein Gedanke, den vor allem Paulus intensivierte und mit Jesu Tod verbindet. Die Metapher von der „Auslösung" greifen Markus und in seiner Nachfolge Matthäus auf und übertragen ihn auf den Tod Jesu in dem oft zitierten Wort:

> „Der Menschensohn ist […] gekommen, um zu dienen und sein Leben als Lösegeld für viele hinzugeben." (Mk 10,45 par Mt 20,28)

Im Hinblick auf das unterschiedliche Verständnis von „Erlösung" bei Paulus und Lukas ist bereits hier festzuhalten, dass Lukas die Vorlage des Markus nicht aufnimmt. Nach dem Bericht vom letzten Mahl überliefert er den Text über den Rangstreit der Jünger zum Thema Dienen und Herrschen unter Menschen und beim Tischdienst. Markus und Matthäus platzieren ihn vor den Einzug Jesu in Jerusalem (Mk 10,35–45 par Mt 20,20–28). Thematisch interpretiert Lukas mit dem „für euch" beim letzten Mahl

---

[161] C. Thoma, Erlösung, in: Lexikon der Begegnung 141–149, ebd. 141 f. mit der Übersetzung; vgl. auch J. Kügler, Erlösung, in: HGANT 167 f.

(22,19.20) das Tun Jesu. Diese Deutung Jesu als Mittler des Heils prägt sein gesamtes Evangelium. Er deutet das ganze Leben Jesu als „Diener" und „Erlöser". Jesu ganze Existenz ist als Pro-Existenz zu deuten: für die Mitmenschen und für Gott.

> „Ich bin unter euch wie der, der bedient." (Lk 22,27)

Lukas nimmt an dieser Stelle den lebensgeschichtlich konkreten Aspekt der „Erlösung" im Sinne von „Auslösung" auf, wie er bereits in 1,68 und 2,38 anklang und dann am Ende in 24,21 bestätigt wird:

> „Gepriesen sei der HERR, der Gott Israels. Denn er hat ihm (seinem Volk Israel) Erlösung geschaffen." (Lk 1,68)

> „Zu derselben Stunde trat sie (Hanna) hinzu, pries Gott und sprach über das Kind zu allen, die auf die Erlösung Jerusalems warteten." (Lk 2,38)

> „Wir aber hatten gehofft, dass er der sei, der Israel erlösen werde." (Lk 24,21)

Die im damals vielfältigen Judentum verbreiteten messianischen Erlösungsvorstellungen mit kultischen, toratheologischen oder politischen Assoziationen werden in der Theologie des Lukas durch Jesus nicht erfüllt, auch nicht in der Deutung des Todes Jesu durch Paulus. Beide setzen spezifische Akzente.

1. Gott und Jesus Christus als „Erlöser" nach Paulus

Paulus setzt als ehemaliger Pharisäer (vgl. Gal 1,10–24) die biblischen und frühjüdischen Deutungen von Gott als Erlöser voraus und erkennt die jüdischen Feiertage an: rosh ha-shanáh/Neujahr und jom kíppur/Versöhnungstag, Tage, an denen das Gericht Gottes und Buße, Sündenbekenntnis und Versöhnung mit dem Nächsten und mit Gott im Mittelpunkt stehen. Ob er dies auch bei seinen Adressaten, jüdischen und nichtjüdischen, voraussetzen kann, muss offenbleiben. Spezifisch für ihn ist sein Glaube an ein Handeln Gottes durch Jesus Christus, der ihm durch eine Offenbarung Gottes vermittelt wurde. Dass er ihn von Menschen gelernt hat, bestreitet er energisch (Gal 1,11.15–

III. Modelle von „Erlösung" im Neuen Testament

20). Seine Überzeugung lautet: In Jesu Tod wurde allen Menschen, Juden und Nichtjuden (Röm 1,18 – 3,20), „Heil" und „Erlösung" geschenkt.

In einer jahrhundertelangen Geschichte der Rezeption wurde die Theologie des Paulus im griechisch-römischen Raum weit verbreitet. Aufgrund der dominanten Stellung der Stadt Rom und später durch die Missionierung und Kolonisierung durch die römischen Kirche und durch das Römische Reich wurde die Theologie des Paulus im christlichen Bereich bis heute weltweit prägend. Sie bestimmt liturgische Texte und Lieder, die zentralen Sakramente Taufe/Kindertaufe und Abendmahl/Eucharistie/Messfeier/Messopfer/Messe (von missio = Sendung, abgeleitet von der Sendungsformel am Ende der Feier: „ite, missa est"). Heute wird sie von vielen Christen nicht mehr verstanden, als nicht das Leben bestimmend und nicht Freiheit stiftend erfahren.

Hier könnten die lukanische Theologie und seine Rituale, wie sie im Evangelium und der Apostelgeschichte bezeugt sind, als „allgemein/katholisch", das heißt gleichberechtigt in einem innerchristlichen Dialog erprobten Modell der „Einheit in Vielfalt" eine Lösung bringen.

Ist das in I 1 beschriebene moderne „Theologische Grundproblem" in der Theologie des Paulus begründet? Ist mit dem liturgischen Bekenntnis, „durch dein heiliges Kreuz hast du die Welt erlöst", oder: „im Kreuz ist Heil" oder: Gott wird durch den Tod Jesu „versöhnt" (erstes Hochgebet) eine Kurzfassung der gesamten Theologie des Paulus gelungen? Seine Deutung des Todes Jesu, der ihm und den urchristlichen Gemeinden als historisches Faktum vorgegeben war, ist weit differenzierter, als die Fokussierung auf die „Erlösung aller" und die „Versöhnung" Gottes durch Jesu „Sühnetod" vorgibt.

1.1 Wie spricht Paulus von „Erlösung"?

Als gläubiger Jude und Kenner der Tora und als römischer Bürger aus Tarsus (Apg 16,37; 22,28; 23,37; 25,10–12) hatte Paulus bei der Deutung des Todes Jesu am Kreuz zwei Probleme: Von römischer Seite war Jesus auf Betreiben der Tempeltheologen we-

1. Gott und Jesus Christus als „Erlöser" nach Paulus

gen Gotteslästerung und Kritik an der schriftlichen Tora zum Tode verurteilt worden. Die Römer sahen den Grund zur Kreuzigung Jesu in dem in Jerusalem am Pessachfest entstandenen „Tumult/thórybos" (Mk 14,1 par Mt 26,5; Mt 27,24). Theologische Probleme der unterdrückten Völker interessierten die Römer nicht (Apg 20,1; 24,18).

Dagegen ging es toratreuen Juden, vor allem den konservativen Führern am Tempel in Jerusalem, um strengen Tora-Gehorsam. Sie beriefen sich auf den sichemitischen Dodekalog mit der zwölffachen Wendung „verflucht ist ..." (Dtn 27,11–26). „Verflucht, wer nicht die Worte dieser Weisung stützt, indem er sie hält. Und das ganze Volk soll rufen: Amen/so ist es." (Dtn 27,26) Bei der Weisung zur Bestattung eines Hingerichteten heißt es: „Du sollst ihn noch am gleichen Tag begraben; denn ein Gehenkter ist ein von Gott Verfluchter." (Dtn 21,23) Der Evangelist Matthäus deutet mit diesem Motiv aus Dtn die Verurteilung Jesu. (27,11–26)

Im Brief an die Galater zitiert Paulus beide Verse wörtlich (Gal 3,10.13). Nicht nur das Kapitel drei im Galaterbrief, sondern der gesamte Brief kreist um die Antwort auf die damit gegebenen Probleme, die Paulus in Röm 1,18 – 8,39 erneut aufgreift. Seine Antwort: Kein Mensch kann alle Gebote erfüllen; jeder bedarf der Gnade Gottes, ob Jude oder Nichtjude (Röm 1,18 – 3,20). Paulus argumentiert mit einer anderen biblischen Theologie als die strengen Toratheologen, zu denen er selbst früher gehörte (Gal 1,13f; Phil 3,5). Er verweist auf den Glauben Abrahams (Gal 3,6–18; Röm 4,1–25) und zitiert zur Bestätigung den Propheten Habakuk (Hab 2,4): „Der aus Glauben Gerechte wird leben." (Gal 3,11; Röm 1,17)

Theologische Überzeugung steht gegen theologische Überzeugung innerhalb des vielfältigen Judentums, Bekenntnis gegen Bekenntnis – wie bei Jesu Auseinandersetzungen mit Sadduzäern und Priestertheologen. Dass Jesus ein „Gerechter" war (Apg 7,52), zu Unrecht verurteilt wurde, steht für Paulus und alle anderen Jesusnachfolger außer Frage (Apg 2,22–24; 3,11–26), „denn Gott war mit ihm" (Apg 10,38). Das belegt auch das Bekenntnis zu seiner Auferweckung (1 Kor 15,4). Scit circa 500 v. Chr. hatten fromme Juden (bis auf die Sadduzäer; vgl. Mk

12,18 parr) ihre Überzeugung von der Macht Gottes über die Todesgrenze hinaus formuliert. Gerechte werden im Tode, allen voran der Gottesknecht, auferweckt und am Ende der Geschichte alle Gerechten (Jes 52,13 - 53,12; Dan 12,1-4.13). Lukas zitiert zur Bestätigung in Apg 2,25-28 Psalm 16,8-11 und zu Jesu „Erhöhung" zu Gott in Apg 2,34f den Psalm 110,1. Was der Psalmist zu David sagt, überträgt Lukas: „Gott hat ihn zum Herrn und Christus gemacht, diesen Jesus, den ihr gekreuzigt habt." (Apg 2,36)

> „David nämlich sagt über ihn (Jesus): ... denn du gibst meine Seele nicht der Unterwelt preis, noch lässt du deinen Frommen die Verwesung schauen." (Apg 2,25a.27)

> „Es sprach der Herr zu meinem Herrn (Jesus Christus): Setze dich mir zur Rechten." (Apg 2,34)

Da nach jüdischer Tradition die Sünde durch Adam (Gen 3) in die Welt kam, die Paradiesgeschichte eine Erzählung über die Grundbefindlichkeit des „Erdlings", jedes Menschen (Adam ist der aus der Erde/adamá gewordene), Adam nach Gen 5,1 ff. der Stammvater aller zur Versuchung und zur Sünde bereiten Menschen ist, hat Paulus Jesus Christus typologisch dazu als Stammvater, als „Ersten" einer neuen Menschheitsgeschichte gedeutet: „Da nämlich durch einen Menschen der Tod gekommen ist, kommt durch einen Menschen auch die Auferstehung der Toten. Denn wie in Adam alle sterben, so werden in Christus alle lebendig gemacht werden." (1 Kor 15,20-22) Jesus Christus ist nach Paulus der „Zugang" (Röm 5,1f) zu dieser neuen Menschheitsgeschichte „im Glauben".[162] Dass alle Menschen wie Adam unvollkommen/sündig sind, hat bei der Auslegung des Römerbriefes seit Augustinus bis heute eine unhaltbare Deutung erfahren, da man den Text und das in der Antike beliebte typologische Denken missverstanden hat (dazu unten III 1.3).

Anders war das Problem, einen gekreuzigten Bringer des Heils bei den Griechen und Römern zu verkünden: „Wir verkünden Christus als den Gekreuzigten: für Juden ein Skandal/skán-

---

[162] Zur Begründung vgl. H. Frankemölle, Jesus Christus als „Zugang" zur Gnade Gottes (Röm 5,2), in: Ders., Evangelium 197-217.

dalon (EÜ: ein Ärgernis), für Griechen (EÜ: Heiden) eine Torheit/Unfug." (1 Kor 1,23) Die Kreuzigung war die schrecklichste aller Todestrafen, gedacht für Aufständische, Sklaven und Schwerstverbrecher, durch die jede menschliche Achtung verloren ging. Diese politisch gesellschaftliche Seite beim Kreuz Jesu konnte nur durch ein Zeugnis des Glaubens auf der Basis der heiligen Schrift ins Positive gewendet werden, durch den Verweis auf Jesu Leben, in dem er „umherzog, Gutes tat und alle heilte" (Apg 10,38), und auf das gesellschaftliche Leben der Christen in den verschiedenen Gemeinden, das für Außenstehende attraktiv war (siehe oben I 5–6 und III 2).

Wie deutet Paulus die Errettung/Erlösung durch den Tod Jesu? Anders als die gegenwärtige Rezeption vermuten lässt, bietet Paulus über die bis heute vorherrschende Sühnetod-Theologie, die eine verhängnisvolle Verengung durch Anselm von Canterbury erfahren hat (siehe unten III 1.4) ein breites Spektrum. So einfach und alternativlos wie Anselm und die heutige Mess-Opfer-Theologie es sich machen, ist dieses Bekenntnis nicht. Sonst hätte Paulus nicht ständig neue Anläufe zum Verstehen seines Glaubens machen müssen. Mit immer neuen Metaphern aus der menschlichen Lebenswelt und aus kultischen Überlieferungen versucht er, die soteriologische Bedeutung des Todes Jesu auszuloten.[163]

Auffällig dabei ist, dass Paulus das biblische Bekenntnis zu Gott, den „Löser/Erlöser" (Ps 18,15; 77,35; Jes 60,16; 62,12; 63,16) aus Jes 63,16 nicht auf Jesus Christus überträgt. Der griechische Text in der Septuaginta lautet: „Du, HERR, unser Vater, rette uns, von Anfang an ist dein Name über uns"; die EÜ übersetzt den hebräischen Text mit „unser Erlöser ist von jeher dein Name". Paulus denkt theozentrisch, von Gott her (siehe unten). Die Befreiung Israels aus dem Frondienst Ägyptens war bei der Metapher nicht gemeint, sondern die *konkrete Sklavenbefreiung*, wie sie in Israel und in der römischen Welt bekannt war. Die

---

[163] Zu einem lesenswerten Überblick vgl. H.-J. Klauck, Heil ohne Heilung? Zu Metaphorik und Hermeneutik der Rede von Sünde und Sündenvergebung im Neuen Testament, in: H. Frankemölle (Hrsg.), Sünde und Erlösung im Neuen Testament, Freiburg 1996, 18–52.

Adressaten in den Gemeinden Galatiens und Roms verstanden dies ebenso.

> „Jesus Christus hat uns vom Fluch des Gesetzes freigekauft, indem er für uns zum Fluch geworden ist." (Gal 3,13; ähnlich in 4,5)

> „Ihr seid zur Freiheit berufen." (Gal 5,13)

> „Um einen teuren Preis seid ihr erkauft worden" (1 Kor 6,20; Hans-Josef Klauck übersetzt frei mit: „ihr seid auf dem Marktplatz erworben worden gegen Bezahlung in bar").

> „Ihr wart Sklaven der Sünde. [...] Jetzt aber, da ihr aus der Macht der Sünde befreit und zu Sklaven Gottes geworden seid, ..." (Röm 6,20.22)

Anders steht es bei dem bis heute viel umrätselten Spruch in Mk 10,45 par Mt 20,28:

> „Der Menschensohn ist gekommen, um zu dienen und sein Leben als Lösegeld/lýtron für viele hinzugeben."

Diese Metapher kennt Paulus nicht. Auch Lukas streicht sie bei der Rezeption des Markus in Lk 22,27. Warum Paulus und Lukas das Leben Jesu als „Ersatz/Preisgeld" für den Loskauf aus der Macht der Sünde, der Bedrückung durch die Tora und vom Götzendienst nicht rezipierten, ist schwer zu entscheiden. Der naheliegende Grund dürfte sein, dass von Jesus so ein Wort zu seinem Tod in der Tradition nicht vorlag. Die konkrete Erfahrung der Befreiung verblasst, wie es bei der Übertragung lebensgeschichtlich orientierter Metaphern üblich ist, was man an der Wendung „Befreiung/Loskauf" von den Sünden sehen kann. Beim Verbum „freikaufen" wird daher die grundlegende Erfahrung der Befreiung der Mose-Gruppe aus dem Frondienst Ägyptens eingewirkt haben (vgl. Dtn 7,8; 9,26; 13,6 u. ö.).

Eine weitere Metapher ist die vom *Gerichtsverfahren*:

> „Jetzt gibt es keine Verurteilung mehr für die, die in Christus Jesus sind." (Röm 8,1)

Angesprochen ist ein Gerichtsverfahren für Menschen, die gegen die Tora (Röm 4,7; 6,19) und gegen die Gerechtigkeit (Röm 1,18.29; 2,8; 6,13) verstoßen haben. Als Fürsprecher tritt dabei Jesus, der Auferweckte, auf.

1. Gott und Jesus Christus als „Erlöser" nach Paulus

„Wer kann die Auserwählten Gottes anklagen? Gott ist es, der gerecht macht. Wer kann sie verurteilen? Christus Jesus, der gestorben ist, [...] er tritt für uns ein." (Röm 8,33f)

Aus dem Alltag genommen ist die *Metapher vom Reinigen*, die auf rituelle Rituale übertragen und mit anderen Metaphern verbunden wird. Gemeint ist der Vorgang der Taufe (Apg 22,16; Tit 3,5):

„Ihr seid reingewaschen, seid geheiligt, seid gerecht geworden im Namen Jesu." (1 Kor 6,11)

Selbst später hochtheologische Begriffe wie „aufwecken/aufrichten" oder reflexiv „sich erheben, aufstehen/egeirō" sind in der Grundbedeutung *alltagssprachlich*, bevor sie der terminus technicus für die Auferweckung Einzelner durch Gott vom Tode oder „am Ende der Welt/der Zeiten/Äonen" aller Menschen wurden. Vom Schlaf „aufwecken" (Mk 4,38 par Mt 8,25) oder „aufwachen/aufstehen" (Mt 1,24; 2,13.14.20) und andere Wendungen, etwa bei Krankenheilungen, belegen diese Herkunft. Das ist unbestritten, wie die Wörterbücher belegen.[164] Das Bekenntnis zur Auferweckung Jesu wird nicht nur von Lukas (siehe unten III 2.3) als Bestätigung seines Wirkens für die „Herrschaft Gottes" und „gemäß den Schriften" (1 Kor 15,3f) verstanden. Menschen, die daran glauben und sich taufen lassen, partizipieren an dieser Bestätigung durch Gott. Der Tod Jesu ist für sie kein isoliertes Ereignis, sondern die Konsequenz seines Lebens. Daher gehört der Glaube an die Auferweckung zu der Heilsbedeutung seines Todes.

Auf der Basis des übernommenen, traditionellen christlichen Grundbekenntnisses von 1 Kor 15,3-5 reflektiert Paulus das „für uns" bzw. „für unsere Sünden" in seinem letzten Brief an die Römer:

„Christus ist für unsere Sünden gestorben, gemäß den Schriften, und ist begraben worden. Er ist am dritten Tag auferweckt worden, gemäß den Schriften." (1 Kor 15,3-4)

„Wisst ihr denn nicht, dass wir, die wir auf Christus getauft wurden, auf seinen Tod getauft worden sind? Wir wurden ja mit ihm begraben durch die Taufe auf den Tod, damit auch wir, so wie Christus durch

---

[164] Vgl. den Überblick von J. Kremer, egeirō wecken, aufrichten; intransitiv: aufstehen, sich erheben, in: EWNT 1(1980), 899-910, ebd. 900f.

die Herrlichkeit des Vaters von den Toten auferweckt wurde, in der Wirklichkeit des neuen Lebens wandeln. Wenn wir nämlich mit der Gestalt seines Todes verbunden wurden, dann werden wir es auch mit der seiner Auferweckung sein. [...] So begreift auch ihr euch als Menschen, die für die Sünde tot sind, aber für Gott leben in Christus Jesus." (Röm 6,3–5.11)[165]

Ebenfalls dem Alltag entnommen, auf zwischenmenschliches Verhalten zielend, ist die *Metapher von der „Versöhnung/katalagä"*, die vielfach in den Gleichnissen Jesu thematisiert wird (Lk 15,11–31; 18,10–14; Mt 18,23–35; 20,1–15). Ein Leben nach den Weisungen Gottes, das von der „Wirklichkeit/Herrschaft Gottes" bestimmt ist, überschreitet von der Tora vorgesehenes zwischenmenschliches Verhalten (vgl. das Verhalten Jesu zu den von der „frommen" Gesellschaft Ausgegrenzten und seine Aktualisierung der Tora-Gebote in der Lehre auf dem Berg in Mt 5,13 – 7,12, besonders Mt 5,21–26). Jesus stiftet Versöhnung zwischen den Menschen und zwischen ihnen und Gott, er fordert Versöhnung bei den ihm Folgenden. In diesem Sinn ist in 1 Kor 7,11 von der Versöhnung zwischen Mann und Frau die Rede. Nur Paulus belegt fünfmal den Begriff „Versöhnung/katalagä" (Röm 5,11; 11,15; 2 Kor 5,18.19).

Nicht nur Lukas deutet den Tod Jesu als Konsequenz seines Lebens (siehe unten III 2.3), auch Paulus sagt, dass der Tod Jesu Menschen mit Gott versöhnen kann, da Gott ihn als Weg der Versöhnung sieht.

> „Da wir mit Gott versöhnt wurden durch den Tod seines Sohnes, als wir noch Feinde Gottes waren, werden wir erst recht, nachdem wir versöhnt sind, gerettet werden durch sein Leben. Mehr noch, ebenso rühmen wir uns Gottes durch Jesus Christus, unseren Herrn, durch den wir jetzt schon die Versöhnung empfangen haben." (Röm 5,10f)

> „Alles kommt von Gott, der uns durch Christus mit sich versöhnt hat und uns den Dienst der Versöhnung aufgetragen hat. Ja, Gott war es, der in Christus die Welt mit sich versöhnt hat, indem er ihnen (den

---

[165] Zu den verschiedenen Aspekten der Verben (Vergangenheit, Gegenwart und Zukunft) vgl. H. Frankemölle, Das Taufverständnis des Paulus. Taufe, Tod und Auferstehung nach Röm 6, Stuttgart 1970. Auf der Basis des Credos von 1 Kor 15 geht es Paulus vor allem um das gegenwärtige „Wir leben für Gott in Christus Jesus".

1. Gott und Jesus Christus als „Erlöser" nach Paulus

Sündern) ihre Verfehlungen nicht anrechnete und unter uns das Wort von der Versöhnung aufgerichtet hat." (2 Kor 5,18–20)

„Er hat seinen eigenen Sohn nicht verschont, sondern ihn für uns alle hingegeben. [...] Gott ist es, der gerecht macht." (Röm 8,32f)

Paulus verarbeitet hier Motive aus der Abraham-Isaak-Geschichte in Gen 22 und sagt seinen Adressaten, dass sie „wie Schafe sind, die man zum Schlachten bestimmt hat" (Ps 44,23). Er könnte auch an das stellvertretende Leiden des Gottesknechtes in Jes 53,6 erinnern: „Wir hatten uns alle verirrt wie Schafe, jeder ging seinen Weg. Doch der HERR ließ auf ihn treffen die Schuld von uns allen."

Auch der für alle Theologen im Neuen Testament wichtige Begriff „er wurde auferweckt" bzw. „er ist auferstanden" stammt aus der Alltagssprache. Die Bedeutung von „aufstehen/erwecken" und „sterben" greifen nicht nur die Evangelisten, sondern auch Paulus auf, wobei er die Verben theologisch ausdeutet.

„Wir glauben, dass Jesus gestorben und aufgestanden/auferstanden ist." (1 Thess 4,14)

Daraus wird das soteriologische Bekenntnis

„Christus ist für unsere Sünden gestorben gemäß der Schrift und ist begraben worden, er ist am dritten Tag auferweckt worden gemäß der Schrift." (1 Kor 15,3f)

„Er ist für uns gestorben." (1 Thess 5,10)

In 1 Thess, dem ältesten Brief des Paulus, ist das „für uns" ebenfalls soteriologisch zu verstehen, wie der vorhergehende Vers bestätigt: „Gott hat uns nicht für das Gericht seines Zorns bestimmt, sondern dafür, dass wir durch Jesus Christus, unseren Herrn, die Rettung erlangen." Im Übrigen kann im Neuen Testament „für" wie der Begriff „lýtron" einen „Ersatz" meinen: „Es ist besser, dass ein einziger Mensch für das Volk stirbt" (Joh 11,50; 18,14). Dieser Gedanke ist in der gesamten Antike belegt. Der aus dem 17. Jahrhundert stammende Begriff „Stellvertretung" kann, muss aber nicht mit dem Gedanken der Sühne verbunden werden. Die stellvertretenden Bitten von Mose in Ex 32,7 – 34,4, des Abraham in Gen 18,23–33 oder des Propheten Jeremia in Jer 15,10.20

deuten darauf hin, dass auch bei Paulus nicht alle Stellen im Sinne der späteren stellvertretenden Genugtuung/Satisfaktion zu verstehen sind (siehe unten III 1.4). Oft geht es darum, „dass eine Person aus einer höheren Warte in die Bresche für eine andere Person springt. Dabei tritt sie aber nicht an die Stelle einer anderen Person, sondern zwischen zwei Personen, um einen Konflikt beizulegen".[166] „Wenn Jesus sich als Diener aller versteht, wenn er Sünder sucht und sich ihrer annimmt, wenn Paulus sich für die Gemeinde aufreibt, dann ist auch alles das keine Stellvertretung."[167] Die stellvertretenden Aussagen zu Jesus Christus sind nicht alle sühnetheologisch auszulegen, er ist nicht als sühnendes Opfer zu deuten, da er nicht an die Stelle der Sünder tritt.

Eine *echte Stellvertretung* liegt dort vor, wo Paulus formuliert:

> „Einer ist für alle gestorben, also sind wir alle gestorben. [...] Er (Gott) hat den, der keine Sünde kannte, für uns zur Sünde gemacht, damit wir in ihm Gerechtigkeit Gottes würden." (2 Kor 5,14.23)

> „Christus hat uns vom Fluch des Gesetzes freigekauft, indem er für uns zum Fluch geworden ist." (Gal 3,13)

Vorbild für diesen stellvertretenden und sühnenden Tod ist im Alten Testament der in Deuterojesaja (Jes 40–55), einem jüngeren „zweiten" Teil des Jesajabuches aus der Zeit des babylonischen Exils, in vier Liedern beschriebene „Gottesknecht" (Jes 42,1-4; 49,1-6; 50,4-9; 52,13 – 53,13). In Apg 8,32–35 wird wörtlich Jes 53,7f zitiert, in 1 Kor 15,3f dürfte auch Paulus bei „gemäß der Schrift" an den leidenden und von Gott gerecht gemachten Gottesknecht gedacht haben, lässt aber offen, ob das „für die Sünder" im Sinne von „statt der Sünder" gestorben zu verstehen ist. Dies trifft wohl nicht zu (ähnlich in Gal 1,4: „der sich für unsere Sünden hingegeben hat" und in Röm 4,25: „wegen unserer Verfehlungen wurde er hingegeben").

---

[166] St. Schaede, Stellvertretung, in: https://www.die-bibel.de/ressourcen/wibilex/neues-testament/stellvertretung vom 20.09.2018 (abgerufen am 26.03.2024).
[167] H. Vorgrimler, Wörterbuch 590: „Stellvertretung ist ein in der Theologie und Spiritualität mehrdeutig verwendeter Begriff."

1. Gott und Jesus Christus als „Erlöser" nach Paulus

„Mein Knecht, der gerechte, macht die vielen gerecht; er lädt ihre Schuld auf sich. Deshalb gebe ich ihm Anteil unter den Großen, und mit Mächtigen teilt er die Beute, weil er sein Leben dem Tod preisgab und sich unter die Abtrünnigen rechnen ließ. Er hob die Sünden der Vielen auf und trat für die Abtrünnigen ein." (Jes 53,11f)

„Er hat unsere Krankheit getragen und unsere Schmerzen auf sich geladen." (53,4)

An letzter Stelle sei auf die *kultische Deutung* des Todes Jesu verwiesen. Sie kommt zwar nur ein einziges Mal bei Paulus vor, hat aber bis heute die wirkmächtigste Rezeptionsgeschichte freigesetzt. Es geht um die Deutung des Todes Jesu als *Sühnopfer*. Sie wurde vor allem für die römisch-katholische Liturgie bestimmend und ruft bis heute viele Missverständnisse und Unverständnis hervor (siehe oben I 1):

„Umsonst werden alle gerecht, dank seiner (Gottes) Gnade, durch die Erlösung in Christus Jesus. Ihn hat Gott aufgerichtet als Sühnemal – wirksam durch Glauben – in seinem Blut." (Röm 3,24f)

Der griechische Begriff hilastärion meint „Sühneort/Sühnemal". Er kommt im Neuen Testament nur in Hebr 9,5 bei der Beschreibung der Bundeslade und des Opferkultes vor und bezeichnet mit dem hebräischen Begriff kaporät gemäß Ex 25,17–22 die „Sühneplatte aus purem Gold" auf der Bundeslade. Am „Großen Versöhnungstag/Yom Kippur" besprengt sie der Hohepriester mit Blut eines Jungstieres (Lev 16,14f). Nach dem Hebräerbrief wird der Versöhnungstag durch den Opfertod Jesu als Hohepriester verdrängt (siehe oben II 9). Folglich hat die Sühneplatte keine kultische Bedeutung mehr. Das ist die Logik der Argumentation im Hebräerbrief. Diese metaphorische Übertragung ist unabhängig davon, ob der Hebräerbrief vor oder nach der Zerstörung des Tempels in Jerusalem im Jahre 70 geschrieben wurde. Bereits im Prolog wird als Anleitung zur Lektüre des ganzen Briefes feierlich formuliert:

„Er (Christus) hat die Reinigung der Sünden bewirkt." (Hebr 1,3c)

„Wo also die Sünden vergeben sind, da gibt es kein Opfer für die Sünden mehr." (Hebr 10,18)

III. Modelle von „Erlösung" im Neuen Testament

In Hebr 7–10 wird Jesus Christus als Opferpriester und Opfergabe interpretiert. Das Opfer Jesu Christi hat „ein für alle Mal" eine „ewige Erlösung bewirkt" (9,12), ist die endgültige Versöhnung mit Gott, während „das Blut von Stieren und Böcken unmöglich Sünden wegnehmen kann" (10,4 als Wiederholung von 9,12). Es geht dem Verfasser nicht um die Begründung eines neuen Kultes! Es „besteht nicht der geringste Zweifel daran, dass mittels der kultischen Kategorien eine zutiefst unkultische Aussage gemacht werden soll, denn der Verbrechertod Jesu am Kreuz, den der Autor vor Augen hat, lässt sich auch mit bestem Willen nicht zum gültigen Sühnopfer emporstilisieren und der Verfasser will auch keineswegs neue Kultformen die von seinen Adressaten einzuhalten wären, begründen, ganz im Gegenteil."[168]

Der Sinn in Röm 3,25 ist nicht so eindeutig, wie die unterschiedlichen Auslegungen bestätigen. Man kann nicht von einer direkten Typologie ausgehen, da eine Identifikation Jesu mit dem Deckel der Bundeslade, auf die sein Blut gespritzt wird, keinen Sinn ergibt. Auch im Blut bzw. im Blutritus liegt nicht die Typologie, sondern in seiner Überbietung bzw. Abschaffung, während die Bedeutung des lebenspendenden Blutes bleibt. Paulus geht vom Tod Jesu in aller Öffentlichkeit am Kreuz aus, interpretiert ihn „im Glauben" als Heil vermittelnd – im Gegensatz zur verborgenen Bundeslade. „Blut" ist das Band, das den metaphorischen Verweis sinnvoll macht gemäß der Überzeugung von Lev 17,11:

> „Denn das Leben des Fleisches ist im Blut. [...] Denn das Blut ist es, das durch Leben Versöhnung erwirkt." (Lev 17,11)

Nur Blut hat in diesem Falle rituelle, sühnende Kraft. Voraussetzung für diese metaphorische Deutung des Todes Jesu ist die liturgische Versöhnung am Versöhnungstag in Lev 16, wenn das Verbot des Blutgenusses übertreten wurde, worauf die Todesstrafe steht. „Blut" war Gott vorbehalten.

Nicht nur in Röm 3,24f formuliert Paulus seinen Glauben an die Sühne bewirkende Kraft des Blutes, sondern wiederholt diesen Gedanken auch in 5,9:

---

[168] H.-J. Klauck, Heil 38.

1. Gott und Jesus Christus als „Erlöser" nach Paulus

„Gott erweist seine Liebe zu uns darin, dass Christus für uns gestorben ist, als wir noch Sünder waren. Nachdem wir jetzt durch sein Blut gerecht gemacht sind, werden wir durch ihn erst recht vor dem Zorn gerettet werden."

Anders als der Verfasser des Hebräerbriefes greift Paulus auf kultische Motive zurück, wenn er metaphorisch Elemente des Paschamahls oder vom leidenden Gottesknecht (Jes 53) auf das Schicksal der Christen in Korinth überträgt. Die Motive werden wie an anderen Stellen im Neuen Testament, in denen Jesus als „Lamm Gottes" tituliert wird (Joh 1,29.36; Offb 5,6–12), in Aufnahme von Jes 53,7 erinnert, aber nicht zu einer metaphorischen Lamm-Theologie entwickelt. So auch nicht in 1 Kor 5,7:

„Ihr seid ja schon ungesäuertes Brot; denn als unser Paschalamm/páscha ist Christus geopfert worden." (1 Kor 5,7)

Die kultische Typologie zielt in 1 Kor 5,1 – 6,20 nicht auf einen neuen Kult, es geht pastoraltheologisch um ein konkretes, ethisches Verhalten der Gemeinde.

Der christliche Glaube an die Erlösung allein durch den Tod Jesu, wie er in der Liturgie und in Katechismen bis um die Mitte des 20. Jahrhunderts formuliert, gefeiert und verkündet wurde (siehe oben I 1) – dies sollte der differenzierte Überblick über die paulinischen Texte belegen – ist *eine* unter vielen anderen Deutungen des Todes Jesu im Neuen Testament. Die kirchliche Opfertheologie in der Eucharistie/Messe beruft sich auf Paulus. Aber diese Interpretation wird Paulus nicht gerecht, wie nicht nur die Auslegung von Röm 3,24f gezeigt hat. Paulus spielt auf die Versöhnungsliturgie an, die zwar den Juden bekannt, für die nichtjüdischen Leser in Rom jedoch unverständlich war. Paulus will kein neues Ritual begründen.

Diese These lässt sich auch wie folgt erhärten: Paulus interpretiert die menschliche Existenz „auf Hoffnung hin" (Röm 8,24) und bezieht die Schöpfung, die weiter in „Sklaverei" lebt (Röm 8,12–24), in diese Deutung ein. Es gibt in der Bibel und bei Paulus einen deutlichen „Verheißungsüberschuss" (Franz Mussner)[169], der mit dem qualvollen, die Erlösung bringenden Tod

---

[169] F. Mussner, Verschiedene Erlösungsauffassungen? Der „Verheißungs-

Jesu am Kreuz nicht eingelöst ist, wie Kirchenlieder und Opfertexte suggerieren. Die Verheißungen der Propheten Israels haben sich in Jesus Christus nur teilweise erfüllt. Die Hoffnung auf die zukünftige Erlösung aller Menschen und der Welt (Röm 8,19–25) teilen Christen mit den Juden. Das hat die offizielle christliche Theologie vielfach vergessen, wenn formuliert wird „im Kreuz ist Heil" und man von der „alleinseligmachenden Kirche/extra ecclesiam nulla salus", womit die katholische Kirche gemeint war, spricht.

Erst im Zweiten Vatikanischen Konzil spricht man von einem „gestuften Kirchenverständnis" für nichtkatholische Christen, Juden, Muslime und Angehörige anderer Religionen. Was bedeutet für die Menschen heute das Bekenntnis, dass Jesus Christus der „Erlöser" aller Menschen (Röm 3,21–31) und der Welt ist? (siehe unten VI 2.6) Was meint Paulus, wenn er formuliert: „Denn auf Hoffnung hin sind wir gerettet. Hoffnung aber, die man schon erfüllt sieht, ist keine Hoffnung. Denn wie kann man etwas hoffen, das man sieht? Hoffen wir aber auf das, was wir nicht sehen, dann harren wir aus in Geduld." (Röm 8,24f) Hat der übliche christliche Glaube diese Hoffnungsstruktur? Wie kam es zu der einseitigen, zeitlos gültigen dogmatischen Deutung der Erlösung und Rettung durch das Kreuz bei Paulus in der Zeit nach dem Neuen Testament?

Dies hängt mit der Frage zusammen, ab wann es eine Verehrung des Kreuzes Jesu Christi gab und das Kreuz als Symbol christlichen Glaubens nachweisbar ist. Dies ist erst ab dem 5. Jahrhundert belegt. Zentrale Inhalte der paulinischen Theologie waren bis dahin: Gott als Vater, sein universaler Heilsratschluss für Juden und Nichtjuden, Stellung Jesu Christi in der Heilsgeschichte, Versöhnung durch seinen Tod, Bedeutung des Glaubens, Auferweckung aller Getauften. Der „Pfahl" (Gal 3,13 als Zitat aus Dtn 21,23) war ein Zeichen der Schmach, nicht Gegenstand der Verehrung, das „Kreuz" nur Faktum der Erniedrigung (Phil 2,8). Vorher waren es Brot und Fische (vgl. das bekannte Mosaik aus Tabgha aus dem frühen 5. Jahrhundert) oder

---

überschuss", in: Ders., Traktat über die Juden, München ²1989 (= Göttingen 2009), 374–378.

1. Gott und Jesus Christus als „Erlöser" nach Paulus

das Christusmonogramm XP (erste Buchstaben Chi und Rho der griechischen Schreibung XPISTOS) oder die Visualisierung der literarischen Metapher Fisch als Symbol mit dem Akrostichon ICHTHYS: Iāsous Christos theou hyios sotār: Jesus Christus, Sohn Gottes, Erlöser. Erst durch die Legenden vom Sieg Konstantins aufgrund einer Kreuzesvision am Himmel im Jahre 312 mit den Worten „in hoc signo vinces" und von der Wiederauffindung des Kreuzes durch seine Mutter Helena kam die Verehrung des Kreuzes auf, ebenso generell im Westen des Römischen Reiches eine intensivere Beschäftigung mit dem Brief an die Römer und Galater.[170] Erst jetzt wurde aus dem militärischen Siegesmal das singuläre Symbol christlichen Glaubens. Dogmatisch nachhaltige Wirkung hatte vor allem Augustinus mit seiner Lehre über Gnade und freien Willen sowie über die Erbsünde (siehe unten 1.3), womit er die offene Sprechweise des Paulus im Römerbrief für seine Auseinandersetzung mit Pelagius fixierte.

Die oben behandelten Metaphern Befreiung aus Sklaverei (Röm 3,24; 8,23), Begnadigung vor Gericht (Röm 8,1), Abwaschung von Sünden (1 Kor 6,11), Heiligung (Röm 6,19.22), „Tausch/Veränderung" mit dem Empfang der „Versöhnung" (2 Kor 5,18) begründen die universale Bedeutung von Erlösung nicht. Auch nicht die kultische Metapher vom „Sühnopfer" als „Erlösung" (Röm 3,25 mit Bezug auf Lev 17,11: „das Blut ist es, das Sühne/Versöhnung erwirkt"), da sie mit dem jährlichen Paschafest fest verknüpft ist. Sie legte sich als Metapher für Paulus in den genannten Stellen nahe als Deutung des blutigen Todes Jesu am Kreuz. Nirgendwo geht es Paulus um die „Einsetzung", Initiierung einer neuen Kulthandlung.

Dieses Ergebnis stimmt mit den Erinnerungen des Paulus an das letzte Mahl Jesu in 1 Kor 11,23–25 überein, das er in 11,20 „Herrenmahl/deipnon kyriakón" nennt. Er trennt es deutlich vom Sättigungsmahl, dem ursprünglichen „Brotbrechen" (mit Wasser- oder Weinbecher), wie es in der Tradition Jesu gefeiert

---

[170] Zur Begründung vgl. I. Schwarz-Winklhofer/H. Biedermann, Das Buch der Zeichen und Symbole, Graz 1972, 73–98; K. Müller, Das Kreuz. Eine Objektgeschichte des bekanntesten Symbols von der Spätantike bis in die Neuzeit, Freiburg 2022.

wurde. Der Grund dafür, dass Paulus dieses Thema behandelt, war das unsolidarische Verhalten einiger Christen, die aufgrund der sozial geschichteten Gemeinde nicht auf Teilnehmer, die noch arbeiten mussten, warten wollten, sondern „beim Essen" das eigene Mahl „vorwegnahmen" und die Anderen „hungern" ließen. (11,20) Der bis heute nachwirkende Rat des Paulus: „Wenn ihr also zum Mahl kommt, meine Brüder und Schwestern, wartet aufeinander! Wer Hunger hat, soll zu Hause essen" (11,34), begründete die Trennung vom häuslichen Mahl und „Herrenmahl". Die den Bericht des Paulus vom letzten Mahl rahmenden Verse (11,17–34) kritisieren unsolidarisches Verhalten einiger und fordern seit 10,16 die Unvereinbarkeit von Herrenmahl und Götzenopfermahl. Gefordert ist „Gemeinschaft" untereinander, dieselbe „Teilhabe/koinōnia" aller beim Mahl in der Gemeinde. Der Verfasser des Judasbriefes identifiziert als einziger im Neuen Testament die „Liebe/agápā" mit „Liebesmahl" (12), was einige Kirchenväter aufnehmen (Ign Sm 8,2), als den Grund der „Gemeinschaft". An anderen Stellen umschreibt Paulus diese Überzeugung mit der Metapher, die Christen sollen „ein Leib" sein (10,17), wenn auch mit vielen Gliedern (1 Kor 12,1–31).

Die Briefe des Paulus an die von ihm gegründeten Gemeinden sind pastoraltheologisch-lehrhafte Aussagen. Mehr dogmatischer Art sind die Aussagen im Römerbrief, den er an die ihm unbekannte Gemeinde in Rom richtet, um sich für die geplante Reise nach Spanien bekannt zu machen (Röm 1,11–13; 15,22–24). Seit den Zeiten der Kirchenväter sah man im Römerbrief ein zeitlos gültiges „Kompendium der Theologie", wie der Reformator Philipp Melanchthon 1540 in seinem Kommentar zum Römerbrief formulierte. Dies hatte Auswirkungen auf die gesamte Rezeption des Römerbriefes bis heute – auch auf die Vorstellung von Erlösung und Rettung durch den Tod Jesu am Kreuz, wie in I 1 an liturgischen Texten, die die christliche Frömmigkeit bis heute prägen, angedeutet wurde. Bestimmend ist die Theologie des Paulus, nicht die Theologie in der Tradition Jesu oder die des Lukas (zu den beiden Traditionssträngen jüdisch – hellenistisch siehe unten V 1). Das jüdische Mahl war von Gebeten umrahmt, das hellenistisch-griechische Freundesmahl in christlicher Tradition mit Gebeten, Riten, Wortgottesdienst in vielfältigen Anreicherungen, wobei die Gemeinde in Rom bis zum Ende des 4. Jahrhunderts ihre Liturgie, auch die Eucharistie in Griechisch feierte.[171] Was die Texte aus den ersten Jahrhunderten zur Eucharistie im Unterschied zur Taufe und Buße betrifft, „bleibt nicht wenig ziemlich undeutlich und ist die Deutung einiger Stellen oft schwierig und umstritten."[172] Dennoch lassen sich aufgrund neuerer Forschungen feste Elemente, vor allem zwei Traditionslinien feststellen (zu „Brotbrechen" und „Herrenmahl" mit ihren unterschiedlichen Konnotationen von „Erlösung" und „Rettung" durch Jesus Christus und seinen Tod siehe unten V 1).

Bevor auf Aspekte aus der Theologiegeschichte eingegangen wird, die das heutige Verständnis bestimmen, sei aus der Vielfalt an Metaphern, mit denen Paulus die Heil vermittelnde Funktion Jesu interpretiert, ein entscheidender Punkt hervorgehoben. Von ihm hängt alles andere ab. Er macht kritisch gegen bestimmte dogmatische Aussagen wie: die Deutung der Adam-Christus-Typologie durch Augustinus (III 1.3), die Deutung der Versöhnung durch Anselm von Canterbury (III 1.4) und die im Ansatz antijüdische Fokussierung aller Aussagen auf die Christologie durch Martin Luther (III 1.5). Es ist unstrittig, dass mit diesen thematischen Fokussierungen das umfassende theologische Werk der genannten Theologen nur bruchstückhaft erfasst wird. Unstrittig ist aber auch deren häretisierende, das heißt „auswählende" Fokussierung ihrer Deutung des Römerbriefes. Auch unter diesem Aspekt waren ihre Thesen für die christlichen Kirchen nachhaltig. Doch seien zunächst die Struktur und die thematische Ausrichtung der paulinischen Christologie in ihrem Verhältnis zur Theo-logie/Rede/Lehre von Gott erläutert. Davon hängen alle christologischen Aussagen ab.

---

[171] Vgl. B. Meyer, Eucharistie 165–169; A. Fürst, Liturgie 24–37.
[172] A. Fürst, Liturgie 21.

III. Modelle von „Erlösung" im Neuen Testament

1.2 „... durch und in Jesus Christus"

Gegen die aktive und exklusive Rolle Jesu bei der „Erlösung" in christlicher Frömmigkeit („denn durch dein Kreuz hast *du* die Welt erlöst"; zu weiteren Wendungen siehe oben I 1) und in der theologischen Deutung Martin Luthers (siehe unten III 1.5), hält Paulus als jüdischer Theologe streng an der Einzigkeit Gottes fest. So wie Jesus nach der Überlieferung der Synoptiker die „Gottesherrschaft", das Wirken Gottes in der Welt, der Geschichte und im Leben der Menschen zum einzigen Inhalt seiner Verkündigung in Wort und Tat machte, so lautet auch das Bekenntnis des Paulus: „ein Einziger ist Gott/Gott ist Einer" (Röm 3,30; Gal 3,20).

Das Reden vom Handeln Gottes formuliert Paulus in zweifacher Weise: Zum einen durch Bekenntnisse zum Handeln Gottes, formuliert durch partizipiale Gottesprädikationen: Durch diese grammatische Formulierung wird klar, wer Gott ist. Sein „Wesen", sein „Sein", zeigt sich in seinem Handeln (wie in der Offenbarung am Sinai in Ex 3,14: „Ich bin der, der mit euch ist/ der euch geleiten wird"; die übliche Übersetzung „ich bin, der ich bin" ist eine tautologische, philosophische Seinsaussage von einem in sich ruhenden Gott). In der hebräischen Bibel ist Gott ein Handelnder: in der Geschichte, in der Schöpfung der Welt. Die Partizipien können in der deutschen Sprache nur mit einem Relativsatz umschrieben werden (Griechisch: Gott, der machende; Deutsch: Gott, der gemacht hat):

> „Gott, der die Toten lebendig macht." (Röm 4,17)

> „Gott, der die Toten auferweckt." (2 Kor 1,9)

> „Doch nicht allein um seinetwillen steht geschrieben: ‚Sie (die Rechtfertigung) wurde ihm (Abraham) angerechnet' (Gen 15,6), sondern auch um unseretwillen, denen es angerechnet werden soll, uns, die wir an den glauben, der Jesus unseren Herrn, von den Toten erweckt hat." (Röm 4,23f; vgl. 8,11; 10,9)

Wie 2 Kor 1,9 als Zitat aus der zweiten Benediktion des Achtzehnbittengebets der Synagoge belegt, nimmt Paulus einen Sprachgebrauch des Frühjudentums und der Bibel auf, wie Bekenntnisse zu Gott, „der Himmel und Erde gemacht hat" (Jes

1. Gott und Jesus Christus als „Erlöser" nach Paulus

45,7) oder zu Gott, „der euch aus Ägypten herausgeführt hat" (Ex 16,6), zeigen. Auch wenn passivisch formuliert wird („Jesus wurde auferweckt"), weiß der biblisch orientierte Leser, dass Gott es ist, der an Jesus gehandelt hat.

Alle soteriologischen Aussagen des Paulus sind theozentrisch, seien sie aktivisch oder passivisch formuliert:

> „Jesus wurde auferweckt." (1 Kor 15,4)

> „Wegen unserer Verfehlungen wurde er hingegeben, wegen unserer Gerechtmachung wurde er auferweckt." (Röm 4,25)

Dieser Glaube kann im Zuge einer sich entwickelnden oder noch wenig durchreflektierten Christologie aktivisch formuliert werden wie in 1 Thess 4,14: „dass Jesus starb und auferstand". Dies bedeutet nicht, dass er es aus eigener Kraft vermochte. Auch hier wird immer der Glaube an die den Tod überwindende Macht Gottes vorausgesetzt, wie Mk 9,27 belegt: „er weckte ihn auf und er stand auf". Bei einer weiter entwickelten Theologie, wie im Johannesevangelium, in dem Jesus als „Logos/Wort Gottes", als eine göttliche Wirkweise/Hypostase geglaubt wird, legt sich die aktivische Formulierung nahe (Joh 2,19.21; 10,17f), zumal von Anfang an (Joh 1,1–18) klar ist, dass alles Wirken von Gott „durch" den Logos geschieht. Auch im Johannesevangelium ist Jesus Christus als Logos der vom Vater Gesandte, der nur verkündet und tut, was er vom Vater gehört und ihm der Vater aufgetragen hat. (Joh 1,18; 14,6.24)

Dieser theozentrische Grundsatz gilt auch von der Versöhnung: Allein Gott ist es, der versöhnt, Menschen müssen dafür offen sein, daran glauben:

> „Alles kommt von Gott, der uns durch Christus mit sich versöhnt hat und uns den Dienst der Versöhnung aufgetragen hat. Ja, Gott war es, der die Welt mit sich versöhnt hat, indem er ihnen ihre Verfehlungen nicht anrechnete und unter uns das Wort von der Versöhnung aufgerichtet hat. […] Lasst euch mit Gott versöhnen!" (2 Kor 5,18–20)

Paulus als Judenchrist bezieht Jesus Christus in dieses Bekenntnis zum Handeln Gottes, des Einzigen, ein und spricht ihm, wie die Stellen oben zeigen, eine unersetzbare Funktion und dementsprechende Würdetitel wie Christos/Gesalbter, Kyrios/HERR,

Sohn zu. An keiner Stelle bei Paulus und im Neuen Testament wird Jesus Christus „Gott" genannt. Auch im Johannesevangelium bleibt er derjenige, der „vom Vater gesandt" ist. Auch in den Doxologien/Lobpreisungen wie in Röm 9,5, die in der alten EÜ christologisch gedeutet wurden („sie haben die Väter, und dem Fleisch nach entstammt ihnen Christus, der über allem als Gott steht, er ist gepriesen in Ewigkeit") wird gemäß jüdischen Vorgaben in Gebeten durch einen Punkt hinter „Christus" allein Gott die Ehre gegeben („…Christus. Der über allem als Gott steht, er ist gepriesen in Ewigkeit"). Alte Handschriften kannten diese Satzzeichen nicht. Die „Vergottung" Jesu entspringt der Frömmigkeit der Herausgeber. So auch in Röm 11,36: „Ihm (Gott) sei Ehre in Ewigkeit" und in 16,27: „durch Jesus Christus". Auch die Doxologie am Ende des Vaterunsers in Mt 6,13 („denn dein ist das Reich …") gibt jedem bewusst betenden Christen die theozentrische Struktur als Grundhaltung des christlichen Glaubens vor.

Die Einbeziehung des historischen Jesus ist die einzige fundamentale, bleibende Differenz zwischen jüdischem und christlichem Glauben. Martin Buber und David Flusser als Religionswissenschaftler stellen die Einzigkeit Jesu, seine Uroffenbarung, seine „Urreinheit der Offenbarung" fest, ohne als Juden daran glauben zu können (siehe oben II 2). Juden können heute, wenn auch nicht alle, anerkennen, dass auch die Christen den einen, einzigen Gott anbeten.[173] Alle anderen Vorstellungen, dass Gott durch ihm eigene „Wirkmächte/Wirkweisen" wie Geist/ruach/pneuma, Wort/mémra/lógos, Weisheit/chokma/sophia, Wohnen/schechina und durch Personen (König, Propheten, Messias, Menschensohn) vermittelnd in der Geschichte wirkt, entwickelten sich in jahrhundertelangen Reflexionen in der Bibel und im

---

[173] So die erste These im wichtigen jüdischen Text „Dabru emet" aus dem Jahr 2000; vgl. dazu R. Kampling/M. Weinrich (Hrsg.), Dabru emet – redet Wahrheit. Eine jüdische Herausforderung zum Dialog mit Christen, Gütersloh 2003; E. Dirscherl/W. Trutwin (Hrsg.), Redet Wahrheit – Dabru emet. Jüdisch-christliches Gespräch über Gott, Messias und Dekalog, Münster 2004; H. Frankemölle (Hrsg.), Juden und Christen im Gespräch über „Dabru emet – Redet Wahrheit", Paderborn 2005.

1. Gott und Jesus Christus als „Erlöser" nach Paulus

Frühjudentum.[174] Ohne sie hätten die an Gott in Jesus Christus Glaubenden ihren neuen Glauben nicht formulieren können.

Unser heutiges Problem sind in der Regel sprachliche Formulierungen: Gottes „Wirkweisen" wurden in der nachneutestamentlichen Zeit von Rabbinen in der Mischna am Ende des 2. Jahrhunderts n. Chr. als „Gottesattribute" verstanden. Sie wurden im Griechischen durch „hypostáseis/die darunter Stehenden", wodurch ein „Wesen/ousia" Wirklichkeit wird, wiedergegeben, im Lateinischen durch personae/Masken, durch die ein Schauspieler seine Stimme „erschallen/personare" lässt, durch die Stimme einen bestimmten Charakter erhält. Kannten die Kirchenväter bei ihrer Formulierung „ein Gott in drei Hypostasen/personae" im zweiten Konzil von Konstantinopel 553 noch die philosophischen Differenzierungen von Gott als „eine ousia in drei Hypostasen", so können Gläubige oder Nichtchristen heute ohne Vorkenntnisse vermutlich nur an drei Götter glauben. Sprachliche Neuformulierungen sind absolut notwendig. Nichtchristen welcher Weltanschauung oder Religion auch immer gehen davon aus, dass Christen an drei Götter glauben. Beim Segen sollte deshalb sprachlich festgehalten werden: „Es segne euch der *eine*, dreifaltige Gott, der Vater, der Sohn und der Heilige Geist." Beim Kreuzzeichen sollte es ebenso heißen: „Im Namen des *einen Gottes*, des Vaters ..." So wird das Problem zwar nicht gelöst, sprachlich aber sichtbar.

Eine zweite Möglichkeit von Gottes Handeln zu sprechen, belegt die für Paulus typische Präpositionen-Christologie: Gott handelt „durch" und „in" Jesus Christus. Paulus denkt als ehemaliger Pharisäer ganz biblisch und frühjüdisch, hält daher an der Unterordnung des Sohnes bei aller Erhöhung fest. Die Auferweckung Jesu ist der Ausgangspunkt seiner theologischen Reflexionen, wobei er wie andere hellenistische Theologen wie Philo von Alexandrien und die Weisheitstheologen im Alten Testament (zur „Weisheit" vgl. Spr 8,22–31; Weish 24,3–12; Sir 24,1–34) präexistente Wesen/Personifikationen voraussetzt. Das

---

[174] Diese äußerst differenzierten Prozesse im hebräischen, aramäischen und griechischen Judentum können hier nicht dargestellt werden; vgl. H. Frankemölle, Gott glauben, Freiburg 2021, 55–283.

war für antike Menschen nicht neu. Eine Zwischenstellung war erforderlich, die Menschheit Jesu festzuhalten, auch angesichts seines Todes am Kreuz. Der jüdische Monotheismus war ebenso zu betonen wie die besondere Funktion Jesu Christi im Heilshandeln Gottes, ohne dass er zu einem zweiten Gott mutierte. Eine Lösung findet sich im ältesten Text des Paulus (ob übernommen oder selbst verfasst, ist umstritten), wobei eine eigene Übersetzung seine Schwierigkeiten und seine Leistung andeuten kann:

> „⁶ Er, der in Gestalt/morphä Gottes war,
> sah das Gott-gleich-Sein nicht als Raub an,
> ⁷ sondern entäußerte/erniedrigte sich,
> nahm Knechts-/Sklavengestalt an,
> und wurde im Ebenbild/Abbild/homoiōma der Menschen
> und der Erscheinung/schäma nach als Mensch erkannt.
> ⁸ Er erniedrigte sich und war gehorsam bis zum Tod,
> bis zum Tod am Kreuz.
> ⁹ Darum hat ihn Gott über alle erhöht
> und ihm einen Namen verliehen, der größer ist als alle Namen,
> ¹⁰ damit alle im Himmel, auf der Erde und unter der Erde
> ihr Knie beugen vor dem Namen Jesu
> ¹¹ und jeder Mund bekennt:
> Jesus Christus ist der Herr, zur Ehre Gottes, des Vaters. (Phil 2,6–11)

Später sahen die Theologen in der Auseinandersetzung mit dem jüdischen Monotheismus und mit dem griechischen Polytheismus die Aufgabe, den in den Versen 6–7 angesprochenen Glauben mit philosophischen Vorgaben neu zu formulieren. Zum einen ging es um das Verhältnis Gottes als Vater zu seinem Sohn, zum anderen um die Vereinigung des Menschen Jesus mit der göttlichen Hypostase (Fachterminus: hypostatische Union). Die Formel vom Konzil von Chalzedon von 451 „wahrer Gott und wahrer Mensch" ist schlüssig, erklärt aber nichts.

Am Beginn in Phil 2,6f greift Paulus auf die biblische Anthropologie zurück. In Gen 1,27 heißt es: „Gott erschuf den Menschen als sein Bild, als Bild Gottes erschuf er ihn. Männlich und weiblich erschuf er sie." Die Würde der Gottebenbildlichkeit jedes Menschen ist nicht nur für eine patriarchalisch strukturierte Gesellschaft ein bleibendes Programm. Der Verfasser des Buches

1. Gott und Jesus Christus als „Erlöser" nach Paulus

der Weisheit (im 1. Jahrhundert v. Chr. vermutlich in Ägypten geschrieben) versucht in seiner Reflexion über die Kürze und Nichtigkeit des Lebens die Würde des Menschen zu verdeutlichen: „Gott hat den Menschen zur Unvergänglichkeit erschaffen und ihn zum Bild seines eigenen Wesens/als Bild von sich selbst gemacht." (Weish 2,23) Eine andere Lesart lautet: „als Bild seiner Ewigkeit gemacht". Wie Gott unvergänglich ist, so auch der Mensch, womit der Verfasser an die griechische Vorstellung von der Unsterblichkeit der Seele erinnert. Was für jeden Menschen gilt, gilt nach Paulus erst recht für Jesus Christus, wobei er das Geheimnis gedanklich nicht einholen kann. Auch sprachbegabte heutige Theologen und Lyriker können das Geheimnis nur andeuten, wobei „Exil" und „Bleibe" an Joh 1,9-11 erinnert. Wilhelm Bruners (1940 geboren), als Lyriker bekannt, formuliert in seinem Gedicht „Himmlische Heimat":

> „Die Liebe befreite sich
> aus den göttlichen Gesetzen
> himmelreiner Ordnungen
> fürchtete nicht das Exil
> und suchte eine Bleibe
> in der brüchigen Heimat Mensch
> Hier lebt sie
> uns aus dem Gesicht geschnitten."[175]

Im Folgenden seien für die heutige Theologie und Frömmigkeit drei Aspekte benannt, die bis heute theologisch bestimmend sind (1.3 – 1.5). Als Konsequenz sei abschließend (1.6) an die paulinische Grundthese erinnert und in neuen Auslegungen vorgestellt. Das Grundbekenntnis des Paulus lautet:

> „Alles kommt von Gott, der uns durch Christus mit sich versöhnt und uns den Dienst der Versöhnung aufgetragen hat. Ja, Gott war es, der in Christus die Welt mit sich versöhnt hat. […] Lasst euch mit Gott versöhnen!" (2 Kor 5,18-20)

Die beliebte Kreuzesinschrift und das vorkonziliare Motto zu Predigtreihen „Rette deine Seele!" widerspricht biblischen Vor-

---

[175] W. Bruners, Bei Zeiten. Gedichte und Kurzgeschichten, Innsbruck 2023, 57.

gaben, nicht nur im Hinblick auf die „Seele". Vor allem ist die behauptete Möglichkeit des menschlichen Mitwirkens bei der Erlösung und die Androhung der Höllenstrafe bei Nichterfüllung eine Häresie. Gott versöhnt! Allein! Für das von Paulus mit diesem Bekenntnis bezeugte Geschehen kann der Mensch danken, auch „Eucharistie/Danksagung" feiern im „Brotbrechen" bzw. „Abendmahl". Jede Form des Mitwirkens durch Messstipendien, als würde durch sie die Gnade auf die Person des Spenders erkauft, ist antibiblisch. Diese Fehldeutungen sind nicht überholt. Das vom 11. bis 16. Jahrhundert umkämpfte Ablasswesen, das Ursache und Anlass für die dringend notwendige Reformation war, ist heute noch lebendig, wie die nachkonziliare Neuordnung zum vollkommenen und unvollkommenen Ablass durch Paul VI. im Jahre 1967, der Segen „Urbi et orbi", den man seit 1967 am Radio, seit 1985 am Fernsehen und seit 1995 im Internet erwerben kann, belegen. Die lateinisch-römische Kirche hält weiter am „Gnaden-Kirchenschatz" und „am autoritativen Verwalten und Zuwenden des Schatzes der Sühneleistung Jesu Christi und der Heiligen fest."[176] Sie beansprucht für sich eine göttliche Funktion.

In anderen Fragen stimmt dies mit der Gewissheit der Theologen überein, wie man an der Auslegung des Römerbriefes durch den Kirchenvater Augustinus von Hippo (354–430) und der unkritischen Rezeption seiner „Erbsündenlehre" bis heute sehen kann.

1.3 Erlösung von der „Erbsünde": Augustinus deutet Röm 5,12

Augustinus war Bischof von Karthago von 395–430. Vorher wirkte er als Lehrer für Rhetorik, nach der Taufe 287 als anerkannter Prediger. Um seine Auslegung der Briefe des Paulus an die Galater und Römer von 394/95 angemessen zu verstehen, muss man wissen, dass er Zeit seines Lebens auf der Suche nach Weisheit und Wahrheit war, die er in verschiedenen philosophi-

---

[176] H. Vorgrimler, Wörterbuch 18; zum „missverständlichen Begriff" Kirchenschatz vgl. ebd. 353.

1. Gott und Jesus Christus als „Erlöser" nach Paulus

schen Schulen (Platon und Neuplatonismus, Stoa, Epikur, Aristoteles) und philosophisch-religiösen Strömungen (Gnosis, Mysterienreligionen) finden zu können meinte. Deren Schriften seien viel eleganter als die der Bibel.[177] Dass er in jungen Jahren nicht als Vorbild christlichen Lebens gelten kann, belegen die Stellen in den „Confessiones/Bekenntnisse", zwischen 397 und 401 geschrieben, in denen er bittere Reue über sein bisheriges Leben formuliert. Zu erinnern ist an die 15-jährige „Ehe" mit einer namenlosen Frau, von der er sich trennte (Conf 6,15); ihr gemeinsamer Sohn Adeodatus wurde 387 zusammen mit Augustinus durch Ambrosius, den Bischof von Mailand, getauft. Den christlichen Glauben kannte Augustinus über seine Mutter Monika, die Christin war und ihn zum Katechumenat anmeldete, während sein Vater „Heide" blieb.

Besonders geprägt wurde Augustinus durch den Platonismus mit der These einer übersinnlichen Welt der Ideen. Auch sein Eintritt und seine neunjährige Mitgliedschaft als „Hörer" bei den Manichäern mit ihrer radikalen Askese und ihrer Lehre eines strengen Dualismus, nach der es nur Geist und Materie, Gut und Böse, Licht und Finsternis gibt, hatte bleibende Wirkung bei ihm. Die Folge war seine Leibfeindlichkeit und seine negative Sicht der Sexualität, wie sich bei der Auslegung von Röm 5,12 zeigt. Die Erfahrung der Macht der Sünde und der Erlösungsbedürftigkeit wird durch den christlichen Glauben existentiell.

Als Bischof verfasste er etliche Schriften gegen die Manichäer, ebenso gegen die Anhänger des Pelagius, die anders als die Manichäer die Willensfreiheit des Menschen vertraten und die Vorstellung einer Erbsünde ablehnten. Dagegen betonten sie, dass alle Menschen die Ursünde Adams nachahmten. Nach Augustinus bleibt der Mensch der Sünde Adams ausgeliefert; erst durch die Gnade Christi, durch die Kirche vermittelt, wird der Mensch erlöst. Die Augustinus das ganze Leben umtreibende Frage „Woher kommt das Böse/unde malum?" und sein Verständnis von der Herkunft des Bösen, von Sünde und Gnade beantwortet

---

[177] Zu einem informativen Überblick über Leben und Schriften vgl. W. Geerlings, Augustinus, in: LACL 65–85.

er mit einer Auslegung von Röm 5,12. Es heißt dort in deutschen Übersetzungen gemäß den griechischen Vorgaben:

> „Wie durch einen einzigen Menschen die Sünde in die Welt kam und durch die Sünde der Tod und auf diese Weise der Tod zu allen Menschen gelangte, weil alle sündigten – [...] Doch anders als mit der Übertretung verhält es sich mit der Gnade; sind durch die Übertretung des einen die vielen dem Tod verfallen, so ist erst recht die Gnade Gottes und die Gabe, die durch die Gnadentat des einen Menschen Jesus Christus bewirkt worden ist, den vielen reichlich zuteilgeworden." (Röm 5,12.15)

Augustinus, philosophisch und spekulativ hoch begabt, griff bei seiner Auslegung wohl wegen seiner nur mäßigen griechischen Ausbildung in Nordafrika auf eine „altlateinische" Ausgabe der „Vetus Latina" zurück, die gegen 200 n. Chr. in Nordafrika entstanden war; sie setzte sich nicht weltkirchlich durch. Im Gegensatz zum griechischen Text und zu der ab 383 durch Hieronymus erarbeiteten, genaueren neuen lateinischen Übersetzung, wegen ihrer Verbreitung und kirchlichen Akzeptanz „Vulgata/die Verbreitete" genannt, liest Augustinus in der „Vetus Latina":

> „Per unum hominem peccatum intraverit in mundum, et per peccatum mors et ita in omnes homines pertransiit, in quo omnes peccaverunt."

Im griechischen Text steht eph' hō im Sinne von „aufgrund dessen, dass/weil alle gesündigt haben"; dem hätte das lateinische quia entsprochen. Augustinus deutet seine lateinische Vorgabe „in quo/in ihm" mit: „in ihm", in Adam, haben alle gesündigt. Dieses peccatum originale kommt seinen dualistischen und manichäischen Kenntnissen entgegen. Der Begriff „Erbsünde" taucht in der deutschen Sprache erst um 1500 auf und wird durch Martin Luther und den Buchdruck verbreitet. Der damit verbundene Gedanke einer durch Adam allen vererbten Sünde, die durch den sexuellen Akt weitergegeben werde, stimmt nicht mit der paulinischen Theologie im Römerbrief überein.

Die These bei Paulus in Röm 1,18 – 3,20 lautet: Alle, ob Juden oder Nichtjuden, haben gesündigt (zur Erinnerung wiederholt er sie in 3,23). Umso bedeutender und größer ist die Paulus durch eine Offenbarung geschenkte Erkenntnis, dass alle Menschen durch die „Erlösung" in Jesu Tod von Gott gerechtfertigt sind.

1. Gott und Jesus Christus als „Erlöser" nach Paulus

Von diesem „Jetzt aber" (3,21), von Gottes Handeln in Jesus Christus her, entwickelt er seine Theologie und sieht in der Heiligen Schrift Vorbilder, die auf Christus und die Gläubigen hindeuten (Adam bzw. Abraham). Er ist aufgrund seiner eigenen Lebenserfahrungen der Überzeugung, dass er als Mensch wie alle anderen der Erlösung bedürftig ist. Dieser Gedanke ist schon vor Augustinus bei Taufen von Kindern bei der Taufe „eines ganzen Hauses" (Apg 10,44; 16,15.33; 1 Kor 1,16f) wegen der patriarchalischen Struktur der Familien vorauszusetzen, wurde aber erst in den folgenden Jahrhunderten theologisch reflektiert und von Augustinus mit der Idee der Erbsünde „gelöst".

Vorher kamen alle ungetauften Erwachsenen in die Hölle, Kleinkinder ohne bewusste Sünden in eine Art „Vorhölle", analog dem jüdischen Scheol oder dem griechischen Hades, die im 11. Jahrhundert als „Rand" der Hölle als „limbus puerorum" gedeutet wurde. Wissenschaftliche Theologie redet heute nicht mehr so.[178] Voraussetzung der Kindertaufe war die allgemeine Überzeugung, dass durch sie Heil und Gnade vermittelt werden.

Wichtig für das heutige Verständnis der Typologie von Adam und Jesus Christus ist die jüdische Deutung von „Adam/Mensch" und der Erzählung von seiner Sünde (Gen 2-3). Die Figur der Eva sprengt diesen Ansatz. Was durch die Sünde Adams bewirkt und übertragen wird, ist der Tod. Weil er gesündigt hat, lebt „Adam/der Mensch" nicht ewig. Jeder Mensch erfährt sich endlich, nicht als vollkommen, sondern durch eigene Unvollkommenheit und bewusstes Fehlverhalten als der Erlösung bedürftig.

Die Erlösung der Menschen, speziell der Juden seit dem Exodus aus Ägypten (Ps 107,1f; Jes 11,11), und der Welt, im Alten Testament breit belegt, hat Paulus aus seiner Überzeugung von der erlösenden Bedeutung des Todes Jesu durch zahlreiche Metaphern aus dem alltäglichen Leben und im Rückgriff auf die Liturgie des Großen Versöhnungstages (Lev 16) durch die Typologie Sündenbock – Jesu Tod am Kreuz zu deuten versucht (siehe oben III 1.2). Der Verfasser des Hebräerbriefes (siehe oben II 9)

---

[170] Zur Geschichte vgl. A. Furst, Liturgie 163-169; zur Entwicklung der Tauftheologie insgesamt ebd. 99-218.

III. Modelle von „Erlösung" im Neuen Testament

verstärkt das Verhältnis Hohepriester als Typus und Jesus Christus als Antitypus (Hebr 2,17; 3,1; 4,14f; 5,1–6 und öfter).

Die Deutung von Röm 5 durch Augustinus prägt weiter die nicht auszurottende Vorstellung von der Erbsünde, die fast alle Christen, ob evangelisch oder katholisch, mit Höllenängsten und mit verklemmter Sexualität durch Jahrhunderte hindurch schwer belastet hat oder noch belastet. Ein manichäischer Grundzug, der Verzicht auf lebensbejahende Freude an Erotik und am Sex bzw. die Notwendigkeit der Enthaltsamkeit kennzeichnet weiter die römisch-katholische Kirche, nicht nur die Ehelosigkeit der Priester.

Die von Augustinus entwickelte Vorstellung von der „Erbsünde", der existentiellen Sündhaftigkeit aller Menschen, ihren faktischen Sünden (Röm 1,18 – 3,20) und dem Glauben an den Tod Jesu „für alle" als „Sühnopfer/hilastärion" (Röm 3,25) wurde in den folgenden Jahrhunderten weiter reflektiert. Die Rezeption seiner Thesen durch Anselm von Canterbury und Luther aufgrund neuer philosophischer Strömungen und gesellschaftlicher Erfahrungen mit dem Rechtsverständnis der Umwelt ermöglichte neue Deutungsmodelle. Sie wirken heute im christlichen Glauben nach – und sind von Missverständnissen belastet. Wenn alle Menschen gesündigt haben, bedarf dann – so Anselm von Canterbury – die Ehre Gottes und die Wiederherstellung seiner von ihm geschaffenen Ordnung eine „Wiedergutmachung/satisfactio"? Diese konnte wegen der Größe und Vielfalt der Sünden angemessen nicht durch Menschen, sondern nur durch den Tod seines Sohnes geleistet werden. Voraussetzung ist der im Konzil von Nizäa (325) mit philosophischen Begriffen formulierte Glaube an die Wesenseinheit des Sohnes mit dem Vater. Erst auf dieser Basis kann die Antwort, die Anselm von Canterbury (1033–1109) in seinem Buch „Cur deus homo/Warum wurde Gott Mensch?" aus dem Jahre 1100 gab, verstanden werden. Eine weitere Voraussetzung für seine Theologie ist weltlich: die Verletzung der Ehre eines Königs und der von ihm vertretenen Ordnung. Beide Modelle überträgt er auf die Erklärung der Heilsbedeutung des Todes Jesu, des Mensch gewordenen Sohnes Gottes.[179]

---

[179] Von „Menschwerdung" Gottes spricht kein Theologe im Neuen Testament; vgl. H. Frankemölle, Gott glauben 274–283.

1. Gott und Jesus Christus als „Erlöser" nach Paulus

1.4 Anselm von Canterbury: Der Tod Jesu als „Wiedergutmachung"

Die Verbindung von Christologie (Jesus Christus ist wesensgleich mit dem Vater), Erlösungslehre und der Vorstellung der durch die Sünden der Menschen verletzten Ehre Gottes enthalten Thesen, die „infolge katastrophaler Fehlverständnisse mit verheerenden Folgen für Seelsorge und Glaubensunterweisung bis heute weiterwirken."[180] Christus als Sohn Gottes übernimmt freiwillig die Strafen für alle Sünden, die die Menschen begangen haben. Lieder aus dem „Gotteslob" zur Passionszeit belegen dieses Verständnis von stellvertretender Schuld zur Versöhnung mit Gott: „Wir danken dir, Herr Jesu Christ, dass du für uns gestorben bist und hast uns durch dein teures Blut gemacht vor Gott gerecht und gut." (178,1) „Was du, Herr, hast erduldet, ist alles meine Last; ich, ich hab es verschuldet, was du getragen hast. Schau her, hier steh ich Armer, der Zorn verdienet hat; gib mir, o mein Erbarmer, den Anblick deiner Gnad." (179,4) „Wie wunderbar ist diese Strafe. Der gute Hirte leidet für die Schafe, die Schuld bezahlt der Herre, der Gerechte, für seine Knechte." (180,4) Gebete vor allem in der Passionszeit belegen dieselbe Theologie.

Die Deutung des Todes Jesu, der uns durch sein Blut zu einem „Königreich" gemacht hat und zu „Priestern" vor Gott seinem Vater (1 Petr 2,5–9; Offb 1,6; 5,10; 20,6), dieses sühnende Opfer mit der Möglichkeit der „Wiedergutmachung" ist ein Teilaspekt der Gotteslehre von Anselm von Canterbury. Voraussetzung dieser Argumentation ist der „ontologische Gottesbeweis", dass Gott mit dem Verstand, der ratio, etwas ist, „über dem zudem Größe-

---

[180] O. H. Pesch, Anselm von Canterbury und die Lehre von der stellvertretenden Genugtuung Christi. Eine kleine kritische Ehrenrettung, in: B. A. Zimmermann/F. Annen (Hrsg.), Versöhnt durch den Opfertod Christi? Die christliche Sühnetheologie auf der Anklagebank, Zürich 2009, 57–73, ebd. 57. Die „kleine kritische Ehrenrettung" besteht zu Recht darin, dass Pesch nicht wie andere das Konzept von Anselm überzeitlich liest, sondern als Antwort auf Fragen der Menschen im 11. Jahrhundert, die auch ihr Verhältnis zu Gott personal als „unwandelbar treuen Lehnsherrn" deuteten (ebd. 68).

res nicht gedacht werden kann" (Proslogion 2). Gott ist in jeder Hinsicht das summum, das „höchste" Gute, Schönste ... Anselm nimmt mit Augustinus und der platonischen Philosophie die Erkenntnis mit dem Sein (platonisch: den Ideen) in Identität an. Folglich hängt die Höhe einer Wiedergutmachung von der Größe dessen ab, dessen Ehre verletzt und der in seiner Stellung beleidigt wurde. Dies gilt auch für Gott und für die ihm zustehende Ehre. Dieses rationale Denken bestimmt das theologische Denken des Anselm. Wenn die Ehre Gottes als des höchsten zu denkenden Seins und die von ihm geschaffene Ordnung durch Sünden verletzt sind, können sie nur durch die „Wiedergutmachung/satisfactio" bzw. „Sühne" durch den „Sohn Gottes" oder „Logos Gottes" (von Anselm „Gott" genannt) geheilt werden.

Anselms Deutung der biblischen Vorstellung vom Sühnopfer mit der Satisfaktionstheorie wurde zu Recht in den vergangenen Jahren als unbiblisch abgelehnt, da die Vorstellung von einem beleidigten Gott, der nur durch die sühnende Wirkung des Todes Jesu als „Wiedergutmachung/satisfactio" versöhnt werden konnte, Missverständnisse hervorrufen muss, auch gegen Juden gerichtete.[181] „Die Vorstellungen von Genugtuung, Sühnopfer usw. waren nur unter bestimmten kulturellen und geistesgeschichtlichen Verhältnissen wirklich hilfreich; sie können schwere Missverständnisse hervorrufen, als sei Gott zur Zeit Jesu der seit ‚Adam' Unversöhnte und Zornige gewesen, als habe er nicht selber immer schon die Initiative zu Vergebung und Versöhnung ergriffen (vgl. Röm 3,25), als sei Gott durch eine Tat innerhalb der Menschengeschichte ‚umgestimmt' worden."[182]

Es bleibt die biblisch und frühjüdisch belegte Vorstellung von der Sühne, die schon im Alten Testament in der Figur des Knechtes Gottes entfaltet wird, der stellvertretend als Unschuldiger für

---

[181] G. Greshake, Erlösung und Freiheit. Zur Neuinterpretation der Erlösungslehre Anselms von Canterbury, in: Ders., Gottes Heil – Glück des Menschen. Theologische Perspektiven, Freiburg 1983, 80–104; kritischer vgl. K.-P. Jörns, Notwendige Abschiede. Auf dem Weg zu einem glaubwürdigen Christentum, Gütersloh ⁴2008; M. Striet, Alte Formeln – lebendiger Glaube. Das Glaubensbekenntnis ausgelegt für die Gegenwart, Freiburg 2024.
[182] H. Vorgrimler, Wörterbuch 551.

1. Gott und Jesus Christus als „Erlöser" nach Paulus

die Sünden Israels büßt (vgl. Jes 52,13 – 53,12). Auch der stellvertretende, sühnende Tod der Märtyrer in jüdisch-hellenistischer Zeit ist zu nennen (1 Makk 6,14; 2 Makk 7,37f). „Der Glaube, dass der Tod eines Märtyrers eine sühnende Wirkung hat, ist urjüdisch."[183] Diesen Gedanken hat Paulus im Bekenntnis, Jesus ist stellvertretend „für unsere Sünden" gestorben (1 Kor 15,4) aufgegriffen und in vielen Metaphern variiert (siehe oben III 1.1), einmal in Röm 3,25 auch mit der kultischen Sühnopfervorstellung. Sie zu isolieren und zum absoluten Maßstab der Soteriologie zu machen, wie bis heute vielfach geschieht (siehe oben I 1), übersieht die differenzierten Formulierungen des Paulus: Alles Heilshandeln geht von Gott aus, der den Menschen Versöhnung, Befreiung und Erlösung anbietet – vermittelt durch Abraham, Mose, Könige, Propheten und Priester. So ist es schon im Alten Testament und im gesamten Frühjudentum vorgegeben. Spezifisch christlich ist der Glaube an den einen Lehrer Jesus und an ihn als Verwirklicher des Wirkens Gottes. Er ist der einzige „Zugang/propsagōgā" (Röm 5,2), der „Einzige, der […] am Herzen des Vaters ruht und Kunde gebracht hat." (Joh 1,18) Diesen Glauben deutet Paulus durch seine Präpositionen-Christologie mit dem Wirken Gottes „durch" und „in" Jesus Christus (siehe oben 1.2; an Stellen vgl. 2 Kor 5,18; Röm 3,24f; 5,9). Das Grundbekenntnis lautet: Gott versöhnte die Welt und die Menschen mit sich im Tode Jesu am Kreuz aufgrund seiner Barmherzigkeit.

Paulus betont die Einmaligkeit der Versöhnung. In noch stärkerem Maße formuliert der Verfasser des Hebräerbriefes, der das Opfer Jesu im Gegensatz zum „täglichen" Opfer des Hohenpriesters sieht:

> „Wir wissen, dass Christus, von den Toten auferweckt, nicht mehr stirbt; der Tod hat keine Macht mehr über ihn. Denn durch sein Sterben ist er ein für alle Mal gestorben für die Sünde." (Röm 6,9f)

---

[183] D. Flusser, Bubers „Zwei Glaubensweisen". Nachwort zu Martin Buber, Zwei Glaubensweisen, Gerlingen 1994, 226; vgl. Ders., Das jüdische Martyrium im Zeitalter des zweiten Tempels und die Christologie, in: Freiburger Rundbrief 25, 1973, 187–194; E. Lohse, Märtyrer und Gottesknecht, Göttingen 1955.

„... einer, der es nicht Tag für Tag nötig hat, wie die Hohepriester zuerst für die eigenen Sünden Opfer darzubringen und dann für die des Volkes, denn das hat er ein für allemal getan, als er sich selbst dargebracht hat." (Hebr 7,27; vgl. 9,12; 10,10)

Wird dieser Gedanke „der Einmaligkeit des Heilswerkes Christi, das durch nichts ergänzt oder nachträglich bekräftigt werden kann",[184] in den liturgischen Vollzügen der Kirche, in Gebeten und Liedern in der „Messe" bzw. im „Messopfer" festgehalten? Aufgabe der Gläubigen wäre –wie in der jüdischen Liturgie und in den Gebeten Jesu – der „Dank/eucharistia". Der Vollzug der Liturgie wäre strukturell als „Lob- und Dankopfer" zu feiern. Die in vielen Jahrhunderten entstandenen Deutungen der Vergegenwärtigung, des unblutigen Opfers, der Realpräsenz, der Rolle des Priesters und der Gemeinde wären von ihrer Herkunft her, vor allem für die Gläubigen heute neu zu formulieren. Kirche wäre nicht von der Priesterweihe, sondern von der Taufe als Grundsakrament aller Glaubenden zu entwerfen. Faktisch leidet die römisch-katholische Kirche weiter am Klerikalismus.

Otto Hermann Pesch erinnert an die ursprüngliche, in der Regel vergessene Deutung der Realpräsenz: „Es waren die mit der persönlichen Eucharistiefrömmigkeit in der Volksfrömmigkeit häufig verbundenen sehr materialistischen Vorstellungen von der ‚Realpräsenz' Christi in den eucharistischen Gaben, gegen die die Transsubstantiationslehre ‚erfunden' und von Thomas von Aquin ausgearbeitet wurde. Sie sollte den Gläubigen einschärfen: Ihr empfangt *nur* die (unsichtbare, geistige) Substanz des Leibes (und Blutes) Christi. Was ihr esst und trinkt, ist nicht Jesu – womöglich des historischen Jesus – Fleisch und Blut, sondern die ‚Akzidenzien', die physischen Erscheinungsformen von Brot und Wein." Da das Konzil von Trient, gerichtet „gegen (vermeintliche) spiritualistische Tendenzen bei den Reformatoren", die mit den Begriffen verbundenen philosophischen Probleme nicht löste und definierte, muss man feststellen, „dass bis heute in der katholischen Volksfrömmigkeit dinglich materialistische Vorstellungen von der Gegenwart Christi im Sakrament die grö-

---

[184] H. Balz, hapax, einmal, ein für allemal, in: EWNT 1, 1980, 276.

ßere Gefahr sind im Vergleich zu ‚bloß' spiritualistisch-symbolischen Vorstellungen."[185]

Traditionelle Formulierungen einfach zu wiederholen, führt nicht weiter. Dies gilt auch für die Botschaft von Papst Franziskus 2024 an den Nationalen Eucharistischen Kongress in Madagaskar; er sah das Problem, ohne es zu lösen: „Der Glaube an die Realpräsenz des Herrn in der Eucharistie ist eine große Herausforderung"; er kann dazu beitragen, die Christen „auf das Wesentliche zurückzuführen."[186] Was versteht ein „normal" Glaubender unter realer Präsenz, was ist „das Wesentliche"?

Deshalb ist bei der „Eucharistie" bzw. bei dem „Messopfer" als dem zentralen Sakrament der Christen im Hinblick auf heutige Menschen Aufklärungsarbeit zu leisten. Das betrifft auch Messstipendien oder Stolgebühren für bestimmte Amtshandlungen des Geistlichen wie Taufe, ursprünglich zum Unterhalt der Gemeindevorsteher und Liturgen gedacht. Sie müssten von der Fehldeutung des „do-ut-des/ich gebe (Geld), damit du (Gott) Gnade gibst", befreit werden. Gegen die Vielzahl der Messen und der dadurch erworbenen größeren „Messopferfrüchte" oder gegen die durch Ablässe erworbene Gnade hatten schon Martin Luther und die anderen Reformatoren mit Berufung auf die Bibel Einspruch erhoben. So sehr sie den Ablasshandel für Geld und andere „Werkereien" ablehnten, so gaben sie doch in Rezeption der Theologie von Augustinus die augustinische Erbsündenlehre weiter.

Für Luther und die Theologie- und Frömmigkeitsgeschichte ist ein anderer Aspekt noch wichtiger.

1.5 Martin Luthers „allein …"
als Schlüssel für den Brief an die Römer

Wie bei Anselm von Canterbury ist daran zu erinnern, dass auch die Texte von Martin Luther (1483–1546) aus seiner Situation gedeutet werden müssen. Unter den hermeneutischen Vorgaben

---

[185] O. H. Pesch, Anselm von Canterbury 69 Anm. 18.
[186] https://www.vaticannews.va/de/papst/news/2024-08/papst-franziskus-botschaft-eucharistie-kongress-madagaskar-jesus.html (abgerufen am 22.04.2025).

seiner Zeit, biblische Texte und Verse dogmatisch, überzeitlich zu lesen, ist seine Auslegung, dass der Mensch „allein" durch die Gnade Gottes, nicht durch eigene Verdienste gerechtfertigt wird, angemessen, wenn sie auch aus heutiger Sicht zu kritisieren ist. Seine Lesart war für die weitere Entwicklung der christlichen Theologie bedeutend – nicht nur im innerchristlichen Dialog.

Bestätigt wird dies durch die am 31. Oktober 1999 in Augsburg vollzogene Unterzeichnung einer gemeinsamen Erklärung zur Rechtfertigungslehre durch die Kirchen des Lutherischen Weltbundes und die Katholische Kirche.[187] Gemeinsam wird festgestellt, dass die gegenseitigen Verwerfungen aus dem 16. Jahrhundert polemisch bedingt waren durch unterschiedliche Deutungen, in heutiger Perspektive gegenstandslos sind, es einen grundlegenden Konsens in der Rechtfertigungslehre gibt. Im wichtigen §15 heißt es: „Gemeinsam bekennen wir: Allein aus Gnade im Glauben an die Heilstat Christi, nicht aufgrund unseres Verdienstes, werden wir von Gott angenommen und empfangen den Heiligen Geist, der unsere Herzen erneuert und uns befähigt und aufruft zu guten Werken." Für die zukünftige Arbeit heißt es: „Die beiden Dialogpartner verpflichten sich, das Studium der biblischen Unterlagen der Lehre der Rechtfertigung fortzuführen und zu vertiefen." Die Berufung auf eine einzige Schriftstelle, die alles an Wahrheit festhält und die von Luther vertretene Lehre von der „sola scriptura/allein durch die Schrift" (gerichtet gegen die im 16. Jahrhundert vorherrschende scholastische Theologie) wird abgelehnt zugunsten einer sich durch wissenschaftliche Theologie und Lehramt entfaltende Theologie. Dies ist in allen christlichen Kirchen in Erkenntnis der Geschichtlichkeit allen Seins allgemein anerkannt.

Martin Luther interpretierte die Bibel als Mitglied der strengen Augustiner-Eremiten in der Nachfolge von Augustinus und, geprägt von der Philosophie und Theologie Wilhelm von Ock-

---

[187] Zur langen Diskussion im Ökumenischen Arbeitskreis evangelischer und katholischer Theologen vgl. K. Lehmann/W. Pannenberg (Hrsg.), Lehrverurteilungen – kirchentrennend? Bd. I–IV, Freiburg/Göttingen 1986. Zur Diskussion nach 1999 vgl. O. H. Pesch, Rechtfertigung VII. Ökumenischer Dialog, in: LThK 8, ³1999, 897–902.

1. Gott und Jesus Christus als „Erlöser" nach Paulus

hams, die paulinischen Texte als göttliche Offenbarung subjektivistisch und individualistisch, auf sich selbst als Sünder bezogen. Sein Hauptproblem war, wie er, von der Erbsünde belastet, als Sünder im Gericht Gottes bestehen könne. Eine „Rechtfertigung" durch eigene „Werke" nach damaliger römischer Auffassung lehnt er ab. Nach Paulus kann sie nur von Gott kommen:

> „Ich schäme mich des Evangeliums nicht: Es ist eine Kraft Gottes zur Rettung für jeden, der glaubt, zuerst für den Juden, aber ebenso für den Griechen. Denn in ihm wird die Gerechtigkeit Gottes offenbart aus Glauben zum Glauben, wie geschrieben steht: ‚Der aus Glauben Gerechte wird leben'." (Röm 1,16f mit Zitat aus Hab 2,4)

> „Wir sind der Überzeugung, dass der Mensch gerecht wird durch Glauben, unabhängig von Werken des Gesetzes." (Röm 3,28)

Es geht um die Gerechtigkeit, durch die Gott die Sünder gerecht macht. Allein im Glauben kann der Mensch diese „gratia gratis data", die umsonst gegebene Gnade annehmen. Diese Einsicht ist Luthers reformatorischer Durchbruch gegen alle „Werkerei" der damaligen katholischen Kirche, vor allem im Ablasshandel. Darauf basiert sein dreifaches „allein", das nicht direkt gesagt, an den genannten Stellen aber unausgesprochen behauptet wird: „sola fide, sola gratia, sola scriptura/allein durch den Glauben, allein durch die Gnade, allein durch die Schrift".

Diese Überzeugung war für Luther und ist für die protestantische und für die katholische Kirche heute ein Grundsatz des Glaubens. Er war und ist aber vor Missdeutungen nicht gefeit, wie die unterschiedlichen Akzente in den aus der Reformation hervorgegangenen Kirchen zeigen. Weder Paulus noch Luthers Deutungen einzelner Bibelstellen dürfen isoliert, systematisch, ungeschichtlich interpretiert werden. Gegen diese Gefahr ist an Luthers „Sermon von den guten Werken" und seinen Kleinen und Großen Katechismus zu erinnern und an das Augsburger Bekenntnis von 1530.[188] Hier heißt es in Art. 20: „Den Unseren wird zu Unrecht nachgesagt, dass sie gute Werke verbieten."

---

[188] Vgl. H. Meyer/H. Schütte (Hrsg.), Confessio Augustana. Bekenntnis des einen Glaubens. Gemeinsame Untersuchung lutherischer und katholischer Theologen, Paderborn/Frankfurt 1980.

III. Modelle von „Erlösung" im Neuen Testament

Luther hat aus heutiger Sicht Paulus missverstanden. Er sah in seinem Kampf und dem der pietistischen Pfarrer seiner Zeit gegen die damalige römische Kirche eine Parallele zum Kampf des Paulus gegen *das* Judentum, das es in dieser dogmatischen Einheit nie gab. Wie die Zeitgenossen Luthers „Rom" ablehnten, so angeblich Paulus *das* Judentum. Die Folge war schon in Luthers frühen Jahren seine antijüdische Tendenz in der Lektüre der paulinischen Briefe: Christlicher Glaube stand gegen angeblich jüdische Werkerei. Hatte Luther am Anfang noch die Hoffnung, nicht nur „Rom" und die Juden überzeugen zu können, steigerten sich seine Aussagen infolge der kriegerischen Auseinandersetzungen zwischen Bauern und Adel zu blanker Polemik. Seine Schriften „Von den Juden und ihren Lügen" von 1543 und „Wider das Papsttum zu Rom, vom Teufel gestiftet" von 1545 belegen dies. Davon waren seine Vorlesungen zur Bibel und seine reformatorischen Grundschriften aus den Jahren 1515 bis 1523 noch frei.

Paulus war kein lutherischer Theologieprofessor. Dass zur Zeit des Paulus *das* Judentum noch nicht existierte, die Anhänger Jesu eine von vielen jüdischen Bewegungen waren, verkannte Luther. Natürlich gab es innerjüdische Auseinandersetzungen, an denen auch Jesus teilnahm. Luther machte mit seiner Deutung eines einzigen Verses mit der Gegenüberstellung in Röm 3,28 diesen zum alles bestimmenden Maßstab für die Rechtfertigung sola fide/allein durch Glauben. Luther übersah die übergreifende Einheit des Römerbriefes von 1,1 bis 16,27. Nicht der einzelne Vers enthält die Botschaft des Paulus an die Christen in Rom, sondern der ganze Brief. In ihm geht es um die These: Heil für alle, für Juden *und* Nichtjuden (1,18 – 11,36). Die Glaubens- und Gnadenthematik ist eine unabdingbare Voraussetzung dazu. Dabei versteht Paulus „glauben" nicht abstrakt, als glauben an einen Katechismus-Satz (siehe oben II 4). Paulus geht es nicht erst im Römerbrief um die Praxis des Evangeliums, um gelebten Glauben. Er fügt folglich nach den wichtigen Kapiteln 1–11 zum Problem „Israel und die Völker" in drei weiteren Kapiteln (Röm 12–15) einen grundlegenden Entwurf zum sozialen Leben an. Dabei unterscheidet Paulus schon in seinem Brief an die Galater zwischen kultischen und sozialen „Werken":

1. Gott und Jesus Christus als „Erlöser" nach Paulus

„In Christus Jesus vermag weder die Beschneidung noch die Unbeschnittenheit etwas, sondern der Glaube, der durch die Liebe wirkt." (Gal 5,6)

Paulus entwirft am Ende des Römerbriefes ein Konzept von jüdischer und christlicher Ethik, die der evangelische Neutestamentler Ernst Käsemann in seiner Auslegung zu Röm 12 „Gottesdienst im Alltag der Welt" genannt hat. Der wahre Gottesdienst nach Paulus findet nicht zu einer bestimmten Zeit (Sabbat, Sonntag) oder an einem bestimmten Ort (Tempel, Kirche) statt, sondern in einer von der Tora bestimmten Lebensführung, die Jesus für Christen aktualisierte.

Die Heiligung des Alltags ist nach Paulus der eigentliche locus theologicus, den die orthodoxen Kirchen und die katholische Kirche aber verdrängt haben. Weltdienst muss als Gottesdienst neu entdeckt werden, mag er auch in weiten Teilen inhaltlich mit der säkularen Praxis übereinstimmen! Christen sollten froh sein, dass schon Generationen von Menschen die jüdisch-christliche Solidarität, Friedensethik, Wertschätzung der Schöpfung ... leben. Diese „Tugenden" sind nicht weltlich, sondern theologisch qualifiziert. Es gibt viele ethische Themen, bei denen sich Christen von Atheisten oder Nichtchristen unterscheiden (siehe oben I 6.4), wie vor allem Papst Franziskus in seinen Enzykliken (siehe unten V 1) kontinuierlich hervorgehoben hat.

Auch wenn Paulus in den Kapiteln 1,18 bis 11 im Römerbrief innertheologische Themen behandelt, bleiben sie nicht abstrakt. Denn in den Ausführungen zur Sündenverfallenheit aller Menschen in 1,18 – 3,20 geht es um die menschliche Selbstgewissheit und Überheblichkeit, ebenso in 3,21 – 5,21; 9,1 – 11,36 um ein gleichberechtigtes solidarisches Miteinander von Juden und Nichtjuden, in 8,18–30 um ein ökologisches Thema, um die Unvollkommenheit der Schöpfung, wichtige Themen bis heute. Entscheidend ist, dass man das „Evangelium" des Paulus in Übereinstimmung mit den heiligen Schriften Israels (1,1–5) als Heilshandeln Gottes in Jesus Christus mit allen daraus sich ergebenden Folgen deutet. So sehr Paulus über den Tod Jesu nachdenkt, er bleibt dabei nicht stehen, auch andere Theologen nicht (zu Lukas siehe III 2). Der Evangelist Johannes (IV 4) bietet als letzter Evangelist zum Beispiel keine Abendmahlsüberlieferung, obwohl er sie kannte (vgl. Joh 6). Er ersetzt sie in Joh 13,1–20 durch die Erzählung von Jesu Dienst der Fußwaschung. Die Fixierung auf einen missverstandenen Paulus und auf die Feier des Gedächtnisses der Erlösung allein im Tode Jesu macht christliche Gemeinden zu antiken Kultvereinen, zu einer Mysterienreligion. Paulus ist überzeugt: Gott handelt in und durch Jesus Christus. Der HERR ist der Erlöser und Retter. Christen können mit dem Psalmisten weiter beten: „Beim HERRN ist die Huld, bei ihm ist die Erlösung in Fülle." (Ps 130,3.7)

Eine Engführung des Christseins auf die „Messe", auf das Abendmahl mit der Fixierung auf Jesus Christus ist obsolet. Es erstaunt, dass Paulus in seinem jüngsten und längsten Brief an die Römer, dem Kompendium seiner Theologie, das „Herrenmahl" oder „Abendmahl" nicht erwähnt. Wohl preist er Gott (eulogéō: 1,25; 9,5; 11,36) und dankt ihm (eucharistéō: 1,8.21; 14,6; Apg 27,35). Diese Doxologien beziehen sich immer auf Gott. Frühere Deutungen bis zum Zweiten Vatikanischen Konzil bezogen die Stellen auf Jesus Christus und verstanden sie als Bekenntnis zur Gottheit Christi, was der Theologie des Paulus widerspricht, auch in Phil 2,6. Wo Paulus von „latreia/Kult/Gottesdienst" und „thysian zōsan"/lebendiges Opfer" spricht (12,1), klingt nicht christliche, sondern heidnische, römische Terminologie an. „Eucharistie/eucharistia" heißt „Danksagung" für Gottes Wirken in der Geschichte Israels und der Völker, Danksagung für das Wirken Gottes in Jesu Worten und Taten – bis in den Tod.

1.6 Die „neue Paulusperspektive"

Das von Michael Bachmann herausgegebene Buch „Lutherische und Neue Paulusperspektive" mit dem Untertitel „Beiträge zu einem Schlüsselproblem der exegetischen Diskussion"[189] mit Bei-

---

[189] Tübingen 2005; zu einem eigenen Beitrag siehe H. Frankemölle, „Völker-Verheißung (Gen 12–18) und Sinai-Tora im Römerbrief. Das ‚Dazwischen' (Röm 5,20) als hermeneutischer Parameter für eine lutherische und nicht-lutherische Paulus-Auslegung", ebd. 275–307.

1. Gott und Jesus Christus als „Erlöser" nach Paulus

trägen von protestantischen und katholischen Exegeten griff einen Begriff auf, den James Dunn in den 80er-Jahren des letzten Jahrhunderts geprägt hat.[190]

Voraussetzung für die neue Paulus-Deutung ist der Abschied von einer dogmatisch-systematischen, ungeschichtlichen Auslegung paulinischer Texte für die eigene Glaubensgemeinschaft, vor allem eine vertiefte Kenntnis und Akzeptanz des vielfältigen Judentums vor und neben Jesus und Paulus in historischer[191], soziologischer und theologischer Hinsicht.[192] Die Glaubensüberzeugungen der im Neuen Testament genannten Gruppen der radikalen und liberalen Pharisäer (Paulus wechselte aufgrund einer Offenbarung von den einen zu den anderen; vgl. Gal 1), der Sadduzäer, Johannes des Täufers, der Herodianer und Priestertheologen erschienen aufgrund der Funde der etwa neunhundert Schriftrollen vom Toten Meer/vor allem aus Qumran, die ab 1947 nach und nach entdeckt und ausgewertet wurden, in neuem Licht; ihre jeweiligen theologischen Akzente in der Theologie wurden historisch konkreter.[193] Anhand neu erschlossener Quellen konnte vor allem Ed Parish Sanders belegen, dass das Klischee vom palästinischen Judentum als einer Leistungs- und Werkreligion unzutreffend, dagegen ihr Gnadencharakter unübersehbar ist.[194] In den vergangenen Jahrzehnten wurde die Rechtfertigung nach Paulus nicht länger als Polemik gegen ein degeneriertes, nur auf Werke bedachtes Judentum gelesen. Dies schon deswegen nicht, da Paulus sich in seinem am stärksten polemischen Brief an die Galater an Christen wendet. Kritisiert

---

[190] Vgl. seinen Sammelband: The New Perspective on Paul. Collected Essays, Tübingen 2007.
[191] Vgl. Chr. Frevel, Geschichte Israels, Stuttgart 2016.
[192] Zum Prozess der Verbindung von Geschichte, Sprachen (hebräisch, aramäisch und griechisch) und vielfältiger Theologie vgl. H. Frankemölle, Frühjudentum und Urchristentum. Die Entstehungsgeschichte der Texte – ohne theologische Konzeptionen – wird dargestellt von M. Tiwald, Frühjudentum und beginnendes Christentum. Gemeinsame Wurzeln und das Parting oft the Ways, Stuttgart 2022.
[193] Vgl. K. Schmid/J. Schröter, Die Entstehung der Bibel. Von den ersten Texten zu den heiligen Schriften, München 2019, 47–50.207–216.
[194] E. P. Sanders, Paulus. Eine Einführung, Stuttgart 1995.

III. Modelle von „Erlösung" im Neuen Testament

wird eine typische, von sich und seinem Tun überzeugte Grundhaltung im Glauben.

Ebenso wichtig für die neue Paulus-Deutung sind soziologische Erkenntnisse zum Verhältnis des Einzelnen zur Gesellschaft: Anders als Luther war Paulus nicht gequält von der Frage nach seinem individuellen Heil („Wie finde ich einen gnädigen Gott?"), sondern vom Beginn des Römerbriefes an (1,16f) bis zu seinem Höhepunkt (9–11) von der Frage des Einschlusses der Nichtjuden/Heiden in das Heil. Dieser Weg zum Heil hat bei Paulus mit der Glaubensgemeinschaft, der „Kirche", zu tun, womit liberale Protestanten bis heute (unter Berufung auf Paulus als religiösen Individualisten!) ihre Schwierigkeit haben. Auch jüdische Glaubende stehen in einer langen Geschichte des Glaubens, der vor allem in der Großfamilie und in der Tempelgemeinde praktiziert wurde. Paulus steht in dieser Tradition. Seine Traditionsgebundenheit belegen 88 Schriftzitate (aufgrund von Doppelzitierungen sind es 106) und die 66-mal belegte Wendung „wie geschrieben steht". Seine Deutung des Todes und der Auferweckung Jesu (1 Kor 15,3–5) ist ebenso schriftgemäß wie seine Deutung der Rechtfertigung des Menschen allein aufgrund des Glaubens (vgl. das Zitat von Hab 2,4 in Röm 1,17 und die Bedeutung des Abraham als Vorbild für alle in Röm 4). Diese Überzeugung prägt alles theologische Reflektieren des Paulus, wie er in einem Hymnus am Ende seiner Israel-Kirchen-Thematik in Röm 11,33–36 zum Wirken Gottes formuliert:

> „Denn aus ihm und durch ihn und auf ihn hin ist die ganze Schöpfung. Ihm sei Ehre in Ewigkeit. Amen." (11,36)

Im Glauben daran formuliert Paulus in Kapitel 12–15 Weisungen für das Leben der christlichen Gemeinde in Übereinstimmung mit der biblischen und frühjüdischen Theologie. Wer im Glauben daran, dass alles von Gott kommt, feststeht, kann gar nicht anders als handeln, wie Paulus es exemplarisch für die Christen in Rom entfaltet. Darin stimmt er mit Jakobus (siehe oben II 8) überein. Beide entwerfen für die je eigene Gemeinde konkrete Weisungen auf der Basis einer strikten Theozentrik. Sie setzen unterschiedliche Akzente, sind aber keine Antipoden, wie Luther und die anderen Reformatoren meinten und protestantische Theologen und Gläubige bis heute kolportieren. Jakobus ist kein Theologe, der – so Luther – nicht in den Kanon christlicher Schriften gehört. Auch darin lag Luther aufgrund seiner dogmatischen Entscheidungen bei der Lektüre der neutestamentlichen Schriften falsch.

Jakobus kann „ein Bruder im Geiste Jesu" genannt werden, der mehr als andere Theologen im Neuen Testament Jesus-Worte zitiert und anklingen lässt.[195] Ähnlich steht es um Lukas.

2. „Erlösung" und „Rettung" nach Lukas (LkEv und Apg)

Die Evangelien, auch das des Lukas, können als Korrektiv zu einem missverstandenen oder enggeführten Paulus gedeutet werden und als Leitbild für eine heutige, von der Säkularisation geprägte Christusnachfolge dienen. Dies bedeutet nicht, dass Lukas direkt auf Paulus reagiert hat; in der Überlieferung vom Abendmahl greifen sie auf eine gemeinsame Tradition zurück (siehe unten IV 3). Wenn nicht alles täuscht, stimmen das neuzeitliche Bewusstsein und die Praxis heutiger Christen in vielem mit Lukas überein; er bietet sich als Evangelist unserer Zeit an.

Lukas ist der Verfasser eines Evangeliums und der Apostelgeschichte, eines im Neuen Testament einmaligen Doppelwerkes (vgl. Apg 1,1–3). Da er für sein Evangelium das Markusevangelium (geschrieben um 70) rezipiert, dürften beide Werke nach 80 n. Chr. verfasst worden sein.[196] Terminlich Genaueres lässt sich den Texten nicht entnehmen. Das Thema „Erlösung" bzw. „Rettung" wird in beiden Werken behandelt.[197] Lukas versteht „Rettung/Erlösung" anders als Paulus, aber ebenso universal.

---

[195] Vgl. H. Frankemölle, Die Christologie des Jakobus, in: Ders., Der Brief des Jakobus II, Gütersloh 1994, 376–387; zu einer Stellensammlung vgl. F. Mußner, Der Jakobusbrief, Freiburg 1967, 47–52.
[196] Es ist heute allgemeine Überzeugung, dass Lukas beide Werke verfasst hat; zuletzt K. Backhaus, Das lukanische Doppelwerk. Zur literarischen Basis frühchristlicher Geschichtsdeutung, Berlin 2022; zu „Neue Perspektiven auf das lukanische Doppelwerk" vgl. das Themenheft: Theologie und Glaube, 114, 2024, Heft 1.
[197] In der wissenschaftlichen Literatur wird das Thema in den letzten Jah-

III. Modelle von „Erlösung" im Neuen Testament

Da das paulinische Verständnis von „Erlösung" spätestens seit den Reformatoren im 16. Jahrhundert deren Theologie mit der Überzeugung „allein durch Christus" und „allein durch sein Kreuz hat er die Welt erlöst" beherrschte, spielte das dritte Evangelium bei der Frage nach „Erlösung" und „Heil" theologisch-systematisch und liturgisch keine angemessene Rolle, auch nicht in der Pastoraltheologie.[198] Der Grund: Bei Lukas ist von der Heilsbedeutsamkeit des Kreuzes Jesu Christi, von seinem stellvertretenden Sterben „für alle", vom Sühnetod Jesu keine Rede – weder im Evangelium, noch in der Apostelgeschichte. Lukas setzt, da er andere Gemeinden als Paulus anspricht, andere Akzente. Vielleicht hat er sich mit der paulinischen Theologie auseinandergesetzt; wenn, dann tut Lukas es aber eher indirekt (ähnlich steht es um den Jakobusbrief: siehe oben II 9).

2.1 Jesus Christus als „Retter" in Lk 1–2

Seinem eigentlichen Evangelium hat Lukas als Vorgeschichte eine Kindheitserzählung über die Ankündigung der Geburt Jesu und Johannes des Täufers und deren Geburt vorangestellt. Gemäß antiker Rhetorik werden in einer Art Proömium dem Leser wichtige thematische Aspekte mitgeteilt. Auch Matthäus (1,1–2,23) und Johannes (1,1–18) verfahren so in ihrem Evangelium.

Vergleicht man das theologische Konzept des Paulus zur „Erlösung", „Errettung" und zum „Heil" durch Jesus Christus, gebunden an seinen Tod am Kreuz, fällt der andere Ansatz bei Lukas auf. Auch für Lukas ist Jesus der „Retter" der Welt. Dies formuliert er aber nicht beim Tod Jesu am Kreuz (dort fehlt der Gedanke), sondern er lässt dies am Beginn seines Evangeliums durch Engel Gottes bei der Geburt Jesu verkünden:

---

ren stärker beachtet; bislang stand das Konzept des Paulus, mit dem Lukas verglichen wurde, im Vordergrund. Zur eigenständigen Theologie des Lukas vgl. H. J. Sellner, Das Heil Gottes. Studien zur Soteriologie des lukanischen Doppelwerks, Berlin 2007; T. Jantsch, Jesus, der Retter, Die Soteriologie des lukanischen Doppelwerks, Tübingen 2017.
[198] Vgl. in der Reihe „Erträge der Forschung" den Band 261 von W. Radl, Das Lukas-Evangelium, Darmstadt 1988.

2. „Erlösung" und „Rettung" nach Lukas (LkEv und Apg)

„Heute ist euch in der Stadt Davids der Retter/sōtār geboren; er ist Christus/der Gesalbte, der Herr/kýrios." (Lk 2,11)

Dieser Satz war für damalige jüdische, in anderer Weise auch für griechische und römische Ohren revolutionär, nicht im Sinne von politischem Umsturz, sondern einer theologischen Neuakzentuierung. Er musste als radikale Umwandlung gesellschaftlicher Werteordnung verstanden werden. Das können Christen heute beim Hören der „Weihnachtsgeschichte" kaum nachvollziehen. Achtet man auf die Erzählstruktur in 2,1–20,[199] wird der Neuansatz im jüdischen Gottesbild wie auch der Kontrast zwischen kaiserlicher und christlicher „Rettung" deutlich. Die geschichtliche, biblische Perspektive bestätigt schon Maria im Magnificat:

„Meine Seele preist die Größe des HERRN
und mein Geist jubelt über Gott, meinen Retter/sōtār.
Er nimmt sich seines Knechtes Israel an
und denkt an sein Erbarmen,
das er unseren Vätern verheißen hat,
Abraham und seinen Nachkommen auf ewig." (1,46.54f)

„Da trat ein Engel des HERRN/kýrios/JHWH zu den Hirten und die Herrlichkeit des HERRN umstrahlte sie." (2,9)

„Heute ist euch in der Stadt Davids der Retter/ sōtār, geboren; er ist der Christus, der HERR." (2,11)

Was kýrios/HERR im Lukasevangelium bedeutet, kann erst am Ende des Evangeliums gesagt werden. In Lk 2,11 bietet Lukas ein vorweggenommenes Bekenntnis in jüdischer Tradition, bei dem er Jesus Christus nicht in die Gottesvorstellung einbezieht, sondern zwischen Gott und Jesus unterscheidet. Jüdisch (und muslimisch) schließt der Glaube an Gott, den Einen und Einzigen, den Einbezug Jesu Christi als Gott aus, obgleich es in der hebräischen und griechischen Bibel und im Frühjudentum viele sprachliche Vorgaben für eine Vielgestaltigkeit und für vielfache

---

[199] Zur Begründung vgl. H. Frankemölle, Kaiserlicher und/oder christlicher Friede nach Lukas. Zur Struktur der lukanischen Geburtsgeschichte, in: Ders., Frieden und Schwert. Frieden schaffen nach dem Neuen Testament, Mainz 1983, 85–97; vgl. auch S. Schreiber, Weihnachtspolitik. Lukas 1–2 und das Goldene Zeitalter, Göttingen 2009.

Wirkweisen Gottes durch seinen „Geist/ruách/pneuma" und sein „Wort/dabár/lógos" in der Geschichte und in Menschen gab. Hier ist nicht der Ort, diese Entwicklung darzustellen, ebenso nicht die zu triadischen Bekenntnissen (der eine Gott als Vater-Geist-Logos).[200]

Lukas bietet in den beiden ersten Kapiteln wichtige Hinweise zum Verständnis, was HERR bedeutet. Was in der Genesis zweifach erzählt wird, dass Adam, der „Erdling", aus der Erde/adamá durch den Geist/ruách/pneuma Gottes geschaffen wird (Gen 2), der Mensch als Mann und Frau durch das „Wort" Gottes und der ganze Kosmos durch Gottes Geist (Gen 1) entsteht, nimmt Lukas erzählerisch in Lk 1–2 in einer langen Vorgeschichte zur Empfängnis Jesu auf. Bei der Erzählung von der Zeugung Johannes des Täufers greift Lukas auf biblische Texte zurück. Dafür waren ihm Geschichten zur Zeugungs- und Geburtsankündigung Vorlage – mit Eltern, die wie Elisabet und Zacharias aufgrund ihres hohen Alters nicht mehr zeugungsfähig waren oder wie Sara und Abraham (Gen 18,11–13; zu weiteren Geschichten vgl. auch Gen 16,7–12; 17,15–21; Ri 13,3–5; 2 Kön 1,17–28; 4 Kön 4,14–17). Im Kontext des allgemeinen Glaubens an die schöpferische Macht Gottes am Anfang und über den Tod hinaus lautet der Grundsatz:

> „Ist beim HERRN/Jhwh etwas unmöglich?" (Gen 18,14)

Diesen Gedanken der grenzenlos schöpferischen Macht Gottes, formuliert von hebräisch und aramäisch denkenden Theologen, deuten griechisch-jüdische Theologen neu:

> „Ich bitte dich, mein Kind, schau dir den Himmel und die Erde an; sieh alles, was es da gibt und erkenne: Gott hat das aus dem Nichts erschaffen und so entstehen auch die Menschen." (2 Makk 7,28; um 124 v. Chr. geschrieben)

Die EÜ bietet mit der Wendung „aus dem Nichts" keine wortgetreue Übersetzung, des griechischen Textes: „Gott (ho theós) hat dieses nicht aus den bestehenden Dingen (ouk ex óntōn) gemacht". Mit dieser Formulierung geht der Verfasser einen Schritt

---

[200] Zur Vielfalt im Gottesbild der Bibel, auch zur triadischen Heilsökonomie vgl. H. Frankemölle, Gott glauben 118–195.

2. „Erlösung" und „Rettung" nach Lukas (LkEv und Apg)

über die Aussagen in Gen 1–2 hinaus wie auch andere Theologen. Spätere Handschriften verdeutlichen für griechische Leser: „Gott hat dieses aus nicht bestehenden Dingen (ex ouk óntōn) gemacht." Die lateinische Bibelübersetzung von Hieronymus, die sogenannte Vulgata (um 400 n. Chr.), übersetzt ins Lateinische zutreffend mit „ex nihilo fecit". Der Apostel Paulus[201] bestätigt diesen Schöpfungsglauben und verbindet ihn mit dem zur Auferweckung, da Gottes schöpferische Macht wie am Anfang so am Ende des menschlichen Lebens unbegrenzt ist:

„Gott, der die Toten lebendig macht
und das, was nicht ist, ins Dasein ruft." (Röm 4,17)

Die Erzählungen und das Bekenntnis zur Jungfrauengeburt sind die anthropologische Variation dieses Schöpfungsglaubens, wie sie schon in 2 Makk 7,28 belegt ist. Die Grundaussage lautet: Die gesamte Schöpfung, einschließlich der Mensch, verdankt sich ganz Gott. Diesen Glauben bestätigt auch Lukas hinsichtlich Adam (3,38: „Adam: der stammte von Gott") und Jesu von Nazaret (1,26–35). Ebenso verfährt Matthäus, wenn er in 1,23 die griechische Bibel in Jes 7,14 zitiert:

„Siehe die Jungfrau/parthénos wird empfangen und
einen Sohn gebären,
und du wirst seinen Namen nennen: Immanuel."

und aus Jes 7,8.10 anfügt:

„das heißt übersetzt: mit uns ist Gott."

Wie bei der Entstehung des Kosmos dieser Glaube nichts mit Physik zu tun hat, so bei der Entstehung ausgewählter Menschen nichts mit Biologie. Es geht um die schöpferische Macht Gottes, um den Glauben daran, dass besondere Menschen sich ganz einem besonderen schöpferischen Eingreifen Gottes verdanken – wie Melchisedek (Hebr 7,3: „Er, der ohne Vater, ohne Mutter; ohne Stammbaum ist") oder Isaak (Gal 4,29). Bei Jesus wird dieses Bekenntnis im Verlauf der Erzählungen im Evangelium ver-

---

[201] Zur Entwicklung von der hebräischen zur griechischen Bibel und zu weiteren frühjüdischen und frühchristlichen Stellen vgl. H. Frankemölle, Frühjudentum 200–206.

tieft und überhöht, da Lukas ihm eine „gottgleiche" Stellung zuspricht. Daher kann er ihn schon im Prolog als „Herr/kýrios" preisen (2,11). Für jüdische Ohren war dies allein JHWH, der als Retter aus der Knechtschaft in Ägypten oder aus dem Exil in Babylon gepriesen wurde. Ohne diese jüdischen Erinnerungen an das Wirken und Offenbarwerden des biblischen Gottes ist das Lukasevangelium nicht zu verstehen; das Magnificat von Maria (1,46–55), das Benedictus von Zacharias (1,67–79) und das Lied des Simeon (2,29–32) erinnern an diese jüdischen Erlösungsgeschichten.

Da Rabbinen am Ende des ersten Jahrhunderts n. Chr. weiter an den hebräischen und aramäischen Texten festhielten, die Christen aus dem Judentum und Nichtjudentum aber die griechischen Übersetzungen der Bibel rezipierten, bricht mit den Vorgeschichten bei Matthäus und Lukas die bleibende Differenz zwischen dem jüdischen und christlichen Glauben auf. Dabei betonen Matthäus und Lukas klar die jüdische Herkunft des neugeborenen Kindes, Lukas verstärkt diesen Gedanken durch die Verschränkung und Parallelisierung der Johannes- und Jesusgeschichte und ihre Einbindung in die jüdischen Überlieferungen, zusätzlich durch die steuerpolitischen Hinweise in 2,4, wonach Josef „nach Judäa in die Stadt Davids, die Betlehem heißt," ziehen musste: „denn er war aus dem Haus und Geschlecht Davids." Entsprechend wird das neugeborene Kind durch die Engel als messianischer/gesalbter „Retter/sōtär" verkündet (2,11). Ausdrücklich durch Zacharias in 1,69.71.77:

„Er (der Gott Israels) hat uns einen starken Retter erweckt,
im Hause seines Knechtes David [...].
Er hat uns errettet vor unseren Feinden [...].
Du wirst sein Volk mit der Erfahrung des Heils beschenken,
in der Vergebung seiner Sünden."

Auch wenn der Neugeborene „viele Kinder Israels zum HERRN, ihrem Gott hinwenden wird" (1,16) und Juden die besonderen Adressaten seines Auftrages sind, betont Lukas von Anfang seines Evangeliums an, in der Nachfolge der universalen Schöpfungstheologie und der Sendung des „Knechtes Gottes" nach Jesaja 42,1–4; 49,1–6; 50,4–9 und 52,13 – 53,12, die Sendung Jesu

2. „Erlösung" und „Rettung" nach Lukas (LkEv und Apg)

auch zu den Völkern (1,55; 2,14; 2,30f). Dieser Glaube wird im Evangelium aufgenommen und an Beispielen weiter entfaltet (4,25-27; 7,1-9; 10,25-37; 17,11-19). Auch unter diesem Gesichtspunkt unterscheidet Jesus sich bei Lukas von anderen, tempelorientierten oder konservativen Gruppen.

Sprachliche und inhaltliche Gegensätze zeigen sich in Lk 1-2 in den beiden Hauptpersonen Kaiser Augustus und dem neugeborenen Kind und im Kontrast der universalen kaiserlichen Macht und der Ohnmacht des Kindes in Windeln. Ergänzt wird diese Intention durch das ungenannte Rom mit dem kaiserlichen Palast und der Stadt Davids mit der Krippe in Betlehem. Theologisch wichtiger ist der Gegensatz: Alleinherrscher „Kaiser/Caesar" Augustus und die Hoheitstitel „Retter, Gesalbter des HERRN" für das namenlose Kind. Dessen Name „Jesus" ist dem Leser bereits als vom Engel Gabriel verkündeter (1,31) in all seiner programmatischen Bedeutung im Hebräischen „Gott/der HERR hilft" bekannt. Daran wird der Leser in 2,21 erinnert. In Wechselwirkung stehen auch der „Befehl" des Kaisers und die Botschaft der Engel, dort „Furcht", hier „Freude", dort der politisch proklamierte „Friede" der römischen Herrscher, hier der mit dem neugeborenen Kind verbundene „Friede auf der Erde". Ein Kontrast bietet auch das militärische „Heer/stratiá" der Engel mit den kaiserlichen Gefolgsleuten und dem ungenannten Herold des Kaisers, die erzwungene Reaktion auf den Befehl des Kaisers und die freudige, freiwillige Zustimmung der Hirten, die irdische Geschichte der Registrierung der Steuern und die himmlischen Boten mit der „Ehre Gottes in der Höhe".

Dieses Bekenntnis steht am Anfang der Erzählung vom Leben Jesu, als Rückblick auf seine Geburt im Lichte seines Lebens. Für Lukas ist die „Weihnachtserzählung" ein Anti-Evangelium, wie man den von ihm eingeführten Personen entnehmen kann – gegen das „euangélion/Evangelium/die gute Nachricht" des Kaisers Tiberius (3,1), der wie andere Potentaten seiner Zeit beim Regierungsantritt seinen Untertanen eine „gute Nachricht/Evangelium" in Form von Steuererlassen oder allgemein „Frieden/pax/eiränä" verkündete. Eine Inschrift aus Ephesus aus dem Jahre 48 v. Chr. nennt schon Cäsar einen „offenbar gewordene[n] Gott /epiphánä und von Ares und Aphrodite abstammende[n] allgemeinen Retter/sōtär des menschlichen Lebens." In der berühmten Inschrift von Priene (9 v. Chr.) heißt es zum Kaiser Augustus, dass „der Geburtstag des Gottes [Augustus] für die Welt als Anfang ... der Evangelien" verkündet wird. Am Ende des Jahres 69 n. Chr. war es das „Evangelium" vom Regierungsantritt Vespasians, das Markus angeregt haben dürfte, sein „Evangelium von Jesus Christus, Gottes Sohn" (Mk 1,1) zu schreiben, als Anti-Evangelium im Lichte der Bibel und als Deutung der heilbringenden Geschichte Jesu.[202] Lukas verzichtet auf den Begriff „Evangelium", arbeitet den Kontrast in 2,1–21 erzählerisch aber noch deutlicher heraus als Markus. Der Kaiser als „Retter" steht kontrastiv gegen Jesus Christus als „Retter" aller Menschen, das kaiserliche dominus ac deus gegen das christliche Bekenntnis zu Jesus als „Sohn Gottes" (mehr war im Kontext des jüdischen Bekenntnisses zu JHWH, dem Einzigen und Einen nicht möglich).

Auch der Verfasser des Titusbriefes kannte solche Deutungen und übertrug sie auf Gott und Jesus Christus: „Denn die Gnade Gottes ist erschienen/epephánä, um alle Menschen zu retten/sōtärios. Sie erzieht uns dazu, uns von der Gottlosigkeit und den irdischen Begierden loszusagen und besonnen, gerecht und fromm in dieser Welt zu leben, während wir auf die selige Erfüllung unserer Hoffnung warten: auf das Erscheinen/epipháneian der Herrlichkeit unseres großen Gottes und unseres Retters/sōtärios Jesus Christus. Er hat sich für uns hingegeben ..." (2,11–14). Die Einheitsübersetzung bietet die Wendung „unseres großen Gottes und Retters Christus Jesus", womit Jesus als Gott bezeichnet wird (so auch in der deutenden Übersetzung von 2 Petr 1,1: „unseres Gottes und Retters Jesus Christus"). Das ist im Neuen Testament nie belegt, auch in 2 Petr nicht. Sachlich nimmt diese Deutung die späteren Konzilien von Chalzedon und Nizäa voraus. In den Pastoralbriefen kann Gott als „Retter" (1 Tim 1,1; 2,3; 4,10; Tit 1,3; 2,10; 3,4), ebenso auch Jesus als „Retter" bekannt werden (2 Tim 1,10; Tit 1,4; 2,13; 3,6). Diese Deutung – gebunden an den Tod Jesu am Kreuz – findet ihre Bestätigung im folgenden Satz: „der sich für uns hingegeben hat."

---

[202] Vgl. M. Ebner, Evangelium contra Evangelium. Das Markusevangelium und der Anfang der Flavier, in: Biblische Notizen 116, 2003, 28–42.

2. „Erlösung" und „Rettung" nach Lukas (LkEv und Apg)

Mit dem Gedanken der Selbsthingabe greift der Verfasser auf alte christliche Überlieferung zurück (Mk 10,45; Gal 1,4; 2,20). Verwandt damit ist der Gedanke vom „Loskauf/apolýtrōsis", mit dem Paulus unter anderem (siehe oben 3.1) den Tod Jesu deutet (Röm 3,24; 1 Kor 1,30).

Lukas dürften aus der griechisch-römischen Welt und aus den Griechisch sprechenden Gemeinden diese politischen und theologischen Heilsvorstellungen bekannt gewesen sein. Er bietet aber eine eigene Deutung von Jesus als „Retter", der „schalom/Frieden" und „Erlösung/Befreiung" bringt.

Auffällig ist, dass Lukas seinen Text in Weiterführung von Markus (Mk 1,1: „Anfang des Evangeliums ...") nicht „Evangelium" nennt. Bei ihm ist Evangelium im Unterschied zu Paulus (48 Stellen) der Begriff im Sinne von „guter Botschaft" mündlicher Art nicht belegt (Markus: achtmal, Matthäus viermal). Nur in Apg 15,7 und 20,24 meint „Evangelium" die mündliche Verkündigung der Apostel unter den Nichtjuden. Lukas nennt seinen Text in 1,1 in Anlehnung an griechische Geschichtsschreibung etwa des Dionysios von Halikarnassos, der um 30 v. Chr. eine „Altrömische Geschichte" verfasste, eine „Erzählung", einen „Bericht/dihägäsis". Dabei geht es ihm wie jenem nicht um eine fabulierende Erzählung, sondern um nachprüfbare und gut überlieferte „Ereignisse, die sich unter uns erfüllt haben". Nur Lukas benutzt diesen terminus technicus hellenistischer Geschichtsschreibung im Neuen Testament. In diesem Sinn nennt er am Beginn der Apg im Rückblick das Evangelium den „ersten Bericht" (Apg 1,1).

Lukas spricht als einziger der Evangelisten an vielen Stellen verbal von „euangelízesthai/die frohe Nachricht verkünden". Programmatisch wird diese Tätigkeit Jesu bei seiner Antrittspredigt in Nazaret mit einem Zitat aus Jes 61,1f nicht auf die Wortverkündigung beschränkt, sondern meint umfassend Worte *und* Taten Jesu: Den Armen die frohe Botschaft bringen bzw. ein Gnadenjahr des Herrn ausrufen, heißt: den Gefangenen Entlassung verkünden und den Blinden das Augenlicht schenken (4,18f).[203] Ebenso hat Lukas in 7,22 bei der Anfrage der Jünger

---

[203] Diese Verschränkung wurde nicht immer gesehen; zu einem For-

Johannes des Täufers Jesu umfassendes Wirken in Wort *und* Tat mit Hinweis auf Jes 61,1 begründet.

Der Umgang des Lukas mit seiner Vorlage bei Markus bestätigt diese Deutung:

> „Lasst uns anderswohin gehen, in die benachbarten Dörfer, damit ich auch dort verkünde, denn dazu bin ich gekommen." (Mk 1,38)

> „Ich muss auch den anderen Städten das Evangelium vom Wirken (EÜ: Reich) Gottes verkünden; denn dazu bin ich gesandt worden." (Lk 4,43)

Das Stichwort „basileia tou theou/Königsherrschaft/Reich Gottes" fällt hier bei Lukas zum ersten Mal. Durch die Stellung dieses Verses nach der Antrittspredigt in Nazaret (4,16–30) und nach dem anschließenden exemplarischen Wunderwirken in Kafarnaum (4,31–41: Dämonenaustreibung, Heilung der Schwiegermutter des Petrus, Krankenheilungen) interpretiert Lukas das „Evangelium" aus Mk 1,14f so, dass „die frohe Botschaft" die Verkündigung des „Wirkens/der Herrschaft/des Reiches Gottes" das Wirken Jesu in Wort *und* Tat meint. Das Ende des Evangeliums bestätigt diese Verschränkung, ebenso der Anfang der Apg:

> „Jesus von Nazaret war ein Prophet, mächtig in Wort und Tat vor Gott und den Menschen." (Lk 24,19)

> „Im ersten Buch [...] habe ich über alles berichtet, was Jesus von Anfang an getan und gelehrt hat." (Apg 1,1)

Durch Jesu Wirken wird den Menschen Gottes Wirklichkeit erfahrbar. Diese Erwartung ist in der Verkündigung des Engels beim Begriff „Retter/sōtär" angesprochen. Wie sich der Leser zwischen der Deutung: politische und weltliche Herrschaft oder Herrschaft Gottes, die in Jesus erschienen ist, entscheiden muss, so wird im Verlauf des lukanischen „Berichtes" klar, dass es sich nicht nur um ein Lippenbekenntnis zu Jesus als „Retter", „Sohn Gottes" und zu anderen Hoheitstiteln oder um den Glauben an seinen Erlösungstod handeln kann, sondern um konkrete Nachfolge, um ein Tun wie Jesus – als Einzelner und als Gemeinde,

---

schungsbericht zum Substantiv und Verbum vgl. H. Frankemölle, Evangelium – Begriff und Gattung. Ein Forschungsbericht, Stuttgart ²1994, 180–185: Lukas.

2. „Erlösung" und „Rettung" nach Lukas (LkEv und Apg)

wovon die Apostelgeschichte berichtet. Glaube im Sinne eines Katechismusglaubens („Ich glaube an Gott und an Jesus Christus ...") bringt nicht das Heil. Diese Überzeugung ist gut jüdisch und jesuanisch (vgl. Mt 5-9; 25,31-46). Der Verfasser des Jakobusbriefes stimmt darin mit Jesus überein:

> „Du glaubst: Es gibt nur einen Gott. Damit hast du recht; das glauben auch die Dämonen und sie zittern." (Jak 2,19)

Das pastoraltheologische Programm des Jakobus lautet entsprechend:

> „Werdet Täter des Wortes und nicht nur Hörer!" (Jak 1,22)

Die beiden Werke des Lukas enthalten exakt diese Botschaft nicht als Spruch, sondern in meisterhaften Erzählungen.

2.2 „Rettung" und „Erlösung" durch Jesus im lukanischen Werk

Auch wenn das Bekenntnis zu Jesus als „sōtär/Retter/Heiland" im Lukasevangelium nur einmal (2,11), in der Apostelgeschichte zweimal (5,31; 13,23) belegt ist (zu Gott vorher in Lk 1,47), hat Lukas dieses Bekenntnis zum Leitthema seiner Christologie gemacht. Es gelingt ihm durch weitere Nomina, vor allem aber durch Verben, die mit dem Substantiv ein großes Wortfeld – wie die Sprachwissenschaft es nennt – entfalten.[204] Als Substantiv ist „hä sōtäría/Heil/Rettung" (1,69.71.77; 19,9; Apg 4,12; 7,25; 13,26.47; 16,17; 27,34) zu nennen, bedeutungsgleich, in Anlehnung und in Zitaten aus der Septuaginta (Jes 40,5), „to sōtärion/ Heil/Rettung" (2,30; 3,6; Apg 28,28).

Diese Begriffe erinnern an das dynamische, geschichtliche und befreiende Wirken Gottes für Israel und alle Menschen:

> „Der HERR, der Gott Israels hat sein Volk besucht
> und ihm Heil/Erlösung/sōtäría geschaffen;

---

[204] Zu den Belegen vgl. W. Radl und K. H. Schelkle, in: EWNT III, 765-770.781-789 und K. Backhaus, Das lukanische Doppelwerk. Zur literarischen Basis frühchristlicher Geschichtsdeutung, Berlin 2022, 317f.

er hat uns ein Horn der Rettung/sōtārías erweckt (die EÜ übersetzt die biblisch vorgegebene Metapher sachlich angemessen mit: einen starken Retter).
Er war unsere Rettung/sōtārias von unseren Feinden (EÜ: er hat uns errettet vor ...)
Er hat uns geschenkt, dass wir aus Feindeshand befreit, ihm furchtlos dienen.
Du wirst sein Volk mit der Erfahrung des Heils/sōtārías beschenken in der Vergebung seiner Sünden." (Lk 1,68f.71.74.77)

„Meine Augen haben das Heil/to sōtārion gesehen,
das du vor allen Völkern bereitet hast,
ein Licht, das du allen Völkern bereitest hast,
ein Licht, das die Völker (EÜ: Heiden) erleuchtet,
und Herrlichkeit für dein Volk Israel." (Lk 2,30–32 als Zitate aus Jes 40,5 LXX; 52,10).

Dass auch gesellschaftlich und religiös Diffamierte, „Sünder" und bei frommen Juden verhasste Kollaborateure der Römer, wenn sie für Jesus und seine Botschaft offen sind und sich gegenüber Armen (19,8) „mit der Hälfte des Vermögens" übermäßig wohltätig verhalten, die Zusage der „Befreiung" zugesprochen bekommen, zeigt die nur von Lukas überlieferte Erzählung vom „sehr reichen obersten Zollpächter" Zachäus (19,1–10):

„Heute ist diesem Haus Heil/sōtāría geschenkt worden,
weil auch dieser Mann ein Sohn Abrahams ist." (19,9)

Diese Erzählung ist auffällig, wenn man die durchgehende Kritik Jesu am Reichtum (12,15–21; 16,1–13.19–31; 18,22–27) bedenkt. Reichtum verschließt nach Lukas das Herz des Menschen gegen Mitmenschen und gegen Jesu befreiende Botschaft. Martin Luther bringt es im Großen Katechismus auf den Punkt: „Woran du nun, sage ich, dein Herz hängst und worauf du dich verlässt, das ist eigentlich dein Gott." Hier gibt es nur ein Entweder – Oder: Daseins- und Weltbestimmung durch Jesu Botschaft von der Wirklichkeit Gottes oder Bestimmung durch die ungezügelte Profitmaximierung im Kapitalismus (siehe oben I 6.4):

„Ihr könnt nicht Gott dienen und dem Mammon." (16,13 par Mt 6,24)

Gesellschaftlich-politisches Wohlbefinden und profane Freiheit (von Feinden) für Israel und Israels Freiheit von Sünden (nach

2. „Erlösung" und „Rettung" nach Lukas (LkEv und Apg)

biblischem Verständnis gegen Mitmenschen und gegen Gott) gehen Hand in Hand. Die Zitate aus der griechischen Bibel belegen, dass bereits ab dem 6. Jahrhundert v. Chr. der Prophet Jesaja diesen universalen, umfassenden Blick hatte. Jesus bestätigt diese Deutung von Heil und Rettung. Diese Vorstellung ist typisch für Lukas, da diese Begriffe bei Markus, Matthäus und Johannes nicht belegt sind. Nur in Joh 4,22 steht das gewichtige Wort: „Das Heil/sōtaría ist/kommt aus den Juden", personell im Messias/Christus Jesus von Nazaret und in der von ihm gedeuteten Tora, mit deren Weisung Schöpfung und Menschen „heil" werden können. Christen haben keine andere als die jüdische, von Jesus interpretierte Ethik. Ein rein religiöses Heil, ein „rette deine Seele!", wie früher ein Spruch in den Kirchen auf dem Kreuzesbalken oft lautete, gibt es nach Jesus, wie er von Lukas gedeutet wird, nicht,

Verben aus dem Wortfeld bestätigen diese Lesart. Das Verbum „sōzein/retten/heilen" ist 17-mal im Evangelium und 13-mal in der Apostelgeschichte belegt, mehr als in jedem anderen Evangelium. Verstärkt wird es durch das Kompositum „diasōzein/retten/entkommen" (außer Mt 14,36 und 1 Petr 3,20 nur bei Lukas sechsmal belegt). Geheilt und gerettet wird man von Blindheit, Aussatz, Blutfluss, Lähmung, Besessenheit von Dämonen, vom Tod (8,50) und von Sünden (7,50; 19,10). In allen Geschichten geht es nicht nur um körperliche und gesellschaftliche „Heilung", sondern immer um die Integrität des Menschen nach der Ordnung Gottes. Er wird nicht auf ein Jenseits oder auf eine zukünftige Besserung vertröstet, sondern Menschen erfahren Gottes Wirken in Jesus Christus hier und jetzt in zwischenmenschlichen Erfahrungen (nicht in liturgischen, sakramentalen Vollzügen).

Zum Wortfeld „retten" gehört auch das für Lukas typische „iāsthai/heilen/gesund machen" (11-mal im LkEv, 4-mal in der Apg; Mk: 1; Mt: 4; Joh: 3), während das Substantiv „iasis/Heilung" dreimal nur bei ihm belegt ist, das Verbum „therapeuō/heilen" 19-mal (Mt: 16; Mk: 5; Joh: 1). Alle drei Wörter beziehen sich auf das wunderbare Heilen Jesu bei Besessenheit, Blindheit, Lähmungen und anderen Erkrankungen – in göttlicher Kraft (Lk 6,19; Apg 19,12).

„Die Kraft des HERRN war mit ihm, sodass er heilen konnte." (5,17)

„Alle Leute versuchten ihn zu berühren; denn es ging eine Kraft von ihm aus, die alle heilte." (6,19)

Zum heilenden Wirken Jesu gehört sein heilendes Wort zur Sündenvergebung (5,17–26: 7,36–50). Nach Lukas können Menschen, die für seine Botschaft offen sind, hier und jetzt Jesu heilendes und mit Gott versöhnendes Wirken unmittelbar erfahren (zu „dein Glaube hat dir geholfen" vgl. 7,50: 17,19; 18,42).

Besonders eindrucksvoll sind die nur von Lukas überlieferten Erzählungen vom barmherzigen Vater (15,11–32), vom ungerechten Verwalter (16,1–13), vom reichen Mann und armen Lazarus (16,19–31), vom skandalösen Wegsehen der Priester und Leviten bei der Not des Überfallenen und vom barmherzigen Samaritaner (17,11–19), vom Pharisäer und Zöllner im Tempel (18,9–14) und vom ökonomisch völlig überraschenden sozialen Verhalten des Weinbauern, der für ungleiche Arbeitszeit denselben Lohn zahlt (20,1–16). Die Beliebtheit der lukanischen Eigenart, Theologie nicht dogmatisch spekulativ zu reflektieren, sondern handlungsorientiert zu erzählen, kommentiert er selbst noch für Jesu Wirken in Jerusalem:

„Das ganze Volk hing an seinen Lippen (EÜ: hing an ihm), um ihn zu hören." (19,48)

Die Botschaft von 2,11, dass Jesus der „Retter" und „Heiler" ist, wird von Lukas in vielen Geschichten erzählerisch in zahlreichen Facetten bestätigt: Viele erfahren Heilung an Leib und Seele (zur Sündenvergebung: 5,17–26.27–32; 7,36–50; 15,11–32; 19,1–10; zur Rettung aus Krankheit und Not: 5,17–26; 17,11–19). Sie werden als Mitglieder der Gemeinschaft der Menschen und der Gemeinschaft mit Gott von ihm akzeptiert, kommen durch ihn und seine Botschaft zum Glauben und nehmen als Glaubende an der Verwirklichung seiner Sendung teil (siehe unten 2.4).

Im Lichte der Erlösungslehre des Paulus von der alleinigen Erlösung durch den Tod Jesu am Kreuz stellt sich die Frage, wie ist Lukas mit der im Markusevangelium (und bei Paulus?) vorliegenden Glaubensaussage umgegangen? Kannte er die Tradition des Paulus?

2. „Erlösung" und „Rettung" nach Lukas (LkEv und Apg)

2.3 Die Deutung des Todes Jesu nach Lukas

In seinen Vorlagen fand Lukas zwei Deutungen des Leidens und des Todes Jesu: In der Logienquelle (um 40–50 geschrieben) und im jüngeren Markusevangelium (nach 70 geschrieben). In der Logienquelle standen vor allem „Worte/Logien" Jesu. Sie wurde von den Evangelisten Matthäus und Lukas unabhängig voneinander rezipiert und aktualisiert (man vergleiche zum „Vater unser" Lk 11,2–4 mit Mt 6,9–13). In ihr ist nicht nur der Glaube an die Auferweckung belegt, sondern auch in den Geschichten über Propheten der Gedanke einer misslungenen Sendung, der in der Rückschau auf das Geschick Jesu verständlich ist: Die Aufgaben der Propheten sind nicht leicht, oft scheitern sie und erleiden ein gewaltsames Geschick, weil Israel nicht auf ihre Warnungen hört (2 Chr 24,19; Jer 7,25). Sie wurden sogar gesteinigt (2 Chr 24,21) und getötet (Jer 26,32; 1 Kön 18,13; 19,1.10.14; 2 Esr 19,26; Neh 9,26). Wie bei den Geburtsankündigungsgeschichten entstand auch bei diesem Thema eine stereotype Erzählform.[205] In der Bibel wird der Gedanke des Leidens oft verbunden mit dem Gedanken der Auferweckung, der Erhöhung des Gerechten und seiner Errettung (Ps 27; 40; 41; 69; 71; Weish 2,12–20; 5,1–12).[206]

Nach Lukas und Matthäus hat auch Jesus diese Deutung vertreten, wie die Geschichte seiner Ablehnung in seiner Vaterstadt belegt (Lk 4,16–30):

> „Jerusalem, Jerusalem, du tötest die Propheten und steinigst die Boten, die zu dir gesandt sind" (Lk 13,34 par Mt 23,37; ähnlich in Lk 11,47–51 par Mt 23,34–36, wo „kreuzigen" eingefügt wurde).

---

[205] O. H. Steck, Israel und das gewaltsame Geschick der Propheten. Untersuchungen zur Überlieferung des deuteronomistischen Geschichtsbildes im Alten Testament, Spätjudentum und Urchristentum, Neukirchen 1967.
[206] Diese „alttestamentliche Substruktur" anhand biblischer Zitate liegt bereits auch der vormarkinischen Passionserzählung zugrunde und wurde von Matthäus und Lukas übernommen. Zur Begründung vgl. R. Pesch, Das Markusevangelium II, Freiburg 1977, 1–27; zu den biblischen Vorgaben ebd. 13–15.

III. Modelle von „Erlösung" im Neuen Testament

Lukas greift wiederholt auf den Topos vom Prophetenmord zurück (6,23; 11,47-51; 13,34f; Apg 7,52). Auch Jesus war diese Deutung nicht unbekannt, wie sein Hinweis auf das Botengeschick (13,33f) und auf das Leidenmüssen des Christos/Gesalbten (24,26) belegt. Er musste mit seinem Tod aufgrund der zahlreichen Konflikte in Jerusalem, vor allem mit der Tempelaristokratie rechnen.[207] Das Schicksal Johannes des Täufers war ihm bekannt. Jesus ging nicht davon aus, mit seinem Tod sei alles zu Ende. Er glaubte wie fast alle Juden (bis auf die Samaritaner und Sadduzäer) an die Auferweckung durch Gott, an ein Leben nach dem Tod bei Gott (zu Lazarus vgl. 16,19-31; zum reuigen Schächer am Kreuz vgl. 23,43) und gemäß Jes 25,6 glaubte Jesus an eine Teilnahme am göttlichen Gastmahl (22,16-18).

Über eine Heilsbedeutsamkeit seines Todes hat Jesus nicht geredet. Dieser Gedanke wird durch die Verkündigung Jesu von der „Herrschaft" Gottes, die hier und jetzt in Jesu Tun erfahrbar ist, ausgeschlossen.[208] Vorausgesetzt ist jedoch die Überzeugung, dass Gott der HERR über Leben und Tod ist, die von Gott geschenkte „Errettung" und „Vergebung" durch Jesus vermittelt wird (vgl. Lk 6,17-26 par Mk 2,1-12), Gott insgesamt der eigentliche „Retter" in allen Belangen ist (5,32; 7,47-49; 15; 19,8-10; 23,41-43), wie das Magnificat zu Beginn des Evangeliums festhält:

> „Meine Seele preist die Größe des HERRN,
> und mein Geist jubelt über Gott, meinen Retter." (1,46f)

Diese theozentrische Grundstruktur bestätigt Lukas durch das für ihn typische „dei/es ist nötig/muss": Alles erfolgt nach dem Ratschluss und dem Plan Gottes. Davon ist das Wirken und das Geschick Jesu ebenso betroffen wie das seiner Nachfolger. Die gesamte Heilsgeschichte ist davon bestimmt. (Daher wird dieser Aspekt unten in 2.5 eigens bearbeitet).

---

[207] Zur Begründung vgl. H. Frankemölle/H. Heinz, Jesus 95-104.
[208] Vgl. H. Frankemölle, Jesus als deuterojesajanischer Freudenbote? Zur Rezeption von Jes 52,7 und 61,1 im Neuen Testament, durch Jesus und in den Targumim, in: Ders., Jüdische Wurzeln christlicher Theologie, Bodenheim 1998, 131-159.

2. „Erlösung" und „Rettung" nach Lukas (LkEv und Apg)

Das Markusevangelium als zweite Vorlage des Lukas kennt eine andere Deutung des Todes Jesu, die bei Lukas aber nicht die Deutung der Logienquelle verdrängt. Bei der Rezeption der markinischen Überlieferung übernimmt Lukas die Deutung als Sühnetod nicht. Deutlich wird dies in der Perikope vom Rangstreit der Jünger (22,24–30 par Mk 10,42–45; Mt 20,25–28). Während Lukas durchgehend der Erzählfolge von Markus folgt (22,24–27 par Mk 10,41–45), ändert er an entscheidender Stelle das Wort vom dienenden Menschensohn durch einen Hinweis auf Jesu Tun:

> „Denn auch der Menschensohn ist nicht gekommen, um sich dienen zu lassen, sondern zu dienen und sein Leben hinzugeben als Lösegeld/lýtron für viele." (Mk 10,45)

> „Wer ist größer: Der bei Tisch sitzt oder der bedient? Ist es nicht der, der bei Tisch sitzt? Ich aber bin unter euch wie der, der bedient." (Lk 22,27)

> „Wer bei euch der Erste sein will, soll euer Sklave sein. Wie der Menschensohn nicht gekommen ist, um sich dienen zu lassen, sondern um zu dienen und sein Leben hinzugeben als Lösegeld/lýtron für viele." (Mt 20,27f)

Der Begriff „lýtron/Lösegeld" ist im Neuen Testament nur in Mk 10,45 und abhängig davon in Mt 20,27 belegt. Es erinnert an das Geld für den Loskauf von Sklaven auf dem Markt oder biblisch an die Befreiung Israels aus Ägypten (zur sprachlich ähnlichen Metapher bei Paulus in Gal 3,13; Röm 3,24 und 8,23 siehe oben III 1.1). Er wird in Mk 10,45 und Mt 20,28 nicht auf Jesus, sondern auf „für viele" bezogen. Für Israel war die Befreiung aus Ägypten durch Gott Prototyp für Befreiung schlechthin (zum Verbum vgl. Dtn 7,8; 9,26; 13,6). In religiösem Sinn konnte auch von Sünden bzw. Sündenmacht befreit werden (Ps 130,7f; Jes 43,3; 52,2f; so auch in 1 Kor 6,20; Gal 3,13 und 4,5).

Lukas übernimmt diese starke Metapher des Loskaufs Vieler durch den Tod Jesu nicht. Er ist generell gegen eine Deutung des Todes Jesu als stellvertretendes Sühneleiden. Dies bestätigen weitere Texte:

> „Denn ich sage euch: An mir muss sich erfüllen, was geschrieben steht: ‚Er wurde zu den Gesetzlosen gerechnet.' Denn alles, was über mich gesagt ist, geht in Erfüllung." (22,37)

Das Zitat, das hier eingespielt wird, steht in Jes 53,12. Ähnlich wird in Apg 8,32f bei der Taufe des Äthiopiers Jes 53,7 und 53,8 LXX zitiert. Auffällig ist auch hier, dass Lukas das von Jesaja betonte Motiv vom stellvertretenden Tod des Gottesknechtes nicht aufnimmt, während er andere wichtige theologische Motive übernimmt wie die Erleuchtung der Nichtjuden (in 2,32) oder die umfassende frohe Botschaft von Jesu Tun (in 4,18f).

Lukas kommt es nicht auf die Heilsbedeutsamkeit des Kreuzes an, sondern auf das heilende, versöhnende und rettende Tun Jesu während seines gesamten irdischen Wirkens. Wenn man alle Texte zusammen betrachtet, wird man feststellen müssen: Lukas hat bewusst den Gedanken der „Erlösung" und „Versöhnung" durch den Tod Jesu vermieden, wie sein Umgang mit den Vorlagen belegt. Dass Jesus der „Retter" ist, wird nicht mit seinem Tod begründet. Er stirbt so, wie er gelebt hat. „Pointiert: Jesus stirbt *vergebend*, nicht zur *Vergebung*".[209] Sein ganzes Wirken ist von einer radikalen, vergebenden, Menschen miteinander und mit Gott versöhnenden Hingabe geprägt. Jesu soteriologische Bedeutung fasst Lukas in der Rückschau mit den Worten zusammen:

> „er tat Gutes und heilte alle." (Apg 10,38)

Folgerichtig verzeiht Jesus dem reuigen Schächer am Kreuz (23,40–43) und bittet den Vater um Vergebung für seine Mörder, „denn sie wissen nicht, was sie tun" (23,34; die „Unwissenheit/ ágnoia" betont Lukas auch in Apg 3,17 und 13,27 zur Entlastung der Juden).

Zu Jesu Leben ganz aus Gott und ganz für Gott gehört ein ebensolches Sterben, das Lukas deutlich vom vorliegenden Text des Markus und von der Parallele bei Matthäus unterscheidet:

---

[209] K. Backhaus, in: G. Fischer/Ders., Sühne und Versöhnung. Perspektiven des Alten und Neuen Testaments, Würzburg 2000; zu Lukas ebd. 84–88, zum Zitat ebd. 87.

2. „Erlösung" und „Rettung" nach Lukas (LkEv und Apg)

> „Jesus rief mit lauter Stimme: Vater, ‚in deine Hände lege ich meinen Geist.'" (Lk 23,46 mit einem Zitat aus Ps 31,6)

> „Jesus schrie mit lauter Stimme: […] ‚Mein Gott, mein Gott, warum hast du mich verlassen'?" (Mk 15,34 mit einem Zitat aus Ps 22,2 par Mt 27,46)

Jesus stirbt Gott ergeben, vertrauensvoll, steht fest in seinem Glauben, wie er es in seinem ganzen Leben vorgelebt hat. Petrus bekennt in seiner ersten Rede in Jerusalem:

> „Gott hat ihn von den Wehen des Todes befreit und auferweckt; denn es war unmöglich, dass er vom Tod festgehalten wurde." (Apg 2,24)

Die Auferweckung Jesu ist die Überwindung des Todes. Der Tod ist ohne heilsgeschichtliche Bedeutung, nur Übergang in die Wirklichkeit Gottes, ins „Leben" (Apg 3,15). Auch nach dem Tod Jesu lässt Lukas, anders als Paulus, die Apostel nicht den stellvertretenden Sühnetod Jesu verkünden. Er betont in seinem zweiten Werk vielfach Jesu Auferweckung und Erhöhung (Apg 2,22–36; 3,12–26; 4,9–12; 5,29–31; 7,55f: 10,37–43; 13,27–39; 17,31), nicht aber die Heilsbedeutung des Todes Jesu. Er ist ein Paradigma eines vertrauensvollen Sterbens im Glauben an die Auferweckung durch Gott, wie es schon die Propheten vorausgesagt haben (24,25–27; Apg 10,37–43). Sein erster Nachfolger ist Stephanus, der fast mit denselben Worten „in deine Hände empfehle ich meinen Geist" aus Ps 31,6 wie Jesus stirbt (vgl. Lk 23,46 mit Apg 7,59f: „Nimm meinen Geist auf"; vgl. auch die identische Bitte für die Übeltäter in Apg 7,60 und Lk 23,34). Auch der Tod von Stephanus hat keine Heilsbedeutung für andere. Beide sind Vorbilder für das Verzeihen und Vergeben.

Eine Ausnahme des Wirkens Jesu als „Retter" machen die Worte über Brot und Wein in der Erzählung vom letzten Abendmahl. Sie deuten den Tod Jesu als stellvertretend „für" andere. Auch diese Vorstellung ist biblisch belegt (siehe unten IV 2), umschreibt demnach nicht eine Einzigartigkeit des Todes Jesu. Erstaunlich dabei ist, dass Lukas hier nicht wie üblich die Tradition nach Markus übernimmt, sondern die von Paulus zitierte. Paulus gibt weiter, was er selbst „vom Herrn [durch eine Vision?] empfangen" hat (1 Kor 11,23). Dies kann ein Hinweis darauf sein, dass Lukas an dieser Stelle die in seiner Gemeinde in der Liturgie übliche Formulierung übernimmt. Als Ritual ist sie daher für seine Theologie nicht prägend. Ähnlich offen ist die Formulierung in Apg 20,28 „damit ihr als Hirten des HERRN sorgt, die er sich durch sein eigenes Blut erworben hat". Sie dürfte ebenfalls den liturgischen Formeln aus paulinischer Tradition entstammen, da die Hauptaussage im Kontext eine Ermahnung und ein Bekenntnis zu Gott als Erlöser ist:

> „Gebt Acht auf euch, und auf die ganze Herde, in der euch der Heilige Geist zu Vorstehern bestellt hat, damit ihr als Hirten für die Kirche Gottes [andere Handschriften: des HERRN] sorgt, die er sich durch sein eigenes Blut erworben hat."

Die Lesart in Klammern belegt eine Verdeutlichung des christlichen Bekenntnisses, ist aber handschriftlich weniger gut bezeugt. Nach Lukas „hat Gott sein Volk heimgesucht" (Lk 7,16) und „ihm Erlösung geschaffen" (1,68), durch seine „barmherzige Liebe" (1,78). Auch Paulus spricht nicht von „christlicher Kirche", sondern von der „Kirche Gottes" (1 Kor 1,2; 10,32; 11,22; 15,9; 2 Kor 1,1; Gal 1,13) oder differenzierter von „Gemeinden Gottes in Christus" (Gal 1,22; vgl. 2 Kor 5,18f).[210] Daraus wurde im Zuge der immer stärker dominierenden christologischen Perspektive und der Deutung Jesu Christi als menschliche Daseinsweise Gottes auf Erden (Mt 1,21.23; 9,33) die Kurzformel „Gemeinden Christi" (Röm 16,16; Mt 16,18).

Lukas vertritt eine theozentrische Theologie, indem er, wie die Lieder am Anfang des Evangeliums mit ihren vielen biblischen Zitaten belegen, mit Maria „über Gott, meinen Retter" (1,47 als Zitat aus Hab 3,18) jubeln lässt. Ob die Übereinstimmungen mit Paulus ein Indiz dafür sind, dass Lukas die paulinische Theologie vom Kreuz kannte und ihr seine eigene Deutung des heilbringenden Lebens Jesu, von der Zeugung bis zum Tod (mit dem Schwerpunkt auf seinem soteriologischen Wirken), daneben stellt, kann aufgrund der weiten Verbreitung der paulinischen Mission im Mittelmeerraum vermutet werden. Im Vordergrund

---

[210] Vgl. H. Frankemölle, Die „Kirche Gottes in Christus". Zum Verhältnis von Christentum und Judentum als Anfrage an das christliche Selbstverständnis, in: Ders., Jüdische Wurzeln 431–444.

2. „Erlösung" und „Rettung" nach Lukas (LkEv und Apg)

steht aber auch in der Apostelgeschichte (vgl. das Bekenntnis des römischen Hauptmannes in Lk 23,47) das Bekenntnis zum Tod Jesu als des „Gerechten" (Apg 3,14; 13,27f). Da Lukas nur wenig geographische Kenntnisse des Heiligen Landes vermittelt, geht man davon aus, dass er in Ephesus oder im südlichen Griechenland, also im Umkreis des paulinischen Evangeliums gewirkt hat.

2.4 Das Wirken der Empfänger des „Heils"

Lukas bietet als einziger Evangelist dem Leser zwei Aussendungsreden. Dies zeigt, wie wichtig ihm die Einbindung der „Zwölf" (9,1) und der „72 Jünger" (10,1) war als Überleitung zum weiteren Wirken der Zwölf, weiterer Zeugen (zur karikativen Tätigkeit der Sieben vgl. Apg 6,1–7) und vor allem des Apostels Paulus in der Apostelgeschichte. Die Verse in Lk 9,1–6 fand Lukas im Grundbestand in Mk 6,6–13. Die zweite Aussendungsrede in 10,1–16 komponierte Lukas unter thematischen Gesichtspunkten aus verstreuten Stellen des Markusevangeliums und der Logienquelle und fügte in 10,17–20 noch einige Verse hinzu, für die es keine direkte Vorlage gibt. In Vers 16 wird vermutlich ein geflügeltes Wort aus dem Botenrecht zitiert, das auch in Mt 10,40 und Joh 13,20 überliefert ist: „Wer mich aufnimmt, der nimmt den auf, der mich gesandt hat." Die verstreuten Stellen in der Logienquelle finden sich in Mt 9,37f; 10,18.12f.10b.8a.7.15; 11,20–24. Aus dem Markusevangelium stammt: „Die Herrschaft Gottes ist da." (Mk 1,15) Dieses Vorgehen des Kombinierens zeigt bewusste thematische Gestaltung.

Die Aufgabe der 72 Jünger ist identisch mit der der 12 Apostel: zu tun, was Jesus getan hat. Die zentralen Verse dazu lauten:

> „Jesus rief die Zwölf zu sich und gab ihnen Kraft und Vollmacht über alle Dämonen und um Krankheiten zu heilen. Und er sandte sie aus, das Wirken/die Gottesherrschaft (EÜ: das Reich) zu verkünden und die Kranken gesund zu machen. […] Die Zwölf machten sich auf den Weg und wanderten von Dorf zu Dorf. Sie verkündeten das Evangelium und heilten überall." (9,1f.6)

> „Heilt die Kranken, die dort sind, und sagt ihnen: Die Herrschaft Gottes ist für euch da (EÜ: das Reich Gottes ist nahe). [...] Ihr sollt wissen: Die Herrschaft Gottes ist da (EÜ: Das Reich Gottes ist nahe)." (10,9.11)

Auch das Wirken des Apostels Paulus unter den Völkern wird von Lukas mit dem jesuanischen Begriff „basileia/Königsherrschaft/Wirken Gottes" und dem evangeliaren Begriff „Evangelium/gute Botschaft" auf den Punkt gebracht:

> „Aber ich will mit keinem Wort mein Leben wichtig nehmen, wenn ich nur meinen Lauf vollende und den Dienst erfülle, der mir von Jesus, dem Herrn, übertragen wurde: das Evangelium von der Gnade Gottes zu bezeugen. Und siehe, ich weiß, dass ihr mich nicht mehr von Angesicht sehen werdet, ihr alle, zu denen ich gekommen bin und denen ich die Herrschaft (EÜ: das Reich) verkündet habe." (Apg 20,24f; ähnlich 28,31 im letzten Vers der Apg)

Eine universale Sendung zu allen Völkern vertrat seit Langem das Griechisch sprechende Judentum (Jes 2,2–5; 19,19–25; 45,20). Diese Aufgabe legte sich Paulus als Diasporajuden nahe. Nach Darstellung des Lukas wurde sie ihm aufgedrängt durch das Wirken des Heiligen Geistes; dieser lenkt alle seine Schritte (Apg 13,2.4; 16,6–8; 20,22f; 21,4.11). Ebenso die des Petrus bei der Verkündigung bei den Juden (2,14; 4,8; 6,10) und der Hinwendung zu den Völkern (10,19), wie vorher die des Philippus bei der Bekehrung des äthiopischen Kämmerers (8,29).

Was hier exemplarisch von Augenzeugen der ersten Generation (aus der Umgebung Jesu) und von Glaubenden der zweiten Generation (Stephanus, Barnabas und Paulus) erzählt wird, gründet in der Überzeugung, dass die gesamte Gemeinde vom Geist Gottes erfüllt ist (2,1–13; 4,31: „alle wurden vom Heiligen Geist erfüllt"). Der Heilige Geist Gottes ist vom Beginn der Apostelgeschichte an der eigentlich Handelnde in allen Lebensvollzügen der Gemeinde, wie er es im Evangelium für die Existenz Jesu bei der Empfängnis (1,26–38) und seit der Taufe (3,21f) in all seinem Wirken (10,21) war:

> „Erfüllt vom Heiligen Geist, kehrte Jesus vom Jordan zurück." (5,1)

> „Erfüllt von der Kraft des Geistes kehrte Jesus nach Galiläa zurück." (4,14)

2. „Erlösung" und „Rettung" nach Lukas (LkEv und Apg)

„Der Geist des Herrn ruht auf mir ..." (4,18 als Zitat aus Jes 61,1f)

Während im Evangelium die bei Jesaja aufgezählten Wohltaten in vielen Geschichten erzählerisch entfaltet werden, fasst Lukas in Apg 10,38 dieses Wirken Jesu programmatisch zusammen:

> „Ihr wisst, [...] wie Gott Jesus von Nazaret gesalbt hat mit dem Heiligen Geist und mit Kraft, wie dieser umherzog, Gutes tat und alle heilte, die in der Gewalt des Teufels waren; denn Gott war mit ihm." (Apg 10,38)

In dieser praktischen Nachfolge, die „Herrschaft Gottes/sein Wirken" den Menschen erfahrbar zu machen, ihnen „Heil/Rettung/Erlösung" zu vermitteln, stehen alle Nachfolger, alle Christen (auch heute). Nach Lukas sind die Nachfolger Jesu an der Rettung der Welt beteiligt. Die Deutung des Wirkens Jesu als „Retter" hier und jetzt (nicht erst im Kreuz) stimmt damit vollkommen überein, sodass sich im Evangelium und in der Apostelgeschichte die Soteriologie des Lukas als schlüssig erweist.[211]

Ein Wort zur Übersetzung ist erforderlich, da seit je über die Übersetzung von „ist nahe/ist da" gestritten wird. Der erzählerische Kontext in Mk 1,15 („die Zeit ist erfüllt") und die Parallelisierung zu „heilen" geben semantisch zum Verständnis wichtige Hinweise: Wer geheilt wird, ist nicht mehr krank. Kein Evangelist formuliert, dass die Heilung „nahe ist". Folglich sollte es auch bei der Erfahrung der „Herrschaft Gottes" heißen: Man kann sie hier und jetzt erfahren, nicht erst in der Zukunft oder nach dem Tod. Dieser Glaube an die gegenwärtige Erfahrung der Wirklichkeit Gottes lässt sich auch grammatisch begründen. Dies

---

[211] Ob man die „Herrschaft Gottes" im Evangelium (gebunden an Jesus) und in der Apostelgeschichte (gebunden u. a. an Paulus und an das Gemeindeleben) sprachlich und inhaltlich unterscheiden darf, erscheint fraglich; vgl. Ch. Blumenthal, Die Transformation der „Gottesherrschaft 1.0" zur „Gottesherrschaft 2.0". Überlegungen zur Basileiakonzeption und Raumpolitik bei Lukas, in: Theologie und Glaube 114, 2024, 14–29. Mit Recht betont der Verfasser, dass die Verkündigung der Gottesherrschaft im Evangelium und deren Verkündigung zusammen mit der Christologie in der Apostelgeschichte „auf konkrete soziale Gestaltwerdung ausgerichtet (ist)." (ebd. 17; vgl. 27 f.).

spricht für die Aktualität der lukanischen Theologie und sei daher näher begründet.

Wie der historische Jesus in Aramäisch formuliert hat, wissen wir nicht. Im Griechischen steht das Verbum engizō/sich nähern. Es kann um zukünftige Ereignisse gehen. In Mk 1,15 und Lk 10,9.11 sowie in allen Parallelen steht im Griechischen als Verbform das Perfekt: ängiken. Grammatisch meint das Perfekt im Griechischen nicht eine Zeitstufe, sondern einen Aspekt der Handlung und bezeichnet anders als der Aorist einen Zustand als Resultat einer vergangenen Handlung: héstäken: hat sich hingestellt und steht nun da; ein anderes Beispiel: pisteúō: ich glaube, pepísteuka: ich bin zum Glauben gekommen/ich glaube. Es wird nicht futurisch, sondern perfektisch-präsentisch gesprochen. Folglich ist das erste Verbum peplärōtai von „plāróō/sich erfüllen" zu verstehen. Bestätigt wird dies durch das Verbum im Präsens in Lk 21,28 im apokalyptischen Kontext: „eure Erlösung ist nahe/engízei". Folglich lautet in der zusammenfassenden Rückschau das Evangelium Jesu in Kurzform:

> „Die Zeit hat sich erfüllt/ist erfüllt, die Herrschaft/das Königtum Gottes hat sich genähert/sie ist angekommen/sie ist da." (Mk 1,15 par Mt 4,17)

Dieses Programmwort Jesu übernimmt Lukas nicht. Dafür entfaltet und interpretiert er diese Überzeugung in seiner typischen Art in der Erzählung von der Antrittsrede Jesu in Nazaret (4,16–30). Sie ist als programmatisch zu verstehen, da die Wendung „Wirken/Herrschaft Gottes" erst nach seinen Heilungen in Kafarnaum erwähnt wird (4,43). Auch das lange Zitat aus Jes 61,1f in 4,16–30 blickt voraus auf wichtige Inhalte von Jesu Verkündigung und heilender Tätigkeit. Wichtig für Lukas ist die nur bei ihm sich findende Erinnerung an die Taufe Jesu (Lk 3,13–17 par Mk 1,9–11) in 4,14: „Jesus kehrte, erfüllt von der Kraft des Geistes, nach Galiläa zurück" und die Erfüllung des Zeugnisses von Jesaja:

> „Der Geist des Herrn ruht auf mir, denn er hat mich gesandt. Er hat mich gesandt, Armen eine frohe Botschaft zu bringen; damit ich den Gefangenen die Entlassung verkünde und den Blinden das Augenlicht; damit ich die Zerschlagenen in Freiheit setze und ein Gnadenjahr des HERRN ausrufe." (4,18f)

2. „Erlösung" und „Rettung" nach Lukas (LkEv und Apg)

Lukas interpretiert diese prophetische Ankündigung deutlicher als Markus und Matthäus präsentisch; in Jesu Wirken und Person kann sie erfahren werden:

> „Er begann darzulegen: Heute hat sich das Schriftwort, das ihr eben gehört habt, erfüllt." (4,21)

> „Jesus wandte sich an die Jünger und sagte zu ihnen allein: Selig sind die Augen, die sehen, was ihr seht." (10,23)

> „Wenn ich aber die Dämonen durch den Finger Gottes austreibe, dann ist die Wirklichkeit (EÜ: das Reich) Gottes schon zu euch gekommen." (11,20)

> „Das Gesetz und die Propheten reichen bis zu Johannes. Von da an wird das Evangelium von der Wirklichkeit/Herrschaft Gottes verkündet und jeder drängt sich mit Gewalt hinein." (16,16)

> „Die Wirklichkeit/das Reich Gottes kommt nicht so, dass man es beobachten könnte. Man kann auch nicht sagen: Seht, hier ist es! Oder: Dort ist es! Denn siehe: Die Wirklichkeit/Herrschaft Gottes ist mitten unter euch." (17,21)

Das Handeln Jesu in all seinen gesellschaftlichen und zugleich religiösen Aspekten ist nicht „Zeichen" für die bald anbrechende Herrschaft Gottes, sondern sie wird hier und jetzt durch ihn erfahrbar gemacht und geglaubt. Dies ist die Voraussetzung jeglichen christologischen Bekenntnisses, vor allem, wenn man – analog zu den Propheten im Alten Testament – Jesus in Worten und Taten als Mittler und Medium JHWHs sieht. Gemäß den synoptischen Deutungen war Jesus sich dessen bewusst.

Philosophisch gebildete griechische Kirchenväter haben diesen Glauben später in die Sprache ihrer Zeit transformiert. Dass ihre Begriffe in der synoptischen Jesus-Überlieferung nicht vorkommen, bedeutet keine „Relativierung" der Christologie, wie Traditionalisten oft behaupten. Die Kirchenväter konnten nur das angemessen in ihre Sprache transformieren, was „in der Sache" schon da war. Sonst wären ihre Bekenntnisse philosophische Spekulationen. Daher sind nicht sie der bleibende Maßstab für den christlichen Glauben, sondern die biblischen Texte.

Für eine apokalyptische Deutung der Verkündigung Jesu vom zukünftigen Kommen der Herrschaft Gottes dient oft fast als

Schibboleth der kontextuell nicht eingebundene Spruch in Lk 10,18. In ihm verdichtet sich aufgrund der Trennung Jesu von Johannes dem Täufer ein „Schlüsselerlebnis" Jesu (Martin Ebner), das oft mit seiner Taufe verbunden wird, aber als Wort Jesu historisch oder narrativ nicht zu lokalisieren ist:

> „Ich sah den Satan wie einen Blitz aus dem Himmel fallen." (Lk 10,18)

In der Abfolge der lukanischen Erzählungen bezieht sich der Spruch, der sich nur im Lukasevangelium findet, auf das exorzistische Wirken Jesu (vgl. Lk 4,33–37; 7,11–17; 8,22–25.26–39.40–56; 11,14–33). Er generalisiert wie in einem Summarium die Entmachtung des Satans – aber nur im Himmel. Begründet ist dies in einem „Sehen" Jesu, während die Jünger nur die Erfahrung machen, dass die Dämonen ihm „untertan" sind. Dass mit diesem Spruch nicht apokalyptisch das Ende des gegenwärtigen „bösen Äons" behauptet wird, belegt das weitere heilende und exorzistische Wirken Jesu (etwa in Lk 13,10–17; 14,1–6; 18,35–43), der Ausblick auf das zukünftige Wunderwirken seiner Nachfolger (Lk 10,1–12.17–20) und die Einlösung im Tun Jesu, der Krankheiten heilt, Dämonen austreibt und Gemeinschaft stiftet. Dasselbe tun die christlichen Protagonisten nach Ostern in der Jerusalemer Urgemeinde, in Judäa, Griechenland und Rom.

Davon erzählt Lukas in der Apostelgeschichte. Die Geschichte Gottes geht nach dem Tod Jesu weiter, in der Perspektive der Jesusnachfolger. Entmachtet ist der Satan nicht, da „er in Judas, genannt Iskariot, der zu den Zwölf gehörte, fuhr" (Lk 22,3; vgl. auch Joh 13,2.27). Judas lieferte Jesus an die Hohepriester aus. Satan und die Dämonen bleiben gemäß traditioneller jüdischer Auffassung auch nach der Deutung der Evangelisten wirksam, auch wenn sie als Geschöpfe Gottes und als Gottessöhne gemäß Gen 6,1–4 ihre göttliche „Natur" verloren haben (vgl. 2 Petr 2,4; Jud 6). Das ist mythisch-metaphorisches Sprechen (vgl. Sach 3,1; Ijob 1,6: Satan ist Mitglied des himmlischen Hofstaates), nicht reale Beschreibung oder apokalyptische Rede. Nichts deutet darauf hin, dass Jesus in Lk 10,18 von einer prophetischen Schau eines endgerichtlichen Ereignisses berichtet.

2. „Erlösung" und „Rettung" nach Lukas (LkEv und Apg)

Denn auch in der Apostelgeschichte geht es nicht um die Verkündigung der Erlösung aller durch den Tod Jesu am Kreuz, sondern so Paulus vor König Agrippa:

> „Ich habe zuerst denen in Damaskus und Jerusalem, dann im ganzen Land Judäa und bei den Völkern/Heiden verkündet, sie sollten umkehren, sich Gott zuwenden und der Umkehr entsprechende Taten tun." (Apg 26,20)

Worum es Jesus nach Lukas geht, steht als Programm über der Feldrede Jesu (6,20–49) bei der Belehrung über die Feindesliebe:

> „Liebt eure Feinde; tut Gutes denen, die euch hassen! Segnet die, die euch verfluchen; betet für die, die euch beschimpfen! […] Und ihr werdet Söhne des Höchsten sein; denn auch er ist gütig gegen die Undankbaren und Bösen. Seid barmherzig wie auch euer Vater barmherzig ist." (Lk 6,27.35b.36)

Christen können im Glauben an die Kraft des Geistes Gottes wirken wie Jesus, im Glauben an seinen Auftrag durch Gott. Daher gilt für die Zeit seiner irdischen Wirksamkeit in der Sendung der „Zwölf" und der „siebzig Jünger" sowie für alle Christen nach Jesu Tod: „Und in seinem Namen wird man (d.h. seine Nachfolger) allen Völkern Umkehr verkünden, damit ihre Sünden vergeben werden." (Lk 24,47) Davon wird in der Apostelgeschichte erzählt. Eine Rückkoppelung an das heilstiftende Sterben Jesu findet sich nicht.

Die Jünger Jesu sollen sich wie er den Sündern zuwenden (Lk 5,32; 7,47–49; 15; 19,8–10; 23,41–43) und wie Jesus „suchen und retten, was verloren ist" (19,10): Armen die frohe Botschaft bringen, Gefangenen Entlassung verkünden, Blinden das Augenlicht öffnen und Zerschlagenen die Freiheit bringen (4,18–20 als Zitat aus Jes 61,1f; 29,18). Die Jünger tun es „im Namen Jesu", in seinem Auftrag und in seiner Nachfolge (Apg 3,6.12.16; 4,30; 9,34). In diesen kommunikativen und interpersonalen Handlungen erfahren Menschen Heil, Befreiung, Erlösung. Durchgehend betont Lukas dabei, dass durch Jesu Wirken und Wort *Gott* den Menschen Vergebung und Erneuerung schenkt (5,32; 7,47–49; 15; 19,8–10; 23,41–43). Auch in der singulären Tradition Lk 5,17–28 in Bearbeitung von Mk 2,1–12 geht es nicht um ein sündenvergebendes Handeln Jesu; vielmehr spricht Jesus die Sündenvergebung Gottes „in Vollmacht" zu. Dies können Menschen nicht. Wohl sollen sie unbegrenzt vergeben (vgl. das Lehrgespräch Jesu in Lk 17,3b-4 par Mt 18,18,21f); nur so können sie die Vergebung von Gott erhoffen (vgl. die Bitte im Vaterunser Lk 11,4: „Und erlass uns unsere Sünden, denn auch wir erlassen jedem, was er uns schuldig ist"; Mt formuliert in der Parallele in 6,12 mit „erlassen haben" noch radikaler). Diese Haltung bezeugt die jüdische Liturgie bis heute, wobei kein Rabbiner als Mittler zwischen dem Sünder und Gott notwendig ist. Anders der katholische Priester in der Beichte; er formuliert wie ein Richter juristisch: „ego te absolvo/ich, ich spreche dich los von deinen Sünden".

Sünden sind im jüdischen Verständnis Verstöße gegen die Gebote der Tora, die das gesamte menschliche Leben betreffen und somit Gottes Ordnung stören. Dazu zählt auch nach Lukas exemplarisch die Verachtung des „einfachen" Volkes durch theologisch Gebildete (18,9-14: Pharisäer und Zöllner), die Ausgrenzung der Armen aus der Perspektive der Reichen, bei Mahlzeiten Abgrenzungen gegen minder Bemittelte, das öffentliche Fehlverhalten gegen Kranke, Dirnen, Zöllner, Nicht- oder Halbjuden, Kinder (18,15-17). Vor allem der Reichtum versperrt nach Jesus und nach den Erfahrungen der Urgemeinde das Offensein für die Botschaft Jesu, wie der nur bei Lukas überlieferte Weheruf über die Reichen in der Feldrede betont (6,24). Diese Kritik wird in weiteren Geschichten erzählerisch begründet und in seinen Folgen dargestellt (12,13-21; 16,1-9; 16,19-7,1f; 18,18-30), ebenso in der Apostelgeschichte (zum Betrug von Hananias und Saphira vgl. 5,1-11 oder zum Aufruhr der Silberschmiede in Ephesus gegen Paulus vgl. 19,21-40). Dass Reichtum zu „Habgier" und Selbstsucht führen und für die Wirklichkeit Gottes blind machen kann, ist ein Hauptthema des Lukas bei der Umschreibung menschlicher Grundbefindlichkeiten (8,14: Reichtum und Genüsse des Lebens), wie auch das von ihm überlieferte Gleichnis von der falschen Sicherheit des törichten Reichen, das sich nur bei ihm findet (12,13-21), entfaltet.

Lukas bietet auch Lösungen für dieses Problem. Die „Hälfte des Reichtums" gibt Zachäus, der in den Augen der Umstehenden als „Sünder" gilt, den Armen (19,8). Die ersten Jünger Jesu

2. „Erlösung" und „Rettung" nach Lukas (LkEv und Apg)

haben „alles, was wir besaßen, verlassen" (18,28), sind ihm auf seine unstete Wanderschaft gefolgt. Für die kleine, sesshafte Urgemeinde in Jerusalem gilt: „Keiner nannte etwas von dem, was er hatte, sein Eigentum, sondern sie hatten alles gemeinsam." Die Situation des Nächsten war der Maßstab sozialen Handelns: „Jedem wurde davon so viel zugeteilt, wie er nötig hatte." (4,32.35) Diese Regel stimmt mit der Frage Jesu „Wer ist dem, der von den Räubern überfallen wurde, der Nächste geworden?" in der bekannten Erzählung eines Samaritaners überein, der statt Priester und Levit Nächstenliebe praktizierte. (10,25–37)

Nach der Auferweckung Jesu gibt es keine andere Ethik als die von Jesus verkündete und praktizierte. Wie er, so sollen auch die Jünger Jesu handeln (vgl. die beiden Aussendungen in Lk 9,1–6 und 10,1–16), ebenso sollen die Apostel und Christen nach Ostern „in seinem Namen allen Völkern Umkehr verkünden" (24,47) sowie das Evangelium „in Jerusalem und in ganz Judäa und Samarien und bis an die Grenzen der Erde." (Apg 1,8) In der Rückschau kann Lukas für die Apostel „zusammen mit den Frauen und Maria, der Mutter Jesu, und seinen Brüdern" (1,14) und „dreitausend Menschen", die sich nach der ersten Predigt des Petrus bekehrt hatten, bestätigen:

> „Sie hielten an der Lehre der Apostel fest und an der Gemeinschaft, am Brechen des Brotes und an den Gebeten." (Apg 2,42)

Wie im Evangelium meint „Lehre" nicht nur Wortverkündigung, sondern das „Evangelium vom Wirken (EÜ: Reich) Gottes" (Lk 4,43) gemäß den Konkretisierungen in 4,18f als Erfüllung der von Jesaja angekündigten Taten des Gesalbten. Als solcher wird er durch die Auferweckung durch Gott bestätigt, die nach seinem Tod zum Kern des Evangeliums vom Wirken Gottes gehört (Apg 4,33). Der letzte Vers der Apostelgeschichte belegt dieses Verständnis auch als die Botschaft des Paulus, der ein wichtiger, aber einer unter den anderen Aposteln ist und damit in Widerspruch zum eigenen Verständnis in seinen Briefen steht.[212] Nach Lukas

---

[212] Zu dieser Paulus-Deutung durch Lukas vgl. R. Hoppe/K. Köhler (Hrsg.), Das Paulusbild der Apostelgeschichte, Stuttgart 2009; F. Avemarie, Das Paulusbild der Apostelgeschichte, Berlin 2011.

verkündet Paulus die Botschaft und Theologie der Apostel vor ihm. Auch er steht thematisch in der Nachfolge Jesu – als wortgewaltiger Verkünder, wie seine Reden ab Apg 13 belegen, aber auch als Exorzist (13,9–11; 16,18), der „mit Zeichen und Wundern" wirkt (14,3), einen Gelähmten heilt (14,8–10), „Wundertaten" vollbringt (19,11–16), einen Toten erweckt (20,9–12), einen Schiffbruch übersteht (27,14–44), einen Schlangenbiss überlebt (28,3–6), einen Mann mit Fieber und Ruhr (28,8) und ebenso alle Kranken auf Malta heilt (28,9). Wie Jesus das Wirken Gottes im Wort verkündet und den kranken, von Dämonen besessenen Menschen erfahrbar macht, so geschieht dies auch bei Paulus. Das umfasst nach Lukas die „Lehre" des Paulus.

> „Er verkündete das Wirken (EÜ: das Reich) Gottes und lehrte alles (griech.: das) über Jesus Christus, den Herrn." (Apg 28,31)

2.5 ... nach dem Ratschluss Gottes

An dieser Stelle sei an eine Grundstruktur des theologischen Denkens des Lukas erinnert, wodurch nicht nur die Funktion Jesu als „Retter" gedeutet wird, sondern die gesamte Geschichte des „Heils" durch Jesus, durch die Apostel und durch Paulus. Sie konnte nicht anders verlaufen, da sie vom Ratschluss Gottes bestimmt ist. Sprachlich wird dieser Glaube mit der Partikel „dei/ muss/es ist nötig" umschrieben. Von 102 Stellen im Neuen Testament ist er bei Lukas 40-mal belegt. Vorgegeben findet Lukas in 9,22 diese Geschichtsdeutung zum Geschick Jesu im Markusevangelium.

> „Der Menschensohn muss viel leiden". (Mk 8,31; die Leidensweissagungen in 9,31 und 10,32–34 verweisen auf das Geschick des leidenden Gerechten und des verfolgten Propheten ohne „dei".)

Diese Kurzformel kann inhaltlich gefüllt werden mit den Pendants „wie geschrieben steht" (vgl. Lk 9,11–13 der Verweis auf Elija, der zuerst kommen „muss") oder „es wird sich alles erfüllen, was bei den Propheten über den Menschensohn geschrieben steht" (18,31) oder „heute hat sich dieses Schriftwort erfüllt" (Lk 4,21). Wie diese als von Gott geoffenbarte Texte geglaubt wer-

2. „Erlösung" und „Rettung" nach Lukas (LkEv und Apg)

den, so das gesamte Leben Jesu und das seiner Nachfolger als Vermittler des Heils.

Beide Deutungen hat Lukas aufgenommen und entscheidend im Evangelium und in der Apostelgeschichte ausgeweitet. Das „dei/muss" findet sich ausschließlich in Selbstaussagen Jesu zu seinem Leiden und seiner Auferweckung, am Ende nach seiner Auferweckung vor den Emmaus-Jüngern:

> „Ihr Unverständigen, deren Herz zu träge ist, um alles zu glauben, was die Propheten gesagt haben. Musste nicht der Christus das erleiden und so in seine Herrlichkeit gelangen?" (Lk 24,25f)

In der Apostelgeschichte bestätigt Paulus vor den Einwohnern von Thessalonich diese Deutung Jesu. Lukas betont damit die Kontinuität zwischen Jesus und Paulus, auch was die Soteriologie betrifft:

> „Er legte ihnen die Schriften aus und erklärte, dass der Christus leiden und von den Toten auferstehen musste." (Apg 17,3)

Die gesamte Verkündigung Jesu steht unter dieser göttlichen Leitung, wie am Beginn seines Wirkens formuliert wird. Was das „Evangelium von der „basileia Gottes/vom königlichen Wirken Gottes" inhaltlich, vor allem gesellschaftlich bedeutet, hatte Lukas mit Zitaten aus Jesaja in 4,18–19 gesagt. Daran erinnert er den Leser in 4,43:

> „Ich muss auch den anderen Städten das Evangelium vom Wirken/von der Herrschaft/basileia Gottes verkünden; denn dazu bin ich gesandt worden." (vgl. auch 8,1; 9,11; 16,16)

Ähnlich heißt es von Paulus bei seinem Aufenthalt in Ephesus:

> „Paulus fasste im Geist den Beschluss, über Mazedonien und Achaia nach Jerusalem zu reisen. Er sagte: Wenn ich dort gewesen bin, muss ich auch Rom sehen." (Apg 19,21)

Und wiederum wie in einem Rahmen um Evangelium und Apostelgeschichte wird die Kontinuität zwischen Jesus und Paulus betont. Es heißt von Paulus am Ende seines vom Geist Gottes gelenkten Wirkens auch für Rom:

> „Paulus verkündete die basileia/das Wirken Gottes und lehrte das über Jesus Christus, den Herrn – mit allem Freimut, ungehindert." (Apg 28,31)

Die unbedingte Führung Gottes, die in der Partikel „dei/muss" formuliert ist, kann von Lukas mit dem Wirken des Geistes Gottes umschrieben werden. Die Empfängnis Jesu verdankt sich einem neuen, schöpferischen Wirken Gottes (siehe oben 2.1). Bei seiner Taufe wird konstatiert, dass „der Himmel sich öffnete und der Heilige Geist sichtbar in Gestalt einer Taube auf ihn herabkam." (3,22) Anschließend kehrt Jesus „erfüllt vom Heiligen Geist" (4,1) vom Jordan zurück und geht „erfüllt von der Kraft des Geistes" (4,14) nach Galiläa. Sein Anspruch mit Jes 61,1 lautet: „der Geist des HERRN ruht auf mir." (4,18) Alle Stadien des Weges Jesu sind geistgeleitet, ebenso bei Petrus und Paulus in der Apostelgeschichte (vgl. etwa 2,1-13.14-26; 4,8.23-31; 8,26-40; 10,44-48; 16,6).

Lukas kann wie im Schöpfungsbericht der Bibel den Geist Gottes als die auf die Schöpfung, die Erde und Menschen wirkende Macht Gottes mit dem Namen „Gott" tauschen, da dieser kein Abstraktum, sondern in der Bibel der schöpferische, befreiende und mitgehende JHWH ist. Programmatisch wird dies im Magnificat festgehalten:

> „Meine Seele preist die Größe des HERRN, und mein Geist jubelt über Gott, meinen Retter." (1,46f)

Er hat die Welt erschaffen. Er hat auch das Todesgeschick Jesu, bewirkt durch die Könige der Erde, durch Pontius Pilatus, Herodes und die Nichtjuden und die Stämme Israels, vorherbestimmt. Dies wird mit Berufung auf Ps 146,6 und 21,1f begründet:

> „Herr, ,du hast den Himmel, die Erde und das Meer geschaffen und alles, was sie erfüllt.' [...]
> [Alle] haben sich in dieser Stadt gegen deinen heiligen Knecht Jesus verbündet, den du gesalbt hast, [...] um alles auszuführen, was deine Hand und dein Wille im Voraus bestimmt haben, dass es geschehe." (Apg 4,24.28; vgl. auch 4,18)

Gott ist derjenige, der „seinen Knecht Jesus verherrlicht hat" (3,13), „ihn von den Toten auferweckte" (3,15). Wie im Evangelium Gott „definiert" wird als der, der Jesus „gesandt hat" (Lk 9,48; 10,16), so erschließt sich auch im Tode Jesu das „Wesen" Gottes als Handelnder in der Auferweckung.

Gerade das lukanische Doppelwerk bezeugt, dass die im Evangelium und in der Apostelgeschichte entfaltete Theologie im Vergleich zu den biblischen Schriften nicht etwas grundlegend Neues bietet, sondern in ihnen tief verwurzelt ist und ohne sie nicht verstanden werden kann. Die Einzigartigkeit Jesu Christi und die nachösterliche Christologie erschließen sich erst vor diesem biblischen Hintergrund.

Gott wird von Lukas nicht mit einer Eigenschaft definiert, wie spätere Konzilien unter dem Einfluss griechischer Philosophie meinten formulieren zu können. Nach Lukas ist Jesus bei aller Einzigartigkeit der Erwählung von der Empfängnis an diesem Gott untergeordnet. Dies gilt auch für das Johannesevangelium. Im Kontext des mit griechischen Begriffen definierten Verhältnisses von Gott Vater und Jesus Christus als Logos/Wort und Sohn wurden der Subordinationismus (Lehre von der Unterordnung) und Adoptianismus (Jesus sei erst durch die Taufe „adoptierter" Sohn [Mk 1,11 parr]) als nicht rechtmäßige Interpretation durch die Konzilien von Nizäa (325) und Konstantinopel (381) verworfen. Das Bekenntnis zum einen, einzigen Gott sei gefährdet. In diesem griechischen Sinn können Juden und Muslime die Einbeziehung Jesu Christi in die Göttlichkeit nicht akzeptieren. In jüdischen Kategorien jedoch, die dem neuzeitlichen Denken verwandt sind, „sollte man die ‚adoptianische Angst' überwinden. Wenn man sagt, Christus sei dem Vater untergeordnet, sagt man für jüdische, ans Shekhina-Denken gewöhnte Ohren noch lange nicht, er sei ein bloßes Zwischenwesen; zudem ist es legitim, einen heilsgeschichtlichen (nicht ontologischen) Subordinatianismus zu vertreten."[213] Vom „Wohnen", von der „Einwohnung/shekhina" Gottes, und vom „Geist/ruách Gottes" in hebräisch-aramäischer sowie von „Weisheit/chokmá" in griechischer Zeit und mit Hilfe vieler anderer „Wirkweisen" (Griechen nannten sie später Hypostasen, Lateiner „Personen") haben jüdisch

---

[213] C. Thoma, Dreifaltigkeit, in: LB 117–126, ebd. 124.

Glaubende ständig und immer neu versucht, das „Wirken" Gottes, seine „Herrschaft" zu benennen.[214]

Wichtig bleibt der biblische Ansatz: Den Autoren der Bibel geht es nicht um abstrakte Spekulationen, sondern um Versuche, im Glauben an das Wirken Gottes in Schöpfung und Geschichte aufgrund der eigenen Erfahrung und im Vertrauen auf die Erfahrungen und Deutungen der Vorfahren Antworten zu finden, die tragfähig für einen selbst und für andere sind. Zu diesen Vorfahren gehört für Christen Jesus Christus – aufgrund seiner Reden und Handlungen, zu denen besonders sein Verständnis vom Mahlhalten gehört. Das Wort des Petrus aus dem Johannesevangelium nach der Brotvermehrung (Joh 6,1–15) gilt: Nach dem Bekenntnis der Volksscharen zu Jesus als „Prophet, der in die Welt kommen soll" (6,14), offenbart der johanneische Jesus in der großen Brotrede vor dem Paschafest: „Ich bin das Brot des Lebens." (6,35) „Viele seiner Jünger" können dem nicht zustimmen. Simon Petrus antwortet stellvertretend für „die Zwölf":

> „Herr, zu wem sollen wir gehen? Du hast Worte des ewigen Lebens. Wir sind zum Glauben gekommen und haben erkannt: Du bist der Heilige Gottes." (Joh 6,68)

Was der Evangelist Johannes metaphorisch in eigenen Sprachbildern (siehe unten IV 4) meditativ zur Person Jesu als dem Wort/lógos Gottes ausdeutet, haben die drei ersten Evangelisten alltagsprachlicher, aber theologisch nicht weniger wirksam formuliert. Dies zeigt sich nicht zuletzt im alltäglichen Ritus des Mahlhaltens Jesu mit unterschiedlichen Personen und mit seinen Jüngern. Sie nehmen dabei den jüdischen Mahlritus vom „Brechen des Brotes" auf, den auch Jesus in der Rolle des jüdischen Hausvaters, wie die Mahlgeschichten überliefern, praktizierte. So auch beim letzten Mahl mit seinen Jüngern. In Erinnerung der Jesus-Nachfolger nach seinem Tod im Glauben an seine Auferweckung wurde dieses Ritual maßgebend als Erkennungszeichen christlichen Glaubens. Dabei verbindet sich mit dem luka-

---

[214] Vgl. H. Frankemölle, Gott glauben 130–195; zur Einbeziehung Jesu Christi im NT vgl. ebd. 347–424, nach dem NT ebd. 443–466.

2. „Erlösung" und „Rettung" nach Lukas (LkEv und Apg)

nischen „Brotbrechen" ein anderer theologischer Schwerpunkt als mit dem paulinischen „Herrenmahl".

Vom „letzten Abendmahl" finden sich vier Überlieferungen im Neuen Testament: in den Evangelien bei Markus, Matthäus und Lukas und bei Paulus in 1 Kor. Da sie sich inhaltlich unterscheiden, drängt sich die Frage auf, wie das letzte Mahl Jesu mit welchen Worten abgelaufen ist. Der Evangelist Johannes geht da einen eigenen theologischen Weg (siehe unten IV 4).

IV. Jesu letztes Mahl
in den Deutungen im Neuen Testament

Die Perspektive in der Betrachtung der Texte ändert sich: Wurden bisher wichtige Texte synchron, als Einheit – an bestimmte Adressaten gerichtet – vorgestellt[215], geht es im Folgenden diachron um die Entwicklung dieser Texte, zurück bis zum Tun Jesu und seiner Deutung.

Im Mittelpunkt stehen die Traditionen nach Lukas und nach Paulus, der die lateinisch-römische Liturgie bis heute bestimmt. Aber auch Lukas war für einige frühe Gemeinden in den ersten Jahrhunderten wegweisend.[216] Ihre Einbindung in biblische und frühjüdische Theologie ist zu beachten.

Eine Voraussetzung bei der Rückfrage nach Jesus ist die wissenschaftliche Erkenntnis bei den Überlieferungen, dass er selber nichts anderes verkündet hat als das Wirken, die „Herrschaft Gottes/basileia tou theou". Er war überzeugt, dass Menschen diese Botschaft in seinem Handeln, in ihm erfahren konnten. Daher war er nach Lukas für die Glaubenden der „Retter". Über die Heilsbedeutung seines Todes hat Jesus nicht gesprochen, knüpfte aber an biblische und frühjüdische Deutungen zum gewaltsamen Geschick von Propheten an.

---

[215] Zu den einzelnen Texten und ihren Deutungen vgl. die Beiträge von K. O. Sandnes, Th. Katzen, E. E. Popkes, D. Marguerat, P. Duff, M. Winninge und H. Löhr, in: D. Hellholm/D. Sänger (Hrsg.), The Eucharist I 453–644.

[216] Zur lukanischen Deutung vgl. M. Theobald, Paschamahl und Eucharistiefeier. Zur heilsgeschichtlichen Relevanz der Abendmahlsszenerie bei Lukas (22,14–38), in: Ders./R. Hoppe (Hrsg.), „Für alle Zeiten zur Erinnerung" (Jos 4,7). Beiträge zu einer biblischen Gedächtniskultur, Stuttgart 2006, 133–180; J. Hartenstein, Abendmahl und Pessach. Frühjüdische Pessach-Traditionen und die erzählerische Einbettung der Einsetzungsworte im Lukasevangelium, in: Dies. u. a. (Hrsg.), Speise 180–199.

IV. Jesu letztes Mahl in den Deutungen im Neuen Testament

1. Die vierfache Überlieferung vom letzten Mahl

Die in den vier Evangelien überlieferten Texte kann man in einer „Zusammenschau/Synopse" untersuchen, die als Buch in Griechisch und Deutsch gedruckt vorliegt. Die Texte haben in der Abfolge und in der sprachlichen Darstellung viel gemeinsam, setzen aber je eigene Akzente. Um sie besser vergleichen zu können, werden sie nebeneinander gedruckt. Solche Parallelen in den Geschichten über Jesus liegen in den vier Evangelien vor. Dennoch werden nur die ersten drei, Matthäus, Markus und Lukas, „Synoptiker" genannt, da Johannes zwar ein Evangelium von der Taufe bis zum Tod Jesu schreibt, aber in der Akoluthie, im Ablauf und in der Theologie sehr selbständig ist. Dies betrifft auch seine Überlieferung von Mahlzeiten Jesu, vom letzten Mahl und die Deutung seines Todes (siehe unten 4).

Die Überlieferung zum letzten Mahl findet sich außer bei den Synoptikern auch bei Paulus. Während Matthäus den Text des Markus rezipiert, stimmen Lukas und Paulus weitgehend überein. Die Abhängigkeit des einen vom anderen ist bis heute umstritten.[217] Beide dürften die Überlieferung[218] in hellenistisch-judenchristlichen oder hellenistisch-heidenchristlichen Gemeinden kennengelernt haben. Unbestritten ist, dass Paulus den ältesten Text bietet, geschrieben im Frühjahr des Jahres 55 in Ephesus (1 Kor 16,8).

Seit dem 18. Jahrhundert ist man sich einig, dass Markus das älteste Evangelium geschrieben hat, vor oder nach 70, dem Jahr der Zerstörung des Tempels in Jerusalem. Matthäus und Lukas haben um 80–90 sein Evangelium unabhängig voneinander als Vorlage benutzt. Daneben haben beide eine weitere Quelle mit Sprüchen und Reden/lógia Jesu rezipiert, die Logienquelle. Dieses Modell der Zwei-Quellen-Theorie hat sich in der Forschung bewährt.

---

[217] Vgl. J. Blank, Paulus und Jesus 15–132 zu den Texten und zur Forschungsgeschichte; E. K. Chun Wong, Evangelien im Dialog mit Paulus. Eine intertextuelle Studie zu den Synoptikern, Tübingen 2012.
[218] Zu weiteren Parallelen zu synoptischen Texten vgl. Blank, a.a.O. 129.

1. Die vierfache Überlieferung vom letzten Mahl

Bei der Deutung des Mahles Jesu stellt sich die Frage, ob seine Worte zu Brot und Wein aus dieser Logienquelle stammen. Das behauptet niemand.

Außerhalb der Evangelien hat Paulus diese Überlieferung in 1 Kor 11,23–29 tradiert: „Ich habe vom Herrn empfangen, was ich euch dann überliefert habe." (1 Kor 11,23) „Vom Herrn" bedeutet nicht, dass er Jesus gekannt hat, was er in Gal 1,15–19 eindeutig zugibt. Er beruft sich auch in 1 Kor 11,23 nicht auf den historischen Jesus. Wie bei seinem Bekenntnis zur Auferweckung kann Paulus die ihm von Gott oder dem auferweckten Christus geschenkte Glaubensüberzeugung als „Offenbarung" (Gal 1,12.15f), als „Sehen" (1 Kor 9,1), als „Erscheinung" (1 Kor 15,8) oder als innere „Erleuchtung zur Erkenntnis" (2 Kor 4,6; vgl. Phil 3,8) umschreiben.

Was er zur „Auferweckung" in 1 Kor 15,3 festhält („vor allem habe ich euch überliefert, was auch ich empfangen habe"), gilt auch für die Tradition vom Herrenmahl. Paulus wurde von den judäischen Gemeinden und ihren Theologen (Gal 1,17f) in den christlichen Glauben eingeführt. Das bestätigt Lukas in der Apostelgeschichte. (9,26–28)

Lukas überliefert beim letzten Mahl Jesu mit den Jüngern nicht nur in 22,19–20 einen Bericht über Brot und Wein, sondern auch ihm vorausgehend einen Bericht über das Paschalamm und Wein (22,14–18). Diese Erweiterung geht auf das Konto des Lukas oder eines seiner Vorgänger. Es gab keine zwei letzten Mahle Jesu, aber verschiedene Deutungen. Heinz Schürmann, der am ausführlichsten darüber geforscht hat, ging für Lk 22,15–18 von einem alten Paschamahlbericht aus.[219] Der Text des Lukas lautet:

> [14] „Als die Stunde gekommen war, legte er sich mit den Aposteln zu Tisch. [15] Und er sagte zu ihnen: Mit großer Sehnsucht habe ich danach verlangt, dieses Paschamahl mit euch zu essen. [16] Denn ich sage euch: Ich werde es nicht mehr essen, bis es seine Erfüllung findet im Reich Gottes. [17] Und er nahm einen Kelch, sprach das Dankgebet und sagte: Nehmt diesen und teilt ihn untereinander. [18] Denn ich sage euch: Von

---

[219] Vgl. H. Schürmann., Eine quellenkritische Untersuchung des lukanischen Abendmahlberichtes: Lk 22,7–38, Munster 1953; Ders., Der Paschamahlbericht: Lk 22(7–14)15–18, Münster 1968.

IV. Jesu letztes Mahl in den Deutungen im Neuen Testament

nun an werde ich nicht mehr von der Frucht des Weinstocks trinken, bis das Reich Gottes kommt. [19]Und er nahm Brot, sprach das Dankgebet, brach es und reichte es ihnen mit den Worten: Das ist mein Leib, der für euch hingegeben wird. Tut dies zu meinem Gedächtnis! [20]Ebenso nahm er nach dem Mahl den Kelch und sagte: Dieser Kelch ist der neue Bund in einem Blut, das für euch vergossen wird."

Der Text belegt zusammen mit dem Bericht zur Eucharistie vielfache Versuche, das letzte Mahl Jesu zu deuten. Nicht nur durch einzelne Theologen, sondern auch im Laufe der Überlieferung des Lukasevangeliums, wie die Handschriften bezeugen: Belegt sind vielfache Umstellungen, Erweiterungen und Kürzungen. In einer alten Handschrift fehlen sogar die Verse 19b.20. Es gab in den urchristlichen Gemeinden Versuche, Jesu letztes Mahl mit den Jüngern bewusst mit der Pascha-Tradition zu verbinden.

Der Evangelist Johannes ist dabei am konsequentesten: Jesus ist das Paschalamm (siehe unten 4). Die Formulierung „*dieses* Paschamahl" (Lk 22,15) könnte auf das auf dem Tisch liegende Lamm hinweisen und damit bereits eine christologische Metapher anzeigen. Sollte in der Überlieferung an dieser Stelle ein Bericht über ein Paschamahl gestanden haben, wurde er durch den Bericht über das „Brotbrechen" ersetzt. Diese Gemeinde feiert nicht mehr das jährliche Pascha, sondern das „Brotbrechen" in der Tradition Jesu. Die johanneische Deutung Jesu als Paschalamm setzt dann eine vertiefte christologische Reflexion über die Heilsbedeutung seines Todes voraus. Sie ist demnach jüngeren Datums.

Der doppelte prophetische Ausblick fehlt bei Lukas im Bericht vom eucharistischen Mahl, hat aber in der Vorlage Mk 14,25 gestanden und von dort die Verse 22,15–18 bestimmt. Auch das spricht für einen nachträglichen Versuch, der sich liturgisch nicht durchsetzte, anders als die Berichte über das letzte Mahl Jesu nach den Synoptikern und Paulus.

Die Texte vom letzten Mahl lauten:

1. Die vierfache Überlieferung vom letzten Mahl

Lk 22,19f	**1 Kor 11,25**
Und er nahm Brot, sprach das Dankgebet, brach es und reichte es ihnen mit den Worten:	Er sprach das Dankgebet, brach das Brot und sagte:
Das ist mein Leib, der für euch hingegeben wird.	Das ist mein Leib für euch.
Tut dies zu meinem Gedächtnis!	Tut dies zu meinem Gedächtnis!
Ebenso nahm er nach dem Mahl den Kelch und sagte:	Ebenso nahm er nach dem Mahl den Kelch und sagte:
Dieser Kelch ist der neue Bund in meinem Blut, das für euch vergossen wird.	Dieser Kelch ist der neue Bund in meinem Blut. Tut dies, sooft ihr daraus trinkt, zu meinem Gedächtnis!

Paulus und Lukas interpretieren bei Jesu Abschiedsmahl seinen Tod als stellvertretend „für euch". Durch die Aufforderung „tut dies zu meinem Gedächtnis" wird es zum Stiftungsmahl. Am Ende fordert der Text zu Wiederholungen auf. Der „neue Bund" (nach Jer 38,31–34 LXX) und die Dahingabe werden von Lukas sonst nicht thematisiert. Dem entspricht, dass das „Brotbrechen"/ das Herrenmahl, in der Apostelgeschichte (2,42.46; 20,7.11; 27,35) wie im Evangelium immer eine Gemeinschaft stiftende Funktion hat[220] und nie theologisch auf den neuen Bund ausgerichtet ist. Nach 20,7 fand das Brotbrechen „am ersten Tag der Woche", dem später „Sonntag" genannten Tag statt. Die Zeitangabe „täglich" in 2,46 bezieht sich grammatisch nur auf das Versammeln im Tempel. Das Ritual setzt kein ausformuliertes Bekenntnis zum Heilstod Jesu voraus. Anders als die christlichen Kirchen im Verlauf ihrer Dogmengeschichte den Glauben als Zutritt zur Eucharistie voraussetzen, wird nach Lukas erst durch das „Brotbrechen" für Menschen, die „mit Blindheit geschlagen", aber offen für die Botschaft Jesu waren, Gemeinschaft des Glaubens mit Jesus gestiftet. Durch ihn, wie Lukas exemplarisch nach Ostern in der Erzählung der Jünger auf dem Weg nach Emmaus entfaltet. Die Deuteworte in Lk 22,19f als Zitat aus der eucharis-

---

[220] Vgl. M. Ebner (Hrsg.), Herrenmahl und Gruppenidentität, Freiburg 2007.

tischen Praxis der Gemeinde sind keine Grundlage für ein Bekenntnis „allein durch das Kreuz sind wir erlöst". Bei Paulus hingegen stehen diese Verse mit der Hingabeformel in einer in sich stimmigen Theologie, die er breit entfaltet (siehe oben III 1).
Zum Beleg dafür, dass Lukas an dieser Stelle nicht das Markusevangelium wie üblich rezipierte, Matthäus hingegen wohl, hier die entsprechenden Texte:

Mk 14,22f	**Mt 26,26f**
Während des Mahls nahm Jesus das Brot	Während des Mahls nahm Jesus das Brot
und sprach den Lobpreis;	und sprach den Lobpreis;
dann brach er das Brot,	dann brach er das Brot,
reichte es ihnen und sagte:	reichte es seinen Jüngern und sagte:
Nehmt, das ist mein Leib.	Nehmt und esst: das ist mein Leib.
Dann nahm er den Kelch,	Dann nahm er den Kelch,
sprach das Dankgebet,	sprach das Dankgebet, gab ihn den Jüngern und sagte:
gab ihn den Jüngern und sie tranken alle daraus.	Trinkt alle daraus,
Und er sagte zu ihnen: Das ist mein Blut des Bundes,	das ist mein Blut des Bundes,
das für viele vergossen wird.	das für viele vergossen wird
zur Vergebung der Sünden.	

Auch wenn die Konzeption des Evangelisten Matthäus hier nicht zur Debatte steht, sei so viel gesagt: Die Ergänzung „zur Vergebung der Sünden" bei Matthäus erinnert den Leser an das Bekenntnis vom Anfang des Evangeliums in 1,21 mit der etymologischen Deutung des Namens: „Jesus, denn er wird sein Volk von seinen Sünden erlösen." Mit Jä-sous greift der erste Evangelist das hebräische Bekenntnis „Je/Ja/JHWH erweist sich als Rettung/Erlöser/Heil" auf, was nach Ps 130,8 nur Gott selbst zusteht (Mk 2,8). Deutet Matthäus „Immanuel" mit einer Bibelstelle (Jes LXX 7,14: „sie werden ihm den Namen Immanuel geben") und für Menschen, die der hebräischen Sprache nicht mächtig waren, durch eine Übersetzung („das heißt übersetzt: Gott mit uns"), erklärt er den Namen „Jesus" nicht etymologisch. Stattdessen erzählt er von der besonderen Sendung Jesu im Evangelium: Jesus sagt Menschen im Namen Gottes die Sündenvergebung im

„theologischen Passiv" zu: „deine Sünden sind dir (von Gott) vergeben" (Mk 2,1–12 par Mt 9,1–8 und Lk 5,17–26). Sein Anspruch lautet: Ich weiß, dass es so ist. Man vergleiche damit die anmaßende Lossprechungsformel der lateinischen Kirche „ego te absolvo/ich, ich spreche dich los von deinen Sünden". Nach Matthäus kann „Jesus" so handeln, da er als „Menschensohn" (9,6) von Gott diese Macht erhalten hat, Gott in ihm als „Immanuel" epiphan geworden/erschienen ist (1,23).

2. Jesu letztes Mahl im Kontext jüdischer Rituale

Die Abhängigkeit der Eucharistie als Mahl vom jüdischen Sabbatmahl oder vom griechisch-römischen Freundschaftsmahl ist bis heute nicht geklärt. Dagegen ist die Antwort bei der Frage, ob die römische Basilika als Vorbild gedient hat für die christlichen Kirche ab dem 4. Jahrhundert, unstrittig. Bei der Eucharistie liegt vermutlich keine Alternative vor, sodass von verschiedenen Einwirkungen auszugehen ist.[221] Wer wie Hans-Josef Klauck oder Mattias Klinghardt die äußere Gestalt des Mahles mit Privat- und Vereinsmählern in den Mysterienkulten, in der griechisch-römischen Literatur vergleicht,[222] stellt im Hinblick auf die Eucharistie eine Versammlung fest, „die im Wesentlichen den ungezählten Zeugnissen paganer Privat- und Vereinssyssitien entspricht."[223] Wer wie Peter Wick und Bernd Kollmann den urchristlichen Gottesdienst im Rahmen der frühjüdischen Umwelt untersucht, kommt zu der These: „Die frühchristlichen Gottesdienste, ihre unterschiedliche Gestalt und unkultischen Formen können nur im Kontext der gottesdienstlichen Praxis des Frühjudentums verstanden werden."[224] Entsprechend gehen beide im Vergleich zur paulinischen Deutung von einer Priorität

---

[221] Dies ist auch das Ergebnis der Studien im Sammelband D. Hellholm/ D. Sänger, The Eucharist I; vgl. ebd. I 21 den Überblick von Ulrich Körtner.
[222] H.-J. Klauck, Herrenmahl und hellenistischer Kult; M. Klinghardt, Gemeinschaftsmahl.
[223] M. Klinghardt, Gemeinschaftsmahl 518; syssitia waren „tägliche Männermahle" in Griechenland.
[224] P. Wick, Gottesdienste 360.

der unkultischen Deutung und einer Feier ohne Einsetzungsworte aus.[225]

Geht man davon aus, dass das letzte Mahl Jesu in seinem Ablauf ein Ritual mit tradierten festen Regeln und immer wiederkehrenden Elementen (Essen und Trinken) war, die auch griechische Freundschaftsmahle bestimmten, kann der formale Ablauf nicht über thematische Abhängigkeit entscheiden. Hier wie dort geht es nicht nur um das Stillen des Hungers oder des Durstes (ebendies kritisiert Paulus in 1 Kor 11,17–22), sondern um eine symbolische Aktion im alltäglichen Vollzug, in dem es keine Trennung von profan und heilig, Alltag und Kult gibt. Im griechischen Mahl geht es um Gemeinschaft und Freundschaft, dagegen in den Mahlzeiten Jesu um Gemeinschaft unterschiedlicher gesellschaftlicher und religiöser Gruppen untereinander und so um die Gemeinschaft mit Gott. Es geht um das wirkliche Leben:[226] um die Erfahrung des tieferen, eigentlichen Lebenssinnes, bei dem Glauben und reale Wirklichkeit, liturgischer Vollzug und soziales Handeln eins werden. Worin das „Leben" besteht, sagen die dieses Ritual deutenden Worte. Im „Rituale" der lateinisch-römischen Kirche,[227] dem liturgischen Sammelwerk mit genauen Instruktionen zum Ablauf gottesdienstlicher Handlungen, ging dieser Zusammenhang verloren, da im 19. Jahrhundert der Vatikan eine immer stärkere Angleichung an vatikanische Vorgaben verlangte.

So vielfältig die Deutungen des Todes Jesu im Neuen Testament sind, so vielfältig sind auch die Überlieferungen der Mahlzeiten Jesu mit den Jüngern, mit Zöllnern und Sündern, mit Frauen und zum letzten Mahl Jesu „mit den Zwölfen" (Mk 14,17). Matthäus übernimmt gemäß älterer Handschriften diese Formulierung, in jüngeren ergänzt er „mit den zwölf Jüngern",

---

[225] B. Kollmann, Ursprung 100 f. Was der Verfasser zur Didache (siehe unten V 2) und dem dort vorausgesetzten sehr frühen Überlieferungsgut feststellt, gilt in weit höherem Maße für die lukanischen Werke.
[226] Zu einem Überblick zum modernen Verständnis von Ritual vgl. H.-M. Guttmann, Ritual, in: LRP 2, 1854–1858, und M. Josuttis, Der Weg in das Leben, München 1991.
[227] Zur Geschichte vgl. H. Reifenbach, Rituale, in: LThK 8, ³1999, 1207–1209.

2. Jesu letztes Mahl im Kontext jüdischer Rituale

während Lukas „mit den Aposteln" schreibt. Er denkt vermutlich über Tod und Auferweckung hinaus. Denn für ihn sind nur die Jünger „Apostel" (Lk 6,13), die „angefangen von der Taufe durch Johannes bis zu dem Tag, da Jesus von uns ging und in den Himmel aufgenommen wurde, [...] mit uns zusammen waren." (Apg 1,1,21–26; 2,42) Nach Lukas sind „Apostel" Zeugen von Jesu Botschaft in Worten und Taten (Lk 24,48; Apg 1,8.22; 2,32; 3,15), sie nehmen Teil an der Aufgabe Jesu und werden von ihm ausgesandt, wie er zu handeln. Sie überliefern die Lehre Jesu in Wort und Tat:

> „Sie (die Glaubenden) hielten an der Lehre der Apostel fest und an der Gemeinschaft, am Brechen des Brotes und an den Gebeten." (Apg 2,42)

Paulus versteht den Begriff „Apostel" viel offener (Gal 1,1–24), wird daher in der Apostelgeschichte von Lukas nie „Apostel" genannt.

Dies ist nur ein kleiner Hinweis auf die sprachlichen Unterschiede bei der Überlieferung vom letzten Mahl Jesu, wobei selbst ein einzelnes Wort wie „Apostel" unser Thema „Abendmahl/Messe" oder „Brotbrechen" inkludiert. Nach Zeit, Ort, Autor und liturgischer Praxis werden Überlieferungen variiert.

Heute stellt man zu den neutestamentlichen Überlieferungen zum letzten Mahl Jesu nüchtern fest: Es ist unmöglich, „eine gemeinsame Urform zu rekonstruieren."[228] Die früher übliche These: „Die Feier der heiligen Messe hat ihren Anfang genommen ‚in der Nacht, in der Er verraten wurde'",[229] macht zu einseitig die lateinisch-römische Tradition zum Maßstab. Später konkretisiert Josef Andreas Jungmann den Satz und fasst die Ergebnisse liturgiegeschichtlicher Erkenntnisse zusammen: „Welches ist die erste Gestalt der Messe gewesen? Wir können darauf leider keine ganz bestimmte Antwort geben. Es sind uns nur wenig Nachrichten darüber erhalten." Der Beginn der „römischen", lateinischen Messe ist „in tiefes Dunkel gehüllt."[230] Nach Jungmann ist daher allein „eine genetische Erklärung der römischen

---

[228] H. B. Meyer, Eucharistie 63.
[229] So lautet der einleitende Satz im zweibändigen Standardwerk von J. A. Jungmann, Missarum solemnia I 9.
[230] Ders., Liturgie 43 f.63.

IV. Jesu letztes Mahl in den Deutungen im Neuen Testament

Messe" – so der zutreffende Untertitel seines Werkes – möglich, wie sein Überblick bis zur Gemeinschafts- und Betsingmesse im 20. Jahrhundert belegt. Der rituelle Ablauf und die Theologie der Messe sind bis heute in Bewegung, wie nicht nur ältere Leser feststellen können.

Es gab keinen festen Ritus, keine einheitliche Theologie für alle christlichen Hausgemeinden zur Zeit des Neuen Testamentes. Dafür fehlte in den ersten Jahrhunderten die Organisation der Gemeinden auf Ortsebene. Theologie und Riten bildeten sich langsam heraus. Das gilt für die Feier des „Herrenmahls" wie für das „Brotbrechen".[231]

Die neutestamentlichen Verfasser wollten keinen historischen Bericht über das letzte Mahl Jesu liefern, wie die Doppelüberlieferung in Lk 22,15-18 und 22,19-20 bestätigt. Ihre Texte sind von der eigenen Theologie und der jeweiligen Gemeinde-Liturgie geprägt. Nur bei Paulus in 1 Kor 11 findet sich eine Anweisung und eine Argumentation, was nach seiner Überzeugung keine Feier des „Herrenmahls" ist.

Die Evangelisten bieten unterschiedliche Deutungen eines Rituals, das Jesus alltäglich wie andere Juden praktiziert hat. Er deutete es vor seinem Tod neu, wie man den ersten drei Evangelien entnehmen kann. Die vier Evangelisten belegen deutliche Entwicklungen, die im Johannesevangelium mit tiefen Reflexionen und Meditationen mit der Zentrierung auf die Pascha-Tradition ihren Höhepunkt finden (siehe unten 4). Eine historische Rückfrage, wie das letzte Mahl Jesu ablief, wie die Eucharistiefeier in den johanneischen Gemeinden aussah, ermöglicht das vierte Evangelium nicht. Johannes vertritt keine Opfertheologie ähnlich der des Paulus, schon den Tod am Kreuz deutet er nicht als sühnendes Opfer.

---

[231] Zu einem Überblick über die ganze Entwicklung der christlichen Liturgie vgl. J. Betz, Eucharistie; A. Fürst, Liturgie; zur Eucharistie ebd. 21–98. Einen ausführlichen Überblick von Anfang an bis heute bietet H. B. Meyer, Eucharistie, 602 Seiten. Umfassend wissenschaftlich aufgearbeitet mit deutschen und englischen Beiträgen wird das Thema in drei Sammelbänden, hrsg. v. D. Hellholm/D. Sänger, The Eucharist. Aus exegetischer Sicht vgl. den kurzgefassten Überblick mit Texten von der Antike bis heute von J. Schröter, Abendmahl.

2. Jesu letztes Mahl im Kontext jüdischer Rituale

Der Ablauf der Mahlzeiten und des letzten Mahles Jesu entsprach ganz dem jüdischen Alltag: Der Hausherr

> „sprach die beraká/die Benediktion/den Lobpreis/die Eulogie/den Segensspruch über das Brot, brach es und gab es ..." (Lk 9,16; derselbe Wortlaut steht in 22,19 beim letzten Mahl).

Dann wurde gegessen. Lobpreis- bzw. Segenssprüche gab es zu allen Gelegenheiten des täglichen Lebens. Sie wurden und sind fester Bestandteil von Riten (Morgengebet, Essen und Trinken, Abendgebet, Beginn des Sabbats, Lichter anzünden). Es ist also nicht sicher, ob eine „Benediktion" oder eine „Eulogie" immer Beginn des eucharistischen Mahles war. Auch das „Liebesmahl/agápä" wurde so eingeleitet. In den ersten Jahrhunderten ist die Vielfalt groß, da die Gebetstexte nicht schriftlich vorlagen, sondern spontan formuliert wurden. Erst Kaiser Konstantin brachte Ordnung. „Erst im 4. Jahrhundert ist der Einsetzungsbericht als liturgischer (nicht mehr als katechetischer) Text in der Feier verwendet worden,"[232] genauer gesagt: in der syrischen Tradition. Bis dahin wurde an das Mahl Jesu erzählend erinnert, ohne dass an eine „Wandlung" gedacht wurde.

Die beraká beim Brot lautet bis heute im jüdischen Gebetbuch/siddur:[233]

> „Gelobt/gepriesen seist Du, JHWH/Ewiger, unser Gott, König der Welt, der die Erde Brot hervorbringen lässt." (Ber VI,1)

Dieser Dank für das Brot erinnert fromme Juden an das Manna-Wunder in der Wüste (Ex 16), durch das die Israeliten vor dem Tod gerettet wurden. Seither ist das Brot vor allem mit dem Sabbat verbunden, da Gott die übliche Haltbarkeit des Brotes (Lev 2,11) aufhebt. Dem Erzähler geht es nicht um das Brot-Wunder, sondern um das Brot am siebten Tag, dem Sabbat. Daran kann

---

[232] A. Fürst, Liturgie 18.
[233] Auch wenn das erste Gebetbuch/siddur aus dem 9. Jahrhundert n. Chr. stammt, gab es seit biblischen Zeiten in der mündlichen Tradition inhaltlich fixierte Gebete. Zur Bedeutung der Segenssprüche und zu Beispielen im Reformjudentum vgl. A. Nachama/W. Homolka/H. Bomhoff, Basiswissen Judentum, Freiburg 2015, 141–164.

der Glaubende erkennen, dass der siebte Tag etwas Besonderes ist:

> „Da sprach der HERR zu Mose: Ich will euch Brot vom Himmel regnen lassen." (Ex 16,4)

Der natürliche Verfall des Brotes in einem Tag wird durch Gottes Wirken am sechsten Tag aufgehoben, sodass es auch am folgenden Tag noch genießbar ist (Ex 16,24–26). Dadurch bleibt der Sabbat von der Arbeit des Sammelns frei, noch bevor das Sabbatgebot am Sinai als Tora verkündet wird. (Ex 20,8 ff.)

Dass diese Manna-Tradition auch in christlichen Gemeinden lebendig war, belegt die große Brot-Rede in Kapitel 6 im Johannesevangelium (siehe unten 4). Sie erweitert die Theologie der Synoptiker deutlich. Der Hauptsatz in Joh 6,48 lautet: „Ich bin das Brot des Lebens" im Gegensatz zum Manna-Brot, das mit einem wörtlichen Zitat aus Ex 16,4 in Joh 6,31 eingespielt wird: Die „Väter in der Wüste haben das Manna gegessen und sind gestorben." (Joh 6,49) Haben die Väter den Hunger gestillt, so verwendet der Evangelist „essen" metaphorisch, es steht für „glauben":

> „Ich sage euch: Wer glaubt, hat das ewige Leben. Ich bin das Brot des Lebens." (6,47)

Das gilt für den Glauben an die Person Jesu, an Jesus als „Wort/lógos" Gottes (1,1–18) und für das Essen des Brotes und Trinken des Weines im eucharistischen Mahl, Gegenstand des Streites in Joh 6,52–58. Johannes verbindet die Christologie mit dem Verständnis des Brotes in der Eucharistie:

> „Der mich isst, wird durch mich leben. Dies ist das Brot, das vom Himmel herabgekommen ist. Es ist nicht wie das Brot, das die Väter gegessen haben, sie sind gestorben." (Joh 6,58)

Die Spaltung unter den Jüngern, von der in Joh 6,60–71 erzählt wird, ist faktisch eine Spaltung unter den Christen in der johanneischen Gemeinde – in Auseinandersetzung mit anderen jüdischen Gruppen.

Eine solch hohe Theologie vertreten die Synoptiker noch nicht, obwohl auch bei ihnen Brot und Wein neu gedeutet und vom üblichen, alltäglichen Essen unterschieden werden.
Zum Brot, das wie noch heute im Orient als Fladen gereicht wurde, trank man in der Regel Wasser oder in gehobenen Kreisen gemischten Wein (2 Makk 15,39; Hld 7,3; 8,2; Spr 23,30). Von der Symbolik her ist das Brechen und Verteilen eines größeren Brotes ein deutliches Zeichen der Gemeinschaft, was man vom Becher nicht sagen kann. Daher dürfte sich der Begriff „Brotbrechen" in seiner metaphorischen und symbolischen Bedeutung eingebürgert haben. Von Jesus heißt es lediglich im Blick auf seine aufsehenerregenden Mahlzeiten mit Randständigen: „Siehe, ein Fresser und Säufer, ein Freund der Zöllner und Sünder!" (Lk 7,34 par Mt 11,19, wo von „Weinsäufer" die Rede ist).
Bei feierlichen Anlässen wurde in allen Familien nach dem Mahl auch Wein getrunken. So beim jährlichen Pessach-/Paschamahl in Erinnerung an die Befreiung und an den Exodus aus Ägypten (Ex 12). Die beraká über den Wein lautet:

„Gelobt seist Du, Ewiger, unser Gott, König der Welt, der die Frucht des Weinstocks geschaffen hat."

Die für Jesus üblichen Mahlgemeinschaften mit seinen Jüngern und die dabei formulierten Gebete, vor allem sein Glaube an die Erfahrung der jetzt wirkenden „Herrschaft" Gottes, sind Voraussetzung für das letzte Mahl im Bewusstsein seines möglichen Todes. Hat er neue Akzente gesetzt?

3. Das letzte Mahl Jesu nach den Synoptikern und Paulus

Paulus bietet die älteste Deutung[234], da der erste Korintherbrief ca. 50 n. Chr. geschrieben wurde. Das besagt nicht, dass später abgefasste Texte (wie das Lukas- und Markusevangelium) nicht frühere Traditionen aufbewahrt haben können. Auch die Text-

---

[234] Zum Vergleich der synoptischen Berichte mit der paulinischen Tradition in 1 Kor 11,23–25 vgl. R. Pesch, Das Markusevangelium II, Freiburg 1977, 364–377; X. Léon-Dufour, Abendmahl und Abschiedsrede, Stuttgart 1983.

IV. Jesu letztes Mahl in den Deutungen im Neuen Testament

überlieferung zu 1 Kor 11,24 zeigt, dass viele Textzeugen sekundär an die Abendmahlstradition erinnern, wenn sie vor dem Brotwort „nehmt, esst" einfügen oder die Wendung „das ist mein Leib für euch" erweitern um „für euch hingegeben" bzw. „für euch gebrochen". Das liturgische Ritual der Gemeinden dringt ein.

Für diese liturgische Offenheit spricht auch 1 Kor 10,14–17:

> „Darum, meine Geliebten, meidet den Götzendienst! Ich rede doch zu verständigen Menschen; urteilt selbst über das, was ich sage! Ist der Kelch des Segens, über den wir den Segen sprechen, nicht Teilhabe am Blut Christi? Ist das Brot, das wir brechen, nicht Teilhabe am Leib Christi? *Ein* Brot ist es. Darum sind wir viele *ein* Leib, denn wir haben alle teil an dem *einen* Brot."

Da Paulus in 1 Kor 11,22–26 nach eigenen Worten eine Tradition übernimmt („ich habe empfangen, was ich euch überliefert habe"), ist die Abfolge von Becher und Brot in 10,16f erstaunlich. Sie stimmt mit der in Didache 9,2–3 überein, wo aber in 9,5 und 10,3 „essen und trinken" bzw. „Speise und Trank" überliefert ist. Noch schreibt man nicht in Formeln. Der Kontext in Vers 17 („*ein* Leib") bestimmte die Abfolge. Die Verse sind demnach kein Kommentar zur Herrenmahl-Tradition in 1 Kor 11,23–26. Das bestätigt auch die unterschiedliche Deutung des Becher-Inhalts: „Blut Christi" in 10,16 bzw. „dieser Kelch ist der neue Bund in meinem Blut" in 11,25. Wenn es um die Unvereinbarkeit von eucharistischem Mahl und Götzenopfermahl geht, genügt der Hinweis auf das Ritual, das Gemeinschaft mit Christus und zwischen den Teilnehmenden schafft, die durch die Taufe (vgl. 12,13) begründet wurde. Über den Ablauf der Herrenmahlfeier sagt diese Stelle nichts, könnte aber mit den Textvarianten in Kor 11,24 in Verbindung gestanden haben.

Beim Markusevangelium, um 70 n. Chr. geschrieben, nimmt man für die Kapitel 14 – 16,8 einen vormarkinischen Bericht über Tod und Auferweckung Jesu an, dessen Alter ebenso umstritten ist wie dessen Beginn (eventuell ab 8,27–33).[235] Die

---

[235] Zu Umfang und biblischen Vorgaben vgl. R. Pesch, Die vormarkinische Passionsgeschichte, in: Ders., Das Markusevangelium II., Freiburg 1977, 1–27.

3. Das letzte Mahl Jesu nach den Synoptikern und Paulus

Evangelien nach Matthäus und Lukas wurden in den 80er- oder 90er-Jahren geschrieben.

Nur bei Paulus finden sich genauere Hinweise zu der Frage: Was ist ein eucharistisches Mahl und was ist ein normales Essen? Sie verdanken sich einem Konflikt in der Gemeinde in Korinth. Paulus unterscheidet aufgrund der sozialen Schwierigkeiten in der Gemeinde „Herrenmahl" und gemeinsames Essen: „Wenn ihr zum Mahl kommt, meine Schwestern und Brüder, wartet aufeinander! Wer Hunger hat, soll zu Hause essen!" (1 Kor 11,34; vgl. ebd. 11,20–22)

Bei der paulinischen Tradition vom Abendmahl gibt es sprachliche Übereinstimmungen zur lukanischen Überlieferung. Ob Lukas von 1 Kor 11 abhängig ist, bleibt zu fragen. Möglich ist, dass beide auf eine gemeinsame Tradition zurückgehen. Wie Lukas in 22,1–20 dem eigentlichen letzten Mahl ein letztes „Liebesmahl/agapä" bzw. das Pascha-Mahl vorausschickt, so auch Paulus in 1 Kor 11,17–22. Auch in anderen Gemeinden gab es solche „Liebesmahle/agapai" (Jud 12). Ob das Agape-Mahl mit der Eucharistiefeier identisch ist, lässt die Argumentation des Paulus vermuten: Er kritisiert das angeblich gemeinsame „eucharistische" Essen der Korinther, da sie die „Gemeinschaft/koinōnia" nicht sozial praktizieren, wenn reiche Christen vorweg essen und arme hungern. Er stellt dem das Ritual Jesu gegenüber. Es gab demnach nicht – wie oft behauptet wird – erst ein Liebesmahl und dann das Herrenmahl, sondern das Herrenmahl sollte ein Liebesmahl sein als Zeichen der Gemeinschaft mit Jesus und der Christen untereinander.

Neu im erzählerischen Ablauf im Vergleich zu den jüdischen Ritualen ist bei den drei ersten Evangelisten und bei Paulus der eschatologische Ausblick – ganz in der Verlängerung der Verkündigung Jesu von der Herrschaft Gottes, in der Schöpfung, in der Geschichte und im Gericht am Ende der Welt und über die Todesgrenze des Einzelnen hinaus:

> „Amen, ich sage euch: Ich werde nicht mehr von der Frucht des Weinstocks trinken bis zu dem Tag, an dem ich von Neuem davon trinke in der Wirklichkeit (EÜ: im Reich) Gottes." (Mk 14,25)

IV. Jesu letztes Mahl in den Deutungen im Neuen Testament

Diese Ankündigung Jesu ist offenbar die älteste Deutung seines Tuns im Kontext der jüdischen Theologien im Unterschied zu seinen bisherigen Mahlzeiten. Paulus erinnert an diese Deutung:

> „Denn sooft ihr von diesem Brot esst und aus dem Kelch trinkt, verkündet ihr den Tod des Herrn, bis er kommt." (1 Kor 11,26)

Lukas nimmt den eschatologischen Ausblick auf, verdoppelt ihn und stellt ihn thematisch vor das Brot- und Becher-Wort. So schafft er eine Verbindung zu der Pascha-Tradition aus der Rahmenerzählung, die beim Bericht über das letzte Mahl jedoch keine Rolle mehr spielt. Die redaktionelle Hand des Lukas ist deutlich:

> „Ich sage euch: Ich werde es (das Paschamahl) nicht mehr essen, bis es seine Erfüllung findet im Reich Gottes [...] Ich sage euch: Von nun an werde ich nicht mehr von der Frucht des Weinstocks trinken, bis das Reich Gottes kommt." (Lk 22,15.19)

Diese Texte erinnern an die große Vision des Propheten Jesaja vom Festmahl Gottes für alle Völker auf dem Berg Zion:

> „Der HERR der Heerscharen wird auf diesem Berg für alle Völker ein Festmahl geben mit den feinsten Speisen, ein Gelage mit erlesenen Weinen, mit den feinsten, fetten Speisen, mit erlesenen reinen Weinen." (Jes 25,6)

Matthäus erweitert und verdeutlicht bei seiner Übernahme von Mk 14,25 die Stelle:

> „Ich sage euch: Von jetzt an werde ich nicht mehr von dieser Frucht des Weinstocks trinken, bis zu dem Tag, an dem ich mit euch von Neuem davon trinke im Reich meines Vaters." (Mt 26,29)

Die älteste Überlieferung vom Mahl Jesu erzählt es in der Art seiner üblichen Mahlzeiten mit seinen Jüngern. Diesem Mahl gab Jesus aber im Angesicht seines Todes eine neue Deutung, die noch ganz als innerjüdische Akzentuierung verstanden werden kann. Der Ausblick in „die Zeit Gottes", in die Zeit nach Jesu Tod, der sich bei Markus am Ende des Mahles zum Becherwort findet (Mk 14,25f par Mt 26,29), verdoppelt Lukas. Er bezieht es auch auf das Brotessen und stellt die Verse gezielt an den Anfang (Lk 22,15–20); dies ist eine deutliche Leserlenkung. Dadurch

3. Das letzte Mahl Jesu nach den Synoptikern und Paulus

wird das Becherwort zweifach genannt (22,17.20), was erzählerisch stört, aber die Hartnäckigkeit der Überlieferung vom letzten Mahl als liturgisch feste Formulierung zeigt. Die prophetische Hoffnung auf das Essen nach dem Tode im Reiche Gottes (vgl. Jes 25,6) ist ein jüdischer Glaubenssatz, den Jesus mit fast allen jüdischen Richtungen teilt (vgl. seine Gleichnisse vom göttlichen Gastmahl in Mt 22,1–14; 25,1–13; Lk 16,19–31). Neu ist die Überzeugung, dass dies geschieht, „bis das Reich Gottes kommt" (Lk 22,18), auf Erden Wirklichkeit wird, am Ende der Welt, der Menschensohn in Herrlichkeit kommt und endgültig die „Erlösung" da ist (Lk 21,27f). Im Evangelium konnten diese transparente „Wirklichkeit" bereits einzelne durch den „Menschensohn" erfahren (5,24; 9,22; 19,10). Bis zum Ende der Welt sollen die Jünger das Brot brechen und den Wein trinken, wie Lukas in Kapitel 24 und in der Apostelgeschichte erzählt.

Die Abfolge der Worte im Einsetzungsbericht „er nahm das Brot und sprach den Lobpreis, dann brach er das Brot, reichte es ihnen" vor der Deutung „und sagte: Nehmt, das ist mein Leib" (Mk 14,22), zeigt die Entstehung dieses Verses. Der Text setzt die Mahlzeiten Jesu mit Sündern und Zöllnern, für fromme Juden erstaunlich oder sogar empörend, voraus. Der alltäglichen Praxis gibt Jesus vor seinem Tod eine neue Deutung (eine zweite) – in dem festen Glauben, dass er nach jüdischem Glauben „nicht mehr von der Frucht des Weinstocks trinken wird bis zu dem Tag, an dem ich von Neuem davon trinke im Reich/in der Wirklichkeit Gottes." (Mk 14,25) Dieses Ritual und diese eschatologische Deutung im Glauben an die Auferweckung des Einzelnen im Tode konnten die Jünger weiterführen – in Erwartung der vollkommenen „Herrschaft/basileia Gottes" im Jenseits.

Die ersten Jüngerinnen und Jünger teilten mit Jesus nicht nur seinen Glauben an die Auferweckung, an die schöpferische Macht Gottes, die nicht an der Todesgrenze endet, sondern auch an die Sinnhaftigkeit seines Leidens – in der Nachfolge prophetischer Geschichten. In der Bibel ist das gewaltsame Geschick der Propheten eine stereotype Vorstellung,[236] da Israel nicht auf ihre

---

[236] O. H. Steck, Israel und das gewaltsame Geschick der Propheten, Neukirchen 1967.

IV. Jesu letztes Mahl in den Deutungen im Neuen Testament

Warnungen hörte (2 Chr 24,19; Jer 7,25). Sie wurden gesteinigt (2 Chr 24,21) und getötet (Jer 26,32; 1 Kön 18,13; 19,1.10.14; 2 Esr 19,26; Neh 9,26). Mit diesen Vorstellungen hat Jesus nach der Logienquelle sein eigenes Geschick interpretiert (Lk 11,47–51 und 13,34f par Mt 23,37–39). Auch der Evangelist Markus konnte für seine Passionsgeschichte auf eine Vorlage mit alttestamentlicher Substruktur zurückgreifen, in der sich alle erzählerischen Motive finden, was eine historische Rückfrage verhindert. Auch der Glaube an die Erhöhung und Auferweckung des leidenden Gerechten ist Teil des Geschicks des leidenden Gerechten (Ps 27; 40; 41; 69; 71; Jes 53; Weish 2,12–20; 5,1–12).[237] Alle erzählerischen Elemente der Passionsgeschichte Jesu werden in einer Relektüre vor allem verschiedener Psalmen entfaltet. Mit dieser literarischen Basis deuteten die Anhänger Jesu seinen Tod. Ohne diese Vorgaben sind die Erzählungen über seine Passion, sein letztes Mahl und seinen Tod nicht zu erklären.[238]

Im Licht dieser Überlieferungen der Logienquelle hat Jesus seinen Tod erwartet, ihm aber keine sühnende Funktion zugeschrieben, ihn vielmehr als Übergang vom Leben zum Vater interpretiert. Der Evangelist Johannes (siehe unten 4) bestätigt diese Deutung.

Eine dritte nachösterliche Deutungsebene findet sich in Mk 14, 24 par Mt 26,28:

> „Das ist mein Bundesblut, das für viele vergossen wird."

Lukas und Paulus bieten eine andere Deutung:

> „Dieser Becher ist der neue Bund durch mein Blut besiegelt."

Beide Traditionen beziehen sich auf biblische Stellen. Markus und ihm folgend Matthäus erinnern daran, dass der Bund Gottes mit Israel mit Blut von jungen Stieren besiegelt wurde. Nicht nur

---

[237] Zu weiteren Stellen und zur „alttestamentlichen Substruktur" vgl. R. Pesch, Die vormarkinische Passionsgeschichte, in: Ders., Das Markusevangelium II, Freiburg 1977, 13–15.
[238] Für die jahrhundertealten Vorurteile der Christen gegen Juden müsste diese Erkenntnis wegweisend sein. Vgl. zuletzt M. Theobald, Warum musste Jesus sterben? Ein neuer Blick auf die beteiligten Akteure, in: Zeitschrift für die christlich-jüdische Begegnung 1-2, 2024, 104–116.

der Altar wurde besprengt, sondern auch das ganze Volk, wobei Mose „das Buch des Bundes verlas", sich das Volk auf alle Weisungen der Tora verpflichtete (Ex 24,3–8). Der abschließende Vers lautet:

> „Das ist das Blut des Bundes, den der HERR aufgrund all dieser Worte mit euch schließt." (Ex 24,8)

Offenbar liegt hier eine alte urchristliche Deutung des Becher-Rituals vor, da der blutige Tod Jesu am Kreuz mit dem Schicksal der jungen Stiere und ihrem Blut, das Sühne vermittelt, verbunden wird. Dieses Ritual wird durch Jesu Deutung ersetzt. Das Blut erhält eine andere metaphorische Bedeutung. Sie ist eindeutig nachösterlich, da die ausschließliche Verkündigung Jesu von der Wirklichkeit Gottes/basileia/Reich Gottes eine soteriologische Deutung seiner eigenen Person und seines Todes ausschließt. *„Mein* Blut des Bundes" bekräftigt und besiegelt die Verkündigung Jesu in Wort und Tat. Auf dieser ältesten Stufe der nachösterlichen Reflexion liegt eine deutliche Neuakzentuierung vor. Sie stammt aus einer judenchristlichen Gemeinde.

Die lukanisch-paulinische Deutung mit der Wendung „neuer Bund" knüpft an die prophetische Verheißung des Propheten Jeremias an und gibt dem letzten Mahl eine andere Deutung:

> „Siehe, es kommen Tage – Spruch des HERRN –, da schließe ich mit dem Haus Israel und dem Haus Juda einen neuen Bund. Er ist nicht wie der Bund, den ich mit ihren Vätern geschlossen habe an dem Tag, als ich sie bei der Hand nahm, um sie aus dem Land Ägypten herauszuführen. Diesen meinen Bund haben sie gebrochen. [...] Sondern so wird der Bund sein, den ich nach diesen Tagen mit dem Haus Israel schließe – Spruch des HERRN: Ich habe meine Weisung in ihre Mitte gegeben und werde sie auf ihr Herz schreiben. Ich werde ihnen Gott sein und sie werden mir Volk sein. Keiner wird mehr den anderen belehren." (Jer 31,31–34)

Das „Blut" der Abendmahlsüberlieferung erhält durch die Anknüpfung an die prophetische Verheißung eine neue Bedeutung. Verbinden Markus und Matthäus die biblische Stelle mit dem blutigen Tod Jesu am Kreuz und seiner Heilsbedeutung, so geht es Lukas und Paulus um die Universalisierung des Bundes Gottes mit allen Völkern nach Jer 31, wobei der „neue Bund" nicht in der

Weitergabe der Tora Gottes vom Sinai besteht, sondern den Juden seine Weisungen „ins Herz" gegeben werden. Wer im Sinne Jesu aus diesem Becher trinkt, bestätigt den mit diesem Gestus verbundenen Glauben. Damit lehnt diese Deutung nicht nur das Blutsritual des alten Bundes ab, sondern den Bund selbst. Der Bund vom Sinai wird gemäß dem Glauben des Propheten Jesaja ein Bund für alle Völker. Im Gedächtnis an Jesu blutigen Tod „danken/eucharistein" die Jünger im Trinken des Bechers dafür und glauben daran, dass die prophetische Vision unter ihnen schon Wirklichkeit geworden ist. Diese Deutung stammt aus einer gemischten Gemeinde aus Juden- und Heidenchristen oder nur aus Heidenchristen.

Welche der beiden Deutungen älter oder jünger ist, kann nicht entschieden werden, auch wenn die markinisch-matthäische Deutung im Hinblick auf die Identität der Christen innerhalb des traditionellen Judentums deutlich ist, die lukanisch-paulinische an das universal orientierte Judentum anknüpft. Darauf kann auch das „für viele" statt „für euch" hindeuten. Sollten Lukas und Paulus unabhängig voneinander die Hoffnung auf den „neuen" prophetischen Bund formuliert haben? Diese Hoffnung entspricht dem prophetischen Anspruch Jesu, alle Offenbarung direkt von Gott erhalten zu haben.[239]

Beim Brot finden sich keine derartigen Deutungen. Wie das Pronomen bei „mein Blut", so verweist auch *„mein* Brot" auf den Bezug zu Jesus und sein gesamtes Handeln. Jesus gibt dem Brot zum Stillen des natürlichen Hungers eine neue Bedeutung. Nennt man diese in der Sprache des Aristoteles, des Thomas von Aquin und des Konzils von Trient „Substanz/das Darunterstehende", kann man von einer Transsubstantiation, von einer Wesensverwandlung sprechen, wobei Brot die Materie Brot bleibt, aber für die Glaubenden eine neue Bedeutung erhält. Jesus betreibt Schriftauslegung von Ex 16: Er ist das „Brot vom Himmel" (Ex 16,4), er „ist das Brot, das der HERR zu essen gibt" (Ex 16,15; vgl. Joh 6,31–35.47–51; Offb 2,17). Wie das Manna in der Wüste auf der Wanderung, wie der Bund am Sinai Israel auf Zukunft hin das Leben ermöglichte, so bindet Jesus den alltäg-

---

[239] Zur „Vollmacht" Jesu vgl. H. Frankemölle/H. Heinz, Jesus 110–177.

3. Das letzte Mahl Jesu nach den Synoptikern und Paulus

lichen Ritus, gemeinsam Brot zu essen und Wein zu trinken, an sein radikales, konsequentes Lebenskonzept, das mit seinem Tod endet, dem die Jünger durch ihr Essen und Trinken in Erinnerung an Jesus zustimmen.

Analog zu Jesu „Lobpreis" an den Vater behielten die Jünger beim gemeinsamen „Brotbrechen" dieses Ritual nach seinem Tod bei. Am Sederabend zu Pessach betete und betet man in der jüdischen Liturgie die Psalmen 113–118, an anderen Tagen die Psalmen 145–150 – verbunden mit verschiedenen Gebeten, je nach Anlass. Im Rückblick auf den Tod Jesu werden die Jüngerinnen und Jünger Jesu zu den genannten Psalmen mit Dank, Hingabe und Gottvertrauen im Leiden und Alter auch Ps 22 zur Deutung des Todes Jesu herangezogen haben. So ist es jedenfalls in der markinischen Tradition belegt. Nach Mk 15,34 zitiert Jesus „mit lauter Stimme" Ps 22,2a in Aramäisch: „Eloï, Eloï, lema sabachtani?"

Die Übersetzer der vormarkinischen Passionsgeschichte fügten dem aramäischen Text eine freie griechische Übersetzung hinzu, die mit der Septuaginta nicht übereinstimmt: „das heißt übersetzt: Mein Gott, mein Gott, warum hast du mich verlassen?" Diese Erfahrung, bzw. diese Angst, von Gott verlassen zu sein oder zu werden, ist für Beter der Psalmen nicht ungewöhnlich (vgl. 9,11; 16,10; 27,9; 37,28.33; 38,22; 71,9.11.18; 94,14; 119,8). Gemäß der Struktur der Psalmen 27; 40; 41; 69 und 71 wissen die Leser des Markusevangeliums, dass Gott dem Beter von Psalm 22 eine „Antwort gegeben hat" (22,22), er einen „Lobpreis inmitten der Gemeinde" anstimmte (22,23.26), der mit dem Glauben an die universale „Herrschaft" Gottes (22,29) und mit dem Lob zur „Heilstat" Gottes endete (22,32). Ob Jesus Ps 22 beim letzten Mahl gebetet hat, wissen wir nicht.

Die drei synoptischen Evangelien bestätigen den Ritus des gemeinsamen Mahles beim letzten Mahl Jesu mit seinen Jüngern, wenn auch in veränderten sprachlichen Formen. Nach Markus, ihm folgend Matthäus, heißt es: „Während des Mahls nahm er das Brot...; dann nahm er den Kelch ..." (Mk 14,22 par Mt 26,26), nach Paulus und Lukas heißt es „Nach dem Mahl nahm er den Kelch ..." (1 Kor 11,25; Lk 22,20). Zuvor hatte Jesus nach Lukas in 22,17 vor dem Brotgestus schon einen ersten Becher genommen und ein „Dankgebet" gesprochen. Die Verse Lk 22,15–18 finden sich nur bei Lukas. Sie betonen die Pascha-Tradition. Sie haben die Funktion, mit den angesprochenen Motiven Jesu Leiden und Tod für die Jünger zu deuten. Das Gebet über dem Becher, der hier nicht theologisch gedeutet wird (erst in 22,24) entspricht dem üblichen jüdischen Dankgebet bei Mahlzeiten und dem dort üblichen ersten Becher.

Beim Brotwort, Brotbrechen und der Deutung stimmen die Synoptiker und Paulus überein. Im Griechischen bedeutet in der Wendung „das ist mein Leib/sōma" den Menschen in seiner leibseelischen Ganzheit. Er ist ein Wesen aus Fleisch/sarx und Blut/haima, er ist beides, ein Ich/sōma. Eine Ergänzung zum sōma mit „Blut" ist nirgendwo belegt.[240] Daher dürfte die Deutung des Brotwortes „das ist mein Leib/ sōma" (Mk 14,22 parr; 1 Kor 11,24) in deutscher Sprache übersetzt lauten: „Dies ist mein Ich/ das bin ich". Das Brot hat metaphorisch eine neue, tiefere Bedeutung. Daraus folgt, dass das Becherwort jünger ist und dem Brotwort angeglichen wurde. Als biblische Vorgabe diente die Bundestheologie (zu Ex 24,8 siehe oben). Eine Transposition auf Jesu Tod setzt eine längere theologische Reflexion zu der Frage voraus, welche Heilsbedeutung er haben kann. Ein Höhepunkt ist der Hebräerbrief (siehe II 9) mit Jesus Christus als Hohepriester, der Melchisedek verdrängt. Diese Interpretation liegt ganz in der Perspektive der tempelkritischen Verkündigung Jesu, die ihm den Tod einbrachte.

Eine weitere Deutungsebene belegt der Auftrag „Tut dies zu meinem Gedächtnis!" Nur beim Brotwort werden die Jünger in Lk 22,19 dazu aufgefordert. Eine logische Aufforderung wie „brecht auch ihr das Brot" fehlt. In 1 Kor 11,25b beruft auch Paulus sich auf die Tradition (1 Kor 11,23: „ich habe vom Herrn empfangen ...") und ergänzt im Zuge der liturgischen Erweiterung beim „Becher" sachlich angemessen: „Dies tut, sooft ihr daraus trinkt, zu meinem Gedächtnis." Mit Lukas teilt er den Hinweis „nach dem Mahle" (Lk 22,20; 1 Kor 11,25). Dadurch wird der

---

[240] Zur sprachlichen Begründung der Bedeutung der Begriffe im Griechischen, Jüdischen und im Neuen Testament vgl. E. Schweizer, sōma Leib, in: EWNT III 770–779.

Unterschied zwischen dem Mahl zum Sättigen des Hungers und dem Essen des Brotes in seiner metaphorischen Bedeutung betont. Dazu finden sich in 1 Kor 11,17–24.26–34 wichtige Hinweise, was ein Essen und Trinken in der Nachfolge Jesu ist.

Diese Variationen und das Fehlen des Wiederholungsbefehls bei Markus und Matthäus bedeuten nach Anton Vögtle, „dass sich der Wiederholungs- und Gedächtnisbefehl von seinem Ursprung her nicht an die Abendmahlsjünger, sondern an die je zur Feier des Herrenmahls versammelten Gemeinden richtete." Die vierfache Überlieferung belegt die lebendigen Glaubensprozesse in den urchristlichen Gemeinden. Für das Priesterbild der Kirche erlaubt das pluralische Auftragswort „Tut dies …!" nach Anton Vögtle weiter „weder den Schluss, Jesus selbst habe speziell die anwesenden elf Männer mit der Wiederholung des Abschiedsmahles beauftragt, noch lässt sich ihm eine Auskunft über den oder die Offizianten der nachösterlichen Herrenmahlfeier entnehmen."[241] Auch in anderen Texten im Neuen Testament bleibt bei der Benennung von Funktionsträgern in der Gemeinde (Presbyter, Episkopen/Bischöfe) offen, wer der Gemeindefeier vorsteht. Die aktuelle Diskussion über den zölibatären Priester findet in den Erzählungen vom letzten Abendmahl keine Begründung. Heute wäre es in der westlichen Welt angemessen, theologisch möglich und pastoral sinnvoll, wenn geeignete verheiratete Männer und Frauen die Eucharistie und das „Brotbrechen" leiten würden.

Eine noch jüngere Deutungsebene des Berichtes vom letzten Abendmahl Jesu liegt vor, wenn die Evangelisten, allen voran Johannes (siehe unten 4) die Traditionen zum letzten Mahl Jesu und zu seinem Tod mit dem Pascha-Fest verbinden (Mk 14,1 par Mt 26,2; Lk 22,1; Joh 12,1), Johannes sogar Jesus als Pascha-Lamm identifiziert. Diese Verbindung ist bei den Synoptikern theologisch wenig aussagekräftig, auch wenn Lukas nicht erst in 22,15–20 das Pascha-Fest als Motivation, nach Jerusalem zu gehen, nennt.

---

[241] A. Vögtle, Die Dynamik des Anfangs. Leben und Fragen der jungen Kirche, Freiburg 1988, 138–143 zur Frage „Wer leitete die Eucharistiefeier?" Zum Zitat ebd. 140.

IV. Jesu letztes Mahl in den Deutungen im Neuen Testament

„Das Fest der Ungesäuerten Brote, das Pascha genannt wird, war nahe." (22,1)

„Dann kam der Tag der Ungesäuerten Brote, an dem das Paschalamm geschlachtet werden musste. Jesus sandte Petrus und Johannes aus und sagte: Geht und bereitet das Paschamahl für uns, damit wir es essen können." (22,7f)

„Als die Stunde gekommen war, legte er sich mit den Aposteln zu Tisch. Und er sagte zu ihnen: Mit großer Sehnsucht habe ich danach verlangt, vor meinem Leiden dieses Paschamahl mit euch zu essen." (22,14)

Auf den Bericht zum letzten Abendmahl wirkte das Pascha-Motiv bei den Synoptikern nicht ein. Lukas führte es aus erzählerischen Motiven ein. Es ist der erzählten Abfolge des Weges Jesu von Galiläa nach Jerusalem zu verdanken und erzeugt in der übergreifenden Einheit des Evangeliums eine erzählerische Spannung vom Anfang zum Ende. Die ersten drei Evangelisten haben kein theologisches Interesse am Paschafest und am Paschalamm.[242]

Das nach Ex 12 jährlich vom 14. bis zum 21. Nisan acht Tage lang zu feiernde Pascha-Fest im Gedenken an den Auszug aus Ägypten mit der Opferung des Lammes im Tempel und nach dessen Zerstörung im Haus mit dem Essen des ungesäuerten Brotes muss als Vorbild für das letzte Mahl in der ältesten Überlieferung als literarische Fiktion bezeichnet werden. Die nachösterlichen Gemeinden, die „Tag für Tag/täglich" zum Mahl zusammenkamen (Apg 2,46f), die Erzählung von der Begegnung der zwei Jünger mit dem auferweckten Jesus auf dem Weg nach Emmaus (Lk 24,13–35) und der Auftrag zur Wiederholung bei den Synoptikern und bei Paulus (1 Kor 11,26: „sooft ihr von dem Brot esst und aus diesem Kelch trinkt, ...") können nicht vom Rhythmus des jährlichen Paschafestes gedeutet werden.

Dennoch ist der Hinweis darauf im lukanischen Rahmen ein wichtiger Hinweis zum Verständnis, der die Deutungsworte aus der liturgischen Tradition der Gemeinden deutet: Das Mahl Jesu

---

[242] Zur Pascha-Tradition im NT und zum Desinteresse der Synoptiker vgl. H. Patsch, páscha, Passafest, Passafeier, Passamahl, Passalamm, in: EWNT III, 1983, 117–120.

gewinnt für seine Nachfolger eine neue Bedeutung, wie die Wendungen „mein Leib" und „mein Bundesblut" (Mk 14,24 par Mt), „neuer Bund" (Lk 22,20 par 1 Kor 11,25) und der Hinweis, dass es das letzte Pascha-Mahl Jesu mit seinen Jüngern ist, „bis das Reich Gottes kommt" (Lk 22,18), belegen. Diese innerjüdischen Deutungen werden nach der Zerstörung des Tempels im Jahre 70 durch den Evangelisten Johannes mit Jesus als Lamm Gottes (siehe unten 4) und durch den Verfasser des Hebräerbriefes mit Jesus als dem einzigen Hohepriester (Hebr 5,6-10; 6,20; 7,1-17) weitergeführt und christologisch gedeutet. Die Synoptiker bereiten diese neue christliche Deutung indirekt vor. Ihre Intention lautet: Ein bestimmter jüdischer Kult und bestimmte Erwartungen werden ersetzt. Die Antithese ist deutlich, obwohl man sie noch keine antijüdische Theologie im Kontext des vielfältigen Judentums nennen kann. Später werden sie im Bemühen, die heidenchristliche Identität zu stärken, als Teil der Adversus-Iudaeos-Texte übernommen.[243]

Auch wenn das Paschalamm in Lk 22,11 und das Paschamahl in Lk 22,13.15 von Lukas erneut erwähnt werden, haben diese Nennungen keine Wirkung auf den Einsetzungsbericht und die Deutung des letzten Mahles durch ihn. Hätten die Jünger das „Tut dies zu meinem Gedächtnis!" (22,19) paschatheologisch verstanden, wären die vielen Mahlszenen Jesu im Evangelium, das „Brotbrechen" mit den Jüngern auf dem Weg nach Emmaus (24,30) und die Erzählung vom „Brotbrechen" „Tag für Tag" in der Jerusalemer Urgemeinde (Apg 2,46) nicht zu verstehen.[244] Hinweise auf das letzte Mahl Jesu mit den Jüngern fehlen in diesen Texten; demnach können die Verse Lk 22,15-21 nicht als „Stiftungsmahl" verstanden werden, nicht als Aufforderung zu einem regelmäßig kultisch zu vollziehenden Ritual.[245] Im Evan-

---

[243] Zu den Anfängen und zu einem Überblick im 1. und 2. Jahrhundert vgl. H. Frankemölle, Frühjudentum 315-370.
[244] Anders M. Theobald, Paschamahl 134, der „die Sinnrichtung dieser lukanischen Einbettung der Eucharistie-Stiftung Jesu in das Paschamahl Israels" zu „rekonstruieren" versucht, ebenso den Anamnesis-Befehl in 22,49. Das Faktum, dass dieser Befehl nur beim Brotwort steht, verdrängt die Pascha-Lamm-Tradition.
[245] So auch A. Lindemann, Einheit und Vielheit im lukanischen Doppel-

gelium des Lukas steht die Erzählung vom letzten Mahl Jesu mit den Jüngern zwischen der Speisung der Fünftausend in 9,12–17 (mit Beteiligung der Jünger) und der Offenbarung der zwei Jünger (die nicht zu den Zwölfen im Abendmahl zählten) auf dem Weg nach Emmaus in 24,13–35: Sie erkennen Jesus am „Brotbrechen". Lk 24,13 ff. ist demnach nicht als Erinnerung an 22,15 ff. zu verstehen.

Das lässt sich sprachlich erhärten: In Differenz zur Vorgabe in Mk 14,22 mit dem Verbum „eulógäsen/nahm das Brot, lobte Gott/sprach den Lobpreis", spricht Lukas beim Abendmahlsbericht in 22,17.19 von „eucharistäsas/sagte Dank", in 24,30 in der Emmaus-Geschichte wiederum wie im Speisungswunder 9,16 in Aufnahme von Mk 6,41 von „er lobte Gott". Die Tradition mit „sagte Dank" teilt Lukas mit Paulus (1 Kor 11,24), unterscheidet sich aber von ihm, da der doppelte Wiederholungsbefehl nach Paulus (1 Kor 11,24.25) von Lukas nur für das Brot (22,19) formuliert wird. Mk 14,22–24 bietet keinen Wiederholungsbefehl. „Brotbrechen" ist folglich für die lukanische Gemeinde in der Nachfolge und im Auftrag Jesu (22,19) die einzige Art, Nachfolge Jesu im gemeinsamen Mahl zu feiern.

Auch in der Erzählung von Paulus in Griechenland und in Troas wird deutlich unterschieden:

> „Nach den Tagen der Ungesäuerten Brote segelten wir von Philippi ab und kamen in fünf Tagen zu ihnen nach Troas, wo wir uns sieben Tage aufhielten. Als wir am ersten Tag der Woche versammelt waren, um das Brot zu brechen ..." (Apg 20,6f; vgl. 20,11)

Die Paschamahl-Tradition und die jüdischen Feste und Rituale sind für die lukanische Theologie von großer Bedeutung; die Erzählung von der Beschneidung Jesu (vgl. Lk 2,21) oder die jüdischen Gesänge in 1,46–55.68–79; 2,29–32 bestätigen diesen Eindruck. Sie können aber den Ritus des letzten Mahles Jesu nicht deuten. Die Einsetzungsworte sind das älteste Zeugnis des rituellen gemeinsamen Essens Jesu mit den Jüngern. Dieses einmalige Essen vor seinem Tod ist aus den bisherigen Mahlzeiten

---

werk. Beobachtungen zu Reden, Wundererzählungen und Mahlberichten, in: Ders., Die Evangelien und die Apostelgeschichte. Studien zu ihrer Theologie und zu ihrer Geschichte, Tübingen 2009, 186–212, ebd. 210f.

3. Das letzte Mahl Jesu nach den Synoptikern und Paulus

Jesu zu verstehen. Im Nachhinein wird das letzte gemeinsame Mahl Jesu mit den Jüngern zwar von der Pascha-Liturgie eingerahmt, bleibt inhaltlich davon aber unberührt, ersetzt die Pascha-Liturgie. Die Materialien sind nicht entscheidend; es können auch „Brot und Fische" sein wie bei der Speisung der Fünftausend (Lk 9,10–17). Die Jünger sollen gastfreundlich sein wie Jesus (9,13). Er spricht eine einzige berachá über „die fünf Brote und die zwei Fische und brach sie". (9,17) Das ganze Ritual kann sich in der lukanischen Tradition auch auf das „Brotbrechen" (ohne den Becher) beschränken wie in der Emmauserzählung (Lk 24,30). Sie handelt nicht von Mitgliedern der zwölf Apostel, setzt also eine nachösterliche Praxis, an der Christen sich erkannten, voraus. Darauf deutet die typisch lukanische Bezeichnung „Brotbrechen" hin (24,35). Dies bestätigen Hinweise auf das eucharistische Mahl in der Apostelgeschichte.

> „Sie hielten an der Lehre der Apostel fest und an der Gemeinschaft, am Brechen des Brotes und an den Gebeten." (2,42)

> „Tag für Tag verharrten sie einmütig im Tempel, brachen in ihren Häusern das Brot." (2,46)

> „Als sie am ersten Tag der Woche versammelt waren, um das Brot zu brechen, redete Paulus zu ihnen." (20,7)

> „Dann stieg Paulus wieder hinauf, brach das Brot und aß." (20,11)

> „Nach diesen Worten nahm er (Paulus) Brot, dankte Gott vor den Augen aller, brach es und begann zu essen." (27,35)

In der Gemeinde des Lukas wurde auch nach Ostern das gemeinsame Mahl nur „sub una", nur mit dem Brot gefeiert. Daher nennt Lukas den Auftrag zur Wiederholung nur für das Brotritual (22,19) und identifiziert Jesus nicht mit dem Wein im Becher (anders Mk 14,22.24). Dazu passt, dass die Jünger nicht aus dem Becher trinken (anders Mk 14,23 und Paulus 1 Kor 11,21.26). Der Becher erhält seine theologische Funktion einmal durch die Pascha-Tradition:

> „Er nahm einen Kelch, sprach das Dankgebet und sagte: Nehmt diesen Kelch und teilt ihn unter euch" (Lk 22,17)

und durch die Stiftung eines neuen Bundes:

> „Er nahm den Kelch und sagte: Dieser Kelch ist der neue Bund in meinem Blut, das für euch vergossen wird." (Lk 22,20)

Daraus folgt: Im Evangelium und in Apostelgeschichte sind die Verse Lk 22,15–20 und 22,19–20 kein liturgisches Formular, sondern ein katechetisches Zitat zur Erinnerung an das Tun Jesu mit unterschiedlichen theologischen Akzenten. Die Verse sind episches Erzählstück, nicht kultätiologischer Art.

Paulus spricht zwar von einem doppelten Wiederholungsbefehl – für Brot und Becher – aber nicht vom Wein im Becher. Er kann auch mit Wasser gefüllt sein. Nicht darauf kommt es ihm an, sondern auf das Bewusstsein, dass Christen im Trinken den Bund Gottes erneuern und eine Einheit, „Leib Christi" werden (1 Kor 10,16f; 12,12–27; Röm 12,4f; weiter zu Paulus siehe III 1).

> „Ist der Kelch des Segens, über den wir den Segen sprechen, nicht Teilhabe am Blut Christi? Ist das Brot, das wir brechen, nicht Teilhabe am Leib Christi? Ein Brot ist es. Darum sind wir viele ein Leib; denn wir alle haben teil an dem einen Brot." (1 Kor 10,16f)

Die Deutung des gebrochenen Brotes mit „das ist mein Leib/sōma" bzw. „das bin Ich" erschließt sich im Lukasevangelium aus der bisherigen Erzählung als Hingabe Jesu mit seiner ganzen Existenz für das Heil der Menschen: Wie das Brot gebrochen wird, so auch Jesu Leib. Bei „für euch" sind in der Erzählung die Mahlteilnehmer gemeint, vom Evangelium her alle Teilnehmer der für die Frommen in Israel anstößigen Mahlzeiten Jesu mit Sündern und Zöllnern.

Das Einsetzungswort zum Becher deutet Jesu blutigen Tod am Kreuz („Blut, das für euch vergossen wird"), da „Blut/haima" das Leben bedeutet (Lev 17,11.14; Dtn 12,23). Zudem erinnert Jesu Wort an den Bundesschluss am Sinai: „Das ist das Blut des Bundes, den der Herr aufgrund all dieser Worte mit euch geschlossen hat." (Ex 24,8) Das Blut der Opfertiere ist Typos für das Blut Jesu. Wie am Sinai das Volk durch Mose sich einmalig verpflichtet, den Bund mit Gott einzuhalten, so verpflichtet das Blut Jesu, „das für viele vergossen wird", die Beteiligten in einem neuen, universalen Bund gemäß dem rettenden und heilenden Leben

3. Das letzte Mahl Jesu nach den Synoptikern und Paulus

Jesu. Wie der Bundesschluss am Sinai der Beginn einer neuen Heilsgeschichte Gottes mit Israel war, so auch Jesu Tod, den er fest vor Augen hat: „Ich werde nicht mehr von der Frucht des Weinstocks trinken bis zu dem Tag, an dem ich von Neuem davon trinke in der Wirklichkeit/im Reiche Gottes." (Mk 14,25 par Mt 26,29) Nach Lukas in 22,16.18 ist Jesus sich mit den Worten „ich werde es nicht mehr essen/von der Frucht des Weinstocks trinken, bis es seine Erfüllung findet in der Wirklichkeit/im Reiche Gottes/bis das Reich Gottes kommt", sicher, dass es sein letztes Mahl vor seinem Tod ist.

Paulus setzt aus der Perspektive der Mahlteilnehmer in 1 Kor 11,24f mit der doppelten Aufforderung „Tut dies zu meinem Gedächtnis/tut dies, sooft ihr daraus trinkt, zu meinem Gedächtnis!" ebenfalls Jesu Tod voraus. Auch das anschließende Wort in 11,26 „Denn sooft ihr von diesem Brot esst und aus dem Kelch trinkt, verkündet ihr den Tod des Herrn, bis er kommt", bestätigt: Jesu Mahl ist sein letztes irdisches Mahl und sein Lobpreis über Brot und Wein erweisen sein für Gott hingegebenes Leben als sinnvoll für sich und rettend für die Menschen.

Die lukanische Tradition hält diese Aspekte am ehesten fest. Die Jünger werden nicht aufgefordert, Jesu Worte „dies ist mein Leib ..." zu wiederholen. Die spätere Fixierung auf diese Worte als „Wandlungsworte" entspricht nicht den biblischen Vorgaben. Hier bieten sie eine nachträgliche Erklärung des dargebotenen Brotes und Weines. Die Worte erinnern an das heilvermittelnde Wirken Jesu, das in seinem „Ich", in seinem „Leib" und „Blut" gebündelt ist.

Der Apostel Paulus und vor allem seine Rezipienten Augustinus und Anselm von Canterbury haben in der Zentrierung auf den Tod Jesu und seine Heilsbedeutung diese weite handlungsorientierte Theologie zu einem dogmatischen Satz verengt (siehe oben III 1.3 und 1.4) und für heutige Christen unverständlich gemacht. Der Kirche und ihren Theologen ist es durch das Festhalten an der antiken Sprache und den spekulativen, philosophischen Vorstellungen nicht gelungen, die Heilsbedeutung Jesu in seinem Leben, das am Kreuz gipfelte, in der Sprache unserer Zeit zu verkünden, deutlich zu machen, was der Satz „Gott hat uns erlöst" mit dem Leben heutiger, von der Säkularisation geprägter

IV. Jesu letztes Mahl in den Deutungen im Neuen Testament

Menschen verbindet. Der Evangelist Lukas bietet ein Gegenmodell. Er könnte und sollte der Evangelist der Neuzeit sein.

Das lukanische „Brotbrechen" bzw. das paulinische „Herrenmahl" und die Varianten bei Markus, ihm folgend Matthäus, sind im Neuen Testament nicht als fester Ritus mit festem Ablauf belegt (am ehesten im Ansatz in 1 Kor 11), sondern in den vorliegenden Überlieferungen gedeutete Rituale in Erinnerung aus den 50er-, 70er- und 80er-Jahren. Ihre Motive zur Deutung schöpfen die Verfasser zum einen aus der Paschamahltradition (mit dem Bekenntnis zum Heil bringenden Tod Jesu), zum anderen aus den üblichen Mahlfeiern Jesu, die er als Chance gedeutet hat, Menschen mit Gott zu versöhnen.

Die Identifizierung Jesu Christi mit einer Wirkweise/Hypostase Gottes kennt Lukas nicht, ebenso wenig den Gedanken der stellvertretenden Sühne vieler bzw. aller durch den Tod Jesu am Kreuz, wie sie Paulus entfaltet. Nach Lukas belegen die Einsetzungsworte, dass Jesus mit „Leib" und „Blut", mit seinem „Ich" (vgl. Ps 63,2; 84,3) bis in den Tod „für" die Glaubenden, für die Jünger und für alle „Völker" festhält an seinem heilwirkenden Auftrag durch Gott und an seiner Überzeugung, dass „Heil" von Gott her durch Jesus in Mahlzeiten eröffnet wird.

Ein Vergleich mit dem Gottesknecht aus Jesaja 40–55 belegt diese Deutung: Lukas übernimmt nicht das dort belegte stellvertretende Leiden für die „Vielen", die Sünder (Jes 53,11), anders als Paulus (1 Kor 15,3). Im Zitat aus Jes 53,7f in Apg 8,32–35 deutet Lukas den Tod Jesu still „wie ein Lamm". Lammfromm hat Jesus den Tod erlitten. Er hat universale Auswirkungen. Im Lied des Simeon in der Vorgeschichte (2,30–32) wird Jes 40,5 LXX; 52,10; 42,6; 46,13 und 49,6 mit dem das „Heil" bringenden Wirken Jesu „bei allen Völkern" als das „Licht für alle Nichtjuden" und als „Herrlichkeit für Israel als Volk Gottes" gedeutet. Auch das Wirken des Paulus deutet Lukas in Apg 13,47 mit dem Zitat aus Jes 42,6 und 49,6: Hier wie dort geht es um die Sendung zu allen Völkern; nur dieser Aspekt wird von Lukas aus der Tradition des leidenden Gottesknechtes aus Jesaja übernommen.

Für Lukas ist das Kreuz kein Beleg für die Radikalität und Todesbereitschaft Jesu, nicht Ursache des Heils für Israel und für alle, sondern die Konsequenz seines ganzen Lebens für Gott,

3. Das letzte Mahl Jesu nach den Synoptikern und Paulus

wodurch Gottes Heil vermittelt und erfahren wurde. Diese Intention ohne den Sühnegedanken wird dadurch bestätigt, dass die Jünger Jesu zu seinen Lebzeiten und ebenso die Apostel nach Ostern an Jesu Sendung durch Gott teilnehmen. Der Sühnetod-Gedanke wäre im Hinblick auf das Wirken der ersten Jünger unangemessen. Im Ritual des „Brotbrechens" erinnern die christlichen Gemeinden in Jerusalem, Judäa und Samarien an Jesu Wirken, der – so die Worte des Petrus – „von Gott mit heiligem Geist und mit Kraft gesalbt umherzog, Gutes tat und alle heilte" (Apg 10,38). Das Gemeinschaft stiftende Ritual des „Brotbrechens" und das damit verbundene solidarische Verhalten der Christen untereinander war für Außenstehende attraktiv (siehe oben I 6).

Die vier Texte über das letzte Mahl Jesu (Mk 14,22–25 par Mt 26,26–29; 1 Kor 11,13–26 par Lk 22,19–20) stammen aus der liturgischen Entwicklung der verschiedenen urchristlichen Gemeinden, auch in derselben Gemeinde waren sie in Wandlung. Dafür sprechen die unterschiedlichen Lang- oder Kurzformen in den Handschriften bei Lukas („das ist mein Leib"; keine Sühnevorstellung). Die Texte erzählen ein Ritual. In ihnen wird das Paschalamm nicht erwähnt (entgegen Mk 14,12–16 parr, wo es um die Vorbereitung des Paschamahles geht). Erst Johannes schafft diese Verbindung, da er Jesus am Rüsttag des Festes (Joh 19,14.31) als Paschalamm sterben lässt, aber keine Einsetzung der Eucharistie erzählt, sondern an dieser Stelle die Fußwaschung bietet (Joh 13), womit er die Intention der anderen drei, Jünger sollen das Tun Jesu weiterführen, bestätigt. Brot- und Becher-Ritus soll nach den Synoptikern wiederholt werden, wie oft, sagen sie nicht.

Nach Paulus wird das Herrenmahl bereits um 50/60 n. Chr. regelmäßig „am ersten Tag der Woche", dem Tag der Auferweckung Jesu, gefeiert, das Paschamahl von seinem Ursprung her nur einmal jährlich. In Reflexionen zur Radikalität des Christseins kann Paulus die Paschamahl-Tradition durchaus einsetzen: „Schafft den alten Sauerteig weg, damit ihr neuer Teig seid! Ihr seid ja schon ungesäuertes Brot, denn als unser Paschalamm ist Christus geopfert worden." (1 Kor 5,7) Dieses Motiv hat keinen Einfluss auf die Herrenmahl-Deutung des Paulus; nur die westliche Überlieferung zu 1 Kor 11,24: „Das ist mein Leib, zerbrochen für euch" betont den Aspekt des Todes.

4. Das letzte Mahl und der Tod Jesu im Johannesevangelium

Der Evangelist Johannes überliefert keinen Abendmahlsbericht. An der Stelle im Evangelium, an der die anderen ihn bieten, erzählt er die Fußwaschung Jesu (Joh 13,1–20). Diesen Text fügt er in den liturgischen Jahreskalender der Juden ein:

> „Es war vor dem Paschafest. Jesus wusste, dass seine Stunde gekommen war, um aus dieser Welt zum Vater hinüberzugehen. Da er die Seinen liebte, die in der Welt waren, liebte er sie bis zur Vollendung/bis zum Ende/télos." (13,1)

Mit demselben Wortstamm télos endet Jesu Leben:

> „Danach, da Jesus wusste, dass nun alles vollbracht war/tetélestai, sagte er, damit sich die Schrift erfüllte: Mich dürstet. [...] Und er sprach: Es ist vollbracht/tetélestai! Und er neigte sein Haupt und übergab den Geist." (19,28.30)

Frühere Autoren fassten die Fußwaschung als „Ausdeutung" der Einsetzungsworte auf. Dazu braucht es einige Phantasie. In 13,1 deutet der Evangelist den Todes Jesu als Hinübergang zum Vater (7,33; 8,21). Als letztes Zeichen für die „Seinen, die in der Welt waren" (vgl. 10,3f) führt Jesus sein Leben vorbildhaft „bis zur Vollendung/bis zum Ende/bis zum Äußersten". Der Text blickt zurück, vom Anfang seines Wirkens bzw. vom Ausgang vom Vater (1,1ff.) bis zum Tod. Die Weg-Theologie des Evangeliums „vom Vater her – zum Vater zurück" findet in 19,30 ihr Ende. Gebündelt wird „Jesu" Leben in der Metapher vom Sklavendienst der Fußwaschung, wodurch die Jünger „Anteil" an ihm haben. Seine Hingabe ist Aufforderung für den Kreis der Jünger; sie sollen ebenso handeln: „Wenn ich, der Herr und Meister, euch die Füße gewaschen habe, dann müsst auch ihr einander die Füße waschen. Ich habe euch ein Beispiel gegeben." (13,14f). „Selig seid ihr, wenn ihr danach handelt!" (13,17) Es geht dem Evangelisten um eine letzte Deutung der Christologie und um jesuanisch-christliches Verhalten der Vorsteher in den

4. Das letzte Mahl und der Tod Jesu im Johannesevangelium

Gemeinden. Von isolierter Stellvertretung und Sühnetheologie ist keine Rede.

Der Evangelist Johannes nennt das Mahl (13,1f: „Es war vor dem Paschafest. [...] Es fand ein Mahl statt"). Es bildet den Erzählrahmen bis zum Weggang des Verräters: „Als Judas den Bissen Brot genommen hatte, ging er sofort hinaus." (13,30) Der Evangelist berichtet davon, dass Jesus einen „Bissen Brot" eintaucht, wohl wie üblich in ein Fruchtmus, erwähnt aber nicht das Brot- und Wein-Ritual. Die Fußwaschung ist Symbol und letztes Zeichen für Jesu dienende Hingabe „als Herr und Meister" der Jünger, zugleich Vorbild für seine Nachfolger. Wie das Gedenken des letzten Abendmahls als Ritual in den johanneischen Gemeinden ausgesehen hat, bleibt offen.

Hinweise zur Abendmahls-Tradition finden viele Ausleger in Joh 6. In der Brotrede wie in anderen Metaphern und Ich-bin-Worten wird die soteriologische Funktion des „Wortes/lógos Gottes" universal, global umschrieben: „Ich bin das Licht der Welt" (8,12 im Rückgriff auf 1,4–9). Auch diese Aussage erhält ihre Bedeutung durch den Hinweis: „Das Pascha, das Fest der Juden, war nahe." (6,4; vgl. auch 11,55) In diesem Kapitel lassen sich theologische Entwicklungen ablesen. Den Text prägen nachösterliche Glaubensüberzeugungen, besonders in der Christologie. Dies zeigen die Missverständnisse seiner Jünger (6,60–71) und vor allem die vielen Auseinandersetzungen mit Juden über seinen Anspruch und über Missverständnisse, was „Brot" bedeutet, wenn der johanneische Jesus behauptet: „Ich bin das Brot, das vom Himmel herabgekommen ist" (6,41) und: „Ich bin das Brot des Lebens" (6,34.48) und: „Das Brot, das ich geben werde, ist mein Fleisch für das Leben der Welt" (6,51). Wie in 6,47–51 „essen" metaphorisch „glauben" bedeutet, meint auch „Fleisch für das Leben der Welt" das Offenbarungsangebot Jesu Christi, das alle Menschen, die glauben, ernährt. Dass Johannes von „Fleisch/sarx" spricht, liegt in der Konsequenz von Joh 1,14: „Und das Wort/der lógos ist Fleisch geworden." „Brot" und „Fleisch" sind metaphorische Variationen. Ebenso bedeutet „Blut trinken" (6,53–56) eine Variation zum „lebendigen Wasser" (4,10), das Jesus selbst ist. Wie es ohne Wasser kein Leben gibt, so auch im Sinne des Evangelisten Johannes kein wahres Leben ohne den Glauben an „das Wort/den lógos" Gottes, der Fleisch wurde. Die Wirkung bei beiden Metaphern „Fleisch" und „Blut" ist dieselbe. Sie sind, wenn man sie faktisch versteht, für antike Menschen, erst recht für Juden, ein Gräuel. Von der Eucharistiefeier und der Materie „Brot" ist nicht die Rede, wie vielfach angenommen wird. Der johanneische Jesus redet nur über sich selbst, seine Sendung vom Vater und sein Angebot von Gott her. Von Mahlzeiten redet Johannes ganz nüchtern, vom letzten Mahl aber gar nicht.

Nach Joh 6,11.23 hat Jesus bei der Speisung einer großen Volksmenge am See von Tiberias wie üblich „das Dankgebet über das Brot gesprochen", ebenso über die Fische.

Was „Wein" und „Brot" als durch Jesus vermittelte Gabe Gottes für Johannes symbolisch bedeuten, steht im Weinwunder zu Kana (2,1–12) und in der großen Brotrede in Kafarnaum (6,2659). Beide Gaben zum Leben schenkt Gott durch Jesus in verschwenderischer Fülle. Die Brotrede erinnert wörtlich (6,31) und in erzählerischer Form (6,49) an das Manna-Wunder in der Wüste (Ex 16,4). Weinfülle erwarteten die Juden in der messianischen Endzeit (Jes 25,6; Jer 31,5; Am 9,13). Jesus als das schöpferische „Wort Gottes" (Joh 1,1 ff.) ist „das Brot des Lebens" (6,35), das Licht der Welt, das Leben spendende Wasser, der Weinstock für die Trauben, die Tür für die Schafe. Abstrakt theologisch formuliert: Er ist „Weg, Wahrheit und Leben" (14,6) für alle Menschen. Die Anzahl der Metaphern ist erstaunlich. Sie ist zu vergleichen mit dem theologischen Vorgehen des Paulus, der die „Erlösung" durch Jesu Tod am Kreuz mit einer Fülle von Metaphern aus allen möglichen Bereichen seinen Adressaten verdeutlicht (siehe oben III 1.1).

Wie bei Paulus in der Rezeption eine kultische Metapher in der christlichen Tradition vorherrschend wurde, so auch bei Johannes die Metapher vom „Lamm". Figürliche und malerische Darstellungen, Kirchenlieder und liturgische Texte (beim Brechen des Brotes: „Lamm Gottes, du nimmst hinweg die Sünde der Welt", bei der Einladung zur Kommunion: „Lamm Gottes, das hinwegnimmt die Sünden der Welt") bieten einen klaren Glaubensinhalt. Der Evangelist Johannes deutet damit aber nicht das „Herrenmahl", sondern das gesamte Leben Jesu Christi.

4. Das letzte Mahl und der Tod Jesu im Johannesevangelium

Schon Johannes der Täufer verkündet vor dem Auftreten Jesu dessen Aufgabe im Heilswirken Gottes:

„Seht, das Lamm Gottes, das die Sünde der Welt hinwegnimmt." (1,29)

Anders als bei Paulus in 1 Kor 5,7 („als unser Paschalamm ist Christus geopfert worden") und in 1 Petr 1,19 („ihr wurdet losgekauft [...] mit dem kostbaren Blut Christi, des Lammes ohne Fehl und Makel") bleibt Johannes nicht bei dieser dogmatischen Aussage. Er nimmt das Motiv erzählerisch auf, indem er Jesus – anders als die Synoptiker – am Rüsttag des Paschafestes, an dem die Paschalämmer geschlachtet werden, sterben lässt (19,14). Der Kontrast zur Tempeltheologie und zu den biblischen Traditionen vom Paschalamm (Ex 12,3–11) kann nicht klarer sein.[246] Auch ein Bezug zum Gottesknecht in Deuterojesaja und weiteren biblischen Stellen liegt nahe. Wörtliche Zitate aus Ex 12,46 und Sach 12,10 finden sich in Joh 19,36f. Vom Gottesknecht heißt es:

„Er wurde durchbohrt wegen unserer Vergehen, wegen unserer Sünden zermalmt. Zu unserem Heil lag die Züchtigung auf ihm, durch seine Wunden sind wir geheilt. [...] Wie ein Lamm, das man zum Schlachten führt, [...] tat er seinen Mund nicht auf." (Jes 53,5.7)

Im Unterschied zu den Synoptikern, die Jesus nur das Wirken Gottes verkündigen und den Menschen erfahrbar werden lassen, lässt der Evangelist Johannes den Täufer Johannes eine Gesamtdeutung Jesu bereits im ersten Kapitel verkündigen: „das Wort/der Logos Gottes" verkündigt sich selbst in seiner Beziehung zu Gott, dem Vater. Er selbst bringt alles Heil. Bei einer solch tiefen Theologie[247] kann es beim üblichen Brotbrechen mit Dank an Gott bleiben. In 6,51–52.57–58 spricht Johannes nur von „Brot" in Aufnahme des Manna in 6,49.58 und erinnert in 6,53–58 an

---

[246] Zur Deutung des Paschafestes und der anderen Feste vgl. J. J. Petuchowski, Feiertage des Herrn. Die Welt der jüdischen Feste und Bräuche, Freiburg 1984. Dass einige der wichtigsten Bräuche der jüdischen Religion durch christlichen Einfluss entstanden sind, betont M. Hilton, „Wie es sich christelt, so jüdelt es sich". 2000 Jahre christlicher Einfluss auf das jüdische Leben, Berlin 2000; zu Abendmahl und Pessach ebd. 45–64.
[247] Zu einer lesenswerten Deutung vgl. P. Trummer, „Ich bin das Licht der Welt". Meditationen zu biblischen Ich-bin-Worten, Freiburg 2018.

Abendmahlstraditionen. Er lässt sie anklingen, macht sie aber nicht zum Thema.

Christen sollen in der Nachfolge Jesu seine lebenspendenden Aufgaben für die „Welt" weiterführen. Jesu Tod ist wie ein „Weizenkorn, das in die Erde fällt und stirbt, reiche Frucht bringt" (Joh 12,24; von Sühne ist nicht die Rede). Der Tod bündelt das ganze Leben. Das Leben Jesu in seiner Proexistenz von Gott her und auf ihn hin und für die Menschen zeigt exemplarisch, wie Leben gelingen kann. Im Glauben an Jesu Worte geschieht jetzt schon Erlösung, Befreiung zum ewigen Leben, Auferweckung.[248] Der Dank an Gott für die Gaben des Brotes, der Fische, der Trauben feiert diesen Weg Israels, Jesu und der frühen Kirche, stellt Juden und Christen auf diesen Weg. Verwirklichen sie ihn, würde man mit Paulus von der christlichen Gemeinde als „Leib Christi" (1 Kor 12,27) sprechen.

Das ist eine Möglichkeit der Erfahrung von Transzendenz. Dietrich Bonhoeffer formuliert skizzenhaft diesen Gedanken auf den Glauben an Gott hin: „Wer ist Gott? Nicht zuerst ein allgemeiner Gottesglaube an Gottes Allmacht etc. Das ist keine echte Gotteserfahrung, sondern ein Stück prolongierter Welt. Begegnung mit Jesus Christus. Erfahrung, dass Jesus nur ‚für andere da ist'. Das ‚Für-andere-da sein' Jesu ist die Transzendenzerfahrung! [...] Glaube ist Teilnehmen an diesem Sein Jesu."[249] Das gilt auch für die Kirche: „Die Kirche ist nur Kirche, wenn sie für andere da ist."[250]

---

[248] Diese grundsätzliche präsentische Sicht müsste Auswirkungen auf das katholische Beerdigungsamt haben, das jetzt oft „Auferweckungsamt" genannt wird. Zur Begründung vgl. Ch. Kracht, Zur Rezeption der Eschatologie des Evangeliums nach Johannes in der gegenwärtigen Begräbnisliturgie für die katholischen Bistümer des deutschen Sprachgebietes, Münster 2004.
[249] D. Bonhoeffer, Widerstand und Ergebung München 1951, 191.
[250] Ebd. 193.

V. Rezeptionen in der Zeit nach dem Neuen Testament

Wir haben keine lückenlose Überlieferung christlicher Glaubensüberzeugungen und -praktiken in den ersten Jahrhunderten, sodass auch die Belege für christliche Mahlfeiern und ihre Deutung nur sporadisch sind. Das ist keine neue Erkenntnis, auch nicht zur lateinisch-römischen Messe.[251] „Die ältesten Belege einer festen Fassung" finden sich bei Ambrosius, dem Bischof von Mailand, in seiner Schrift „De sacramentis" aus dem Jahre 390/391.[252] Sie setzte sich erst ab dem 8. Jahrhundert durch.[253] Hans Bernhard Meyer bestätigt diesen Befund. Er betitelt das 1. bis 4. Jahrhundert mit „Vom Herrenmahl zur Eucharistiefeier" und stellt für diese Zeit selbst für die Stadt Rom „vielfältige Formen" der Eucharistiefeier fest.[254] „Ein ganzes Bündel von verschiedenen theologischen Motiven" und „eine bemerkenswerte Deutungsvielfalt und -offenheit" beim Abendmahl in den ersten Jahrhunderten und seiner Terminologie bestätigt als Ergebnis der jüngsten Forschung Ulrich H. J. Körner 2017, der „die Vielschichtigkeit und Vielfalt frühchristlicher Mahlfeiern" als Impuls „zur Aufweichung verhärteter dogmatischer Positionen" für die Gegenwart deutet.[255] Für die frühe Zeit fehlen Quellen. Ursache dafür sind die „Größe" der Gemeinden, die unterschiedlichen Sprachgruppen in Latein und Griechisch (die griechische Sprache

---

[251] J. A. Jungmann, Liturgie 43 f. 63. Der Sammelband von A. Gerhards/B. Kranemann (Hrsg.), Dynamik, bestätigt im Titel wie in allen Beiträgen diese Erkenntnis.
[252] J. Beumer, Die ältesten Zeugnisse für die römische Eucharistiefeier bei Ambrosius von Mailand, in: Zeitschrift für Katholische Theologie 95, 1973, 311–324.
[253] A. Fürst, Liturgie 54; H. B. Meyer, Eucharistie 168 f.
[254] H. B. Meyer, a. a. O. 87.167 f.
[255] U. H. J. Körtner, Zur Einführung: Das Herrenmahl, Gemeinschaftsmähler und Mahlgemeinschaft im Christentum, in: D. Hellholm/D. Sänger (Hrsg.), Eucharist II 1–21, ebd. 18.20.

wurde erst langsam ab dem 2. Jahrhundert durch die lateinische verdrängt), die fehlende Ausrichtung auf Rom (noch nach 1000 war aufgrund des politischen und kulturellen Kontextes der fränkische Einfluss auf die eucharistischen Texte stärker als der römische).[256] Die früher in der Literatur behauptete Arkandisziplin (arcanus: geheim), der zufolge Gläubige vor Ungetauften die „Geheimnisse" des Glaubens verschweigen sollten, wird von Historikern bezweifelt, da literarische Belege aus dem 2. bis 5. Jahrhundert fehlen.[257]

Soziologische Faktoren wirkten ebenso auf die Vielfalt ein: Einer ständigen Veränderung unterlag zum Beispiel der Ort der Eucharistiefeier, abhängig von der Größe und finanziellen Kraft der Gemeinde. Nach Ostern „verharrten" in Jerusalem die Apostel und Frauen mit Maria „in einem Obergemach einmütig im Gebet" (Apg 1,13f), waren „Tag für Tag/täglich einmütig im Tempel und brachen in ihren Häusern das Brot" (Apg 2,46). Auch die Mission des Paulus in Korinth geht von Häusern aus (Apg 18,8.17). Die christliche Gemeinde/Kirche/ekkläsia existierte als Hausgemeinde, als „die sich hausweise konstituierende Kirche/ hä kat' oikon ekkläsia" (1 Kor 16,19; Phlm 2; Röm 16,3.5). Man betete gemeinsam „im Haus" (Apg 2,46; 5,42; 8,3; 12,12; 20,20). Wer einen größeren Raum für die Versammlung hatte, stellte ihn zur Verfügung (1 Kor 14,23; Röm 16,23). Entsprechend segnete der Hausvater oder die Hausmutter (falls ein Vater fehlte) das Brot, das man zu Hause aß (in der Regel: Gerstenbrot; vgl. Joh 6,9) oder man brachte häusliches, gesäuertes Brot mit in die größere Versammlung.[258] Im Weströmischen Reich führte man im 9. Jahrhundert ungesäuertes Brot ein: Vorbild war das letzte Mahl Jesu nach 1 Kor 5,7 und die Mazzen im Rahmen des Paschafestes (Ex 12,15); es konnte leichter gebrochen werden, ohne dass Partikel wegen der Heiligung verloren gingen.[259]

---

[256] H. B. Meyer, a. a. O. 170f.; zum hermeneutischen Problem der Einheit in der Vielfalt vgl. ebd. 515–548.
[257] Vgl. Ch. Jacob, Arkandisziplin, in: LThK 1, ³1993, 990f.
[258] Zur vielfältigen Entwicklung der „Opfermaterie" vgl. J. A. Jungmann, Missarum II 40–51.
[259] F. Nikolasch, Brot II. Liturgisch, in: LThK 2, ³1994, 704.

V. Rezeptionen in der Zeit nach dem Neuen Testament

Darüber gab es ab dem 8. Jahrhundert eine Kontroverse zwischen dem Westen und Osten im Azymenstreit (azymos: ungesäuertes Brot), der zum Bruch im Jahre 1054 beitrug. Im Konzil von Florenz (1439) wurde die östliche Praxis anerkannt, während für den lateinischen Ritus bis heute Azymen vorgeschrieben sind.[260] Im Westen änderte sich die Form des Brotes seit dem 3. Jahrhundert zum rundlichen Brot, später zu dünnen Oblaten (oblata: Opfergaben), denen gemäß antiken Vorbildern mit einem Waffeleisen/Hostieneisen das Zeichen des Kreuzes oder ein Schriftzug eingedrückt wurde (der älteste Beleg stammt aus Karthago im 6./7. Jahrhundert). So vielfältig die Opfergaben und Feiern waren, so unterschiedlich die Räume der Feier.

Über die Größe der Hausgemeinden kann man nur spekulieren. Wie bei den Synagogen in Rom (vierzehn sind inschriftlich belegt) gab es auch für die christlichen Gemeinden dort bis zur Hälfte des 2. Jahrhunderts keinen Bischof, keinen monarchischen Episkopat, sondern Presbyter/Älteste.[261] Daher richtet sich Paulus nicht – wie bei kleineren Gemeinden – in seinem Brief nach Rom an einen einzelnen „Bischof/epískopos/Aufseher", sondern an alle Christen. Die älteste, archäologisch nachgewiesene Kirche wurde 1931 und 1932 in Dura Europos, einer römischen Garnisonsstadt im Osten Syriens am mittleren Euphrat, bei Grabungen entdeckt. Sie stammt aus dem Jahre 233 und entstand aus einem früheren Wohngebäude, indem man eine Zwischenwand entfernte und dadurch einen größeren Versammlungsraum gewann. In einem kleineren Raum fand man ein Taufbecken und die ältesten christlichen Wandmalereien. Aus derselben Zeit stammt die Synagoge in Dura Europos; auch sie ist von besonderer Bedeutung, da sie die einzige erhaltene Synagoge aus der Antike ist, die vollständig mit biblischen, figürlichen Szenen ausgemalt war. Auch in ihr findet sich ein größerer Versammlungsraum. Warum in dieser römischen Grenzstadt die Zahl der Juden und Christen eine Vergrößerung ihres Versammlungsraumes bewirkte, bleibt

---

[260] M. Petzold, Azymen, in: LThK 1, ³1993, 1326f.; A. Heinz, Brotbrechen II. Liturgisch, in: LThK 2, ³1994, 705f.
[261] P. Lampe, Die stadtrömischen Christen in den beiden ersten Jahrhunderten, Tübingen 1989, 334.367.

unklar. Lange hat diese Entwicklung nicht gedauert. Im Jahre 256 eroberten Perser Dura Europos.

Der erste wirklich große Kirchenraum wurde in Rom von Kaiser Konstantin nach Anerkennung der christlichen Religion durch ihn und Kaiser Licinius (313) vor 320 gestiftet und am 9. November 324 geweiht. Es ist die Lateranbasilika, die bis heute die Kathedrale des Bistums Rom und die ranghöchste katholische Kirche ist. Ob es vorher schon eine für alle römischen Gemeinden, in den sieben römischen Stadtregionen bestimmte Bischofskirche gab, ist umstritten. Ebenso, ob man den Bischof von Rom, Silvester (314–335), Papst nennen kann. Weder nahm er am wichtigen Konzil von Arles (314) noch am Konzil von Nizäa (325) teil, dessen dogmatische Entscheidungen Kaiser Konstantin maßgeblich bestimmte. Für heutige Christen erstaunlich ist auch, dass von etwa 2000 Teilnehmern nur vermutlich 200–300 Bischöfe aus dem Osten und nur fünf Bischöfe aus dem Westen teilnahmen. Es bleibt abzuwarten, ob im Jahr 2025 bei den großen Feierlichkeiten zur 1700 Jahrfeier kirchenhistorische Details wie die Beteiligung der „Laien" oder die besondere Rolle des Kaisers behandelt werden.

Kaiser Konstantin verstand sich als Lenker des Staates und der Kirche, wie seine Vorgänger. Deshalb hatte er zur Stärkung und Glorifizierung Roms und der Kirche in wenigen Jahren St. Peter als fünfschiffige Basilika über dem Petrusgrab erbauen lassen (sie wurde im 16. Jahrhundert durch den heutigen Dom St. Peter ersetzt), außerdem St. Paul vor den Mauern und fünf verschiedene kleinere Basiliken über Märtyrergräbern an den Ausfallstraßen.[262] Nach dem Umzug nach Konstantinopel im Jahre 330 erhielt auch diese Stadt als „zweites Rom" prachtvolle Kirchen als sichtbare Zeichen der weltlichen und kirchlichen Herrschaft. Dabei war Kaiser Konstantin in der Zelebrierung kirchlicher Zeichen mehr als großzügig. Nach seinem Tod wird er als erster christlicher Kaiser verehrt, ohne es zu sein, da er erst vor seinem Tod getauft wurde. Dass Konstantin ein Machtmensch in jeder Hinsicht war, ist belegt. Skrupellos bekämpfte er seinen Schwa-

---

[262] H. G. Wehrens, Rom – die christlichen Sakralbauten vom 4. bis zum 9. Jahrhundert, Freiburg ²2017.

ger und Mitkaiser Licinius, den er in zwei Schlachten besiegte; ebenso behandelte er Verwandte, die er – wenn sie ihm zu mächtig wurden – umbringen ließ, auch den eigenen Sohn Crispus und seine Ehefrau Fausta.[263]

Wo Christen sich zur Eucharistie trafen, hatte Folgen für die Art der Feier – im „Haus" oder in einem größeren Raum der Gemeinde oder in einer Basilika nach römischem Vorbild. Freie Gebete mutierten zu festen Gebetsvorlagen, das Gemeinschaftsmahl entwickelte sich im 4. Jahrhundert oder früher zum kultischen Mahl nach griechisch-römischen Vorbildern[264] – ohne Sättigungsmahl. Dies bestätigt schon um 150 n. Chr. die Schilderung der Eucharistie am Sonntagmorgen durch Justin (1 Apol 67,3–5; siehe unten 5). Dass er nur für seine Gemeinde diese Praxis belegt, ist anzunehmen angesichts der Vielfalt theologischer Entwicklungen und Versammlungstypen örtlicher Gemeindeformen. Einzelne Elemente heidnischer Mahlfeiern, besonders aus den Mysterienreligionen, in denen der Mahlritus vom Sättigungsmahl getrennt ist „und zu einem reinen Kultakt stilisiert", im dionysisch-orphischen Kult, in dem „eine im religionswissenschaftlichen Sinn sakramentale Mahlkonzeption vorliegt, die es in der Umwelt so nicht mehr gibt (vor allem nicht im Judentum, sofern es seinen eigenen Traditionen treu bleibt)", lassen vielfältige Einflüsse bis zur maßgeblichen Prägung der liturgischen Formulare im 4. Jahrhundert vermuten.[265]

Davon unberührt bleibt die Frage, ob die Eucharistie in der lukanisch-jesuanischen Perspektive als „Brotbrechen" oder in der paulinischen Perspektive als „Herrenmahl" gefeiert wurde.

---

[263] Je nach Perspektive changiert das Bild Konstantins vom „ersten christlichen Kaiser" (so die ältere Literatur von Kirchenhistorikern) bis hin zu der Feststellung, aus Machtgründen ging Konstantin „über Leichen, selbst bei seinen nächsten Verwandten" (A. Demandt, Constantin in Geschichte und Legende, in: FAZ vom 25. Juni 2006, 6).
[264] Anfänge dieser Entwicklung sehen einige Autoren schon in Korinth gegeben. So H.-J. Klauck, Herrenmahl; M. Klinghardt, Gemeinschaftsmahl; M. Ortner, Griechisch-römisches Religionsverständnis und Mysterienkulte als Baustein der christlichen Religion (Dissertation), Wien 2009.
[265] Klauck, a. a. O. 367 f.

V. Rezeptionen in der Zeit nach dem Neuen Testament

1. Zwei Traditionsstränge

Schon im Neuen Testament ist bei theologischen Fragen von mindestens zwei verschiedenen Ursprüngen auszugehen: Evangelien als Erzählungen über Jesu Wirken in Worten und Taten und Briefe von Gemeindegründern zu theologischen oder pastoralpraktischen Problemen. In beiden Gattungen findet sich der Ritus des „Brotbrechens" bzw. des „Herrenmahls".[266] Aus diesen beiden Textformen, die unterschiedliche Riten und Gemeindestrukturen belegen, entwickelte sich im Laufe der Zeit eine Sammlung maßgeblicher/kanonischer Schriften. Dafür stehen vor allem Lukas und Paulus, wobei nicht die Frage der Abfassungszeit der Schriften (Paulus um 50, Lukas um 80–90) entscheidend ist, sondern das Alter der rezipierten Traditionen. Diese Frage ist auch sozial zu beantworten: Die christlichen Gemeinden in der griechisch-römischen Welt, deren Mitglieder früher „Heiden" waren, standen in einem lebendigen Austausch mit ihrer bisherigen Lebenswelt und rezipierten formal deren Riten. Zum anderen feierte Jesus als Jude aus Galiläa wie fromme Juden das Paschafest und praktizierte ganz selbstverständlich die alltäglichen Riten der Mahlzeiten, weitete die Familienmahlzeiten aber auf Sünder, Frauen und Nichtjuden aus. Er ging am Sabbat in die Synagoge, hielt aber angesichts kranker und hungriger Menschen die strenge Einhaltung der Tora nicht ein.

Im 2. bis 4. Jahrhundert „lassen sich sehr auffällige Unterschiede beobachten zwischen dem östlichen Mittelmeerraum (vor allem Antiochien und die Regionen östlich und westlich dieser Stadt) und den westlichen Kirchen (für Ägypten fehlen leider

---

[266] A. Lindemann, Einheit und Vielfalt im lukanischen Doppelwerk. Beobachtungen zu Reden, Wundererzählungen und Mahlberichten, Ders., Die Evangelien und die Apostelgeschichte, Tübingen 2009, 186–212, ebd. 209–212; vgl. zuletzt G. Rouwhorst, Frühchristliche Eucharistiefeiern. Die Entwicklung östlicher und westlicher Traditionsstränge, in: D. Hellholm/D. Sänger (Hrsg.), Eucharist II 771–786. Er sieht in westlichen Texten stärker die Eucharistie als Dankopfer der Gemeinde betont, in östlichen mehr das Gedächtnis des Leibes und Blutes Christi (ebd. 275 f.). Ab 350 n. Chr. vermischen sich dann beide Typen. J. Schröter, Abendmahl 54 lehnt „die These eines eigenen Typs urchristlicher Mahlfeiern" für Lukas ab.

Quellen). [...] Dass das Brotbrechen in den Eucharistiefeiern des östlichen Traditionsstranges eine zentrale Stellung innehat, wird auch von den östlichen Textüberlieferungen des Neuen Testaments bestätigt, insbesondere von verschiedenen Textvarianten zu 1 Kor 11,24, die ausdrücklich betonen, dass der Leib Christi gebrochen wurde."[267]

In der Abhängigkeit der eucharistischen Mahlzeiten von der Umwelt gibt es kein Entweder – Oder, wenn man die theologische Begründung beachtet. Die christliche Eucharistiefeier ist religionsgeschichtlich weder aus dem Judentum noch aus dem Heidentum ableitbar, auch wenn sich Beziehungen und Analogien feststellen lassen. Es gab Kultmahle in den hellenistischen Mysterienreligionen und messianisch-eschatologische Mahlzeiten im Judentum, zum Beispiel ein rituelles Mahl mit Brot und Most in der Gemeinschaft von Qumran, das allerdings unterschiedlich theologisch gedeutet wird.[268] Die christliche Eucharistiefeier ist aus solchen Traditionen und Praktiken weder ableitbar noch erklärbar. „Die Eucharistie geht vielmehr auf eine bestimmte Praxis Jesu zurück und sucht den Anschluss an einen präzisen, genau datierbaren Akt: an das letzte Mahl Jesu mit seinen Jüngern und an die dazu überlieferten Deuteworte,"[269] die von Anfang an in unterschiedlichen Varianten vorliegen. Kein Text liefert ein Protokoll des Geschehens; entscheidend ist das Ritual des „Brotbrechens". Die üblichen Mahlzeiten Jesu mit Randständigen der Gesellschaft sind theologisch wichtig, sonst würden die Christen nur einmal jährlich Abendmahl/Herrenmahl feiern, nähme man das Paschamahl als Vorgabe. In verschiedenen Gemeinden wurden die Mahlfeiern Jesu unterschiedlich theologisch gedeutet.

Es gab von Anfang an zwei Grundformen für das eucharistische Mahl, was die äußere Form und den rituellen Ablauf betrifft: das „Herrenmahl" und das „Brotbrechen". Dies gilt unbestritten der Tatsache, dass es in der Frühzeit der Liturgiegeschichte „eine

---

[267] G. Rouwhorst, Frühchristliche Eucharistiefeiern 781; vgl. die Hinweise in der EÜ zu 1 Kor 11,24.
[268] Siehe die Beiträge von Cecilia Wassén (77–100), Jörg Frey (101–130) und Jodi Magness (131–155), in: D. Hellholm/D. Sänger, The Eucharist I.
[269] A. Fürst, Liturgie 21 f.

unhintergehbare Vielfalt" verschiedener Formen gab.[270] In Korinth und in den lukanischen Gemeinden stand das „Herrenmahl" bzw. das „Brotbrechen" zwischen Sättigungsmahl mit Brot und Becher (1 Kor 11,23–25; Lk 22,19f) und der Eucharistiefeier (nur Paulus und Lukas betonen beide: „nach dem Mahle"). Allerdings ist das in 1 Kor 11,23–25 geschilderte Mahl nach Paulus kein eucharistisches Mahl, bei Lukas das in 22,15–18 geschilderte Mahl ein Pascha-Mahl. Am Anfang stand ein kurzes Dankgebet, es folgten die Worte über das Brot, das gebrochen und ausgeteilt wurde, „nach dem Mahle" ein Dankgebet sowie die Deutung des Weines, der dann herumgereicht wurde. Aufgrund des unsozialen Verhaltens der reichen Korinther plädiert Paulus für eine Trennung von Mahlzeit (in den eigenen Häusern: 1 Kor 11,22.34) und Eucharistiefeier, während Lukas für seine Tradition mit dem Begriff „Brotbrechen" nur den zweiten Teil des Ritus belegt; er stammt aus der Praxis Jesu, wie sie in den Erfahrungen der Emmaus-Jünger, die nicht am letzten Mahl Jesu vor seinem Tod teilgenommen hatten, vermittelt wird:

> „Und es geschah, als er mit ihnen bei Tisch war, nahm er das Brot, brach es und gab es ihnen. Da wurden ihre Augen aufgetan und sie erkannten ihn." (Lk 24,30)

Die Christen führen das weiter, was Jesus getan hat: „Brotbrechen". Daran erkannte man Jesus, nach Lukas auch das Tun der frühen Christen. In der Emmaus-Geschichte ist das „Brotbrechen" noch nicht mit Reflexionen über den Tod Jesu verbunden. Die These: „doch ist die Feier des eucharistischen Mahles letztlich nicht verstehbar, wenn man sie vom Kreuzestod Jesu ablöst"[271], stimmt nicht mit der lukanischen Deutung überein, wobei bei Lukas das gesamte Wirken Jesu geprägt ist von seinem radikalen Ethos, das den Tod nicht ausschließt. Die Einsetzungsworte sind demnach eine frühe nachösterliche Deutung des letzten Mahles

---

[270] H. Buchinger, Liturgiegeschichte im Umbruch – Fallbeispiele aus der Alten Kirche, in: A. Gerhards/B. Kranemann (Hrsg.), Dynamik 152–184, 153, wiederholt ebd. 180.
[271] H. Hoping, Leib 64. Die spezielle Soteriologie des Lukas wird der späteren eucharistischen Sicht nach Paulus geopfert.

1. Zwei Traditionsstränge

Jesu, da ein stellvertretender Tod „für" nicht mit der Verkündigung Jesu von der Herrschaft Gottes übereinstimmt.[272]

„Die Forschung der letzten Jahrzehnte hat immer klarer gezeigt, dass die ältesten eucharistischen Gebete keinen Einsetzungsbericht enthalten haben und dass dieser erst allmählich – im dritten und vierten Jahrhundert, je nach Region und nach unterschiedlichen Mustern differenziert – in die Gebete eingefügt worden ist."[273] Die neue Sichtweise der Forschung hängt damit zusammen, dass westliche Theologen die Heilig-Geist-Theologie der Orthodoxen Kirchen und die Bedeutung der Epiklese angemessener wahrgenommen haben. Sinn und Funktion der Einsetzungsworte wurden neu verstanden und die Fokussierung auf die „Wandlungsworte" wurde aufgegeben.[274] Im Vollzug der lateinisch-römischen Messe und in der dramatischen Gestaltung der „Wandlungsworte" durch Flüstern, Kniebeugen und Weihrauch sieht man davon nichts. Gläubige müssen immer noch, so bleibt zu vermuten, davon ausgehen, dass die Worte des Priesters „in persona Christi" die Wandlung ermöglichen. Die römisch-katholische Kirche hat in der Konstitution über die Liturgie des Zweiten Vatikanischen Konzils (1962–65) die Rolle des Heiligen Geistes erkannt (Nr. 6), bleibt aber unbestimmt. Immerhin bekennt sie die vielfältige Gegenwart Jesu Christi in der glaubenden Gemeinde (Mt 18,20), im Wort der heiligen Schriften, in den liturgischen Handlungen/Sakramenten, „vor allem unter den eucharistischen Gestalten" und in der Gestalt des Priesters (Nr. 7).[275] Liturgisch wird seither die Epiklese, die Bitte um Hei-

---

[272] So auch J. Schröter, Abendmahl 132.
[273] G. Rouwhorst, Frühchristliche Eucharistiefeiern 779.
[274] So auch H. B. Meyer, Eucharistie 99 f.; zu einem Forschungsüberblick zur Stellung der „Verbi Testamenti" im Hochgebet vgl. Hoping, Leib 84–95. Bereits der Katechismus der Katholischen Kirche, München 1993, Nr. 1105 f. sieht die Epiklese/die Herabrufung des Heiligen Geistes als „das Herzstück jeder sakramentalen Feier, insbesondere der Eucharistie", ohne die Wandlungsworte zu erwähnen. Diese Funktion des Geistes bleibt bei der Entfaltung der Eucharistie in der Heilsökonomie (Nr. 1333 ff.) erhalten.
[275] Zur lateinischen Messe vor dem Konzil und zu den Reformen durch das Konzil vgl. O. H. Pesch, Das Zweite Vatikanische Konzil. Vorgeschichte-Verlauf-Ergebnisse-Nachgeschichte, Würzburg ⁴1996, 105–131.

ligung der Gaben durch den Heiligen Geist, regelmäßig gesprochen:

> „Darum bitten wir dich: Sende deinen Geist auf diese Gaben herab und heilige sie."

Diese Bitte ist seit Johannes Damascenus (8. Jahrhundert) das wichtigste Element der Eucharistie in den orthodoxen Kirchen, was nicht mit einer Wandlungs-Epiklese zu identifizieren ist.[276] Für die römische Kirche wäre es angemessen, nimmt man die Bibel als Maßstab, die Epiklese zur Mitte des ganzen Hochgebetes zu machen. Dies wäre auch eine Versöhnung mit den orthodoxen Kirchen. Immerhin wurde 1982 im Dokument der Gemischten Internationalen Kommission für den theologischen Dialog zwischen der Römisch-Katholischen Kirche und der Orthodoxen Kirche als gemeinsame Überzeugung festgehalten: „Der Geist verwandelt die geheiligten Gaben in den Leib und das Blut Christi, damit sich das Wachsen des Leibes, der die Kirche ist, vollendet. In diesem Sinn ist die ganze Feier eine Epiklese, die sich aber in bestimmten Augenblicken deutlicher ausdrückt. Die Kirche ist unablässig im Zustand der Epiklese, der Herabrufung des Heiligen Geistes."[277]

Eingeschlossen ist der Gedanke, dass alle Kirchen auf dem Weg sind, auf das Ende blicken. Diese Perspektive ist von Anfang an mit dem „Brotbrechen" verbunden; sie dürfte die älteste Deutung sein, ein Wort Jesu vor seinem Tod (siehe oben IV 3). Der eschatologische Ausblick in Mk 14,25 par Mt 26,29; Lk 22,18 könnte die Erinnerung an Jesu Hoffnung festhalten, im Tode in die Wirklichkeit Gottes einzugehen. Eine andere Metapher für diese Überzeugung ist: von ihm auferweckt zu werden. Dieser eschatologische Aspekt findet sich auch in Lk 6,11.21; 14,15–24. Matthäus und Lukas rezipieren beide den Markustext als ihre

---

[276] Zur Geistepiklese vgl. G. Rouwhorst, a.a.O. 777f.; ausführlicher Ders., Die Rolle des heiligen Geistes in der Eucharistie und der Taufe im frühsyrischen Christentum, in: B. Groen/B. Kranemann (Hrsg.), Liturgie und Trinität, Freiburg 2008, 161–184.
[277] Das Geheimnis der Kirche und der Eucharistie im Licht des Geheimnisses der Heiligen Dreifaltigkeit, in: Dokumente wachsender Übereinstimmung, Bd. 2, Paderborn 1992, 533.

Vorlage.[278] In 1 Kor 11,26 steht an dieser Stelle als Element der Christologie der Glaube des Paulus an die Wiederkunft Jesu Christi. „Nach Paulus wird beim Herrenmahl somit nicht nur die Gegenwart des Kyrios empfunden, sondern auch seine Abwesenheit."[279]

Früher nahm man hier und da an, in der Apostelgeschichte das „Brotbrechen" nur als Liebesmahl, als Agape deuten zu dürfen. Dagegen spricht: Mahlfeiern mit Dankgebet und „Brotbrechen" gehören nach Lukas elementar zur kirchlichen Praxis und Identität (Lk 24,30–35; Apg 2,46; 20,7.11; 27,35). An anderen neutestamentlichen Stellen liegt diese eucharistische Deutung bei Agape nicht vor.

In den urchristlichen Gemeinden gab es keine einheitliche Eucharistietheologie und -praxis; dies belegen auch die Logienquelle und das Johannesevangelium. Alles war noch im Fluss, was man sich als Christ im 21. Jahrhundert kaum vorstellen kann – bedenkt man die vielen peniblen Vorschriften zum Ablauf der „Messe" oder des „Abendmahls". Zu erinnern ist die Abwehrhaltung konservativer Christen vor allem der lateinisch-römischen Kirche gegen jegliche Veränderungen der Oster-Nacht-Liturgie oder der Einführung der Landessprachen in den 1950er-Jahren. Für die ersten vier Jahrhunderte gilt: „Das Mahl selbst ist in einer großen Vielfalt an Formen gefeiert worden (zum Beispiel auch mit der Abfolge von Becher und Brot, mit Wasser statt Wein oder nur mit Brot), die sich nicht in ein zusammenhängendes Entwicklungsschema bringen lassen. Erst im 3. Jahrhundert ist die Feier der Eucharistie am Sonntagmorgen explizit bezeugt [Cyprian, Epistolae 63,16], erst im 4. Jahrhundert ist diese Feier mit einem Wortgottesdienst verbunden worden, ohne dass symposiale Feierformen am Abend abgeschafft worden wären, und ebenfalls erst im 4. Jahrhundert ist der Einsetzungsbericht als liturgischer (nicht mehr als katechetischer) Text in der Feier verwendet worden."[280] Im Lichte der neueren Forschungen zur Liturgiegeschichte ist „deutlich, dass so gut wie keines der erhaltenen

---

[278] So auch H.-J. Klauck, Herrenmahl 320–323.
[279] H.-J. Klauck, a. a. O. 323.
[280] A. Fürst, Liturgie 27 f.

Zeugnisse der ersten dreieinhalb Jahrhunderte [...] ein liturgisches Zitat der Einsetzungsworte kennt. [...] Angesichts dieser Quellenlage ist es wohl eher angebracht, die Vorstellung, die Herrenworte seien schon früh Teil eucharistischer Praxis gewesen, aufzugeben."[281]

Die Vielfalt ist abhängig von Regionen, Patriarchaten, Sprachen und soziologischen Gegebenheiten. Bedenkt man die Attraktivität des christlichen Glaubens für die antike Umwelt (siehe oben I 6.2), können Festgelage/Symposien unter gut situierten Freunden (ohne Frauen) in Griechenland nicht Vorbild für die christliche Gemeinde gewesen sein. Der Einspruch des Paulus in Gal 3,28 („Es gibt nicht mehr Juden und Griechen, nicht Sklaven und Freie, nicht Mann und Frau") steht einer solchen Praxis entgegen; auch hätte Paulus seine Konfliktlösung in 1 Kor 11,22 („Könnt ihr nicht zu Hause essen und trinken?") nicht im Sinne des Zitates als Lösung für das Verhalten von reichen zu armen Christen in der Gemeinde verstanden, wie der abschließende Vers „Wer Hunger hat, soll zu Hause essen" (11,34), belegt.

Neben der sühnetheologischen Deutung des Todes Jesu durch Paulus und ihre Verbindung mit dem letzten Mahl Jesu und seiner Rezeption ab dem 4. Jahrhundert in der frühen Kirche hat sich auch das lukanische Konzept vom „Brotbrechen" ohne Deutungsworte erhalten. Daraus ergibt sich die Frage, ob diese Form möglicherweise Vorbild für heutige Mahlfeiern im Namen Jesu sein können – unter der Voraussetzung, dass Christen in Deutschland dem paulinischen Ritual nichts mehr abgewinnen können (siehe oben I).

„Christen" glaubten an die Offenbarung Gottes in Jesus von Nazaret und wurden von Außenstehenden aufgrund ihres sozialen Verhaltens, ihres Glaubens und des Ritus beim „Brotbrechen" erstmalig in Antiochia „christianoi/Christianer/Christen" (Apg 11,26) genannt. Bei einem Streit in Korinth stimmt Paulus dieser Bezeichnung ausdrücklich zu und lehnt die Bezeichnung „Pauliner" oder „Petriner" ab (1 Kor 1,10–15). Diese theologische Klarstellung sollte auch Basis für heutige Theologie und kirchliche Rituale sein.

---

[281] H. Buchinger Liturgiegeschichte im Umbruch 162 f.

1. Zwei Traditionsstränge

Hielten frühe christliche Gemeinden in römischer Umwelt an der Praxis des „Brotbrechens" in der Tradition Jesu, wie sie in Gemeinden der lukanischen Tradition gefeiert wurde (LkEv, Apg), fest? Auch wenn der Hauptstrom der Rezeption – bis heute – in westlichen und östlichen Kirchen paulinisch ist, versickerte der lukanische Strom nicht. Oft vermischen sie sich, da nicht immer klar ist, was die Verfasser bei bestimmten Begriffen meinen. In einigen, vor allem in östlichen Traditionen hat sich die lukanische Version – ohne Einsetzungsbericht und ohne „Wandlungsworte" – deutlich erhalten.

Bei den folgenden Texten ist die jeweilige zeitgeschichtliche Entwicklung zu bedenken.[282] Jesus, seine Jünger wie auch die Verfasser der neutestamentlichen Texte lebten noch im vielfältigen Judentum. Der Evangelist Johannes musste sich mit der Tatsache auseinandersetzen, dass seine Gemeinde Mitte der 90er-Jahre durch die pharisäische Mehrheit durch einen Bann aus deren Synagoge ausgeschlossen wurde. Seine Gemeindemitglieder verstanden sich weiter als christliche Juden. Die Nichtjuden, die aus den „Völkern/Heiden", die Lukas die „Christianer" (Apg 11,26) nennt (9,2; 19,23; 22,4; 24,14.22), für den christlichen „Weg" gewonnen werden konnten (Apg 6,5; 13,43), waren „Proselyten/Hinzugekommene", wie sie das reformorientierte Judentum seit Jahrhunderten kannte. Während konservative jüdische Gruppen auf der Beschneidung bestanden, betonten die mehr „liberalen" – wie das Beispiel Paulus, Petrus und Jakobus (Apg 15) belegen – nur die Befolgung der ethischen Gebote und die Taufe.

---

[282] Zur Einbindung der jüdischen theologischen Texte, einschließlich die des Neuen Testaments, in die jüdische Geschichte und zu den theologischen Veränderungen vgl. H. Frankemölle, Frühjudentum; die Neubearbeitung von M. Tiwald, Frühjudentum und beginnendes Christentum. Gemeinsame Wurzeln und das Parting of the ways, Stuttgart 2022, legt den Schwerpunkt der Betrachtung auf politische, soziologische und ökonomische Aspekte; die theologischen Aspekte wie auch die Bedeutung des hellenistischen Judentums (Philo von Alexandrien) kommen zu kurz.

2. Didache/Lehre der zwölf Apostel

Einen Zwischenschritt in den langwierigen, vielfältigen Prozessen der Entfremdung und Trennung der christlichen von der pharisäischen Richtung belegt die „Didache/didachä/Lehre der zwölf Apostel" vom dem Ende des 1., Anfang des 2. Jahrhunderts; sie ist vermutlich in Syrien entstanden, trägt aber insgesamt noch deutliche jüdische Züge (Zweiwegelehre, Gebete). Da sie vom Inhalt her Fragen des Kultes, der kirchlichen Verfassung und der Disziplin enthält, ist sie die älteste Gemeindeordnung. Bei Fragen des Kultes werden Taufe (Kapitel 7) und rituelles Mahl (Kapitel 9-10) behandelt, an dem nur Getaufte teilnehmen dürfen (9,5).[283] Eine jüdische bzw. judenchristliche Grundschrift liegt vermutlich in Kapitel 1-6 vor – ohne spezifisch christliche Akzente.[284] Diese finden sich deutlich nur in der traditionellen Gebets- und Fastenpraxis:

> „Eure Fasttage sollen nicht mit den Heuchlern gemeinsam sein! Sie fasten nämlich am Montag und Donnerstag, ihr aber sollt am Mittwoch und Freitag fasten! Betet auch nicht wie die Heuchler, sondern wie der Herr in seinem Evangelium geboten hat. So betet: Unser Vater im Himmel ..." (8,1f)

Beten sollen sie das Vaterunser, wie es im „Evangelium" überliefert ist; es wird in 8,2f nach Matthäus 6,9-13 zitiert mit der Schlussdoxologie; sie ist in Anlehnung an 1 Chr 29,10f schon in

---

[283] Was hier klar geregelt ist, ist im Neuen Testament noch offen, wo Taufe und Mahl beide, oft nur das Mahl als Initiationsritus belegt sind; vgl. H.-U. Weidemann, Vom Wasser zum Brot. Die Verbindung von Taufe und Mahl in Texten des Neuen Testaments, in: D. Hellholm/D. Sänger (Hrsg.), Eucharist II, Tübingen 2017, 734-769, ebd. 765f.

[284] Zur Begründung K. Wengst, Didache (Apostellehre), Barnabasbrief, Zweiter Klemensbrief, Schrift an Diogenes (Griechisch-deutsche Textausgabe), Darmstadt 1984, 20-22. Den ausführlichsten Versuch der „Rekonstruktion des Mahlverlaufs" anhand von Did 9-10 bietet M. Klinghardt, Gemeinschaftsmahl 373-492, der Did 10,6 „als Schlüssel für das Gesamtverständnis deutet" (379). D.-A. Koch, Eucharistievollzug und Eucharistieverständnis in der Didache, in: D. Hellholm/D. Sänger (Hrsg.), Eucharist II, Tübingen 2017, 845-881, rechnet ebd. 846 „mit einem einzelnen Verfasser", der verschiedene Traditionen verarbeitet hätte.

2. Didache/Lehre der zwölf Apostel

alten Textzeugen des Matthäusevangeliums überliefert. Ob der Verfasser mit „Evangelium" das schriftliche Matthäusevangelium meint oder „Evangelium" als offener Begriff die „frohe Botschaft", die in Katechese und Liturgie tradiert wurde, meint, kann offenbleiben.[285] Nach 8,3 sollen die Angeredeten dreimal täglich das Vaterunser beten. Juden hatten die Pflicht, das Achtzehnbittengebet dreimal am Tag zu beten. Dieses wird durch das Vaterunser ersetzt.

Die Suche nach einer eigenen christlichen Identität durch Gebete unter Ausschluss anderer Glaubensrichtungen bedient sich einer Praxis der pharisäischen Synagogen, die im Achtzehnbittengebet durch die Einfügung einer Bitte zur „Verfluchung der Ketzer und Abtrünnigen/birkat ha-minim" diese vom gemeinsamen Gottesdienst ausschlossen. Dazu gehörten auch die Christen.

Auch der Verfasser der Didache handelt so und betont die Trennung von den pharisäischen Synagogen – wie beim Beten, so auch beim „Brotbrechen" in der Tradition Jesu:

> „An jedem Herrentag (kyriakä kyriou) versammelt euch, brecht das Brot und sagt Dank, indem ihr dazu eure Übertretungen bekennt, damit euer Opfer/thysia rein sei." (14,1)

Das „Brotbrechen" und den Becher-Ritus nennt der Verfasser der Didache „Eucharistie/eucharistía". Die handschriftliche Überlieferung in 9,3 und 9,4 deutet eine frühere Entwicklung an, wo „Brot/ártos" den Begriff „Brocken/klásma" sachgemäß als Ergänzung zu „Becher" ersetzt.[286] Der Verfasser hat den 15-mal im Neuen Testament belegten Begriff „Danksagung/Dankgebet/eucharistía" als pars pro toto für das gemeinschaftliche Mahl eingeführt.

Die „Eucharistie" wird nicht „Opfer" genannt. In Vers 14,1b und in 14,2 sind wie im gesamten Kapitel 14 mit „euer Opfer" die Gebete der Versammelten gemeint. „Rein" bezieht sich, wie 14,2–3 belegt, nicht auf die Opfergabe, sondern auf die vor jedem

---

[285] Beides ist vom Begriff her möglich; vgl. H. Frankemölle, Evangelium. Begriff und Gattung. Ein Forschungsbericht, Stuttgart ²1994.
[286] Zur handschriftlichen Überlieferung und den Deutungen vgl. K. Wengst, Didache 97 f.

Gebet und vor jedem Opfer vollzogene „Versöhnung" vor jedem „Streit" (vgl. Mt 5,23f). Es geht um ethisches, solidarisches Verhalten. Dass Kapitel 14 „die sonntägliche Feier schildert und dabei deren Opfercharakter hervorhebt",[287] ist ausgeschlossen. Dass das „Brotbrechen" „keinerlei sakramentalen Charakter hat" und „nichts anderes ist als ein leicht verchristlichtes, jüdisches Mahl",[288] geht von einem festgeprägten Herrenmahl-Charakter bei „Sakrament" aus und übersieht den christlichen Kontext der Stelle. In der Didache ist die spezifisch syrisch-palästinensische, christliche Tradition zu beachten, wie sie sich auch in den beiden Werken des Lukas findet (siehe oben III 2). „Brotbrechen" als pars pro toto für das ganze „Herrenmahl" zu deuten und einen „eigenständigen Mahltyp" als „ausgesprochen problematisch" abzulehnen,[289] verkennt die vielfältigen Strömungen im frühen Christentum, in dem die einzelnen Gemeinden autonom waren, eine unterschiedliche Theologie vertraten und unterschiedliche Rituale praktizierten.

Das christliche Ritual des gemeinsamen Mahles wird in der Didache erstmalig mit dem später zum terminus technicus gewordenen Begriff „eucharistia/Dankgebet/Danksagung/Eucharistie" benannt (9,1.5). Aufgenommen wurde er von Bischof Ignatius von Antiochien in Ign Eph 13,1; Phld 4; Sm 8,1; Just Apol I 65f (siehe unten 3). Dass der Begriff sich aus den Danksagungen (10,4.7) entwickelte, als pars pro toto, belegen 9,1b und 10,1, wo die Adressaten zum Danksagen aufgefordert werden:

„Betreffs der Eucharistie/eucharistia: Sagt folgendermaßen Dank/eucharistäsate: …"

„Nach der Sättigung sagt folgendermaßen Dank/eucharistäsate: …"

---

[287] So H. B. Meyer, Eucharistie 93, und J. Schröter, Abendmahl 63.

[288] K. Wengst, a.a.O. 56; ähnlich ebd. 98; so auch schon J. A. Jungmann, Missarum solemnia I 16; auch J. Schröter, Abendmahl 63 deutet „Brotbrechen" als Wort für die ganze Mahlhandlung mit Brot und Wein.

[289] So D.-A. Koch, Eucharistievollzug 867. Zu Stimmen für und gegen eine eucharistische Deutung vgl. J. Betz, Eucharistie 29, der sich 1979 für eine eucharistische Deutung ausspricht und ebd. Anm. 26 auf Stellen verweist, die Did 9,3–5; 10,1–6 aufnehmen.

2. Didache/Lehre der zwölf Apostel

Entsprechend beginnen die Gebete mit dem Verbum:

> „Wir danken/eucharistoumen dir, unser Vater ..." (9,2.3 und 10,2).

Nicht nur das einzelne Gebet ist ein Dankgebet für Brot und Wein, für das Leben, für Gottes Namen, für Jesus Christus und für die ganze Schöpfung, „für alles" (10,4), die gesamte Handlung ist es, zumal wenn der Hunger gestillt ist: „nach der Sättigung ..." (10,1).

Die geistliche Wirkung des Brotes (9,3) wird aus den alltäglichen Erfahrungen gefolgert:

> „Wie dies (das Brot) auf den Bergen zerstreut war und zusammengebracht *ein* Brot geworden ist, so soll deine Kirche zusammengebracht werden von den Enden der Erde in dein Reich." (9,4)

In Kapitel 9,1–5 zu den Weisungen für die „Eucharistie" ist als Reihenfolge nicht die übliche Abfolge Dank für das Brot, Dank für den Kelch angegeben, sondern der Kelch wird an erster Stelle genannt. Hier könnte lukanischer Einfluss vorliegen (vgl. Lk 22,14–18 als Vortext vor dem Einsetzungsbericht 22,19–22) oder an das Kiddusch-Gebet über den Becher am Sabbat erinnert werden (wie in 1 Kor 10,16f). Nach der „Sättigung", die nur den „Getauften" gestattet ist (9,5), folgt ein ausführliches Dankgebet. Klaus Wengst schließt aufgrund dieser Abfolge und des Fehlens der Deuteworte, dass es sich an dieser Stelle um eine mit den üblichen jüdischen Gebeten versehene Gemeinschaftsfeier handelt.

Terminus technicus in dieser Traditionslinie für die Eucharistiefeier ist „Brotbrechen"[290] – ohne Deuteworte, was nicht ungewöhnlich war, wie Lukas (siehe III 2) bestätigt, wohl auch im ältesten Stadium des Berichtes vom letzten Abendmahl. Ein direkter soteriologischer Hinweis auf Passion und Kreuz Jesu beim „Brotbrechen" fehlt. Auch der Hinweis in 10,2 auf „Jesus, deinen Knecht", durch den Gott, der „heilige Vater" (10,2), „Erkenntnis, Glaube und Unsterblichkeit offenbart", und der Hinweis in 10,3b auf „Jesus, deinen Knecht" durch den Gott „geistliche/pneumati-

---

[290] Zu frühen Deutungen, ob nur von einer Agapefeier oder doch von Eucharistie gesprochen wird, vgl. H. Hoping, Leib 77–82, der die eucharistische Deutung vertritt.

kän Speise und Trank geschenkt" hat, erinnert mehr an die Herabrufung/Epiklese des Heiligen Geistes auf die Gaben als an den Tod Jesu.

Obwohl der Verfasser der Didache das Matthäusevangelium kannte, wie die Rezeption des Vaterunsers belegt, übernimmt er nicht die Tradition vom letzten Mahl Jesu mit den Deuteworten. Er knüpft an das „Brotbrechen" in der Tradition Jesu an. In vielen Fragen stellt er für seine Gemeinde klare Regelungen auf. Der Verzicht auf die Deuteworte belegt, dass er sie nicht als Norm sah. In der Tradition Jesu ist der Becher- und Brot-Ritus die Norm.

3. Bischof Ignatius von Antiochien

Von „Brotbrechen" schreibt auch Bischof Ignatius von Antiochien in Syrien, der um 110 zur Zeit Kaiser Trajans in Rom den Märtyrertod erlitten hat. Auf dem Weg nach Rom schreibt er sieben Briefe an ihm bekannte Gemeinden. Er geht auf Distanz zu jüdischen Gruppen. Als erster spricht er als Gegenbegriff zu „Judentum" vom „Christentum" (Magn 10,1.3; Röm 3.3; Phd 6,1). Die biblischen Schriften liest er durchgehend christologisch (als seien sie auf Jesus Christus hin geschrieben worden). Als erster christliche Theologe bezeugt er den Monepiskopat, die Existenz eines Einzelbischofs, ebenso ein hierarchisch gestuftes kirchliches Amt (Bischof – Presbyterium – Diakone)[291], das der jüdischen Religion fremd ist.

Ignatius von Antiochien ist der Theologe, der – vermutlich in Anknüpfung an den allgemeinen Begriff „eucharistia/Danksagung" – wie die Didache und Justin (siehe unten IV 5) – „eucharistia" als Bezeichnung für das Ritual der gesamten Mahlfeier versteht und oft in seinen Briefen an die Epheser, an die Gemeinde in Philadelphia und Smyrna verwendet:

> „Seid bestrebt, möglichst häufig zusammenzukommen zur Eucharistie Gottes und zum Lobpreis." (Eph 13,1)

---

[291] Zur geschichtlichen Einordnung vgl. Frankemölle, Frühjudentum 339–341.

3. Bischof Ignatius von Antiochien

> „Von der Eucharistiefeier und vom Gebet bleiben sie (die Vertreter abweichender Meinungen) fern, weil sie nicht bekennen, dass die Eucharistie das Fleisch/sarx unseres Erlösers Jesus Christus ist." (Sm 7,1)

Glaubten sie dies, würden sie sich anders verhalten (vgl. Eph 14,1). Dieses Fernbleiben der „Vertreter abweichender Meinungen" zeigt sich im unchristlichen Verhalten (siehe oben I 6.2):

> „Sie kümmern sich nicht um die Liebespflicht, nicht um eine Witwe, nicht um ein Waisenkind, nicht um einen Bedrängten, nicht um einen Gefesselten oder Freigelassenen, nicht um einen Hungernden oder Dürstenden." (Sm 6,2)

Der Brief an die Philadelphier belegt die umfassende Bedeutung von „Eucharistie" für die gesamte Kultfeier, kann aber auch die Elemente Brot und Wein bezeichnen:

> „Seid deshalb bedacht, *eine* Eucharistie/*mia eucharistia* zu gebrauchen – denn eines ist das Fleisch/sarx unseres Herrn Jesus Christus und einer der Kelch zur Vereinigung mit seinem Blut, einer der Opferaltar, einer der Bischof zusammen mit dem Presbyterium und den Diakonen, meinen Mitknechten." (Phld 4)

Stärker als hier wird im Brief an die Smyrnäer die Einheit von Bischof (für eine Ortsgemeinde) und Eucharistiefeier betont.[292] In der Einheit Jesus Christus – Kirche zeigt sich die „katholische/umfassende/universale" Kirche, ein Begriff, der hier zum ersten Mal belegt ist:

> „Folgt alle dem Bischof wie Jesus Christus dem Vater, und dem Presbyterium wie den Aposteln; die Diakone aber achtet wie Gottes Gebot! Keiner soll ohne Bischof etwas, was die Kirche betrifft, tun. Jene Eucharistiefeier gelte als zuverlässig, die unter dem Bischof oder einem von ihm Beauftragten stattfindet. Wo der Bischof erscheint, dort soll die

---

[292] Man hat den Eindruck, dass Bischof Ignatius hier eine neue Praxis verteidigt, da im Neuen Testament weder die Presbyter in der Apostelgeschichte und im ersten Petrusbrief, noch die Episkopen/Bischöfe der Pastoralbriefe mit dem Vorsitz der Eucharistiefeier verbunden werden. Auch Paulus richtet sich beim Konflikt in Korinth (1 Kor 11) zur Klärung der Probleme nicht an den Gemeindeleiter und Vorsitzenden der Eucharistiefeier, was nahe gelegen hätte. So zutreffend A. Vögtle, Die Dynamik des Anfangs. Leben und Fragen der jungen Kirche, Freiburg 1988, 140.

Gemeinde sein, wie da, wo Jesus Christus ist, die katholische Kirche ist." (Sm 8,1f)

Christen „halten nicht mehr den Sabbat, sondern leben nach dem Tag des Herrn" (Magn 9,1). Die Gemeinde wird durch einen Bischof oder einen Presbyter geleitet, die zu dieser Zeit durchaus nur „Vorsteher" einer Hausgemeinde, nicht einer großen Stadtgemeinde gewesen sein dürften. Das Amt garantiert deren „Einheit/henōsis" und die „gemeinsame Versammlung", denn auch „der Herr ist nicht ohne den Vater" (Magn 7,1f). Der Einheit von Vater und Sohn entspricht die Einheit der Gemeinde mit dem Bischof, symbolisiert in dem *„einen* Brot":

> „dass ihr Mann für Mann, gemeinsam, alle im einzelnen in Gnade zusammenkommt in *einem* Glauben und in Jesus Christus …, um dem Bischof und dem Presbyterium mit ungeteiltem Sinn Gehorsam zu bezeugen und *ein*/héna Brot zu brechen." (Eph 20,2)

Wie der Ritus des „Brotbrechens" ablief, wird nicht gesagt.[293] Die Deuteworte als Bestandteil des Ritus fehlen. Als theologische Begründung rezipiert der Verfasser die tiefen Reflexionen des Johannesevangeliums zum Verhältnis von Vater und dem von ihm gesandten Sohn. Er wird als Schüler des Evangelisten Johannes angenommen. Die Einheit der Glaubenden gründet in der nichteucharistischen, biblisch begründeten Zusage Jesu als Immanuel Gottes[294]: „Wo zwei oder drei in meinem Namen versammelt sind, da bin ich mitten unter ihnen." (Mt 18,20) Es ist eine Gemeinschaft mit Jesus und mit Gott, der mit seinem Segen und seiner Zusage des Mitseins/Immanu-el den Teilnehmern ihre Einheit begründet. Die Metapher vom *„einen"* Brot gibt diese Überzeugung bildlich wieder, was „Wein" nicht liefern konnte.

Ignatius spricht beim Brot nicht von „Leib/sōma", sondern von „Fleisch/sarx". Dies könnte sprachlich abhängig sein vom johanneischen Bekenntnis in Joh 1,14 („und das Wort ist Fleisch ge-

---

[293] L. Wehr, Die Eucharistie in den Briefen des Ignatius von Antiochien, in: D. Hellholm/D. Sänger (Hrsg.), Eucharist II., 883–900, 888, kommt zu dem Schluss, dass Ignatius „nur *eine* sakrale Mahlfeier kennt, die Eucharistiefeier mit Brot und Wein." So auch J. Schröter, Abendmahl 73.
[294] Zu Jesus als Wirkweise/Hypostase Gottes und den jüdischen Vorgaben vgl. H. Frankemölle, Gott glauben 134–136.196–203.274–281.

3. Bischof Ignatius von Antiochien

worden"), primär aber von der Position seiner Gegner, die eine Inkarnation/Fleischwerdung Jesu Christi als Wort/lógos Gottes ablehnen (2 Joh 7) und behaupten, dieser sei nur zum „Schein/dókema" auf Erden erschienen und habe nur zum „Schein" gelitten:

> „Wenn er aber, wie einige, die Gottlosen, das sind Ungläubige, sagen, zum Schein gelitten hat..." (Trall 10,1)

Ignatius ist der erste Theologe, der ausdrücklich gegen den Doketismus kämpft und vermutlich den Glauben an die Vereinigung göttlichen und menschlichen Seins, wie sie das Konzil vom Chalzedon (451) bestätigt, auf das „Brot", das durch den Heiligen Geist geheiligt wurde, überträgt, ohne dies in Sm 7,1 und Phil 4 zu erläutern.[295]

Wie sehr man in der Frühzeit mit der Bekenntnisformulierung sprachlich ringt, belegt der Brief an die Smyrnäer. Hier zitiert Ignatius in Nr. 1–2 zunächst die kirchliche Tradition zu Jesus Christus, „der wirklich aus dem Geschlechte Davids stammt nach dem Fleische, Sohn Gottes ist nach Gottes Willen und Macht" (vgl. Röm 1,3f), zu Geburt und Tod am Kreuz (das „wirklich/aläthōs" wiederholt er in Nr. 1–2 siebenmal), bleibt auch beim Bekenntnis zur Auferweckung bei diesem Denkschema und „argumentiert" mit Behauptungen, die in den kanonischen Evangelien nicht überliefert sind:

> „Ich nämlich weiß und glaube, dass er auch nach der Auferstehung im Fleische/sarx ist. Als er zu Petrus und seinen Gefährten kam, sprach er zu ihnen: Fasst, betastet mich und seht, dass ich kein leibloser Dämon bin. Und sogleich berührten sie ihn und glaubten, da sie mit seinem Fleisch/sarx und Geist in enge Verbindung gekommen waren. [...] Nach der Auferstehung aber aß und trank er mit ihnen als Leibhaftiger/sarkikós, wenn er auch geistlich/pneumatikōs mit dem Vater vereinigt war." (Sm 3,1–3)

---

[295] Zur Problematik vgl. W. von Heyden, Doketismus und Inkarnation. Die Entstehung zweier gegensätzlicher Modelle von Christologie, Tübingen 2014; zu Ignatius ebd. 274–362, zu den Stellen mit „Fleisch" ebd. 315–336 in Beschrankung auf die christologische Frage, die durch den Doketismus bestimmt wird.

Ignatius missdeutet die neutestamentlichen Ostergeschichten in ihrem metaphorischen Charakter zur Abwehr eines falschen Glaubens. Die Geschichten entfalten erzählerisch das Bekenntnis „Jesus Christus ist auferweckt worden" als ein wirkliches Geschehen, nicht als ein historisch-faktisches, nachprüfbares.[296] Inhaltlich bringen sie nichts Neues im Vergleich zum Bekenntnis. Ebenso führen das Bekenntnis zum „Brotbrechen" und die Formel „das ist mein Leib, das ist mein Blut" in die Irre, wenn man die metaphorische Sprache verkennt und sie als „fleischlich" deutet. Das führte im Mittelalter zu Hostienschändungen und -legenden gegen die Juden, die davon erzählen, dass angeblich Blut aus der Hostie floss, wenn man sie durchstach.

Bei der üblichen Kommunionspendung mit der Formel „Leib Christi" und „Blut Christi" mögen die Spender sensibel für metaphorische Sprache sein und um die Unterscheidung von „Leib" und „Fleisch" wissen, die Gläubigen wohl nicht immer. Was denken „einfache" Gläubige bei der Formulierung im Katechismus: „Unter den konsekrierten Gestalten von Brot und Wein ist Christus selbst als Lebendiger und Verherrlichter wirklich, tatsächlich und substantiell gegenwärtig mit seinem Leib, seinem Blut, seiner Seele und seiner göttlichen Natur." (Konzil von Trient, DS 1640. 1651 zitiert in: KKK1413) Missverständnisse sind vorprogrammiert, sie aufzuklären, gehört zur Aufgabe der Kirche, die oft sprachlos bleibt. Dies dürfte ein Grund unter vielen sein, sich von der Eucharistie zu verabschieden (siehe oben I 1–4). Neue Deutungen zum „Geheimnis des Glaubens" sind bei Jesus, seiner Geschichte von der Empfängnis bis zur Auferweckung wie beim Gedenken an ihn erforderlich.

4. Die „Traditio apostolica"/Hippolyt von Rom

Die Traditio apostolica belegt eine „archaische Gestalt der Eucharistie (Ordinations- und Taufeucharistie)"; so lautet der übliche Name der ursprünglich in griechischer Sprache verfassten, „be-

---

[296] K. Wengst, Ostern – Ein wirkliches Gleichnis, eine wahre Geschichte, München 1991.

4. Die „Traditio apostolica"/Hippolyt von Rom

kanntesten und wichtigsten altkirchlichen Kirchenordnung" aus dem Ende des 2. oder Anfang des 3. Jahrhunderts, die nach heutiger Erkenntnis „mehr denn je Fragen" zur frühchristlichen Gemeindegeschichte offenlässt.[297] Dies betrifft auch die früher oft vertretene Zuschreibung an Hippolyt von Rom (170-235).[298]

Josef Andreas Jungmann nennt sie aufgrund der breiten Verbreitung im Orient und einer geringeren im Westen als „die wichtigste Quelle zur Kenntnis des kirchlichen Lebens am Beginn des 3. Jahrhunderts", auch wenn „über einen bestimmten Geltungsbereich [...] noch nichts gesagt ist."[299] Jüngere Autoren stimmen dem zu: Sie wird als „Schlüsseldokument für die Erforschung eines ganzen Abschnitts frühchristlicher Gemeindegeschichte" gedeutet, da in den verschiedenen Textüberlieferungen im Westen der Einsetzungsbericht überliefert, die „römische" Messe bzw. deren Hochgebet belegt ist, der Einsetzungsbericht in den ostkirchlichen Riten aber fehlt. Noch ist alles im Fluss. Sie ist, was die „Prominenz" der lateinischen Übersetzung betrifft, die im Zweiten Vatikanischen Konzil am meisten zitierte altchristliche Schrift. Heute wird sie wegen der differenzierten Ausführungen zur Hierarchie im Gemeindeleben ins 3. bzw. 4. Jahrhundert datiert.[300]

Die Unsicherheit in der Deutung hängt mit der Quellenlage zusammen: Vom griechischen Text existieren nur Bruchstücke. Es gibt lateinische, sahidische, bohairische, arabische und äthiopische Übersetzungen – in unterschiedlicher Länge und verschiedenem Wortlaut.[301] Zurzeit wird der Quellenwert für das dritte Jahrhundert der aus vielen Texten zusammengestellten Traditio

---

[297] B. Steimer, Traditio apostolica, in: LACL 610-613, ebd. 610.612. Zum Text W. Gerlings, Traditio apostolica, Freiburg 1991 nach der lateinischen Fassung. Zur komplizierten Überlieferung des Textes ebd. 143-157.
[298] Unter seinem Namen bearbeitet J. A. Jungmann, Liturgie 65-78 die Texte ausführlich.
[299] J. A. Jungmann, Missarum solemnia I 37.
[300] A. Fürst, Liturgie 28; vgl. Ch. Markschies, Wer schrieb die sogenannte Traditio Apostolica? In: Ders./W. Kinzig/M. Vinzent (Hrsg.), Tauffragen und Bekenntnis, Berlin 1992, 1-74.
[301] Vgl. Meßner, Einführung 37 f.

apostolica meist als gering bis sehr gering eingeschätzt. Als Ursprungsort wird Syrien oder Ägypten vermutet.

Das Herrenmahl wird in der lateinischen Fassung cena dominica genannt, das Gemeindemahl „Eulogie". Die Grenzen zwischen den beiden Formen sind noch nicht festgelegt. Nach Kapitel 22 teilt der Bischof „am Sonntag" (andere Lesarten: sabbato et prima sabbati bzw. die prima sabbati) die Eucharistie aus, „während die Diakone das Brot brechen", ebenso die Presbyter.

Ein Teil der orientalischen Überlieferungen übergehen das Eucharistiegebet, das nur in der lateinischen und äthiopischen Überlieferung belegt ist. Die Gemeinden hatten ihre je eigene liturgische Praxis. In Kapitel 4 zur Bischofsweihe wird zwischen einem Gemeindemahl und der Eucharistiefeier unterschieden, ebenso in Kapitel 26: „Denn das Mahl ist eine Eulogie und keine Eucharistie/eucharistia wie der Leib des Herrn." An der Eucharistie dürfen Taufbewerber/Katechumenen nicht teilnehmen (Kap. 27), bei der Eulogie dürfen sie Lebensmittel und Lampen mitbringen. „Damit begegnet hier der früheste eindeutige Beleg für den Beginn einer derartigen Unterscheidung von frühchristlichen Mahlzeiten."[302]

Das eucharistische Hochgebet bildet kein eigenes Thema; es folgt der Bischofsweihe. Es ist christologisch zentriert. Der Weg Jesu beginnt mit dem „Knecht Jesus Christus" als dem „Wort", durch das alles gemacht worden ist, und der Jungfrauengeburt, endend mit der Ehre Gottes „durch deinen Knecht Jesus Christus [...] jetzt und in alle Ewigkeit. Amen." Innerhalb dieses Dankgebetes steht in der lateinischen Fassung der Einsetzungsbericht:

> „... nahm er Brot, sagte dir Dank und sprach: Nehmt, esst. Dies ist mein Leib, der für euch zerbrochen wird. Ebenso nahm er auch den Kelch und sprach: Dies ist mein Blut, das für euch vergossen wird. Wenn ihr dieses tut, tut ihr es zu meinem Gedächtnis. Eingedenk seines Todes und seiner Auferweckung bringen wir dir das Brot und den Kelch dar. Wir sagen dir Dank, dass du uns für würdig erachtet hast, vor dir zu stehen und dir als Priester zu dienen."

„Das Eucharistiegebet der Traditio Apostolica ist das älteste überlieferte Zeugnis einer frühchristlichen Eucharistiefeier."[303] Mit

---

[302] J. Schröter, Abendmahl 112.
[303] W. Geerlings, Traditio 192.

den neutestamentlichen Texten stimmt diese Überlieferung nicht wörtlich überein. Der Begriff „offerimus/bringen wir dir dar", der Gedanke, Gott ein Opfer/oblatio bringen zu können, den die Reformatoren im 16. Jahrhundert ablehnten, steht nur in der lateinischen Fassung; die anderen lesen „essen" statt „opfern." Im Kontext der narrativen Gattung „Danksagung" bei der Gabenzubereitung ist das Verbum möglich; diese Stelle enthält keine Opfertheologie.[304]

Auch wenn Alfons Fürst die Tradition vom eucharistischen „Brotbrechen" nicht eigens verfolgt, hält er fest, dass die „Traditio apostolica" ausführliche Anweisungen zum Ablauf des gemeindlichen Mahles bietet, „der nicht wenig an den des eucharistischen Mahles erinnert."[305] Er plädiert für das „Liebesmahl/Agape", dem sich eine Eucharistiefeier anschloss. Den Zweiflern, ob es sich bei der Darstellung in der „Didache" (siehe oben 2) um die Eucharistie handelt, hält er entgegen: „Allerdings fehlt in manchen alten Quellen vor dem 5. Jahrhundert ein Einsetzungsbericht, besonders in der ostsyrischen Tradition. [...] Insofern die Didache in diese syrisch-palästinische Tradition gehört, dürfte der Sitz im Leben ihrer Dankgebete doch die Eucharistiefeier sein."[306]

Aus der syrisch-palästinensischen Tradition ohne Einsetzungsbericht sind neben der Apostelanaphora von Addai und Mari (siehe unten V 7) die apokryphen Apostelakten, die Johannes- und die Thomas-Akten[307] zu nennen, in denen ohne Deuteworte Brot und Wein erwähnt werden (ActJ 110; ActTh 50.133). In ActThom 27 wird nur vom „Brotbrechen" gesprochen. Der erste Text ist gegen Ende des 3. Jahrhunderts belegt, der zweite in der ersten Hälfte des 3. Jahrhunderts.[308]

---

[304] Zur Geschichte des Begriffs vgl. G. Rouwhorst, Oblation II, in: Reallexikon für Antike und Christentum Bd. 28, Stuttgart 2015, 48–74.
[305] Ders., Liturgie 25; vgl. auch A. Gerhards, Anaphora, in: LThK 1, ³1993, 595 f.; Ders., Epiklese, in: LThK 3, ³1995, 715 f.
[306] Ders., Liturgie 33.
[307] Zum Alter dieser und der weiteren Texte vgl. die Artikel „Johannes-Literatur", „Akten" und „Thomas-Literatur", in: LACL 331 f. 604 f.
[308] Zur syrisch-palästinensischen Tradition vgl. H. B. Meyer, Eucharistie 91–100.

5. Justin der Märtyrer

Historisch, wenn auch literarisch nicht besser, ist die Überlieferung im Vergleich zur Traditio apostolica bei dem philosophisch gebildeten Justin (circa 100 bis 165). Die meisten Werke sind verloren gegangen. Wichtig ist eine Apologie, die er wohl an den römischen Kaiser Antoninus Pius gerichtet hat. Sie enthält eine der ältesten Beschreibungen der frühchristlichen Eucharistie im Kontext der Taufe („nach dem Bade"). Seine „berühmte Schilderung" in Apol I 65–67 aus dem Jahr 150 gilt als „eine bedeutende Quelle der Liturgiegeschichte".[309]

Beim eucharistischen Ritual belegt Justin eine Zweiteilung. Er unterscheidet einen Wortgottesdienst mit Lesungen, Predigt, Fürbitten (Apol I 67) von der Eucharistiefeier mit der Darbringung von Brot und Wein, Danksagung/Epiklese und Kommunion. Er ist ein Vertreter eines üblichen, alltäglichen Geschehens in der jüdischen Mahl-Tradition. Er überliefert allgemein Dankgebete, aber keine Deutungsworte vom letzten Mahl Jesu, auch keine „Wandlung" von Brot und Wein.[310]

> „Haben wir das Gebete (im Wortgottesdienst) beendet, so begrüßen wir einander mit einem Kuss. Darauf werden dem Vorsteher der Brüder Brot und ein Becher mit Wasser und Wein gebracht; der nimmt es und sendet Lob und Preis dem Vater aller Dinge durch den Namen des Sohnes und des Heiligen Geistes empor und spricht eine lange Danksagung/eucharistia dafür, dass wir dieser Gaben von ihm gewürdigt worden sind. Ist er mit den Gebeten und mit der Danksagung zu Ende, so gibt das ganze Volk seine Zustimmung mit dem Wort ‚Amen'. Dieses Wort bedeutet in der hebräischen Sprache so viel wie: Es geschehe! Nach der Danksagung des Vorstehers und der Zustimmung des ganzen

---

[309] C. P. Vetten, Justin der Märtyrer, in: LACL 365–369, ebd. 368; ähnlich schreibt A. Lindemann, Die eucharistische Mahlfeier bei Justin und bei Irenäus, in: D. Hellholm/D. Sänger (Hrsg.), Eucharist II 901–933, ebd. 901 dem Werk Justins „eine besondere Bedeutung für die frühe Kirchen- und Theologiegeschichte zu", auch wenn er „keine liturgischen Anweisungen für den Vollzug der Mahlfeier" bietet.

[310] Der Katechismus der Katholischen Kirche, München 1993, 370 spricht von „deren Konsekration in der [eucharistischen] Danksagung." A. Lindemann, a.a.O. 910 spricht zu Recht von einem „Referat", ohne „auf eine bestimmte Textfassung der Abendmahlsworte" zu rekurrieren.

5. Justin der Märtyrer

Volkes teilen die, welche bei uns Diakone heißen, jedem Anwesenden von dem verdankten Brot, Wein und Wasser mit und bringen davon auch den Abwesenden." (Apol I 65)

Bemerkenswert ist die theologische Begründung der Dignität des Brotes im Glauben an die Inkarnation/Fleischwerdung des „Wortes/lógos Gottes" in Jesus. Erst danach wird an die Abendmahl-Überlieferung mit den Worten Jesu erinnert, gedeutet durch Logos-Spekulationen, nicht philosophisch, sondern unter Berufung auf Joh 1,14 theologisch („und der Logos/das Wort ist Fleisch geworden"). Die Deutungsworte sind nicht Teil des Rituals, sondern dienen der katechetischen Belehrung:

> „Diese Nahrung heißt bei uns Eucharistie. [...] Denn nicht als gemeines Brot und als gemeinen Trank nehmen wir sie; sondern wie Jesus Christus, unser Erlöser, als er durch Gottes Logos/Wort Fleisch wurde, Fleisch und Blut um unseres Heiles willen angenommen hat, so sind wir belehrt worden, dass die durch ein Gebet um den Logos, der von ihm ausgeht, unter Danksagung geweihte Nahrung, mit der unser Fleisch und Blut genährt wird, Fleisch und Blut jenes fleischgewordenen Jesus sei. Denn die Apostel haben in den von ihnen stammenden Denkwürdigkeiten, welche Evangelien heißen, überliefert, es sei ihnen folgende Anweisung gegeben worden: Jesus habe Brot genommen, Dank gesagt und gesprochen: ,Das tut zu meinem Gedächtnis, das ist mein Leib', und ebenso habe er den Becher genommen, Dank gesagt und gesprochen: ,Dieses ist mein Blut', und er habe nur ihnen davon mitgeteilt." (Apol I 66)

Als Tag der Feier in Erinnerung an die Auferweckung Jesu nennt Justin in der Übersetzung von Gerhard Rauchen[311] den „Tag, den man Sonntag nennt" (67,3), gemeint ist der „Tag der Sonne", der Tag des unbesiegten Sonnengottes, des sol invictus. Erst Kaiser Konstantin erklärte 321 den Sonntag zum öffentlichen Ruhetag. Als Kreuzigungstag nennt Justin „den Tag vor dem Saturnustag", den Samstag. Der „erste Tag der Woche", der bei Juden der erste Arbeitstag war, wurde durch den Glauben an die Auferweckung Jesu der erste Wochentag (Joh 20,19). Ebenso spricht Gerhard Rauchen im Hinblick auf die Gaben, für die Dank gesagt wurde und von denen jeder einen Teil erhält vom „Konsekrierten", was

---

[311] Frühchristliche Apologeten und Martyrerakten, Bd. 1. Die beiden Apologien Justins des Märtyrers, Kempten 1913, 134–137.

an die Vorwegnahme des im frühen Mittelalter üblichen Sprachgebrauch der „konsekrierten Hostie" und an Wesensverwandlung im aristotelischen Sinn erinnert. Dagegen gilt: Bei Justin ist „von einer ‚Wandlung', die womöglich durch die Worte des proestōs/Vorstehers bewirkt wird, ... nicht die Rede."[312]

Justin überliefert das Ritual des Hochgebetes – ohne Deutungen. Erst in der Katechese in I 66 entwirft er unabhängig vom Ritual eine theologische Deutung anhand des johanneischen Glaubens an die Fleischwerdung/Inkarnation des Logos.[313] Beim Mahl entscheidend sind für ihn die „lange Danksagung" (I 66) bzw. „Gebete und Danksagungen" (I 67), nicht die Einsetzungsworte. Sie werden beim Mahl nicht zitiert; es wird nur in der theologischen Reflexion zur Menschwerdung des Logos an das Tun Jesu beim letzten Mahl erinnert. Auch fehlt ein Wort zur Vergegenwärtigung in Aufnahme von „Tut dies zu meinem Gedächtnis!". Dies entspricht der paulinischen Intention, was zu wenig beachtet wird: Weder Paulus noch die Synoptiker fordern dazu auf, die Deuteworte Jesu zu wiederholen. Die Jünger sollen das Tun Jesu weiterführen im „Gedächtnis" an ihn.

Auffällig ist, wie stark Justin zu Beginn seines Berichtes und als Konsequenz der Teilnahme an der „Eucharistie/Danksagung" die Ethik betont. Das erinnert auch im Einzelnen an die Konzeption des Lukas zum solidarischen Leben in den urchristlichen Gemeinden in der Nachfolge der Proexistenz Jesu.

> „Wir aber erinnern in der Folgezeit immer hieran, helfen, wenn wir können, allen, die Mangel haben, und halten einträchtig zusammen. [...] Wer aber die Mittel und guten Willen hat, gibt nach seinem Ermessen, was er will, und das, was da zusammenkommt, wird bei dem Vorsteher hinterlegt; dieser kommt damit Waisen und Witwen zu Hilfe, solchen, die wegen Krankheit oder aus sonst einem Grunde bedürftig sind, den Gefangenen und Fremdlingen, die in der Gemeinde anwesend sind, kurz, er ist allen, die in der Stadt sind, ein Fürsorger." (I 67)

---

[312] A. Lindemann, a. a. O. 915; J. Schröter, Abendmahl 81 geht davon aus, dass Justin „die Einsetzungsworte offenbar frei" zitiert.
[313] Zur ausführlichen Diskussion der divergierenden Auslegungen und zu möglichen Abhängigkeiten von vorrabbinischen Synagogengottesdiensten oder von Mahlzeiten der hellenistischen Therapeuten vgl. M. Klinghardt, Gemeinschaftsmahl 500–509.

Justin geht es um eine „Wandlung" der Teilnehmer durch den auf sie herabgerufenen Heiligen Geist und durch das gemeinsame Essen, nicht um eine „Wandlung" von Brot und Wein in Leib und Blut Christi.

6. Vielfalt in Theologie und Liturgie

Die Vielfalt eucharistischer Grundtypen ist darin begründet, dass es in den ersten Jahrhunderten noch keine festen textlichen Vorlagen für die Liturgie gab, „so als hätte der Vorsteher sie auswendig gelernt". Dies gilt auch für die Danksagung, die gemäß der Traditio apostolica 9 jeder Vorsteher je nach rhetorischer Begabung frei formulieren konnte; sie musste nur „der Rechtgläubigkeit" entsprechen.[314] Verschiedene liturgische „Grundtypen der Eucharistiefeier" entwickelten sich in der vorgegebenen weltlich politischen „Regionalisierung"[315] und in der sich aus neutestamentlicher Zeit ableitenden Eigenständigkeit theologischer Richtungen und Gemeinden. Die Vielfalt der theologischen Konzeptionen im Neuen Testament, die bis auf die Abhängigkeit der Synoptiker untereinander existierten, bleibt das Modell in den ersten fünf Jahrhunderten. Daraus entwickelten sich im Laufe der Zeit Spaltungen, auch verursacht durch verschiedene Landessprachen (Latein, Griechisch, Syrisch, Aramäisch, Armenisch). Selbst im Weströmischen Reich gab es je nach Bedeutung der Stadt eigenständige liturgische Texte. „Erst aus dem 7. Jahrhundert sind liturgische Formulare bekannt"; erst „vom 8. Jahrhundert an setzte sich die römische ‚Messe' unter dem Einfluss vieler Faktoren, nicht zuletzt durch die Förderung durch die fränkischen Herrscher, im gesamten Abendland durch."[316]

Für alle nur sporadisch überlieferten liturgischen Texte ist der jeweilige geschichtliche Kontext zu bedenken, der nicht nur auf den Kirchenbau entscheidenden Einfluss hatte (siehe oben). Am

---

[314] W. Geerlings, Traditio apostolica. Fontes Christiani I, Freiburg 1991, 223.227.
[315] Zur Entwicklung vgl. A. Furst, Liturgie 46–54.
[316] A. Fürst, Liturgie 54.

11. Mai 330 n. Chr. verlegte Konstantin seine Hauptstadt nach Byzanz, die seither Konstantinopel heißt. Die offizielle Reichsteilung fand unter Kaiser Theodosius 395 statt. Das jetzt entstehende Byzantinische bzw. Oströmische Reich setzte sich nicht nur immer mehr politisch vom (West-) Römischen Reich ab, sondern auch sprachlich und theologisch. Amtssprache im Westen wurde Latein, im Osten Griechisch. Der Wechsel vom Griechischen zum Lateinischen vollzog sich in Rom vom 2. bis 4. Jahrhundert. Der erste in Latein schreibende Kirchenschriftsteller war Tertullian in Karthago (ca. 160–220); hier entsteht auch die erste lateinische Liturgie. Bis Ende des 4. Jahrhunderts hat sich Latein als Gottesdienstsprache durchgesetzt.[317] Während im Westen die Amtssprache auch Volkssprache wurde, blieben im Osten die alten Volkssprachen erhalten, die auch für die Liturgie bestimmend wurden.

Parallel zur kirchenpolitischen Entwicklung in Rom vom „Vorsteher/epískopos" der Hausgemeinde zum Bischof der Stadt Rom und später zum Metropoliten und Patriarchen des lateinischen Westens entwickelten sich im Osten Patriarchate in Konstantinopel, Alexandrien, Antiochien und Jerusalem, die in dieser Reihenfolge auf dem Konzil von Chalzedon (451) bestätigt wurden. Sie waren unabhängige/autokephale kirchliche Einheiten in der Sprache, in Dogmatik und Liturgie.[318] (Diese Entwicklung war im Altertum nicht abgeschlossen, wie sich am Beispiel der Ukraine ab 2014 belegen lässt.) Autokephal wird eine Kirche, wenn sie vom Patriarchat von Konstantinopel anerkannt wird. Lehrmäßige und glaubenspraktische Unterschiede gab es von Anfang an in den verschiedenen neutestamentlichen Gemeinden, wie die Evangelien und die Briefe belegen. Man vertrat verschiedene theologische Überzeugungen, besonders in der Christologie. Das Verhältnis des Sohnes zum Vater war und blieb ein

---

[317] H. B. Meyer, Eucharistie 111.
[318] Zu einem Überblick vgl. Th. Bremer u. a., Orthodoxe Kirchen, in: LThK 7, ³1998, 1144–1158; ebd. 1154 ein schematischer Überblick über die verschiedenen Kirchen im Osten und über die mit Rom unierten; vgl. auch J. Oeldemann, Die Kirchen des christlichen Ostens. Orthodoxe, orientalische und mit Rom unierte Ostkirchen, Kevelaer ²2008.

6. Vielfalt in Theologie und Liturgie

Glaubensgeheimnis; ebenso wie der Heilige Geist im Hinblick auf beide zu deuten sei.[319]

Diese Diskussionen waren Kennzeichen der verschiedenen Kirchen im 2. und 3. Jahrhundert und bestimmten die Diskussionsgrundlage im ersten Konzil in Nizäa (325), in dem Arianer und Donatisten gegen römische Überzeugungen standen. Einige Teile der orthodoxen Kirchen einigten sich später wieder mit Rom. (Ende 2023 gab es 23 mit Rom unierte Ostkirchen, die sich in Sprache, Liturgie und Glaubenspraxis – z. B. Ehe der Priester – unterscheiden und jeweils ein eigenes Kirchenrecht haben.) Am bekanntesten sind die Koptisch-katholische Kirche, die Syrisch-katholische Kirche, die Armenisch-katholische Kirche, die Melkiten oder die Maronitische Kirche, die als einzige Ostkirche seit 1182 ganz mit Rom uniert ist. Solche Unionen werden von Seiten der anderen Ostkirchen keineswegs positiv gedeutet; in ihren Augen sind sie neue Kirchenspaltungen. Auch die lateinische, „katholische" Kirche Roms ist in den Augen der ostkirchlichen Theologen vom wahren Glauben abgefallen. Erst im 20. Jahrhundert geht man ökumenisch von einer grundsätzlichen Einheit in Vielfalt aus.

Die größte Kirchenspaltung war die zwischen West- und Ost-Rom/Konstantinopel. Die Ursachen waren vielfältig und entwickelten sich über Jahrhunderte. Die endgültige Trennung war 1054. Man stritt über das Datum für das Osterfest und dessen Beziehung zum jüdischen Pessach-Fest, über die Frage, ob vom Glauben Abgefallene wieder in die Kirche aufgenommen werden können, vor allem über das „Wesen" Jesu Christi und sein Verhältnis zum Vater. Missverständnisse durch die verschiedenen Sprachen spielten eine erhebliche Rolle. Die lateinisch theologische Sprache hat mehr „Definitionscharakter", die griechisch-theologische formuliert mystisch, in Bildern. Die Folge war in der westlichen Kirche im 12. Jahrhundert die Fokussierung der „Wandlung" auf die Einsetzungsworte und der durch sie bewirkten Transsubstantiation/Wesensverwandlung, während in den östlichen Kirchen die Epiklese/Herabrufung des Heiligen Geistes

---

[319] Zur Entwicklung des Verhältnisses von Gott und Gottes Geist in der Bibel vgl. H. Frankemölle, Gott glauben 175–195.

auf die Gaben von Brot und Wein das Zentrum bildete und die Einsetzungsworte fehlen konnten (vgl. Did 9-10 und Traditio apostolica 4).[320] Diese Belege aus dem syrisch-palästinensischen Raum stehen in der Tradition Jesu und nehmen das übliche jüdische Dankgebet/beraká auf. Dieses unterschiedliche theologische Denken[321] zeigte sich nicht zuletzt beim Bekenntnis, ob der Heilige Geist „vom Vater *und* vom Sohne/filioque" ausgeht oder „vom Vater durch den Sohn", wodurch die Absolutheit Gottes nicht in Frage gestellt wird. Seit dem 6. Jahrhundert beten lateinisch-römische Christen filioque, das von „Rom" einseitig eingefügt worden war, um gegen die arianische Häresie die Göttlichkeit des Sohnes zu betonen.

Von lateinisch-römischer Seite sah man erst in jüngster Zeit in ökumenischen Gesprächen, dass die orthodoxen Kirchen eine weit intensivere und ausführlichere Geist-Theologie entwickelt hatten als der Westen. Das Schisma von 1054 wurde daher 1965 von allen Beteiligten als gegenstandslos erklärt, da man mit verschiedenen Begriffen den Glauben formulierte, im Grundsätzlichen aber einig war.[322] Der Päpstliche Rat zur Förderung der Einheit der Christen erklärte 1995:

> „Die Katholische Kirche anerkennt die konziliare, ökumenische, normative und unwiderrufliche Geltung des Symbolums, das in griechischer Sprache im Jahre 381 in Konstantinopel vom Zweiten Ökumenischen Konzil bekannt worden ist, als Ausdruck des einen gemeinsamen Glaubens der Kirche und aller Christen. Kein Glaubensbekenntnis, das einer besonderen liturgischen Überlieferung eigen sein mag, kann diesem Ausdruck des Glaubens, wie ihn die ungeteilte Kirche gelehrt und bekannt hat, widersprechen."[323] Daher lässt der Papst bei ökumenischen Begegnungen mit den Patriarchen des Ostens das filioque weg. Die

---

[320] Zum Fehlen der Einsetzungsworte mit Belegen vgl. A. Gerhards, Anaphora, in: LThK 1, ³1993, 595 f. und Ders., Epiklese, in: LThK 3, ³1995, 715 f.
[321] Zur Entwicklung in den Theologien der Eucharistie vgl. J. Betz, Eucharistie.
[322] P. Neuner, Kleines Handbuch der Ökumene, Düsseldorf 1984, 29–41; Th. Nikolaou (Hrsg.), Das Schisma zwischen Ost- und Westkirche, Münster 2005.
[323] Die griechische und lateinische Überlieferung über den Ausgang des Heiligen Geistes. Eine Klarstellung in Verantwortung des Päpstlichen Ra-

6. Vielfalt in Theologie und Liturgie

Evangelisch-Lutherische Kirche zieht im Gesangbuch Nr. 805 die Konsequenz beim Glaubensbekenntnis daraus mit dem Hinweis: „Dem in den Gliedkirchen der Evangelischen Kirche in Deutschland geübten Verfahren gemäß können die Worte ‚und dem Sohne' bei ökumenischen Gottesdiensten, die gemeinsam mit orthodoxen Christen gefeiert werden, entfallen."[324]

Das hermeneutische Grundprinzip und die ökumenische Formel auch im katholisch-evangelischen Dialog lautet: Es geht um eine versöhnte Verschiedenheit bzw. um eine Einheit in Vielfalt, um eine „Vielfalt der Ortskirchen im 1. Jahrtausend innerhalb der Einheit der universalen Kirche" (Walter Kardinal Kasper am 03.11.2024), im ökumenischen Gespräch mit den östlichen Kirchen um „die eine Eucharistie in katholischer Vielfalt"[325], zu der auch das „Brotbrechen" zählen sollte.

Im 4. Jahrhundert lässt sich mit J. A. Jungmann eine „Verzweigung der Liturgien" feststellen: auf der einen Seite „die Messe im Morgenland seit dem 4. Jahrhundert", auf der anderen Seite „die römische Messe vom 3. bis zum 6. Jahrhundert."[326]

Zwar fehlen wie in Nordafrika aus der Zeit bis zum 4. und beginnenden 5. Jahrhundert liturgische Formulare, dennoch lässt sich der Ablauf der eucharistischen Liturgie mit dem Einsetzungsbericht aus Katechesen von Ambrosius, Bischof von Mailand (333–397) belegen. In seiner Schrift „Über die Sakramente" geht er davon aus, dass der Bischof als Vorsteher der Eucharistie „nicht mehr seine eigenen Worte verwendet, sondern Worte Christi. Also bewirkt das Wort Christi dieses Sakrament" (Sacr 4,14; die Deuteworte werden erst in 5,21f zitiert).[327] Damit sig-

---

tes zur Förderung der Einheit der Christen, in: Una Sancta 50, 1995, 316–324, ebd. 316.
[324] Zu „Fortschritte beim Dialog zwischen Lutheranern und Orthodoxen" vgl. https://www.vaticannews.va/de/kirche/news/2024-07/deutschland-fortschritte-dialog-lutheraner-orthodoxe-filoque.html vom 20. Juli 2024 (abgerufen am 24.04.2025).
[325] So lautet eine Kapitelüberschrift von H. B. Meyer, Eucharistie 515–548.
[326] So die Bucheinteilung J. A. Jungmann, Missarum solemnia I, 36 ff. 43 ff. und 63 ff.
[327] J. Schmitz, De sacramentis – de mysteriis. Über die Sakramente – über

nalisiert er die theologische Verschiebung zur „römischen Messe", wenn er „zum ersten Mal und auf lange Zeit als einziger im Westen" die Worte Jesu im Einsetzungsbericht als „Konsekrationsworte' (vgl. De sacr 4,4,14; 5,23)" bezeugt, „allerdings nur im Zusammenhang mit der Klärung der Frage, wieso bei der Kommunion nicht gewöhnliches Brot, sondern der Leib des Herrn empfangen wird."[328] Bei der sprachlichen Formulierung hat er dieselben Schwierigkeiten wie Paulus in Phil 2,6–11 bei der Verhältnisbestimmung von Gott und Jesus Christus (siehe oben III 1.2): Zur Unterscheidung von gewöhnlichem Brot und konsekriertem heißt es vor dem Zitat des Einsetzungsberichtes in 5,21:

> „Willst du wissen, wie durch die himmlischen Worte die Konsekration bewirkt wird? Höre, welche Worte es sind! Der Bischof spricht: ‚Mache uns dieses Opfer zu einem festgeschriebenen, geistigen und wohlgefälligen, das die Bild(wirklichkeit)/figura des Leibes und Blutes unseres Herrn Jesus Christus ist. Am Tag vor seinem Leiden nahm er das Brot ...'"

Ambrosius deutet das „Wort" im Sinne des Johannesevangeliums (vgl. Joh 1,3): „Welches ist das Wort Christi? Eben jenes, durch das alles geschaffen worden ist", gemäß Gen 1: Himmel, Erde, Meer, Menschen (ebd. 4,15). Entsprechend gilt: „Vor der Konsekration war es nicht der Leib Christi, aber nach der Konsekration, so versichere ich dir, ist es nunmehr der Leib Christi." (ebd. 4,16) Ganz stimmt der Vergleich nicht, da in Gen 1 durch das „Wort" etwas geschaffen wird, was noch nicht war. Daher ist „Brot" in der Eucharistie „ein Sinnbild" (4,20), da Brot Brot bleibt und Wein Wein. Nach Ambrosius ist es wie bei der Taufe: „Wie du das Sinnbild des Todes auf dich genommen hast ..." (ebd.). „Das Wort Christi hat die Macht, alles umzuwandeln" (4,23), dem, was nicht ist, eine Existenz und dem, was ist, eine neue Substanz zu geben. Noch fehlt der Begriff Substanz/das Darunterstehende, mit dem scholastische Theologen das eigentliche „Wesen" und seine Akzidentien, die „hinzukommenden" Erschei-

---

die Mysterien, Freiburg 1990, 143; zum Text vgl. auch H. B. Meyer, Eucharistie 114.
[328] H. B. Meyer, Eucharistie 114f.

nungen, unterschieden. Dies kann der Begriff figura/äußere Gestalt nicht leisten.

Auch ohne diese Begrifflichkeiten wird deutlich, dass der „wahre" Glaube nicht an feste Formeln gebunden ist. Sie sind Hilfsmittel, um das „Geheimnis des Glaubens" in der Gemeinschaft zu bekennen. Ohne für die Adressaten verständliche Sprache kann der Glaube nicht kommuniziert werden.

7. Das Hochgebet von Addai und Mari

Addai ist der legendäre Apostel Nordmesopotamiens. Nach der Kirchengeschichte des Eusebius von Cäsarea (264–339) ist er mit Thaddaeus, einem der siebzig Jünger Jesu identisch. Er gilt mit seinen Schülern Aggai und Mari „als Patron Persiens und erster Bischof von Seleukia-Ktesiphon. Die liturgische Überlieferung schreibt Addai und Mari ein Hochgebet zu, das in erweiterter Form zum festen Bestandteil der nestorianischen Liturgie geworden ist." [329] Es enthält nur die Elemente Danksagung, Sanctus, Anamnese/Erinnerung, Fürbitten und Epiklese/Herabrufung des Heiligen Geistes, aber keinen Einsetzungsbericht. Es „spricht sehr vieles dafür, dass die Geistepiklese zu den ältesten Schichten der Anaphora von Addai und Mari gehört und deshalb als ein Kulminationspunkt dieses Gebetes zu betrachten ist." [330]

Die Frage nach der Rechtmäßigkeit und Gültigkeit einer Eucharistiefeier ohne Einsetzungsworte wurde einer größeren Öffentlichkeit um die Jahrtausendwende bewusst, zumal Traditionalisten weltweit energisch Einspruch erhoben mit der Behauptung, Rom erlaube eine ungültige Messe. Am 26. Oktober 2001 wurde unter Papst Paul II. nach langen historischen, liturgischen und theologischen Untersuchungen die ostsyrische Anaphora, das Hochgebet in der Eucharistie der Ostkirchen, der Apostel Addai und Mari lehrmäßig anerkannt, obwohl die Einsetzungs-

---

[329] Zur Begründung P. Bruns, Addai (Doctrina Addai), in: LACL 5 f.
[330] G. Rouwhorst, Frühchristliche Eucharistiefeiern. Die Entwicklung östlicher und westlicher Traditionsstränge, in: D. Hellholm/D. Sänger (Hrsg.), The Eucharist II, Tübingen 2017, 771–786, ebd. 778.

worte Jesu fehlen. Gegenstand dogmengeschichtlicher Untersuchungen war die Anaphora von Addai und Mari seit ihrer Edition 1966 durchaus,[331] wurde aber als glaubensmäßig unvollständig gedeutet. Peter Hofrichter beantwortete 1995 die Frage „Kann die katholische Kirche die Anaphora nach Addai und Mari in ihrer ursprünglichen Form akzeptieren?" mit „Ja", da „alle Intentionen einer Eucharistiefeier" vorhanden sind und die Deutung der Eucharistie als „Gedächtnis des Leibes und Blutes Christi" im Gebet des Priesters belegt ist.[332] Vor allem parallele Texte wie die Didache, die apokryphen Johannes- und Thomasakten, die Anaphoren des Jakob von Sarug, des Petrus, des Xystus und des Barsalibi, die alle aus Syrien stammen und die Traditio apostolica legten es nahe, die syrisch-palästinensische Tradition als ebenbürtig mit der hellenistisch-heidenchristlichen Tradition anzuerkennen,[333] – wie durch den Vatikan 2001 geschehen. Voraussetzung war die Klärung der hermeneutischen Frage, ob derselbe Glaube in unterschiedlichen Wortformulierungen gesagt werden kann. Nicht den Deuteworten Jesu wird eine konsekratorische Funktion zugeschrieben, sondern der Epiklese, der Herabrufung des Heiligen Geistes zur „Wandlung" der Gaben zusammen mit Dank und Lob Gottes für sein schöpferisches Handeln und der „Erinnerung" an sein Heilshandeln in Jesus Christus.

Die Rezeption der neutestamentlichen Texte in den östlichen und westlichen Glaubenstraditionen bedingen die verschiedenen Deutungen der „Wandlung". Die syrisch-ägyptische Tradition tradiert den „Abendmahlsbericht" vom letzten Mahl Jesu als Erzählung in Fortführung der Überlieferung seiner üblichen Mahlgemeinschaften. In westlichen Gemeinden wird aufgrund des „Wiederholungsbefehls" aus dieser Tradition ein Ritual, eine kultische Handlung – bezogen auf den „Wiederholungsbefehl" beim

---

[331] Zu einem Überblick vgl. H. B. Meyer, Eucharistie 97 f.
[332] P. Hofrichter, Die Anaphora nach Addai und Mari in der „Kirche des Ostens". Eucharistie ohne Einsetzungsworte, in: Heiliger Dienst 49, 1995, 143–152 mit Hinweis auf J. Betz, Eucharistie 62.
[333] Noch ohne Anerkennung der Ebenbürtigkeit H. B. Meyer, Eucharistie 91–100 zur syrisch-palästinensischen und 100–107 zur hellenistisch-heidenchristlichen Tradition.

7. Das Hochgebet von Addai und Mari

Herrenmahl bei Paulus in 1 Kor 11,24b.25b und beim Brotbrechen bei Lukas 22,19b.

Die neuere Exegese hat eine „Karriere des ‚Abendmahlsberichts'" zu einer „Kultätiologie" erarbeitet.[334] Für die letzte Schicht der textlichen Entwicklung gilt:

> *„Aufgrund* des Osterglaubens mutierte diese Symbolhandlung zu einem ‚sakramentalen' Geschehen im bezeichneten Sinn, nämlich unter dem Brot und dem eucharistischen Becher Anteil am lebenspendenden Geist des Kyrios zu gewähren. Das damit gegebene pneumatologische Denkmodell ist m. E. die eucharistietheologische Basis. [...] Nicht die ‚Kultätiologie' als solche begründet deshalb ‚Sakramentalität', sondern die Herabrufung des österlichen Herrn zum Maranatha, das Flehen um das Kommen der Gnade, des Logos (vgl. Justin) oder des Geistes, in späterer Terminologie die Epiklese."[335]

Dieses im Neuen Testament begründete Verständnis sehen heute auch Liturgiewissenschaftler. Ausgangspunkt für eine angemessene Deutung des eucharistischen Hochgebets ist nicht der Einsetzungsbericht, sondern das Lob Gottes, sein Heilshandeln in Jesu Wirken und Geschick bis zu Tod und Auferstehung und die Herabrufung des Heiligen Geistes. Der Einsetzungsbericht

> „begründet die eucharistische Anamnese als die rechte, nämlich der Stiftung Christi entsprechende Befolgung des Gedächtnis- und Wiederholungsauftrags Jesu beim letzten Mahl (‚tut dies zu meinem Gedächtnis'). Die Kirche vergewissert sich im Zitat des Einsetzungsberichts der Legitimität ihres gottesdienstlichen (eucharistischen) Handelns. [...] Die Eucharistie ist nicht eine Wiederholung oder Nachahmung des Abschiedsmahls Jesu. Der Einsetzungsbericht im eucharistischen Hochgebet ist deshalb nicht selbst, und schon gar nicht allein, die aktuelle gottesdienstliche Realisierung der Anamnese, sondern er legitimiert diese in Form eines begründeten Einschubs (Embolismus) in das Gebet. Die Kirche vollzieht das Gedächtnis Christi in den Akten des gedenkenden Lobpreises (der eucharistia), der Epiklese und der rituellen Kultmahlhandlung insgesamt, nicht als Rollenspiel, in dem der Vorsteher die Rolle Christi übernimmt und die Einsetzungsworte (Das ist

---

[334] M. Theobald, Leib und Blut Christi. Erwägungen zu Herkunft, Funktion und Bedeutung des sogenannten „Einsetzungsberichts", in: M. Ebner (Hrsg.), Herrenmahl und Gruppenidentität, Freiburg 2007, 121–165.
[335] Ders. 162 f.

mein Leib/Das ist mein Bundesblut) in persona Christi spricht bzw. der Gemeinde zuspricht."[336]

Voraussetzung dieser neuen Deutung war der Verzicht des „Vatikans" auf die Alleingültigkeit des lateinischen Ritus. Dazu hält das Dekret über die katholischen Ostkirchen „Orientalium Ecclesiarum" des Zweiten Vatikanischen Konzils fest: „Diese Teilkirchen [...] nehmen die gleiche Würde ein, so dass auf Grund ihres Ritus keine von ihnen einen Vorrang vor den anderen hat." (OE 3) Gemäß der hierarchischen Grundstruktur der römisch-katholischen Kirche wird diese Aussage und auch die, dass „alle dieselben Rechte und dieselben Verpflichtungen haben" eingebunden unter „die Oberleitung des Bischofs von Rom" und unter seinen „Primat über die ganze Kirche" (ebd.) Zur Deutung des Primates ist daran zu erinnern (siehe unten VI 2.10), dass der „Vatikan" von allen orientalisch-östlichen Kirchen nicht mehr an Zustimmung zur Primatslehre verlangt, „als im ersten Jahrtausend formuliert und gelehrt wurde".

Um wieviel mehr gilt diese Vielfalt in der Einheit bzw. Vielfalt der Ortskirchen innerhalb der Einheit der universalen Kirche für die mit Rom unierten katholischen Ostkirchen auch im Hinblick auf die in den ersten Jahrhunderten belegten Rituale des „Brotbrechens" und des „Herrenmahles". Die vielfältigen Riten des ersten Jahrtausends sollten durch die Einengungen auf einen lateinischen Ritus und seine Deutungen im zweiten Jahrtausend nicht verdrängt werden. Der sollte durch das jahrhundertelang gefeierte Ritual des „Brotbrechens" ergänzt werden, damit säkularisierte Menschen einen neuen Zugang zum „Geheimnis des Glaubens" finden können.

Die Gültigkeit des Hochgebetes ohne Einsetzungsworte wurde vom Vatikan akzeptiert und dreifach begründet: „Die Anaphora von Addai und Mari ist eine der ältesten Anaphoren, in die erste Zeit der Frühkirche datierbar. Sie wurde verfasst und verwendet mit der offensichtlichen Intention, die Eucharistie zu feiern, in vollständiger Kontinuität mit dem letzten Abendmahl und übereinstimmend mit der Intention der Kirche. Ihre Gültig-

---

[336] R. Meßner, Einführung in die Liturgiewissenschaft, Paderborn ²2009, 206f.

7. Das Hochgebet von Addai und Mari

keit wurde niemals offiziell bestritten, weder im christlichen Osten noch im christlichen Westen".[337] Während die beiden letzten Punkte unbestritten sind, ist man sich über das Alter weiter uneins. Sicher ist, dass diese Form ohne Einsetzungsworte seit dem 7. Jahrhundert durchgehend in Gebrauch war. Es liegt nahe, dass der Text die Traditionen der syrischen Überlieferungen, die Jesu Praxis des „Brotbrechens" rezipieren, aufnimmt. Entscheidend für die Gültigkeit der Eucharistie ist die Struktur der Anaphora, des Hochgebetes,[338] in dem an die Erlösung durch Jesus Christus gebetsförmig erinnert wird, an „Leib und Blut Christi", an Passion, Tod, Begräbnis und an die Auferweckung „unseres Retters". Dann folgt als zentraler Text die Epiklese, die „Anrufung" bzw. „Herbeirufung" des Heiligen Geistes, durch den die Gaben geheiligt werden, was keiner weiteren Zitate aus dem Einsetzungsbericht der Evangelien bedarf:

> „Und es möge, o mein Herr, dein Heiliger Geist kommen und auf diesen Gaben deiner Diener bleiben und sie segnen und heiligen".

Wer diese Gaben empfängt, erhält

> „die Vergebung von Übertretungen und die Rücknahme von Sünden."

Die Zusage an die Glaubenden lautet:

> „für die große Hoffnung auf die Auferstehung von den Toten und für ein neues Leben im Königreich des Himmels mit all denen, die in deinen Augen wohlgefällig sind."

Laut der Doxologie

> „wollen wir dir danken und dich preisen ohne Unterlass für die Kirche, die erlöst ist durch das kostbare Blut deines Christus."

---

[337] Guidelines for admission to the Eucharist between the Chaldean Church and the Assyrian Church of the East, in: L'Osservatore Romano (engl.) vom 26.10.2001, 7, nr.3; zu einer Übersetzung der Liturgie vgl. A. Gelston, The Eucharistic Prayer of Addai and Mari, Oxford 1992; zu den Haupttexten vgl. J. Betz, Eucharistie 61 f.; J. Madey (Hrsg.), Die göttliche Liturgie im Ritus der syro-antiochenischen Kirche und der malankarischen Kirche, Paderborn/Kottoyam 1992.
[338] Vgl. D. Heringer, Die Anaphora der Apostel Addai und Mari. Ausdrucksform einer eucharistischen Ekklesiologie, Bonn 2013.

Es ist nicht entscheidend, ob eine Formel im Einsetzungsbericht, wie der Westen seit dem 12. Jahrhundert annimmt, die Gegenwart Christi in Brot und Wein bewirkt oder der gesamte Text des Hochgebetes, besonders die Epiklese, die Herabrufung des Heiligen Geistes. Dies ist die Überzeugung der Kirchen des Ostens, die in ihren Traditionen auf die Zeit vor Nizäa (325) zurückgehen. Ein Vertreter dieser Überzeugung ist Basilius von Cäsarea, „der Große" (329–378), in seinem Spätwerk De Spiritu Sancto 27,66 aus den Jahren 374/375.

Die exegetischen und liturgiewissenschaftlichen Forschungen der letzten Jahrzehnte waren die theologische Basis für das von Papst Paul II. als rechtmäßig anerkannte Hochgebet von Addai und Mari – ohne Einsetzungsworte. Relevant für die Gläubigen war weniger die dogmatische Begründung als die Möglichkeit zum gemeinsamen Empfang der Kommunion mit den mit Rom unierten Chaldäern und der nicht unierten „Assyrischen Kirche des Ostens", wenn für assyrische Gläubige ein eigener Gottesdienst nicht erreichbar war; in diesem Fall dürfen sie an der Eucharistie der Chaldäischen Katholischen Kirche teilnehmen und die Eucharistie empfangen. Dies gilt auch umgekehrt, obwohl in der Assyrischen Kirche gemäß der Anaphora von Addai und Mari keine Einsetzungsworte gesprochen werden. Nach langen ökumenischen Gesprächen wurde die Erklärung vom „Päpstlichen Rat zur Förderung der Einheit der Christen" in Zusammenarbeit mit der „Kongregation für die Orientalischen Kirchen" formuliert. Sie bedurfte aber der Zustimmung der „Kongregation für die Glaubenslehre", deren Leiter damals der dogmengeschichtlich versierte Theologe Kardinal Ratzinger war. Die Notwendigkeit hing mit der oben angesprochenen Problematik zusammen, ob der Glaube nur in exakten, stereotypen katechismusartigen Formeln wie in der Westkirche (dies wurde im Konzil von Ferrara/Florenz, das 1431–1445 stattfand, festgelegt) oder auch ohne sie mit Umschreibungen ausgesagt werden kann. Diese Frage wurde eindeutig positiv beantwortet.

Der Beschluss der lateinisch-römischen Kirche von 2001[339] könnte im Hinblick auf die heutigen Glaubensprobleme im Kon-

---

[339] Er war Impuls für eine auch kontroverse Diskussion; vgl. M. Lugmayr,

7. Das Hochgebet von Addai und Mari

text neuzeitlicher, säkularer Erfahrungen wichtig werden, wenn man linguistisch verschiedene „Sprachspiele", Denkmuster oder Weltanschauungen zu akzeptieren bereit ist. Dies ist kein theologisches Problem, sondern ein sprachwissenschaftliches. Es liegt jeder Übersetzung von einer in die andere Sprache zugrunde (zu erinnern ist an gescheiterte Versuche, Werke des Philosophen Martin Heideggers ins Chinesische oder Japanische zu „übersetzen"). Sprachliche Formulierungen sind nicht beliebig, aber variabel bei identischem Inhalt.

> „Die auch von der Glaubenskongregation ratifizierte Anerkennung der Gültigkeit der ostsyrischen Anaphora der Apostel Addai und Mari hat eminente sakramententheologische Konsequenzen, insofern sie die seit der Scholastik im Westen festgehaltene konsekratorische Funktion der Herrenworte zumindest relativiert, wenn nicht letztlich grundsätzlich in Frage stellt."[340]

Die Entscheidung von 2001 zeigt, was möglich ist angesichts des durch Jahrhunderte fixierten römischen Messformulars, ohne dies für alle zum Reformprogramm zu erklären. Eine Auflockerung und Veränderung der starren lateinischen Formelsprache erscheint erforderlich, ohne die theologischen Grundelemente der Botschaft und Praxis vom „Brotbrechen" Jesu (Herrschaft Gottes und versöhnte Gemeinschaft unter den Menschen) und des „Herrenmahls" aufzugeben.

Ob es ein Vorteil ist, dass sich im Westen allein die römische Liturgie gegen alle anderen eucharistischen Hochgebete, die altgallischen, altspanischen und altkeltischen, vor allem gegen die

---

„Eine Anaphora mit Wandlungsworten – aber in anderer Form". Historische, liturgische und dogmatische Anmerkungen zur Anaphora von Addai und Mari, in: https://stjosef.at/artikel/anaphora_addai_kirchliche_umschau.htm, vom 23. März 2003 (abgerufen am 25.04.2025); Ders., Die „Anaphora von Addai und Mari" und die Dogmatik, in: Una-Voce-Korrespondenz 33(2003)30–47; U. W. Lang (Hrsg.), Die Anaphora von Addai und Mari. Studien zu Eucharistie und Einsetzungsworten, Bonn 2007; D. Heringer, Die Anaphora der Apostel Addai und Mari. Ausdrucksform einer eucharistischen Ekklesiologie, Bonn 2013.
[340] H. Buchinger, Liturgiegeschichte 182; zu einer fundierten Aufarbeitung der ekklesiologischen Probleme vgl. die Dissertation von Dominik Heringer, Anaphora.

von Mailand, durchgesetzt hat,[341] während im Osten aufgrund der Vielfalt von Sprachen und Patriarchaten bis heute eine deutliche Diversität existiert, erscheint fraglich. Mit dieser römischen Alleinstellung ist aufgrund weltweiter Mission und (damit verbunden) Kolonisation ein entsprechender universaler Anspruch involviert, wie er im Unfehlbarkeitsdogma und im Jurisdiktionsprimat von Papst Pius IX. 1870 formuliert wurde. Der lange übliche Begriff „Wiedervereinigung" (mit Rom) signalisiert nicht nur ein theologisches, sondern auch ein machtpolitisches und psychologisches Problem; er steht einer versöhnten Einheit auf gleicher Augenhöhe entgegen.

Im Hinblick auf die theologiegeschichtliche Entwicklung und auf das heutige ökumenische Gespräch – nicht nur im liturgischen Kontext – ist ein anderer Aspekt im Vergleich der westlichen und östlichen Liturgien noch wichtiger. Entgegen der jüdischen beraká, dem gedenkenden Lobpreis Gottes für seine Gaben von Brot und Wein, seine Schöpfung und sein Lenken in der Geschichte, christlich für Jesus, seinen Gesandten und Sohn, erscheint seit dem 4. Jahrhundert der Begriff „Opfer" als Bezeichnung der Eucharistiefeier. Belegt im Sinne von Dankopfer ist er schon in der Didache 14,1f, wurde aber noch nicht bestimmend. „Oblatio" verdrängt seit dem 4. Jahrhundert „Danksagung/eucharistia". Mit diesem Rückgriff auf die paulinische Deutung des Todes Jesu als „Opfer" hat sich das Christentum immer stärker vom Judentum entfremdet und entfernt.[342] Bedingt ist dies nicht nur durch den Begriff, sondern durch das Wortfeld, das mit ihm verbunden ist mit Themen wie sterben für die Sünden aller Menschen, Ursünde Adams, Zorn Gottes, Gnade Gottes, Versöhnung mit Gott durch Jesus Christus als „unser Paschalamm" (1 Kor 5,7), „als Gabe und Opfer, das Gott gefällt" (Eph 5,2), als „Lamm Gottes, das die Sünde der Welt hinwegnimmt" (Joh 1,29; vgl. Hebr 7-10; Offb 5,6-12) und stellvertretendes Sühneopfer.

---

[341] H. B. Meyer, Eucharistie 152-164.
[342] Zu den antijüdischen Adversus-Judaeos-Texten ab dem 2. Jahrhundert vgl. H. Frankemölle, Frühjudentum 330-359. Zum Prozess der Trennung vgl. M. Tiwald, Frühjudentum und beginnendes Christentum. Gemeinsame Wurzeln und das *Parting oft he Ways*, Stuttgart 2022; zu Paulus ebd. 358-371.

7. Das Hochgebet von Addai und Mari

Eucharistia durch oblatio zu ersetzen, ist

„wohl die folgenreichste Besonderheit der römischen Messliturgie (wie der anderen Liturgien des Westens). [...] Das hatte zur Folge, dass die Linie des Lobpreises Gottes, der Schöpfung und der Heilsgeschichte, die von der Präfation bis zur Anamnese nach dem Einsetzungsbericht durchlaufen sollte, nicht nur unterbrochen, sondern zerstört worden ist. Die einzelnen Teile des Canon romanus konnten in der Folge als selbständige Teile aufgefasst werden und das hat zur Abspaltung der Präfation vom Hochgebet geführt und tiefgreifende Konsequenzen für das Verständnis des Einsetzungsberichtes gehabt."[343]

Er wurde zum eigentlichen Wandlungswort. Dadurch ist das letzte Mahl nicht die Konsequenz des Wirkens Jesu in Wort und Tat in Treue zu seiner Botschaft von Gott und seiner Wirksamkeit, sondern lädt zu isolierten, auch philosophisch orientierten Spekulationen ein, was scheinbar durch den Priester, faktisch aber nur durch Gottes Handeln geschieht. Von dieser Fehlentwicklung ist die kirchliche Frömmigkeit bis heute geprägt. „Geheimnis des Glaubens" – so die Akklamation nach den Wandlungsworten – ist nach 1 Tim 3,16 der Vorgang und der Inhalt des Bekenntnisses, in dem in Anlehnung an 1 Kor 11,26 an Jesu Tod erinnert und die eschatologische Erwartung („bis er kommt") festgehalten wird.

Das römische Hochgebet wurde in seiner Einzigartigkeit – im Unterschied zur Vielfalt der östlichen Liturgien in ihren Landessprachen – nicht nur Maßstab im Römischen Reich, sondern blieb es auch bei allen missionarischen Entwicklungen der mit Rom unierten Kirchen. Die für Deutschland und Westeuropa festgestellten Schwierigkeiten mit dem Glauben (siehe oben I 1–4) wurden im Zuge der Kolonisation der europäischen Staaten ein Problem weltweit, auch wenn dies nicht in allen Ländern als Problem erkannt wird.

In einigen Regionen nimmt die Zahl der Christen zu, die die lateinisch-römischen Messe ablehnen. In Deutschland und den westlichen Ländern reagierte man auf die Entfremdung vieler Menschen von der Kirche (besonders der Frauen und Arbeiter)

---

[343] H. B. Meyer, Eucharistie 181.

zu Beginn des 20. Jahrhunderts mit der Bibelbewegung, der ein liturgischer Frühling parallel ging.

8. Kommunion unter einer oder beiden Gestalten

Die Riten mit „Brot" bzw. mit „Brot und Wein" waren bei Jesus, den urchristlichen Gemeinden und in der Zeit nach dem Neuen Testament nicht umstritten.[344] Auch für Jesus sind beide Formen überliefert, das „letzte Mahl" mit Brot und Wein gemäß dem alljährlichen Paschafest. Da der „Herrentag" als Erinnerung an die Auferweckung Jesu am ersten Tag der Woche gefeiert wurde, ist davon auszugehen, dass – wie in der Apostelgeschichte belegt – die Gemeinde wöchentlich zum „Brotbrechen" zusammenkam. In Korinth Mitte des ersten Jahrhunderts scheint es nach dem gemeinsamen Essen, dem Agape-/Liebesmahl stattgefunden zu haben (1 Kor 11,20–34) und zwar mit „Brot und Wein" gemäß dem Ritual Jesu am Vorabend vor dem Pascha. Die Verse 11,23–27 sind als Explikation der Verse 11,20–22 zu lesen und geben keine zeitliche Abfolge an.

In den Gemeinden der Synoptiker Markus (um 70) und Matthäus (um 80–90) wurde das eucharistische Mahl ebenfalls unter beiden Gestalten Brot und Wein gefeiert. Bei Lukas (um 80–90) ist im Evangelium und in der Apostelgeschichte „Brotbrechen" die übliche Form des Rituals, sodass die Überlieferung vom letzten Mahl mit Brot und Wein von dort her zu interpretieren ist und die Einsetzungsworte mehr erinnernden Erzähl-Charakter haben.

Es gab von Anfang an beide Formen, zumal es in den ersten Jahrhunderten bei Stadtgemeinden nicht nur üblich war, von zu Hause gesäuertes Brot zur Eucharistiefeier mitzubringen, sondern auch geweihtes Brot mit nach Hause zu nehmen. Die Kirchenväter Cyprian, Ambrosius, Basilius und Tertullian bestätigen dies. Das geweihte Brot war gedacht für Daheimgebliebene Kranke, Einsiedler, Reisende und Soldaten. In der Urkirche benutzte man das übliche gesäuerte Brot. Erst vom 9. bis 11. Jahr-

---

[344] Zur „Opfermaterie" vgl. J. A. Jungmann, Missarum solemnia II 40–50.

8. Kommunion unter einer oder beiden Gestalten

hundert setzt sich im Westen das ungesäuerte Brot durch, während der Osten an der Praxis des gesäuerten Brotes festhielt. Beim Schisma 1054 zwischen Ost und West wurde daraus ein Vorwurf.

Ob die Entwicklung im Westen die jüdische Praxis aufnahm, der zufolge im Kult nur ungesäuertes Brot benutzt werden durfte (der leicht verderbende Sauerteig galt gemäß Lev 2,11 als unrein), müsste erforscht werden. Die ungesäuerten Brote/Mazzot erinnern an den Auszug aus Ägypten, bei dem aller Sauerteig aus den Häusern entfernt werden musste (Ex 12,39; 13,7). Es war eine „Speise der Bedrängnis." (Dtn 16,3) Das siebentägige „Fest der ungesäuerten Brote" (Ex 34,18), ursprünglich ein Frühlingsfest, wurde mit dem Paschafest identifiziert.[345] Es fand aber nur einmal im Jahr statt. „Brotbrechen" in Erinnerung an Jesu Wirken in der Familie ist ein tägliches Ritual, fand, auch in der Stadtgemeinde, am „Herrentag" statt. Bei diesem Ritual, auch beim letzten Mahl Jesu mit seinen Jüngern, fehlen die typischen Elemente einer Paschafeier wie geschlachtetes Lamm, Mazzen und Bitterkräuter. Ob dies für die Zeit vor der Zerstörung des Tempels im Jahre 70 n. Chr. gilt, ist umstritten. Wann und wo „Abendmahl" und „Brotbrechen" zusammengewachsen sind, wie lange der Prozess gedauert hat, diese Fragen zu beantworten, fehlen tragfähige Quellen. Noch einmal sei an die Erkenntnis von Josef Andreas Jungmann (1889–1975) erinnert, der das Ergebnis liturgiegeschichtlicher Arbeit nüchtern zusammenfasst: „Welches ist die erste Gestalt der Messe gewesen? Wir können darauf leider keine ganz bestimmte Antwort geben. Es sind uns nur wenig Nachrichten darüber erhalten." Der Beginn der „römischen", lateinischen Messe ist „in tiefes Dunkel gehüllt" (Lev 23,4–8).[346] Es gibt „nur wenige dürftige Quellen, aus denen Auf-

---

[345] Zur Deutung aus jüdischer Sicht vgl. J. J. Petuchowski, Feiertage des Herrn. Die Welt der jüdischen Feste und Bräuche, Freiburg 1984, 25–38. Zu Einflüssen christlicher Feste wie Weihnachten, Abendmahl und Pfingsten auf die jüdische Feste wie Chanukka, Pessach und Schawuot vgl. M. Hilton, „Wie es sich christelt, so jüdelt es sich." 2000 Jahre christlicher Einfluss auf das jüdische Leben, Berlin 2000, 29–80.

[346] J. A. Jungmann, Liturgie der christlichen Frühzeit bis auf Gregor den Großen, Freiburg 1967, 43 f.63.

schlüsse über die Feier der Eucharistie zu gewinnen sind. Eine umfassende Entwicklungsgeschichte lässt sich auf dieser Basis nicht schreiben."[347]

Früh wurde das Brot mit einem Stempel gezeichnet (etwa mit dem Kreuz) und als Scheibe gebacken, damit es leichter gebrochen werden konnte. Aus seiner Funktion entwickelten sich die Begriffe „hostia/Opfer" und „Oblate/das Dargebrachte". Wein oder Wein vermischt mit Wasser sowie Traubensaft (aus Rosinen) sind analog zum Sederabend in der jüdischen Liturgie als mögliche Gabe belegt. Die Opfermaterie war theologisch nicht entscheidend. „Mangel an Wein in manchen Ländern, die Gefahr, den konsekrierten Wein zu verschütten, die Hemmung mancher Leute, aus einem gemeinsamen Kelch zu trinken, und die Ansteckungsgefahr bei Seuchen bewirkten, dass die Kommunion in der lateinischen Westkirche mehr und mehr nur unter der einen Gestalt des Brotes gereicht wurde."[348] Diese Einstellung gilt bis heute, wie die Abschaffung des Laienkelches in den reformatorischen Kirchen in den Corona-Jahren 2020–2022, belegt, die für viele zu schnell ohne theologische Begründung eingeführt wurde. Der Laienkelch blieb bei bestimmten Anlässen erhalten, wurde aber in den Wirren um drei Päpste und gegen die Hussiten, die den Laienkelch forderten, durch das Konzil von Konstanz (1414–18) verboten. Die Spendung der Eucharistie unter einer Gestalt wurde zum „Gesetz" erklärt mit der Begründung:

> „Weil daher dieser Brauch von der Kirche und den heiligen Vätern vernünftigerweise eingeführt und schon sehr lange beachtet wurde, ist er für ein Gesetz zu halten, das man nicht verwerfen oder ohne die Autorität der Kirche nach Belieben verändern darf; [...] denn man muss ganz fest glauben und darf keinesfalls zweifeln, dass Leib und das Blut Christi vollständig sowohl unter der Gestalt des Brotes als auch unter der Gestalt des Weines wahrhaft enthalten sind."[349]

---

[347] A. Fürst, Die Liturgie der Alten Kirche, Münster 2008, 24.
[348] K. Ganzer, Laienkelch. I. Historisch-theologisch, in: LThK 6, ³1997, 600f., ebd. 600.
[349] H. Denzinger, Kompendium der Glaubensbekenntnisse und kirchlichen Lehrentscheidungen, hrsg. v. P. Hünermann, Freiburg ³⁷1991, Nr. 1199.

8. Kommunion unter einer oder beiden Gestalten

Eine theologische und liturgiegeschichtliche genauere Begründung findet sich nicht. Ein Hinweis auf die jahrhundertelange Praxis des „Brotbrechens" hätte nahegelegen.

Das gegenreformatorisch ausgerichtete Trienter Konzil hält 1562 an dieser Lehre fest, sodass die Kommunion der Gläubigen „sub una" für die lateinisch-römische Kirche wie ein „Gesetz" wirkte. Nicht nur Gründe der Praktikabilität waren entscheidend, sondern der dogmatische Glaube der Scholastiker an die „Konkomitanz/Begleitschaft", der zufolge „es ganz wahr ist, dass ebensoviel unter einer der beiden Gestalten wie unter beiden enthalten ist", wie das Konzil von Trient feststellt.[350] Mit der Hostie empfängt der Glaubende den sakramental gegenwärtigen Christus ganz – analog zur Einheit von Gottheit und Menschheit in Jesus Christus. Warum der Priester die Kommunion unter beiden Gestalten empfängt, wird in diesem Zusammenhang nicht erläutert.

Lehramtliche Erklärungen halten beide Rituale, Kommunion unter einer oder beiden Gestalten, für gleichberechtigt, was die jeweilige Praxis in verschiedenen Kirchenregionen belegt.[351] Der „Katechismus der Katholischen Kirche" von 1993 hält fest: „Zu Recht ist aus pastoralen Gründen im lateinischen Ritus diese Art zu kommunizieren am gebräuchlichsten." (Nr. 1390) In der Liturgiekonstitution des Zweiten Vatikanischen Konzils von 1963 heißt es: „Unbeschadet der durch das Konzil von Trient festgelegten dogmatischen Prinzipien kann in Fällen, die vom Apostolischen Stuhl zu umschreiben sind, nach Ermessen der Bischöfe sowohl Klerikern und Ordensleuten wie auch Laien die Kommunion unter beiden Gestalten gewährt werden." (Nr. 55) Während im weiteren Text neugeweihte Priester, Ordensleute und Neugetaufte als Ausnahmen genannt werden, haben die einzelnen Bischofskonferenzen, so auch die deutsche in ihren Ausführungsbestimmungen 1971 weitere Ausnahmen zugelassen (Konventsmessen, Brautpaare in der Trauungsmesse, Teilnehmer an Exerzitien, Gruppenmessen usw.). Die Regel – auch für die Er-

---

[350] Ebd. Nr. 1642; vgl. H. Jorissen, Konkomitanz, in: LThK 6, ³1997, 263.
[351] Vgl. K. Ganzer, Laienkelch 600f.; vgl. auch R. Kaczynski, Kelchkommunion, in: LThK 5, ³1996, 1385.

laubnis für den einfachen Priester – lautet: „Wo es angebracht ist", darf die Kelchkommunion für Laien zugelassen werden. Die Begründung mit dem Text des Zweiten Vatikanischen Konzils lautet: „Mit Nachdruck wird jene vollkommenere Teilnahme an der Messe empfohlen ..." (Nr. 55) Gemeint ist die Überlieferung vom letzten Abendmahl Jesu. Damit wird die paulinische Tradition „nachdrücklich" gestärkt – gegen die jahrhundertelange Praxis des lateinischen Westens und gegen die lukanische Tradition des „Brotbrechens" in Rezeption der Praxis Jesu und der Urgemeinde. Es ist daran zu erinnern, „dass die Eucharistie schon lange gefeiert worden ist, bevor die Evangelisten und ein Paulus zur Feder gegriffen haben."[352]

Dieser Überblick ist für das Thema dieses Buches ausreichend. Theologisch braucht es für das „Brotbrechen" keine Klärung: weder aus den Texten im Neuen Testament noch aus der jahrhundertelangen Tradition der Kirchen. Auf die vielfältigen Praktiken der Kirchen in Ost und West zum angemessenen Empfang des Weines (ein einziger Kelch für alle Teilnehmer, kleine Kelche für die Einzelnen, Eintauchen des Brotes, Löffelchen oder Strohhalm) braucht nicht eingegangen werden. Sie haben sich ständig geändert, sind wie Mund- oder Handkommunion theologisch irrelevant.

Verändert hat sich auch die Gestaltung der Eucharistiefeiern: Es gibt nicht mehr die vielen täglichen Messen an Seitenaltären in Latein, oft als stille Messen, ohne Beteiligung der Gläubigen, die vom Priester durch eine Chorschranke, durch die Ikonostase/Bilderwand oder durch einen Lettner, getrennt waren. Laien beteten den Rosenkranz und unterbrachen ihn bei der „Wandlung". Der Priester stand entrückt im Chor am Altar mit dem Rücken zu den Gläubigen. Das Priesterbild, wie es nach dem Zweiten Vatikanischen Konzil begründet und gelebt wird, hat sich aus jüdischen und römischen Vorgaben entwickelt, bedingt durch die immer größer werdenden Gemeinden, die Notwendigkeit katechetischer Vorbereitung durch den Gemeindeleiter/episkopos/Bischof derjenigen, die sich taufen lassen wollten. In Anlehnung an die römischen Kulte wurde um 200 n. Chr. aus der bisherigen

---

[352] So schon J. A. Jungmann, Missarum solemnia II 244.

"Seelsorgereligion" eine "Kultreligion", der Mahl-Charakter der Eucharistie immer mehr als "Opfer" verstanden (oder von den Gläubigen nichtverstanden).

Aus dem bisherigen Ehrenamt wurde eine hauptamtliche Aufgabe; den Unterhalt regelte man nach der Versorgung der Leviten, denen nach Dtn 18,1-8 ein Zehnt der Abgaben an den Tempel zustand, da sie bei der Landverteilung keinen Grundbesitz erhalten hatten.[353] In der traditionellen Form können Priester nicht vom Neuen Testament her begründet werden.[354]

Dass es in der Hauskirche und vor allem in aus verschiedenen Hauskirchen entstehenden Stadtgemeinden Funktionen wie in einer Familie geben muss, ist unzweifelhaft. Sie müssen jedoch gemessen werden an der attraktiven und kontrastiven Praxis der Urgemeinde (siehe oben I 6) gemäß den besonderen Begabungen der Mitglieder (1 Kor 12) und im Hinblick auf die eigene Zeit unter Beachtung der "Zeichen der Zeit". Wie beim Wetter (Mt 16,3) geht es um die gesellschaftliche Entwicklung, bei der das "nicht Juden oder Griechen, Sklaven oder Freie, Mann oder Frau" (Gal 3,28) gelten muss. Als "einer" in Christus (Gal 3,28), als "ein einziger Leib" Christi (1 Kor 12) feiern Christen das Gedächtnis des Todes und der Auferweckung Jesu (1 Kor 11,17-34). Auf seinen "Namen", auf sein Handlungsmodell werden Menschen getauft. Entscheidend dabei ist nicht der Täufer (1 Kor 1,10-17), sondern der Glaube an Gottes Heilshandeln (Röm 6,3-14). Gott

---

[353] G. Schöllgen, "Divino sacerdotio honorati". Die Professionalisierung des Klerus und ihre Folgen, in: hermes.bonn – Neues aus der Katholisch-Theologischen Fakultät", 2016, 1-13; ausführlicher Ders., Die Anfänge der Professionalisierung des Klerus und das kirchliche Amt in der syrischen Didaskalie, Münster 1998; J. Wagner, Die Anfänge des Amtes in der Kirche. Presbyter und Episkopen in der frühchristlichen Literatur, Tübingen 2011.

[354] Klarsichtig A. Vögtle, Die Dynamik des Anfangs. Leben und Fragen der jungen Kirche, Freiburg 1988; ebd. 97-135 zu "Organisation und Ämter", 136-166 zu "Frauen und ekklesiale Funktionen". Neue biblische Argumente gibt es nicht, es fehlt an Rezeption. Vgl. M. Ebner, Braucht die Katholische Kirche Priester? Eine Vergewisserung aus dem Neuen Testament, Würzburg 2022; Th. Schmeller u. a. (Hrsg.), Neutestamentliche Ämtermodelle im Kontext, Freiburg 2010.

„bewirkt alles/alle Begabungen in allen" (1 Kor 12,6) durch seinen Geist. Alle Begabungen, „alles bewirkt ein und derselbe Geist; einem jeden teilt er seine besondere Gabe zu." (1 Kor 12,11) Dies gilt auch für die Gemeinschaft der Glaubenden in den verschiedenen Ortskirchen:

> „Durch den einen Geist wurden wir in der Taufe alle in einen einzigen Leib aufgenommen, Juden und Griechen, Sklaven und Freie; und alle wurden wir mit dem einen Geist getränkt." (1 Kor 12,13)

Der Gedanke der gemeinsamen „Eucharistie/Danksagung" aller Gläubigen als „Leib Christi" (1 Kor 12,27), die mit unterschiedlichen Gaben an der „Erbauung" dieser Gemeinschaft teilhaben (1 Kor 14), wird in den vergangenen Jahrzehnten erst allmählich wieder wahrgenommen. Von „Brotbrechen" im Sinne Jesu und des Lukas ist dabei noch nicht die Rede; denn das setzt ein Tun im Sinne Jesu voraus.

Es geht nicht um eine Abschaffung des priesterlichen Dienstes als Vorsteher der Eucharistiefeier, sondern um seine Entsakralisierung. Denn nicht alles hängt von seiner Priesterweihe, nichts von den von ihm gesprochenen Wandlungsworten ab. Beim Segen kann nicht er der Vermittler sein („es segne euch der allmächtige Gott ..."), ebenso wenig bei der Lossprechung („ich spreche dich los ..."). In den Liturgien der orthodoxen Kirchen und in den mit Rom unierten hat das ganze eucharistische Hochgebet, vor allem die Epiklese, die Herabrufung des Geistes auf die Gaben, eine Wandlungsfunktion („sende deinen Heiligen Geist auf diese Gaben herab und wandle sie ..."), wie das Hochgebet der Addai und Mari belegt, dessen Rechtmäßigkeit von der lateinisch-römischen Kirche anerkannt ist (siehe oben V 7). Wichtiger als die „Wandlungsworte" ist auch nach katholischer Auffassung seit dem Zweiten Vatikanischen Konzil das gesamte Hochgebet und – mit den orthodoxen Kirchen – die Bitte um die Heiligung der Gaben durch den Heiligen Geist („sende deinen Geist auf diese Gaben herab und heilige sie, damit sie uns werden Leib und Blut deines Sohnes"). Die Kontroversen der römisch-katholischen Kirche mit den orthodoxen Kirchen seit dem 14. Jahrhundert über die Gewichtung der Epiklese und der Einsetzungsworte wurden im Zuge der ökumenischen Verständigung überwunden, da sie „die beiden Brennpunkte der Anaphora (Eucharistisches Gebet) bilden."[355]

Man kann die Rezeption und sprachliche Variation im lateinischen Ritus wie in den orthodoxen Riten nicht zum dogmatischen Maßstab machen, da die Einheit in der sprachlichen und liturgischen Vielfalt der Ortskirchen zu beachten ist. Es geht um die versöhnte Einheit in der Vielfalt. Es bleibt die Frage, wieviel Veränderung der römische Ritus erlaubt, damit die Menschen ihn unter den Bedingungen der säkularen Zeit bewusst mitfeiern können. Oder hat sich die musikalische Begabung, die Offenheit heutiger Menschen für die von Paulus herkommende Deutung zum Opfertod Jesu so verändert, dass heutige Menschen sie nicht mitvollziehen können? Ist es Zeit, zum jesuanischen „Brotbrechen" zurückzukehren?

In welchem Maße kann das Ritual der römischen Messe und des reformatorischen Abendmahls jesuanischer werden? Wo gibt es Anknüpfungspunkte, wo Grenzen?

9. Zukünftige Eucharistiefeiern und Hochgebete

Als Reaktion auf die Reformation und die dadurch bewirkte Kirchenspaltung hatte das Konzil von Trient (1545–63) zur Wahrung der Identität der römisch-lateinischen Kirche die lehrhaften Texte und die Vorgaben zur Liturgie verfasst. Die Pflicht zur Feier der heiligen Messe im römischen Ritus, festgelegt 1570 im Missale Romanum, „tridentinische Messe" genannt, wurde erst in der Vorgeschichte des Zweiten Vatikanischen Konzils gelockert. Bis dahin waren nur wenige alte Liturgien in Altslawisch, Armenisch, Arabisch und Äthiopisch anerkannt.

Für die Gläubigen war vor allem die Einführung der Volkssprache bedeutend, wie es das römische Messbuch von 1969 gemäß der im Konzil beschlossenen Konstitution über die heilige Liturgie festlegte. Eine vertiefte Beteiligung der Gläubigen sollte das Ziel der „Danksagung/Eucharistie" sein. Nicht alle stimmten

---

[355] H. Hoping, Leib 429–436, ebd. 432 auf der Basis der gemeinsamen Erklärungen der katholischen und der orthodoxen Kirchen.

dem zu, wie der Streit von Traditionalisten unter Führung von Erzbischof Lefebvre um die „alte Messe" in den 80er-Jahren und um die Karfreitagsliturgie nach dem römischen Ritus mit der Bitte um Bekehrung der „treulosen" Juden, die 2007 von Papst Benedikt XVI. erneuert wurde, belegen. Dabei ging es nicht nur um „liturgische Texte" und eine alte gottesdienstliche Praxis, sondern um die Ablehnung der im Zweiten Vatikanischen Konzil beschlossenen, biblisch orientierten Beschlüsse. In Aussagen zum Verhältnis der Kirche zu den Juden zeigt sich dies deutlich: Seit Johannes Paul II. wird ihre Erwählung zum Bund mit Gott betont, der nie aufgehoben wurde.[356] Die Kirche wurde als „Volk Gottes" wiederentdeckt, die Eucharistie als „Gemeinschaftsmahl" aller Gläubigen, als communio. Aus pastoralen Gründen ist die „tridentinische Messe" als Ausnahme auch in Deutschland erlaubt, wurde aber letztmalig von Papst Franziskus am 21. Februar 2023 als Ausnahme unter päpstliche Erlaubnis gestellt.

Die Spannungen in den liturgischen Texten sind nicht ausgestanden: Latein steht gegen Volkssprachen, lateinisch-römische Theologie aus dem Altertum und Mittelalter steht gegen Bekenntnisse, die auf die Erfahrungen von Menschen in der Neuzeit mit der Säkularisation basieren. Grundlegende Probleme sind nicht gelöst: Die damit verbundenen theologischen Themen und Spannungen werden zunehmen. Momentan steht vor allem die lateinisch-römische Kirche an einem Wendepunkt. Wird sie die biblisch orientierten, reformorientierten Erklärungen des Zweiten Vatikanischen Konzils aufnehmen und verstärken oder sich als „kleine Herde" nur sakramental wie ein antiker Kultverein von der „Welt" und den Problemen der Menschen abschotten?

Erst im Zuge der vom Zweiten Vatikanischen Konzil (1962–1965) angestoßenen Liturgiereform, in der Rückbesinnung auch der lateinisch-römischen Kirche auf die Bibel, auf die Diversität biblischer Deutungen der Praxis Jesu entstanden neue eucharis-

---

[356] Zur heutigen katholischen, evangelischen und jüdischen Theologie vgl. die Beiträge in: A. Strotmann/H. Blatz (Hrsg.), „Edler Ölbaum und wilde Zweige" (Röm 11,16–24). Christlich jüdischer Dialog auf neutestamentlicher Grundlage, Stuttgart 2023; ebd. 62–86 mein Beitrag „Das *eine* Evangelium nach dem Römerbrief. Abraham – Ölbaum – Jesus Christus – Volk Gottes".

tische Hochgebete.[357] Von den 1970 zugelassenen rezipiert das vierte Hochgebet am stärksten ostkirchliche Anaphoren, besonders die aus antiochenischer Tradition. Es bildet aber eine Ausnahme, da die umrahmenden Texte weiter westlich, römisch sind. Will die Kirche jesuanisch-biblisch werden, hat sie noch weite Wege zu gehen.

So innovativ das vierte Hochgebet im Vergleich zur westlich-römischen Denkart ist, die Theologie kann dabei nicht stehen bleiben. Neue Hochgebete sind zu formulieren, in denen die Glaubenserfahrungen heutiger Menschen zur Sprache kommen. Entsprechend sind die Wortgottesdienste thematisch auszurichten und mit dem Hochgebet zu verzahnen. Die Epiklese, die Herabrufung des Heiligen Geistes müsste Zentrum des Hochgebetes werden, hervorgehoben durch neue Gesänge, musikalische Kompositionen und Texte. Der Bericht über das letzte Abendmahl müsste als Begründung des eigenen Tuns formuliert werden (Lk 22,19; 1 Kor 11,24.25: „Tut dies zu meinem Gedächtnis!"), nicht als isolierter, herausgehobener Ritus, durch den die eigentliche heilige Handlung und Wandlung erst ermöglicht werden, was vermutlich viele Mitfeiernde glauben. Die Eucharistie, die Messe bliebe für alle Christen in der Welt eine identitätsstiftende Feier für Gottes Wirken durch Jesus in seinem Leben aus dem Vater und für die Menschen, bis in den Tod. Sie wäre Danksagung von Menschen, die an die Deutung der Welt und Geschichte durch Jesus glauben und bereit sind, sich auf sein Lebensmodell (siehe oben II) einzulassen.[358]

Zusammen mit dem Wortgottesdienst müsste der Ritus des „Brotbrechens" als Ursymbol menschlicher Kommunikation und als Feier der Gemeinschaft theologisch in heutiger Sprache entfaltet und seine pastoraltheologische Bedeutung für das Leben der Glaubenden in der Nachfolge Jesu spirituell deutlich werden.

---

[357] Vgl. H. B. Meyer, Eucharistie 344–353; 331f. Literatur zur Entwicklung.
[358] Hält die Kirche an der bisherigen Grundstruktur der römischen Messe fest, ist die Kritik von Helmut Jaschke, Professor für Religionspädagogik, berechtigt. Vgl. Ders., Vom Mahl zum Opfer und zurück. Das Eucharistieverständnis der katholischen Kirche ist überholt, in: Publik Forum vom 13. September 2024, 38f.

Dieses Ritual des gemeinsamen Essens und Trinkens ist in der säkularen Gesellschaft verankert, antwortet auf ein Grundbedürfnis der Menschen und bietet für Nichtglaubende einen symbolischen Zugang für das Gemeinschaft stiftende „Brotbrechen" Jesu. Diese theologische und liturgische Reflexion erfordert einen langen Prozess der Besinnung auf biblische Vorgaben und der Bereitschaft zur Erneuerung.

In der römischen Messe ließen sich durch neue Formulierungen bzw. Umformulierungen neue Zugänge zu alten Formeln finden. Wie eine auf heutige Hörer zugeschnittene „Übertragung" des Einsetzungsberichtes in der römischen Tradition aussehen könnte, belegen die Fränkischen Passionsspiele in Sömmersdorf, die seit 1933 alle fünf Jahre aufgeführt werden. In der Neuinszenierung von 2024 lauten die „Wandlungsworte":

> „Immer, wenn ihr in Zukunft dieses Mahl feiert, denkt an mich, an meine Worte, an die Fragen, die ich euch gestellt habe, an die Hoffnung, die ich euch gegeben habe; wie ich mit Menschen umgegangen bin. Und denkt daran: Dafür lasse ich mich brechen, wie dieses Brot. – Und immer, wenn ihr miteinander aus dem Becher trinkt, denkt an mich. Und denkt daran: Dieser Becher steht für den Neuen Bund, den Gott mit den Menschen schließt. Gott legt euch ins Herz, was ihr tun sollt. – Das sage ich euch: Teilt das Brot miteinander und trinkt miteinander aus dem Becher, so wie wir es immer gemacht haben. Und ladet alle dazu ein, die meinen Worten folgen wollen. Wenn ihr das tut, dann werdet ihr mich zwar nicht mit euren leiblichen Augen sehen, aber ihr werdet spüren: Ich bin mitten unter euch."[359]

Solchen sprachlichen neuen Formulierungen können viele Menschen in ihrer Suche nach einem erneuerten handlungsorientierten Glauben zustimmen. Sie liegen auf der Linie dessen, was Papst Franziskus in seinen Erklärungen und in seinen Enzykliken entworfen hat. In ihnen deuten sich die Strukturen einer neuen Theologie und einer Kirche der Zukunft in der Nachfolge Jesu an, wie der Evangelist Lukas sie entwirft. Wegen dieser Übereinstimmung im Grundansatz, die in den päpstlichen

---

[359] Den Text verdanke ich dem Neutestamentler Martin Ebner: Ders., Hat Jesus Brot und Wein verwandelt? in: Publik Forum 09.08.2024, 37 mit dem Kommentar: „Ganz im ursprünglichen Sinn der ‚Wandlungsworte' spricht Jesus."

9. Zukünftige Eucharistiefeiern und Hochgebete

Schreiben nicht ausdrücklich thematisiert wird, sei seine gemessen an biblischen Vorgaben „alte" Theologie skizziert. Im Unterschied zu den päpstlichen Vorgängern, besonders zu Benedikt XVI., dem Gelehrten und Professor auf dem Petrusstuhl, versuchte Papst Franziskus einen Paradigmenwechsel, einen neuen Blick in die Theologie, der die weltlose Binnensicht der bisherigen scholastischen, lateinisch-römischen Theologie, die Papst Franziskus nicht thematisierte, aufbricht und die jesuanische Verkündigung in Wort und Tat zum Maßstab nimmt.

Da die aktuelle Krise der Kirche, die auch eine Krise der Liturgie ist, auf sprachlichen Missverständnissen oder Unverständnis bei der Rezeption der antiken und mittelalterlichen Formulierungen beruht, könnte durch eine Aufwertung der Wortgottesdienste der katholischen und evangelischen Kirchen ein neues kirchliches Ritual werden. Zusammen mit „Brotbrechen" wäre diese Feier der „Danksagung/Eucharistie" Erinnerung an das Heilswirken Gottes in der Geschichte Israels und aller Menschen (wie in der jüdischen berachá), ergänzt um das „erlösende" Wirken Jesu in Wort und Tat, seinen Tod eingeschlossen. Dieses Ritual wäre in der heilsgeschichtlichen Perspektive stärker jüdisch als die römische Messe, zugleich erfüllte es menschliche Grundbedürfnisse nach gemeinsamer Speise und Trank. Das bekannte familiäre Tischgebet „Alle guten Gaben, alles, was wir haben, kommt oh Gott von dir" ist in der „Eucharistie" feiernden Gemeinde um die heilsgeschichtlichen Aspekte zu erweitern. Das „Brotbrechen" als kirchliches Ritual bliebe keine Vision, sondern würde in Erinnerung an das Menschen erlösende Wirken Gottes und Jesu die soziale Funktion der Danksagung/der Eucharistie im Tun der Christen einfordern: für das menschliche Miteinander und für das Leben mit der „Natur" als Schöpfung Gottes. Dabei geht es nicht nur um gelungene Erfahrungen in der Vergangenheit, existentieller sind die Erfahrungen in der Gegenwart: in der christlichen Gemeinde, im Zusammenleben mit anderen Menschen, Kulturen, Religionen, im Kontrast zu ethischen und wirtschaftlichen Konzepten. Biblisch begründetes, christliches Evangelium ist weiter provokativ. Christen in der Westlichen Welt müssten eine neue Identität einüben. Papst Franziskus ging hier voran.

VI. Wege der Kirche in den kommenden Jahren

Der Titel ist dem programmatischen Lehrschreiben von Papst Franziskus von 2013 entnommen, das er beim Antritt seines Pontifikats veröffentlichte (siehe unten 1.2). Entgegen einer ungeschichtlichen Betrachtung der Kirche betont er ihre Geschichtlichkeit, ihre Entwicklung, ihr Heutig-Sein und sieht die Notwendigkeit einer Erneuerung in der Nachfolge Jesu. Er wendet sich an alle Gläubigen, „um sie zu einer neuen Etappe der Evangelisierung einzuladen, die von dieser Freude (des Evangeliums) geprägt ist, und um Wege für den Lauf der Kirche in den kommenden Jahren aufzuzeigen." (1) Papst Franziskus (13.03.2013 – 21.04.2025) hat in seinen Lehrschreiben wichtige Akzente beigetragen.

1. Kirchliche Akzente durch Papst Franziskus

Im Folgenden geht es nicht um die vielfach gerühmte einfache Lebensführung von Papst Franziskus, sondern um die eigene Wahrnehmung der Lektüre der päpstlichen Lehrschreiben und Enzykliken auf das Thema dieses Buches hin.[360] Auf die Auswertung durch Kommentare und Biographien zum Papst aus Argentinien[361] wird verzichtet, auch auf die Autobiographie, die zum Heiligen Jahr 2025 erschienen ist.

---

[360] Einen anderen, ebenso vielversprechenden Ansatz wählt Martin Maier, Mit Papst Franziskus Kirche und Welt erneuern, Würzburg 2024, der die monatlichen Gebetsanliegen des Papstes untersucht.
[361] Neben den vielen bewundernden Darstellungen gibt es auch sachlich angemessene Deutungen etwa von Andreas Englisch und Daniel Deckers, aber auch kritische von Michael Meier oder Hubertus Mynarek. Seine eigene Biographie trägt den Titel: Papst Franziskus, Hoffe. Die Autobiographie, München 2025, in der im letzten Teil viele Gedanken aus seinen Lehrschreiben anklingen.

VI. Wege der Kirche in den kommenden Jahren

1.1 Die Enzyklika „Lumen fidei"

Dieses globale Rundschreiben mit dem deutschen Titel *Licht des Glaubens* wurde am 29. Juni 2013 unter dem Namen von Papst Franziskus herausgegeben. Faktisch wurde der Text von seinem Vorgänger Benedikt XVI. geschrieben, der ihn vor seinem Rücktritt am 28. Februar 2013 nicht mehr vollenden konnte. Thema war vor allem die Krise des Glaubens in Europa. Nach eigenen Worten hat Franziskus die „wertvolle Arbeit" seines Vorgängers übernommen und „durch einige weitere Beiträge" erweitert (7).[362] Diese betreffen vermutlich die Einleitung und das Schlusskapitel 50–60.

Der Bruch im Denken zwischen den Textteilen ist überdeutlich. Im Vergleich zu den gelehrten theologischen Ausführungen von Benedikt mit der Betonung auf der Unveränderlichkeit des Glaubens und seiner Bindung an das kirchliche Amt bei der Weitergabe des Glaubens wird bei Franziskus der Glaube geerdet, mit der menschlichen Entwicklung in der Familie und Gesellschaft verbunden. Endet die Nummer 49 (Benedikt) mit den Worten: „Als Dienst an der Einheit des Glaubens und an seiner unversehrten Weitergabe hat der Herr der Kirche die Gabe der apostolischen Sukzession geschenkt. Durch sie wird die Kontinuität des Gedächtnisses der Kirche gewährleistet und ist es möglich, sicher aus der reinen Quelle zu schöpfen, aus der der Glaube kommt", heißt es in Nummer 51 (Franziskus): „Dank seiner Verbindung mit der Liebe (vgl. Gal 5,6) stellt sich das Licht des Glaubens in den konkreten Dienst der Gerechtigkeit, des Rechts und des Friedens." „Die Geschichte des Glaubens ist von ihrem Anbeginn eine Geschichte der Brüderlichkeit gewesen, wenn auch nicht frei von Konflikten." (54) „Das Licht des Glaubens lässt uns nicht das Leiden der Welt vergessen. [...] Der Glaube ist nicht ein Licht, das all unsere Finsternis vertreibt, sondern eine Leuchte, die unsere Schritte in der Nacht leitet, und dies genügt für den Weg" im Leiden und in Armut auf dem Weg

---

[362] Verlautbarungen des Apostolischen Stuhls Nr. 193, Enzyklika *Lumen Fidei* von Papst Franziskus über den Glauben, Bonn 2013. Die Zahlen in Klammern beziehen sich hier und im Folgenden auf die laufenden Kapitel.

des Friedens für den Einzelnen, die Gemeinschaft und die Natur (54–56). Vorbild für Christen ist „die Sicht Jesu" (56).

Die Reflexion über den Glauben nicht als theologischen Traktat, sondern bezogen auf die Erfahrungen der Menschen und in der Konsequenz für das Handeln der Christen in der Gesellschaft ist bereits in diesem Text zweier Päpste der Grundakkord von Papst Franziskus. Bestätigt und vertieft wird er in den folgenden, eigenen Enzykliken, so in dem bereits am 24. November 2013 erschienenen apostolischen Schreiben „Die Freude des Evangeliums", der eigentlichen Programmschrift von Papst Franziskus.[363] Als literarische Gattung wählt der Papst die Gattung „Lehrschreiben"; sie betont mehr die persönliche Glaubensüberzeugung des Verfassers und ist weniger feierlich als eine Enzyklika, die verbindlichen Charakter für die ganze Kirche oder alle Menschen hat.

1.2 Das Lehrschreiben „Evangelii gaudium"

Der Text entstand am Ende des „Jahr des Glaubens" und in Rückblick auf eine Bischofssynode im Oktober 2012, die zum Thema Neuevangelisierung getagt hatte. Der Papst fasst deren Ergebnisse nicht nur zusammen, sondern zog beim Schreiben „auch verschiedene Personen zu Rate […], um die Besorgnisse zum Ausdruck zu bringen, die mich in diesem konkreten Moment des Evangelisierungswerkes der Kirche bewegen." (16) Theologie hat mit dem Leben, der konkreten Situation zu tun. Der Papst bietet keine abgeschlossene Antwort, sondern fordert zum Gespräch auf. Keine doktrinäre Theologie, sondern eine im Gespräch ist sein Programm. „Ich glaube auch nicht, dass man vom päpstlichen Lehramt eine endgültige oder vollständige Aussage zu allen Fragen erwarten muss, welche die Kirche und die Welt betreffen." (16) Was glauben im Sinne des Papstes bedeutet, formuliert programmatisch der einleitende Satz: „Die Freude des Evangeliums erfüllt das Herz und das gesamte Leben derer, die Jesus begegnen."

---

[363] Ders., *Evangelium gaudium*, Bonn 2013.

VI. Wege der Kirche in den kommenden Jahren

Glaube im Sinne von Papst Franziskus ist weit mehr und umfassender als lehrhafter Katechismusglaube mit dogmatischen Glaubenssätzen, wie der zweite Satz der Einleitung belegt: „Diejenigen, die sich von ihm retten lassen, sind befreit von der Sünde, von der Traurigkeit, von der inneren Leere und von der Vereinsamung" (2), von den großen Gefahren der heutigen Welt als da sind: ein ungerechtes ökonomisches System (59), ein vergötterter Markt (56), die aus der Gesellschaft Ausgeschlossenen, die sich als „Ausgebeutete" und als „Abfall" (53), als neue „Sklaven" (211) erfahren. Heute würde Franziskus die vom Missbrauch Betroffenen hinzufügen. Von der befreienden Erfahrung des Glaubens haben nicht nur die Hauptamtlichen, sondern alle Gläubigen zu erzählen und sie haben ihn zu leben (111). Der Glaube muss soziale Auswirkungen haben in Bezug auf die Armen (97-216), im Einsatz für den sozialen Frieden (217-221), im ökumenischen Dialog (244-246), besonders in den Beziehungen zu den Juden (247-249), und im interreligiösen Gespräch (250-254). Patentlösungen kann der Papst nicht anbieten (16).

Auch wenn er bekennt: „In Wirklichkeit ist das Zentrum und das Wesen des Glaubens immer dasselbe: der Gott, der seine unermessliche Liebe im gestorbenen und auferstandenen Christus offenbart hat" (11), weiß er mit der Bischofssynode um die Notwendigkeit einer Erneuerung des Glaubens – weg von blutleeren abstrakten Glaubensformulierungen hin zu lebendigen Glaubenserfahrungen. „Jesus begegnen" (1) damals und heute; das ist der Maßstab christlichen Glaubens. Nicht die paulinische, sondern die lukanische Deutung steht ungesagt im Hintergrund.

Papst Franziskus geht es darum, „auf dem Weg einer pastoralen und missionarischen Neuausrichtung voranzuschreiten, der die Dinge nicht so belassen darf, wie sie sind." (25) Er betont mit dem heiligen Thomas von Aquin, „dass die Vorschriften, die dem Volk Gottes von Christus und den Aposteln gegeben wurden, ‚ganz wenige' sind. Indem er den heiligen Augustinus zitierte, schrieb er, dass die von der Kirche später hinzugefügten Vorschriften mit Maß einzufordern sind, ‚um den Gläubigen das Leben nicht schwer zu machen' und unsere Religion nicht zu einer Sklaverei zu verwandeln, während ‚die Barmherzigkeit Gottes wollte, dass sie frei sei.' Diese Warnung, die vor einigen Jahrhunderten gegeben wurde, besitzt eine erschreckende Aktualität." (Nr. 43) Botschaften, die nicht mehr dem Evangelium entsprechend wahrgenommen werden, „mögen schön sein, leisten jedoch jetzt nicht denselben Dienst im Hinblick auf die Weitergabe des Evangeliums. Haben wir keine Angst, sie zu revidieren." (ebd.)

Dieser Ansatz wird auch theologiegeschichtlich vom Papst begründet: So war es von Anfang an im „Volk Gottes der vielen Gesichter", denn „das Christentum, wie wir in der Geschichte der Kirche sehen können, verfügt nicht über ein einziges kulturelles Modell. […] In den verschiedenen Völkern, die die Gabe Gottes entsprechend ihrer eigenen Kultur erfahren, drückt die Kirche ihre authentische Katholizität aus." (116) Ohne den Kolonialismus und den Zentralismus der vatikanisch-römischen Theologie oder der römischen Messe zu nennen, heißt es: „Wir können nicht verlangen, dass alle Völker aller Kontinente in ihrem Ausdruck des christlichen Glaubens die Modalitäten nachahmen, die die europäischen Völker zu einem bestimmten Zeitpunkt der Geschichte angenommen haben, denn der Glaube kann nicht in die Grenzen des Verständnisses und der Ausdrucksweise einer besonderen Kultur eingeschlossen werden." (118) Dies dürfte auch für kultische Rituale bzw. Riten wie „Brotbrechen" und „Abendmahl" gelten. Es kommt auf das theologische Bewusstsein an, in welcher Intention sie gefeiert werden. Auch wenn die Segnung des (selbstgebackenen) Brotes durch die Mutter als Sakramentalie[364] in Vergessenheit geraten ist, wäre im Sinne der „Volk-Gottes-Theologie" seit dem Zweiten Vatikanischen Konzil eine Neubesinnung fällig.

Als wichtige Voraussetzung zur Erneuerung des Glaubens plädiert Papst Franziskus nicht erst 2023, sondern bereits 2013 für

---

[364] Wie Kreuzzeichen, Fußwaschung, Segnung der Kinder durch die Eltern, Weihen sind diese Zeichenhandlungen seit dem 12. Jahrhundert den sieben Sakramenten zu-, jedoch qualitativ untergeordnet. Vgl. A. Schilson, Sakramentalien. I. Begriff und Geschichte, in: LThK 8, ³1999, 1452–1454. „Sakramentalien aufstellen, abschaffen, authentisch interpretieren oder verändern kann allein der Apostolische Stuhl (c. 1167 § 1 CIC)"; H. Reinhardt, Sakramentalien IV. Kirchenrechtlich, in: ebd, 1455. – Das ist mittelalterlich gedacht. Ist der Segen der Eltern über ihr Kind kein Segen?

eine Erneuerung der theologischen und kirchlichen Sprache: „Jesus Christus kann auch die langweiligen Schablonen durchbrechen, in denen wir uns anmaßen, ihn gefangen zu halten, und überrascht uns mit seiner beständigen göttlichen Kreativität. Jedes Mal, wenn wir versuchen, zur Quelle zurückzukehren und die ursprüngliche Frische des Evangeliums wiederzugewinnen, tauchen neue Wege, kreative Methoden, andere Ausdrucksformen, aussagekräftigere Zeichen und Worte reich an Bedeutung für die Welt von heute auf." (11) Der Papst geht mit dieser Einsicht den Gläubigen voraus. Die Umsetzung gelingt ihm außerkirchlich im interreligiösen Gespräch (siehe unten), innerkirchlich nur in Ansätzen und in Trippelschrittchen. Bischöfe und Bischofskonferenzen müssten kreativer sein und im synodalen Prozess mehr Freiheiten und Befugnisse erhalten. Diese Aufgabe einer Evangelisierung „für die Welt von heute" steht der Kirche und allen Gläubigen noch bevor (siehe oben I – II).[365]

Wie sehr der Papst interreligiös und weltlich-global bis zuletzt versucht hat, den christlichen Glauben – mit Hilfe neuer Sprachen und Vorstellungen – zu erneuern, belegen die folgenden Texte, die alle gelesen werden können als Antwort auf die antik und mittelalterlich geprägten Denkgebäude der Theologie, die für Menschen in der Neuzeit ihre Strahlkraft verloren haben.

1.3 Die Enzyklika „Laudato si'"

Einen wichtigen Aspekt, den Papst Franziskus in seinem Lehrschreiben von 2014 angekündigt hat, entfaltet er mit den Anfangsworten aus dem bekannten Lobgesang über die Schöpfung des heiligen Franz von Assisi ausführlich in seiner Enzyklika „Gelobt seist du'. Über die Sorge für das gemeinsame Haus", erschienen im Jahre 2015.

---

[365] Zur Bedeutung dieses Lehrschreibens für die Zukunft vgl. den Sammelband von K. Krämer/K. Vellguth (Hrsg.), Evangelii Gaudium. Stimmen der Weltkirche, Freiburg 2015, vor allem den Aufsatz von P. M. Zulehner, ebd. 41–55.

1. Kirchliche Akzente durch Papst Franziskus

Inhalt ist der Umwelt- und Klimaschutz in all seinen Facetten. Darauf ist hier inhaltlich nicht einzugehen. Für unsere Fragestellung ist sein hermeneutischer, anthropologischer Ansatz wichtig, den er mit dem heiligen Franz von Assisi teilt, dessen Namen er „als eine Art Leitbild und als eine Inspiration" bewusst angenommen hat (10): „Ich glaube, dass Franziskus das Beispiel schlechthin für die Achtsamkeit gegenüber den Schwachen und für eine froh und authentisch gelebte ganzheitliche Ökologie ist." (ebd.) Interreligiös nimmt Papst Franziskus zudem Beiträge „des geschätzten Ökumenischen Patriarchen Bartholomäus" von Konstantinopel auf (7), und zeigt, dass Theologie nicht in Reflexionen eines Einzelnen, sondern nur in Kommunikation mit anderen christlichen Erfahrungen für Menschen heute zur frohen und befreienden Botschaft werden kann. Nicht nur verschiedene innerchristliche Erfahrungen – unterschiedlich in Sprachen und auch mystischen Einstellungen zu den behandelten Themen – sind erforderlich, sondern auch die Überlegungen „unzähliger Wissenschaftler, Philosophen, Theologen und sozialer Organisationen." (7) Er nennt etwa den am Text intensiv beteiligten deutschen Klimaforscher Hans Joachim Schellnhuber vom Potsdam-Institut für Klimafolgenforschung. Diese Theologie fordert, dass man die Perspektive des Glaubens und die der Wissenschaft nicht wie bis in die Neuzeit als widersprüchlich, sondern als komplementär, sich einander ergänzend versteht.

Mit dem heiligen Franz versteht der Papst „die Natur als ein prächtiges Buch [...], in dem Gott zu uns spricht und einen Abglanz seiner Schönheit und Güte aufscheinen lässt." (12). Beide stehen mit diesem Verständnis von Theologie in der Tradition des Buches der Weisheit (Weish 13,5: „aus der Größe und Schönheit der Geschöpfe lässt sich auf den Schöpfer schließen") oder des Paulus (Röm 1,20: „Seit Erschaffung der Welt wird nämlich seine (Gottes) unsichtbare Wirklichkeit an den Werken der Schöpfung mit der Vernunft wahrgenommen, seine ewige Macht und Gottheit"). Nicht nur die biblischen Bücher der Weisheit und der Römerbrief, auch Jesus als Weisheitslehrer (vgl. Mt 6,1 – 7,11) und der Brief des Jakobus (siehe oben II 8) hätten es verdient, hier zitiert zu werden. Sie alle betonen: Sünden gegen das Klima oder gegen die Umwelt sind Sünden gegen Gott.

VI. Wege der Kirche in den kommenden Jahren

Der von konservativen Christen, Theologen und Kardinälen oft erhobene Vorwurf, dem Papst fehle es an Theologie oder theologischer Tiefe, verkennt, dass er einen in der antiken und mittelalterlich scholastischen Theologie verdrängten Ansatz von Glaubenserfahrungen wieder lebendig macht, wie er umfassend in den Geschichts- und Schöpfungsreflexionen im Alten Testament und in der Verkündigung Jesu in Wort und Tat und im Glaubensverständnis der biblischen Autoren (siehe oben II) grundgelegt ist. Mit Recht nennt Papst Franziskus diese Theologie „Das Evangelium von der Schöpfung" (Nr. 62–100).

Es ist höchste Zeit, diesen hermeneutischen Ansatz als Grundstruktur kirchlichen Betens vor allem beim Sakrament des „Brotbrechens" bzw. des „Abendmahls" zu entdecken, zu verstärken und zu feiern.

Dass der Papst nicht bei innerchristlichen Gesprächen verharrt, sondern auf der Basis seiner Theologie der Schöpfung (aller Menschen) andere Religionen einbezieht, neben dem Judentum den Islam als dritte monotheistische Weltreligion, ist nur konsequent. Dabei kann er an wichtige innerkatholische Vorgaben anknüpfen.

1.4 Das „Dokument über die Brüderlichkeit aller Menschen für ein friedliches Zusammenleben in der Welt"

In Fortsetzung und Konkretisierung der „Erklärung über das Verhältnis der Kirche zu den nichtchristlichen Religionen ‚Nostra aetate'" des Zweiten Vatikanischen Konzils von 1965, in der die Kirche „mit Hochachtung" den muslimischen Glauben betrachtet (3), mit noch mehr Empathie den jüdischen (4), wurde 1970 eine vatikanische Kommission für die religiösen Beziehungen zum Judentum, 1974 parallel dazu eine für die religiösen Beziehungen zu den Muslimen eingerichtet. In Nr. 5 wird auf der Basis des gemeinsamen Glaubens an die Schöpfung des Menschen deren Gleichheit und universale Brüderlichkeit betont. Seit 1998 arbeitet ein Gemischtes Komitee für den Dialog des Päpstlichen Rates für den interreligiösen Dialog mit dem Komitee von der Al-Azhar-Universität in Kairo.

1. Kirchliche Akzente durch Papst Franziskus

Interreligiös kann man das Konzept von Papst Franziskus als Ergänzung zum Leitgedanken von Papst Johannes Paul II. verstehen. Während dieser in Fortsetzung der Erklärungen des Zweiten Vatikanischen Konzils zum Erstaunen vieler Christen und vor allem der meisten Juden das Verhältnis der katholischen Kirche zum Volk des von Gott nie gekündigten Bundes in Predigten, Erklärungen und vor allem zeichenhaften Gesten (an der Klagemauer in Jerusalem, in Synagogen, in Treffen mit jüdischen Repräsentanten) die Identität der Christen mit ihren jüdischen Wurzeln und lebendigen Quellwassern von Grund auf erneuerte, ist bei Papst Franziskus als Leitgedanke in allen Stellungnahmen das erneuerte Verhältnis zum Islam festzustellen.

Dagegen bleibt sein Verhältnis zu den Juden und zur jüdischen Religion nach seiner Wahl zum Papst unterkühlt oder aus diplomatischen Gründen ambivalent. Dieser kritische Hinweis soll nicht ausgeblendet werden; sonst würde das positive Bild von Papst Franziskus zu einseitig. Die Hoffnung auf positive Äußerungen zum Verhältnis der katholischen Kirche zum Judentum, zu Juden und zum Staat Israel war groß, hatte er doch vor seiner Wahl mit dem Rabbiner Abraham Skorka, einem langjährigen Freund, das Gesprächs-Buch „Über Himmel und Erde" zu unterschiedlichen Themen veröffentlicht.[366] Dieser war auch Begleiter auf der „Pilgerreise von Papst Franziskus ins Heilige Land aus Anlass des 50. Jahrestages der Begegnung zwischen Papst Paul VI. und Patriarch Athenagoras" vom 24.–26. Mai 2014. Den Papst begleitete auch der Islam-Gelehrte Omar Abboud. Die Reihenfolge der besuchten Länder, ebenso die der Veranstaltungen ist diplomatisch und theologisch zu deuten: Amman (Jordanien), Betlehem (Palästina), dann Israel. In Tel Aviv staatliche Begrüßung, in Jerusalem eine private Begegnung mit dem Ökumenischen Patriarchen Bartholomäus von Konstantinopel mit gemeinsamer Erklärung und eine ökumenische öffentliche Feier in der Grabeskirche zum 50. Jahrestag der Begegnung zwischen römischer und orthodoxer Kirche. Es folgte ein Besuch beim Großmufti von Jerusalem, der Holocaust-Gedenkstätte Yad Vashem, ein „Höflichkeitsbesuch" bei den beiden Großrabbinern

---

[366] München 2013.

und beim israelischen Staatspräsidenten. Eine theologisch begründete Vertiefung des Respektes oder der Brüderlichkeit zwischen katholischer Kirche und dem Judentum, um die man sich seit dem Zweiten Vatikanischen Konzil bemüht, wird man diese katholisch-jüdische Begegnung nicht nennen können.

Im Bemühen, gute Beziehungen zur islamischen Welt aufzubauen, zeigt der Papst große Empathie mit den Opfern in Gaza, ohne an die Massaker der Hamas am 7. Oktober 2023 zu erinnern, die beteiligten Terroristen zu verurteilen oder die Charta der Hamas oder der Hisbollah zu erwähnen, die zur Auslöschung des Staates Israel aufrufen. Dem Papst geht es allgemein um Frieden im Nahen Osten und um den Schutz der Christen in Palästina. Im November 2023 baten mehr als vierhundert jüdische Gelehrte und Rabbiner den Papst, die Hamas als Verursacher des Terrorangriffs zu nennen und sich auch an die Seite der Juden zu stellen. Die Antwort bleibt unklar, da er die „beispiellose Gewalt" verursacht sieht „durch die Macht von so viel Spaltung und so viel Hass".[367] Was er unter dieser „Macht" versteht, wird in seinem Schreiben an die Katholiken im Nahen Osten zum Jahrestag des 7. Oktober deutlich.[368] In ihm übernimmt er die Deutung von Al-Tayeb, Großscheich der Al-Azhar-Universität in Kairo, vom „Genozid" der Israelis an der Bevölkerung in Gaza.[369] Auch der Internationale Gerichtshof nannte im Januar aufgrund der mangelnden Versorgung der Bevölkerung in Gaza 2024 das Verhalten Israels einen Genozid. Ob

---

[367] Zum Brief des Papstes an die Juden vgl. G. M. Hoff, Wer Juden angreift, greift auch uns an! in: https://www.herder.de/communio/gesellschaft/zu-den-leerstellen-im-brief-des-papstes-an-die-juden-wer-juden-angreift-greift-auch-uns-an/ (abgerufen am 06.05.2025).
[368] Vgl. https://www.vatican.va/content/francesco/de/letters/2024/documents/20241007-lettera-cattolici-mediooriente.html vom 7.10.24 (abgerufen am 06.05.2025); dazu J.-H. Tück, Der Lapsus des Papstes, in: https://www.herder.de/communio/gesellschaft/in-einem-brief-an-die-katholiken-des-nahen-ostens-zitiert-franziskus-einen-bibelvers-der-die-juden-als-kinder-des-satans-bezeichnet-der-fatale-lapsus-des-papstes/ (abgerufen am 06.05.2025).
[369] Zum Text des Papstes und zu seiner Stellung in den vatikanisch-israelischen Beziehungen vgl. A. Englisch/E. Finger, Der Papst verschärft seine Israelkritik, in: DIE ZEIT vom 21.11.2024, Seite 56.

die Verhältnismäßigkeit der kriegerischen Mittel gewahrt sind, ist juristisch zu klären.

Der Papst reagiert am Jahrestag des Hamas-Terrors mit über 1200 ermordeten Israelis mit einer biblischen Besinnung, Um „den Frieden finden zu können", ruft Franziskus zu einem „Tag des Gebets und des Fastens" auf; sie sind „die Waffen der Liebe, die die Geschichte verändern, die Waffen, die unseren einzigen wahren Feind besiegen: den Geist des Bösen, der Kriege schürt, weil er ‚Mörder von Anfang an' ist, ‚ein Lügner und der Vater der Lüge' (Joh 8,44)." Dieser Verweis auf das Johannesevangelium ist theologisch verheerend, da der Anfang des Verses lautet: „Ihr (die Juden: 8,31) habt den Teufel zum Vater und ihr wollt das tun, wonach es euren Vater verlangt." Staatspolitisch ist der Verweis auf den Teufel entlarvend, für das seit dem Zweiten Vatikanischen Konzil mühsam erarbeitete gegenseitige Vertrauen von Juden und Christen katastrophal. Joh 8,44 ist die schärfste Kritik an den jüdischen Gegner Jesu im gesamten Neuen Testament (die nur im Kontext des Johannesevangeliums angemessen erklärbar ist;[370] kritisiert werden Juden, die nicht JHWH in Jesus als Logos/Wort Gottes erkennen: siehe II 5 und IV 4). Dieser Vers diente jahrhundertelang zur Begründung der Vorurteile der Christen gegen Juden und schrecklichster Pogrome der Christen gegen Juden bis zum „Dritten Reich" im SS-Staat. Kein anderer Text im Neuen Testament wurde so intensiv antijüdisch missverstanden wie Joh 8,44. – Empathie mit den leidenden Christen in Gaza hätte biblisch anders begründet werden müssen – unter Beachtung der Leiden der Israelis. Bislang warten Juden und der israelische Staat auf eine Erklärung.

Angesichts dieses Schweigens oder unsensiblen Verdrängens der christlich-jüdischen Themen von Papst Franziskus ist sein kontinuierliches Bemühen im interreligiösen Dialog mit Muslimen umso beachtenswerter. Dadurch erhält die katholische Theologie wie in einer Ellipse inhaltlich einen zusätzlich neuen

---

[370] Das Johannesevangelium belegt das Herauswachsen der johanneischen Gemeinde aus dem pharisäischen Judentum bei bleibender Verwurzelung im hellenistischen Judentum; vgl. H. Frankemölle, Frühjudentum 310–315.

Schwerpunkt: Ergänzend zum scholastischen, lehrhaften Glauben wird dieser geerdet und inhaltlich sozial – grundgelegt in der jüdischen Heiligen Schrift, die, wenn auch unterschiedlich vom Christentum und Islam rezipiert, beide ohne diese Grundlage nicht verstanden werden können.[371]

Dieser theologische Schwerpunkt von Papst Franziskus zeigt sich in Erklärungen und im zeichenhaften Handeln bei Besuchen in muslimischen Ländern (Aserbaidschan, Ägypten, Kasachstan, Irak, Marokko), bei interreligiösen Gesprächen und beim Beten in Moscheen. Als erster Papst sandte er 2013 eine Grußbotschaft zum islamischen Fastenmonat Ramadan mit der Bitte, den Glauben des Anderen zu respektieren. Er besuchte als erster Papst 2018 die arabische Halbinsel, den Geburtsort des muslimischen Glaubens. Bemerkenswert waren auch seine pastoralen Besuche christlicher Minderheiten in muslimisch geprägten Ländern und die Treffen mit muslimischen Repräsentanten.

Programmatisch wird seine Überzeugung in *Evangelii gaudium* begründet (250–254). Bei allem Beharren auf „einer klaren und frohen Identität in den eigenen tiefsten Überzeugungen" (251) kann auf der Grundlage des Glaubens der Muslime an den Gott Abrahams, an den einen barmherzigen Gott als Schöpfer der Welt und des Gerichtes, sichtbar im rituellen und ethischen Tun aus christlicher Perspektive formuliert werden: „Die Nichtchristen können, dank der ungeschuldeten göttlichen Initiative und wenn sie treu zu ihrem Gewissen stehen, ‚durch Gottes Gnade gerechtfertigt' und auf diese Weise mit dem österlichen Geheimnis Christi verbunden werden." (254) Der letzte Halbsatz umschreibt – etwas vage – die christliche Überzeugung, die im Dialog auf Augenhöhe von Muslimen als „Wert der anderen anzuerkennen" ist (253), kann aber von ihnen nicht übernommen werden.

Aufsehen erregte 2017 eine Grundsatzrede des Papstes in der Al-Azhar-Universität in Kairo, der wichtigsten Lehreinrichtung des sunnitischen Islam[372], noch mehr seine apostolische Reise in die Vereinigten Arabischen Emirate vom 3.–5. Februar 2019. In

---

[371] Zur Rezeption der Bibel im Koran vgl. H. Frankemölle, Gott glauben 467–578.
[372] Vgl. das Dossier „Papst Franziskus und der Islam", in: www.vaticannews.va/de/papst/news/2019-01; (abgerufen am 13.03.2021).

1. Kirchliche Akzente durch Papst Franziskus

Abu Dhabi, der Hauptstadt der Vereinigten Arabischen Emirate unterzeichneten der Papst und der Groß-Scheich und Groß-Imam der Al-Azhar-Universität al-Tayeb das Dokument „Die Brüderlichkeit aller Menschen für ein friedliches Zusammenleben in der Welt"[373]. Es war in aller Stille im katholisch-muslimischen Komitee vorbereitet worden. Dieses Dokument wurde von den einen als „Sensation" und als „Meilenstein des interreligiösen Dialogs" gefeiert, von den anderen wurde der Papst der Häresie verdächtigt, da er die katholische Religion als die einzig wahre Religion ablehne und Jesus Christus nicht als Erlöser aller Menschen bekenne.[374]

Das tut er in der Tat nicht, da es in diesem Dokument um eine „Kultur des Dialogs" und um eine „Kultur der Toleranz" geht, um die Voraussetzungen für ein geschwisterliches und friedliches Zusammenleben der Religionen. Dieser Ansatz stimmt mit den Aussagen des Zweiten Vatikanischen Konzils überein, wo es in der „Erklärung über das Verhältnis der Kirche zu den nichtchristlichen Religionen heißt: „Die katholische Kirche lehnt nichts von alledem ab, was in diesen Religionen wahr und heilig ist." (2) Dies wird im Hinblick auf den Hinduismus und Buddhismus formuliert, gilt aber vor allem für die monotheistischen Religionen, Judentum, Christentum, Islam.

Im Text des Konzils fehlt noch eine theologische Begründung, jetzt wird sie geliefert: Gemeinsame christlich-muslimische Grundlage ist der Glaube an Gott den Schöpfer und an die Geschwisterlichkeit gleichberechtigter Menschen. Wer diese Hermeneutik, diese Sichtweise nicht akzeptiert, kann dem Gedanken der von Gott gewollten Vielfalt an Glaubensüberzeugungen und Religionen nicht zustimmen. Kritiker lesen diese These aus dem

---

[373] https://www.vatican.va/content/francesco/de/travels/2019/outside/documents/papa-francesco-emiratiarabiuniti-2019.html (abgerufen am 13.05.2025).

[374] Zu diesen und anderen Reaktionen vgl. Dokument über die Brüderlichkeit aller Menschen ..., https://www.vatican.va/content/francesco/de/travels/2019/outside/documents/papa-francesco_20190204_documento-fratellanza-umana.html (abgerufen am 14.05.2025) sowie: „Kontroverser Meilenstein: Das Dokument ...", in: www.katholisch.de/artikel/24428 (abgerufen am 12.03.2021).

VI. Wege der Kirche in den kommenden Jahren

ersten Satz des Dokumentes heraus: „Im Namen Gottes, der alle Menschen mit gleichen Rechten, gleichen Pflichten und gleicher Würde geschaffen hat und der sie dazu berufen hat, als Brüder und Schwestern miteinander zusammenzuleben, die Erde zu bevölkern und auf ihr die Werte des Guten, der Liebe und des Friedens zu verbreiten." Ebenso aus dem Satz: „Die Freiheit ist das Recht jedes Menschen: ein jeder genießt Bekenntnis-, Gedanken-, Meinungs- und Handlungsfreiheit. Der Pluralismus und die Verschiedenheit in Bezug auf Religion, Hautfarbe, Geschlecht, Ethnie und Sprache entsprechen einem weisen göttlichen Willen, mit dem Gott die Menschen erschaffen hat." Wer sich wissend über diese Aussage stellt – wie mittelalterliche Theologen –, stellt sich auf den Platz Gottes.

Wegen der Corona-Krise (2020–2022) und den dadurch auferlegten Reise- und Kontaktbeschränkungen wurde eine weitere interreligiöse Reise um einige Jahre verschoben. Sie fand vom 2. bis 13. September 2024 statt. Diese längste Reise des Papstes führte ihn nach Indonesien, Papua-Neuguinea, Osttimor und Singapur. In der Istiqlal-Moschee in der indonesischen Hauptstadt Jakarta, mit Platz für 250.000 Beter die drittgrößte Moschee der Muslime, unterschrieb der Papst mit dem Großiman Nasaruddin Umar die Erklärung „Einklang der Religionen zum Wohl der Menschen", der auch Vertreter von Hinduismus, Buddhismus und Konfuzianismus zustimmten. Schwerpunkte der „Istiqlal-Erklärung" sind die „Entmenschlichung" durch Gewalt und Konflikte (auch durch Religionen), der Klimawandel und die Umweltzerstörung in der „einen einzigen globalen Menschheitsfamilie". Die Moschee, in den 1950er-Jahren von einem christlichen indonesischen Architekten entworfen, Ort von interreligiösen Aktivitäten, ist mit der katholischen Kathedrale, dem Bischofssitz Jakartas, durch einen „Tunnel der Freundschaft" verbunden, Zeichen für die geistliche Verbundenheit, „wobei jeder seine eigene Spiritualität pflegt und seine eigene Religion praktiziert" (Papst Franziskus).[375]

---

[375] https://www.vaticannews.va/de/welt/news/2024-09/wortlaut-gemeinsame-erklarung-von-istiqlal-2024-interreligioes.html (abgerufen am 14.05.2025).

1. Kirchliche Akzente durch Papst Franziskus

Die theologische Offenheit des Papstes für neue Aspekte anderer Glaubensrichtungen, die nicht die Lehrsätze des Katechismus oder des Credos enthalten, ist bemerkenswert. Er betont, wie im Dialog mit den Juden, den gemeinsamen Glauben an den einen Gott als Schöpfer aller Menschen und als Lenker der Geschichte. Für Christen kommt die Erweiterung dazu, dass Jesus von Nazaret diesen Glauben verkündet und in seinem Handeln verwirklicht hat und Gott zu ihm stand – treu über den Tod hinaus. Dies ist das einzig Neue am christlichen Glauben, dass Gott sich wirklich in Jesus geoffenbart hat. Alle anderen Aussagen und Rituale sind Akzidenzien, die der Essenz des Glaubens nicht wesenhaft zukommen, menschliche Versuche, das Geheimnis der Offenbarung zu deuten und in Ritualien zu feiern. Wie Jesus seine Überzeugung durch sein Tun be-glaubigt hat, die schöpfungsgerechte Gleichheit aller Menschen im „Brotbrechen" feierte und Paulus den Glauben an den das Heil vermittelnden Tod Jesu mit Metaphern aus seiner gesellschaftlichen und kultischen Lebenswelt deutete und verkündete (siehe oben III 1), können Christen ihre Überzeugung im Dialog nicht verschweigen. Sie müssen die „reiche Komplementarität" (249) zwischen den Religionen, die an einen Gott glauben, sehen und darüber ins Gespräch kommen „Dieser interreligiöse Dialog ist eine notwendige Bedingung für den Frieden in der Welt". (250) Diese Überzeugung hat Papst Franziskus in weiteren Enzykliken theologisch begründet und in den praktisch-ethischen Konsequenzen erläutert.

Konservative, traditionalistische Christen stimmen dieser Offenheit nicht zu. 2008 stritten sie heftig um die lateinisch-römische Messe, die aufgrund der Karfreitagsliturgie reformorientierte und am christlich-jüdischen Dialog beteiligte Christen und Juden kritisierten, Noch heftiger stritten sie nach der Veröffentlichung des Dokumentes über die Brüderlichkeit aller Menschen. Die UNO nahm diesen erstmaligen katholisch-sunnitischen Konsens auf höchster Ebene zum Anlass, im Dezember 2020 den 4. Februar zum „Tag der Geschwisterlichkeit aller Menschen" zu erklären. Die Schiiten stimmten dem Dokument nicht zu. Durch die Reaktionen auf den Terror-Angriff der Hamas auf Israel am 7. Oktober 2023 wurde das gute Klima im Verhältnis zu den Sunniten verschattet.

VI. Wege der Kirche in den kommenden Jahren

Papst Franziskus erinnert in seiner Enzyklika *Fratelli tutti* im Oktober 2020 an das Treffen mit Groß-Imam al-Tayyeb und an das mit ihm unterzeichnete Dokument und betont gegen alle Verwässerungen und Kritik seine lehramtliche Bedeutung: „Es handelte sich nicht um einen einfachen diplomatischen Akt, sondern um eine auf dem Dialog und einem gemeinsamen Engagement aufbauende Reflexion." In dieser Enzyklika will er seine Thesen „in einen größeren Reflexionsrahmen" stellen. (5)

Bei der Auslegung dieses Textes geht es nicht primär um sachliche Themen, sondern um die Art des Fragens – abhängig vom Wissen um die Geschichtlichkeit theologischer Aussagen und Rituale in historischer und sozialer Perspektive. Die Frage stellt sich, ob Papst Franziskus oder seine Nachfolger die Diversität, die Vielfalt der neutestamentlichen Konzeptionen nicht nur im interreligiösen Gespräch festhalten, sondern auch binnenkirchlich in den Ortskirchen in der Einheit der „katholischen/umfassenden" Kirche. Die Folge wäre, das spezifisch Römische an ihr, das nicht an der lateinischen Sprache hängt, aufzubrechen, oder für bestimmte Kirchengebiete aufzugeben, damit der Glaube der katholischen Kirche von säkularen und naturwissenschaftlich geprägten Menschen nachvollzogen, als lebenswichtig und befreiend erfahren werden kann. Bei „Brotbrechen" erscheint dies einfacher als bei dem mit der Transsubstantiation/Wesensverwandlung verbundenen „Abendmahl", zu deren Verständnis griechische Philosophie vorausgesetzt wird. Welche Hinweise zu dieser Hermeneutik liefert die Enzyklika von 2020?

1.5 Die Enzyklika „Fratelli tutti"

Der volle Titel der Enzyklika „Enzyklika *Fratelli tutti* über die Geschwisterlichkeit und die soziale Freundschaft"[376] vom Oktober 2020 benennt das Thema. Wurde ihm bei der Abfassung von *Laudato si'* „eine Quelle der Inspiration durch meinen Bruder, den orthodoxen Patriarchen Bartholomäus, zuteil, der sich nachdrücklich für die Sorge um die Schöpfung eingesetzt hat", so

---

[376] Verlautbarungen des Apostolischen Stuhls Nr. 227, Bonn 2020.

spricht auch in *Fratelli tutti* nicht ein „unfehlbares Lehramt", sondern Papst Franziskus. Er hat sich bei dem Thema von vielen Gesprächen, Briefen, Dokumenten und „besonders vom Großimam Ahmad Al-Tayyeb anregen lassen". (5) Ausdrücklich erinnert er an das Treffen von Abu Dhabi: „Es handelte sich nicht um einen einfachen diplomatischen Akt, sondern um eine auf dem Dialog und einem gemeinsamen Engagement aufbauende Reflexion." (ebd.) Grundlage ist die gemeinsame christlich-muslimische Überzeugung, „dass Gott ‚alle Menschen mit gleichen Rechten, gleichen Pflichten und gleicher Würde geschaffen hat und […] sie dazu berufen hat, als Brüder und Schwestern miteinander zusammenzuleben.'" (ebd. mit einem Zitat aus der „Gemeinsamen Erklärung"; siehe 1.4) Er versteht diese Enzyklika „als demütigen Beitrag zum Nachdenken […] auf der Grundlage meiner christlichen Überzeugungen" (6). Diesen Aspekt verdrängen Kritiker der Enzykliken von Papst Franziskus, die nur die eindeutigen, lateinisch-römischen Bekenntnisse allein für Theologie halten, noch immer die katholische Religion als die einzige wahre Religion glauben und nicht beachten, dass Bekenntnisse, Zeugnisse des je eigenen Glaubens vorliegen, die nicht einen absoluten, ungeschichtlichen Anspruch erheben. So entspricht es den biblischen Schriften (siehe oben II und unten 2.6).

In den Worten der Enzyklika *Fratelli tutti* zeigt sich wieder ein neues Verständnis von Theologie und ihrer Verkündigung – in der Reflexion über Erfahrungen, über „Träume, die platzen" (10) und in der Hoffnung auf „eine neue Kultur" (215) mit dem friedlichen Zusammenleben in der einen Welt. Auch mit den anderen Religionen der Kopten, Taoisten, Konfuzianern und Buddhisten führt die Kirche seit Jahren konstruktive interreligiöse Dialoge „für eine harmonische Gesellschaft" als „Beitrag für die ganze Welt", da sie „die Werte von Barmherzigkeit, Einfachheit und die Tatsache" betonen, „dass sie nicht nach weltlichen Errungenschaften streben."[377] Daher sendet der Vatikan in jedem Jahr zu

---

[377] Erklärung zu einem Dialog zwischen katholischer Kirche und Taoisten; vgl. https://www.vaticannews.va/de/vatikan/news/2024-03/hong-kong-interreligioeser-dialog-christentum-taoismus-chow-itv.html (abgerufen am 06.05.2025).

den Neujahrsfesten der Weltreligionen Grußbotschaften, zu Rosch ha Schana an alle Juden, zum Vesak-Fest an die Buddhisten in aller Welt wie zum Fastenmonat Ramadan an Muslime und zum Diwali-Lichterfest an die Hindus.

Bei diesen gemeinsamen Bemühungen um Frieden und Versöhnung, um Gerechtigkeit im politischen, wirtschaftlichen und kulturellen Leben gegen eine Kultur der Gewalt, Unterdrückung und Ausbeutung geht es nicht um die differenzierte thematische Entfaltung dieses religiös und weltlich fundamentalen Themas. Im Respekt vor den Überzeugungen anderer hat die Theologie im ständigen Dialog in einer sich ständig verändernden Welt zu stehen. Sie hat keine „geoffenbarten" Antworten in diesem Prozess, sondern bietet – wie die Theologen der biblischen Schriften im Alten und Neuen Testament – auf immer neue Erfahrungen im Glauben an Gott, den Schöpfer der Welt und aller Menschen, Antworten, die hoffentlich für ein gelingendes und befreiendes Leben dienen können. Dogmatische Lehrsätze sind deswegen nicht obsolet, weil konservative Christen und Theologen in der Kirche meinen, nur diese seien Theologie. Sie sind relativ, wenn sie nicht zum konkreten Leben stehen und Bewusstseins- und Verhaltensänderungen bewirken.

Die theologische Basis dieser interreligiösen Gespräche ist der Glaube an den einen Gott. Ihn bekennen Christen im Credo in verschiedenen Formulierungen, vermehrt um den Glauben an Jesus Christus und an den Heiligen Geist. In der Gemeinde von Rom betete man um 150: „Ich glaube an Gott, den allmächtigen Vater", in der Gemeinde von Cäsarea um 325: „Wir glauben an den *einen* Gott, den allmächtigen Vater, den Schöpfer alles Sichtbaren und Unsichtbaren". Am bekanntesten in der kirchlichen Rezeption ist bis heute (vgl. Gotteslob 3,4) das sogenannte Apostolische Glaubensbekenntnis, das seit dem 2. Jahrhundert eine lange Entstehungsgeschichte hat und erstmals im 8. Jahrhundert belegt ist.[378] Der erste Artikel lautet: „Ich glaube an Gott, den Vater, den Allmächtigen, den Schöpfer des Himmels und der Erde". Die Tendenz, möglichst viele Glaubenswahrheiten zu benen-

---

[378] D. Sattler, Apostolisches Glaubensbekenntnis, in: LThK 1, ³1993, 878–880.

nen, bestätigt das feierliche, große Glaubensbekenntnis (vgl. Gotteslob 586,2) der Konzilien von Nizäa (325) und Konstantinopel (381), in dem vor allem der christologische und pneumatologische Artikel stark erweitert wurden, um häretische Deutungen auszuschließen.[379] Der erste Artikel ist eine Zusammenfassung bisheriger Texte. Er lautet: „Wir glauben an den einen Gott, den Vater, den Allmächtigen, der alles geschaffen hat, Himmel und Erde, die sichtbare und unsichtbare Welt". Dieses Credo mit allen Artikeln ist bis heute das gemeinsame Bekenntnis aller christlichen Kirchen.

Nimmt man nur den ersten Artikel zum Maßstab, wird der Glaube an den einen, einzigen Gott und an ihn als allmächtigen Schöpfer von den drei monotheistischen Religionen (Judentum, Christentum, Islam: vgl. Sure 5,48; 109,6) geteilt, der Glaube an Gott, den Vater, auch von den Juden, während „Vater" im Koran nicht belegt ist, weil muslimisch Allah/Gott strenger weltjenseitig gedeutet wird.[380]

Die vielfältigen, Gott zugeschriebenen Namen sind für das interreligiöse Gespräch kein Hindernis, wie man schon in der Antike erkannte. Aristeas, ein Jude aus Alexandrien, schrieb vermutlich in der Regierungszeit von Ptolemaios II. Philadelphos (285–247 v. Chr.) in dem nach ihm benannten Brief: „Denn Gott, der ihnen (den Juden) das Gesetz/die Tora gab, leitet auch deine Regierung, wie ich genau erforsche. Sie verehren ja als Hüter und Schöpfer der Welt denselben Gott, wie alle anderen Menschen, und wie auch wir (die Ägypter), König. Nur nennen wir ihn, weniger genau, Zeus und Dis. Denn dadurch drücken die Alten nicht unpassend aus, dass der, durch den alles belebt und geschaffen wird, auch alles leite und regiere."[381]

Der hermeneutische Grundsatz „Glauben an denselben Gott, nur nennen wir ihn anders" ist auch heute die Voraussetzung im

---

[379] Zur theologischen Entwicklung und Deutung vgl. H.-J. Vogt, Glaubensbekenntnis. III. Theologie- und dogmengeschichtlich, in: LThK 4, ³1995, 703–706.
[380] Zur Begründung vgl. H. Frankemölle, Gott glauben: Stichwort „Monotheismus" im Register und den Exkurs „Gott als Vater" ebd. 106–118.
[381] N. Meisner, Aristeasbrief, in: Jüdische Schriften in hellenistisch-römischer Zeit 2/1, Berlin ³1977, 35–87, 15 f.

interreligiösen Dialog bei Anerkennung der jeweiligen Besonderheiten, wie Papst Franziskus und seine Gesprächspartner betonen.

Damit die Ideen von *Fratelli tutti* lebendig bleiben, wurde eine Stiftung unter demselben Namen gegründet. Die Mitglieder sehen einen Impuls zu ihrem interreligiösen Handeln in der Erzählung vom Zusammentreffen des Petrus mit dem „gerechten und gottesfürchtigen" römischen Hauptmann Kornelius in Apg 10, dessen „heidnische" Frömmigkeit Petrus als gleichberechtigt anerkennt:

> „Wahrhaftig, jetzt begreife ich, dass Gott nicht auf die Person sieht, sondern dass ihm in jedem Volk willkommen ist, wer ihn fürchtet und tut, was recht ist." (Apg 10,34)

In Erinnerung an das Treffen im Jahre 2019 von Papst Franziskus mit dem Großscheich der al-Azhar Universität in Kairo al-Tayyeb und die gemeinsame Erklärung „Dokument zur menschlichen Geschwisterlichkeit" fand Anfang Juni 2023 im Vatikan das erste „Welttreffen der menschlichen Geschwisterlichkeit" statt, Mitte Mai 2024 das zweite in Rom mit zahlreichen prominenten um den Weltfrieden Besorgten. Auch Nobelpreisträger und Mandelas Witwe nahmen teil. An zwölf runden Tischen, verteilt über die Stadt Rom, entwarfen sie eine „Charta der Menschlichkeit". Sie richtet sich gegen Konflikte jeder Art: Kriege in fast allen Erdteilen, Umweltzerstörung, den zunehmenden Abstand zwischen Armen und Reichen, gegen Gier, gegen eine Technik, die längst Selbstzweck und nicht mehr Mittel zu mehr Menschlichkeit ist. Es geht um Werte, die nicht nur Katholiken, sondern alle Menschen betreffen. Auch die Autoren der biblischen Texte denken darüber nach, was das Menschliche in uns und in jeder Gesellschaft ausmacht. Das ist Theologie, Schöpfungstheologie im Sinne der Bibel. Diese Texte und ihre Aktualisierung durch Jesus geben die Richtung an, wie die katholische Kirche und alle christlichen Kirchen in Zukunft in ihrem Handeln aussehen können.

Damit dieser Weg der lateinisch-römischen und der anderen Kirchen zukünftig gelingt, sind Prinzipien – sprachliche und soziologische – zu bedenken, ohne deren Anerkennung ein innerchristlicher und interreligiöser Dialog nicht möglich ist. Bei diesem Weg geht es nicht um ein Nachsprechen von Glaubensformeln, sondern um theologisch begründete Glaubenspraxis. Die letzte Enzyklika von Papst Franziskus belegt diesen Ansatz.

1.6 Die Enzyklika „Dilexit nos"

Die vierte Enzyklika *Dilexit nos/Er hat uns geliebt*, erschienen im Oktober 2024 zum Abschluss der vatikanischen Weltsynode mit dem Untertitel „Über die menschliche und göttliche Liebe des Herzens Jesu Christi", knüpft an das Symbol des Herzens Jesu und die Herz-Jesu-Frömmigkeit an. Die wichtigsten thematischen Impulse erhielt sie durch die heilige Margareta Maria Alacoque, die zwischen 1673 und 1675 Erscheinungen hatte. Im 18. und 19. Jahrhundert drohte die Verehrung des Herzens Jesu durch die vielen kitschigen Bilder mit dem flammenden Herzen, aus dem das Kreuz hervorwächst, in der Volksfrömmigkeit zu verkommen.[382] In der Gegenwart wird diese Verehrung theologisch und liturgisch „in der Kirche relativiert".[383]

Der Papst ruft zu einer theologischen Besinnung und Erneuerung der Verehrung des Herzens Jesu Christi auf, um „neuen Erscheinungsformen einer ‚Spiritualität ohne Fleisch'" entgegenzuwirken, die sich in der Volksfrömmigkeit vermehrt haben. (87) In philosophischen und theologischen Reflexionen mit vielen Hinweisen auf biblische und mystische Literatur führt Franziskus diese Verehrung auf die Kernaussage zurück: „Er hat uns geliebt" (Röm 8,37); „Ich habe euch geliebt" (Joh 15,9.12). Damit beginnt die Enzyklika mit Jesus und der „Liebe, die Gott zu uns erkannt hat" (1 Joh 4,16). Für diese Hingabe Jesu bis zum Tod steht als Symbol die kardía/das Herz, „das Innerste des Menschen" in seiner Leib-Seele-Einheit. Das Herz ist für Papst Franziskus „nicht nur Symbol für die Liebe, es verkörpert zugleich das körperliche, seelische und geistige Zentrum des Menschen, den Ort der Auf-

---

[382] Zur Herz-Jesu-Verehrung in ihrer geschichtlichen, spirituellen, systematischen und ikonographischen Bedeutung, vgl. die Artikel in: LThK 5, ³1996, 51–58.
[383] Ebd. H. J. Limburg, 52 f.

richtigkeit und den Ort der Gottesbegegnung". Herz und Vernunft sind keine Gegensätze, sie bedingen einander; erst im Einklang miteinander wachsen die großen Entscheidungen des Lebens.

Dem Papst geht es nicht nur um eine Erneuerung der inneren Frömmigkeit, sondern um deren Wirkung auf die Menschen und die Welt. Mit Nachdruck gibt er am Ende eine Leseanleitung: „Die Aussagen dieses Dokumentes lassen uns entdecken, dass das, was in den Enzykliken *Laudato si'* und *Fratelli tutti* geschrieben steht, unserer Begegnung mit der Liebe Jesu Christi nicht fremd ist. Denn, wenn wir aus dieser Liebe schöpfen, werden wir fähig, geschwisterliche Bande zu knüpfen, die Würde jedes Menschen anzuerkennen und zusammen für unser gemeinsames Haus Sorge zu tragen." (217)

Der Papst bietet ein Gegenmodell zu der oberflächlichen und wenig menschenfreundlichen Welt, zugleich eine Alternative, die aus dem Glauben lebt, von Gott durch Jesus Christus dazu befähigt zu sein. Mag die Herz-Jesu-Frömmigkeit unzeitgemäß sein, im Kontext der Deutungen des Papstes ist sie aktuell: „Nur seine Liebe wird eine neue Menschheit ermöglichen." (219) „Das Lebensmodell ist attraktiv, wenn es ganzheitlich gelebt und zum Ausdruck gebracht werden kann." (205) „Diese Prägung hat Auswirkungen auf das Leben und die Sendung der Kirche."

Mit der Enzyklika *Er hat uns geliebt* hat der Papst sein sozialpolitisches und ökologisches Programm theologisch „geerdet", zugleich eine fehlgeleitete, nur innere Frömmigkeitsform erneuert, die mit einer falschen Sühnetheologie verbunden war, als käme es auf die menschliche Frömmigkeit an.

Papst Franziskus entwirft in seinem Lehrschreiben ein neues Paradigma „römischer" Theologie. Verbunden mit den früheren Enzykliken und Lehrschreiben nähert sich sein theologisches Konzept der „Theologie der Befreiung" und zugleich dem lukanischen Entwurf einer Jesus-Nachfolge, weniger der paulinischen Kreuzestheologie. Es sei denn, man würde sie als Höhepunkt einer solidarischen Hingabe für die Wirklichkeit Gottes und für das Wohl der Menschen interpretieren. Das sagt Paulus aber nicht.

Die Texte von Papst Franziskus liefern wichtige Hinweise, wie Jesus Christus, der „Retter" (Lk 2,11), im Bekenntnis gefeiert werden und die pilgernde Kirche in Zukunft „Schritte auf dem Weg des Friedens" (Lk 1,79) finden kann, für den einzelnen Menschen und für alle Völker. Zum Gelingen bedarf es wichtiger Voraussetzungen.

2. Hermeneutische Grundprobleme kirchlicher Zukunft

Diese Voraussetzungen betreffen das theologische Sprechen über den Glauben und das im Glauben begründete Handeln (siehe oben II). Dies kann nicht abstrakt bleiben, vielmehr müssen die kontextuellen Gegebenheiten in den kirchlichen Orten, in den Familien, in den Gemeinden, in nationalen Ortskirchen und in verschieden kulturellen Räumen der Weltkirche bedacht werden. Konkret muss das jeweils vor Ort geschehen – gemäß den Vorgaben neutestamentlicher Theologien und den „Zeichen der Zeit" auf der Basis sprachlicher, philosophischer und soziologischer Erkenntnisse unserer Zeit. In dem neuen Buch „Der Glaube ist eine Reise", vorerst nur auf Italienisch erschienen, zu dem Papst Franziskus das Vorwort geschrieben hat, ist die Pilgerreise des Einzelnen und der Kirche geprägt von Neugier, Unruhe, Risiko, Mühsal und Sehnsucht mit einem klaren Ziel vor Augen.[384] Entsprechend wurde das „Heilige Jahr", das in Anlehnung an das Jobeljahr der Juden in der katholischen Kirche alle 25 Jahre gefeiert wird, 2025 unter das Motto „Pilger der Hoffnung" gestellt: auf dem Weg in der Nachfolge Jesu mit dem Mut, angemessen zu handeln und den Glauben als den tragenden Grund des Handelns immer neu zu formulieren. Diese Charakteristik betrifft auch die folgenden hermeneutischen Prinzipien, die die hermeneutischen Grundlagen dieses Buches sind.

---

[384] Vgl. https://www.vaticannews.va/de/papst/news/2024-11/papst-franziskus-buch-vorwort-glaube-reise-pilgern-spirituell.html (abgerufen am 07.05.2025).

VI. Wege der Kirche in den kommenden Jahren

2.1 Verschiedene Sprachen

Die heutige christliche Theologie und die liturgischen Texte sind in den deutschsprachigen Ländern zwar in Deutsch formuliert, bleiben aber an die lateinische Sprache und ihr Denken gebunden, das seit dem 4. Jahrhundert die christliche Theologie und die Liturgie prägt. Heute wird die lateinische Sprache und das theologisch-philosophische Denken nicht mehr verstanden. Die Folge ist ein noch nie dagewesener Auszug der Christen aus den Kirchen in den letzten Jahrzehnten (die Erfahrung des Missbrauchs ab 2010 ist dagegen ein untergeordnetes Problem, hat es aber verschärft).

Das Sprachproblem wird nicht erst heute erfahren, auch die biblischen Autoren in hebräisch-aramäischer Tradition bzw. in griechischer Tradition standen davor. Seit dem 4. Jahrhundert v. Chr. gibt es im Frühjudentum getrennte Wege[385] mit unterschiedlichen Glaubenskonzepten in allen theologischen Fragen und Sprachen (Hebräisch, Aramäisch und Griechisch). Am Ende, im 2./3. Jahrhundert n. Chr., trennen sich aramäisch-pharisäisches Judentum und griechisch-christliches Judentum auch wegen der vorgegebenen Sprache, in der zum Beispiel „glauben", emuná und pistis, Tora/Weisung und Gesetz/nómos unterschiedlich verstanden werden. Juden halten an der hebräischen Bibel fest, die neutestamentlichen Autoren schreiben in Griechisch.

Seit dem 3. Jahrhundert n. Chr. wurden die Griechisch und Lateinisch sprechenden Christen von platonischer Philosophie und der dort vertretenen Ideenwelt als unveränderlicher Wirklichkeit beeinflusst. Die Folge sind, vor allem im Mittelalter in der scholastischen Theologie, Satzwahrheiten, auf die die Erfahrungen keine Einwirkungen hatten, die das konkrete Leben nicht beeinflussten (vgl. die einzelnen Artikel im Credo).

---

[385] Vgl. H. Frankemölle, Frühjudentum 128–221 am Beispiel der Gottesbilder und der Schöpfungsaussagen; zu den Gottesbildern ausführlicher Ders., Gott glauben 55–283.

2. Hermeneutische Grundprobleme kirchlicher Zukunft

Heute sind die Erfahrungen säkularisierter Menschen zu befragen. Auf ihre Fragen haben Theologen eine im Glauben und vor dem Verstand begründete Antworten zu geben.

2.2 „Zwei Glaubensweisen"

So nannte Martin Buber, der große jüdische Philosoph und Religionswissenschaftler, die unterschiedlichen Zugangswege zu den geoffenbarten biblischen Texten durch Juden und Christen: „Es stehen einander zwei, und letztlich nur zwei, Glaubensweisen gegenüber", die hebräische emuná und die christliche pistis. „Die christliche pistis wurde außerhalb der Geschichtserfahrungen von Völkern, sozusagen im Austritt aus der Geschichte, geboren, in den Seelen von Einzelnen" mit der „Forderung" zu glauben, „dass ein in Jerusalem gekreuzigter Mann ihr Erlöser ist." Wenn man die These wegen der Verzahnung jüdischer und christlicher Theologie nicht auf den Beginn des christlichen Glaubens bezieht, sondern auf die weitere Entfaltung (siehe oben II 1 die einschränkenden, kritischen Bemerkungen zu Bubers These), trifft sie die gesamte philosophisch geprägte dogmatische Theologie der christlichen Kirchen bis ins 18. und 19. Jahrhundert. Kritisch bleibt für die emuná im Verständnis Bubers festzuhalten: Auch die jüdische Theologie geht von einem „Dass" aus: dass sich am Sinai Gott offenbarte, dessen Wirken man beim Exodus aus Ägypten glaubte erfahren zu haben, und für pistis in der christlichen Theologie, dass sie am Anfang eine deutende Antwort auf das Wirken des geschichtlichen Jesus und seines Todes war.[386]

Lukas führt in der Apostelgeschichte die neue Glaubensgewissheit des Paulus wie dieser selbst erzählerisch auf eine konkrete Offenbarung Gottes zurück (Apg 9,19; Gal 1,13). Paulus als ehemaliger Pharisäer deutete die neue Erfahrung und den neuen

---

[386] Zum Anspruch des erinnerten Jesus vgl. H. Frankemölle/H. Heinz, Jesus 110–177. Diese Begründung des christlichen Glaubens betont auch David Flusser in seinem Nachwort zu Bubers „Zwei Glaubensweisen"; vgl. ebd. 185–247, betont aber ebd. 236: „Bubers Grundthese ist also richtig, und man sollte an ihr aus Voreingenommenheit nicht rütteln."

Glauben durch schriftgelehrte Reflexionen. Mehr als seinen Glauben behaupten, vermag auch er nicht, stellt aber sein Leben radikal um, wie die ersten Jünger Jesu. Paulus verstand diese Wende als Befreiung. Welcher Christ, der kirchlich sozialisiert wurde, kann erklären, wovon er erlöst ist? Wer hat ein Bekehrungs- und Berufungserlebnis? Christsein zeigt man durch das Bekenntnis, vor allem durch einen neuen Lebenswandel, der durchaus zum üblichen Leben der Umwelt in Kontrast stehen dürfte (siehe oben I 6.3). Durch Tun kann der Christ zeichenhaft auf seine christlichen Überzeugungen hinweisen, ohne seine christliche Existenz durch unklare Formulierungen wie „durch den Tod Jesu wurden wir/die Welt erlöst" überheblich zu erscheinen (siehe oben I 1). Im jüdisch-christlichen Gespräch weisen Juden zu Recht darauf hin, dass die Welt und jeder einzelne Mensch nicht erlöst ist. Hier wie bei anderen Themen gilt es, Vorurteile und Irrtümer abzubauen,[387] deutlich zu machen, dass „Erlösung" in christlichem Verständnis nicht nur ein inneres Geschehen zwischen Gott und der Seele des Einzelnen betrifft, sondern dass „Erlösung" und „Befreiung" eine Einheit bilden[388], wie Papst Franziskus in seiner Enzyklika *Laudato si'* betont (siehe V 1.3). „Erlösung" muss auch innerweltlich erfahrbar werden, eventuell sich kontrastiv vom „normalen" Verhalten unterscheiden (siehe oben I 6.4). Auch Christen erwarten die „Erlösung" noch.

Trotz verschiedener Glaubensüberzeugungen (Christen glauben daran, dass Gott sich in Jesus Christus neu geoffenbart hat)

---

[387] Zu „Erlösung" vgl. das im Auftrag des Gesprächskreises Juden und Christen beim Zentralkomitee der deutschen Katholiken von P. Petzel/ N. Reck herausgegebene Aufklärungsbuch „Von Abba bis Zorn Gottes. Irrtümer aufklären – das Judentum verstehen", Ostfildern 2017, ⁴2024, 55–58. Zur kritischen Diskussion der Sühnopfer-Theologie siehe oben III 1.4 sowie B. A. Zimmermann/F. Annen (Hrsg.), Versöhnt durch den Opfertod Jesu; M. Limbeck, Abschied vom Opfertod; K.-P. Jörns, Lebensgaben Gottes; M. Striet/J. H. Tück (Hrsg.), Erlösung auf Golgota? Der Opfertod Jesu im Streit der Interpretationen, Freiburg 2014.
[388] Das ist ein Grundthema der „Theologie der Befreiung" in Südamerika, angestoßen unter anderem durch J. B. Metz, Zur Theologie der Welt, Mainz 1969; Ders., Glaube in Geschichte und Gesellschaft, Düsseldorf 1977; H. Kessler, Erlösung als Befreiung, Düsseldorf 1972.

2. Hermeneutische Grundprobleme kirchlicher Zukunft

kann der Dialog zwischen Juden und Christen auf der Basis der Schöpfungs- und Geschichtstheologie gelingen, wenn man bereit ist, den Glauben des Anderen zu akzeptieren. Dass es eine Vielfalt von Welt- und Geschichtsdeutungen in Texten gibt, gründet in einem weiteren hermeneutischen Prinzip, das es beim Vergleich von Glaubensbekenntnissen zu beachten gilt.

2.3 Wer sagt was, wie, wem, wann, mit welchen Absichten?

Bei der Auslegung von Texten hat man bereits im 12. Jahrhundert nicht nur den Inhalt erörtert (wie in der scholastischen Theologie), sondern mit dem lateinischen Merkspruch in Hexametern „quís quid ubí quibus auxiliís cur quómodo quándo" alle soziolinguistischen Aspekte eines Textes behandelt (Sprecher, Sache, Ort, Mittel, Ursache, Art und Weise).[389] Die historisch-kritisch-theologische Bibelexegese am Ende des 20. Jahrhunderts folgt dieser Vorgabe. Biblische Texte sind entstehungsgeschichtlich und adressatenorientiert zu lesen. Dass variierende sprachlich-kulturelle, soziologische Konstellationen bei einem Autor unterschiedliche Wahrnehmungen und Erfahrungen bewirken und ihn unterschiedliche Texte schreiben lassen, kann man an den Briefen des Paulus an die Galater und Römer oder am Ersten und Zweiten Brief an die Christen in Saloniki (1–2 Thess) ablesen.

Spätestens seit dem Zweiten Vatikanischen Konzil (1962–65) liest auch die katholische Kirche die Bibel historisch-kritisch-theologisch. Bibelleser und Bibelausleger sind verpflichtet, „auf die umweltbedingten Denk-, Sprach- und Erzählformen zu achten, die zur Zeit der Verfasser herrschten" und „nach dem Sinn zu forschen, wie ihn aus einer gegebenen Situation heraus der Hagiograph/der heilige Schriftsteller ... hat ausdrücken wollen." (Dogmatische Konstitution über die göttliche Offenbarung *Dei verbum* Nr. 12). Die biblischen Schriften sind nicht vom Himmel gefallen, sondern „Gott hat in der Heiligen Schrift durch Menschen nach Menschenart gesprochen" (ebd.).

---

[389] Vgl. H. F. Plett, Einfuhrung in die rhetorische Textanalyse, Hamburg ⁴1979, 4–12, ebd. 12.

VI. Wege der Kirche in den kommenden Jahren

Heute sollte der Ruf nach der Lesung im Wortgottesdienst lauten: „Wort des lebendigen Gottes in menschlicher Sprache." Kaum eine Gemeinde betet so. Die Kurzform „Wort des lebendigen Gottes" tradiert ein theologisch antiquiertes, häretisches Verständnis, bei dem viele Gläubige zu Recht Unverständnis zeigen.

2.4 Dogma im Wandel

Der christliche Glaube in Weiterführung des jüdischen entwickelt sich im Laufe der Geschichte – analog zum menschlichen Leben. Im Rückblick auf seine Mission in Korinth formuliert Paulus: „Milch gab ich euch zu trinken statt fester Speise, denn diese konntet ihr noch nicht vertragen" (1 Kor 3,2; ähnlich der Verfasser des Hebräerbriefes in 5,12f). Auch der alt- und der neutestamentliche Glaube wuchs an Umfang und Tiefe im Laufe der Jahrhunderte, wie man am Gottesbild feststellen kann.[390] Dies ist begründet in einer Eigenart jüdischer Theologie: Jüdischer Glaube war immer und ist auf Diskussionen eingestellt; er kennt keine abstrakten, systematisch-theologischen Dogmen wie der christliche Glaube.

Da Offenbarung ein fortschreitendes Geschehen ist, lautet seit dem Zweiten Vatikanischen Konzil ein hermeneutisches Prinzip: „Dogma im Wandel."[391] Dies entspricht den Erfahrungen der Neuzeit; Offenbarung wird seit dem 19. Jahrhundert auch in der katholischen Theologie, ausgehend von Tübinger Theologen, reflektiert.[392] Dem entspricht das theologische Fach „Dogmengeschichte". Daraus folgt: Kirchlicher Glaube und kirchliche Dogmen können nur im Kontext geschichtlicher Prozesse verstanden werden. Lebendige Kontinuität gibt es nur in der Diskontinuität

---

[390] Zum Beleg vgl. H. Frankemölle, Gott glauben.
[391] So lautet im Hinblick auf die Entwicklung des Glaubens in der Zeit nach dem Neuen Testament bis heute ein Buchtitel von M. Seewald, Dogma im Wandel. Wie Glaubenslehren sich entwickeln, Freiburg 2018.
[392] P. Hünermann, Der Durchbruch des geschichtlichen Denkens im 19. Jahrhundert, Freiburg 1967, er stellt wichtige Theologen vor; zur katholischen Konzeption nach dem Zweiten Vatikanischen Konzil vgl. W. Kasper, Glaube und Geschichte, Mainz 1970.

und Vielfalt. Die Schriften des Neuen Testaments, die etwa von 48 bis 110 n. Chr. an verschiedenen Orten von verschiedenen Verfassern geschrieben wurden, belegen diese These.

Pastoraltheologisch geht es heute auf Gemeindeebene um die Aufgabe, Menschen mit Kinderglauben zu einem reflektierten Glauben zu führen. Dies hätte seit dem Zweiten Vatikanischen Konzil in aller Breite sonntäglich in den Predigten geschehen sollen, unterblieb aber großenteils. Bücher von engagierten Pfarrern wie Rainer Maria Schießler, Thomas Frings, Stefan Jürgens, Ulrich Lüke oder Nils Petrat legen das dar.

2.5 Unterschiedliche literarische Gattungen

Die Erkenntnis, dass es auch in der Bibel unterschiedliche Sprechformen und literarische Gattungen gibt, entlarvt manchen Kinderglauben. In dem oben genannten Konzilstext heißt es: „Um die Aussageabsicht der Hagiographen zu ermitteln, ist neben anderem auf die literarischen Gattungen zu achten. Denn die Wahrheit wird je anders dargelegt und ausgedrückt in Texten von in verschiedenem Sinn geschichtlicher, prophetischer oder dichterischer Art oder in anderen Redegattungen." (DV 12)

Kaum ein biblischer Text ist eine historiographische Erzählung – mit der Frage beim Lesen biblischer Texte: „Ist das auch so passiert?" Es gibt keinen Unterschied in der Glaubenswahrheit des Satzes „Gott hat Jesus auferweckt und er wurde begraben" (1 Kor 15,3-4) und den Grabes- und Ostererzählungen der Evangelien. Derselbe Glaube an die Macht Gottes über den Tod hinaus wird nur verschieden erzählt. Dem griechisch-jüdischen Bekenntnis, Gott hat alles, den ganzen Kosmos Kraft seines Wortes (Gen 1) aus dem Nichts erschaffen, entspricht anthropologisch das Bekenntnis „geboren aus der Jungfrau Maria". Dies ist nicht biologisch gemeint, sondern steht in einer langen Tradition zum Glauben an die grenzenlose schöpferische Macht Gottes am Anfang des Lebens.[393] Ebenso verhält es sich mit dem Bekenntnis

---

[393] H. Frankemölle, Gott glauben 195–203.

„alle wurden vom Heiligen Geist erfüllt" (Apg 4,31; 8,17; 10,44) und der „Pfingsterzählung" (Apg 2,1–13), in der Lukas Motive aus biblischen Offenbarungen Gottes verarbeitet (Ex 3,2; 13,21f; 19,18). Auch die ausführlichen, fabulierenden Geschichten sind wahr, wenn man glaubt, dass die Schrift „die Wahrheit lehrt, die Gott um unseres Heiles willen in heiligen Schriften aufgezeichnet haben wollte" – durch Menschen als „echte Verfasser" (DV 11). Ausschmückende, erzählerische Elemente ändern nicht die Offenbarung, fügen dem Glauben nichts hinzu.

Für einen angemessenen Glauben ist gerade heute beim „einfachen" Gläubigen viel Informationsarbeit zu leisten. Viele nehmen biblische Geschichten wörtlich, faktisch – und müssen sie missverstehen. Dies gilt etwa für die Geschichten von der Jungfrauengeburt und die vom leeren Grab. Das Bekenntnis zu Jesus als wirklicher Mensch schließt ein, dass sein Leichnam verwest ist. Dies betrifft auch die Formel „Dies ist mein Leib, dies ist mein Blut". Gerade bei den literarischen Gattungen hat die Kirche viel Nachholbedarf bei der Belehrung. Sie müssen heutigen Gläubigen so „übersetzt" werden, dass sie sie so verstehen, wie die Autoren im Neuen Testament sie verstanden haben und wie sie unter neuen sprachlichen Bedingungen formuliert werden können.

2.6 Bekenntnisse als Gattung

Der Relativität der Gattungen inhärent ist deren beschränkter Anspruch für verschiedene Adressaten, nicht für die Glaubenden, wohl aber für Außenstehende. Nach außen haben Texte Grenzen, können missverstanden werden, bedürfen der Erklärung. Damit haben „einfache" Christen vermutlich die größten Probleme. Sie verbinden seit Jahrhunderten mit Bekenntnissen die faktische Verbindung von Kirche und weltlicher Herrschaft durch Fürstbischöfe und Päpste mit einem Absolutheitsanspruch. Höhepunkt in der lateinisch-römischen Kirche war die Erklärung vom Jurisdiktionsprimat des Papstes und seiner Unfehlbarkeit als Dogma im Ersten Vatikanischen Konzil von 1870. Bis heute ist es für Konservative *das* Kennzeichen der „rö-

2. Hermeneutische Grundprobleme kirchlicher Zukunft

mischen" Kirche.[394] Im innerchristlichen Dialog hat man diese Zuspitzung überwunden (siehe unten 2.10).

Wie alle Dogmen ist es genetisch-historisch zu deuten. Im Zweiten Vatikanischen Konzil wurde die Frage nach dem Verhältnis von der „Gesamtheit der Gläubigen, welche die Salbung von dem Heiligen haben (vgl. 1 Joh 2,20.27)", die „im Glauben nicht irren" kann (Dogmatische Konstitution über die Kirche *Lumen gentium* Nr. 12) und den Bischöfen bzw. Bischofskonferenzen „mit heiliger Vollmacht" (LG 18) und dem Papst (LG 22) innerkirchlich nicht geklärt.[395] Auch die Vatikanische Weltsynode 2023/24 vermochte es nicht – bei aller Betonung synodaler Strukturen der lateinisch-römischen Kirche.

Einige Ortskirchen entwickelten Projekte. So gibt es in Lateinamerika seit 1955 den Bischofsrat CELAM, in dem Bischöfe, Priester, Ordensleute und Laien eng zusammenarbeiten. Beschlüsse der Bischofskonferenzen zur Reform der lateinamerikanischen Kirche wie die vom Oktober 2019 wurden vom Papst in seinem nachsynodalen Schreiben „Querida Amazonia. Neue Wege für die Kirche und für eine ganzheitliche Ökologie" (Bonn 2020) angemessen referiert. Es wird gefordert, dass sich alle „in Amazonien um ihre Umsetzung bemühen" (2–4); allerdings wird dieser Wunsch durch eingeschobene Verweise auf das Kirchenrecht (87, zweiter Satz, bis 103) desavouiert; so wirkt der ganze Text schizophren.[396]

Es fehlt nicht an theologischer Einsicht, sondern der Wille, analog zur Situation im Neuen Testament und in den ersten Jahr-

---

[394] Vgl. H. Wolf, Der Unfehlbare: Pius IX. und die Erfindung des Katholizismus im 19. Jahrhundert, München ²2020; zu früheren Diskussionen: H. Küng, Unfehlbar? Eine Anfrage, Zürich 1970; U. Horst, Unfehlbarkeit und Geschichte, Mainz 1982.

[395] Zum Text: Dogmatische Konstitution über die Kirche „Lumen gentium/Licht der Völker" von 1964.

[396] Zur Würdigung und zur Kritik vgl. H. Frankemölle, Der ‚Liebesbrief' des Papstes nach Amazonien. Wie liest ein Exeget den Brief zur Amazonas-Synode? in: Freckenhorster Kreis Informationen, Heft 166, August 2020, 29–36. Auch an anderen Stellen wurde der in Aparecida beschlossene Text durch den vom „Vatikan" veröffentlichten verändert; vgl. N. Arntz, Pastorale Umkehr. Das Programm des Franziskus-Pontifikats, in: Wir sind Kirche München 2014, 3–25, ebd. 22.

hunderten der Kirche heute in verschiedenen Regionen der Welt unterschiedliche pastoraltheologische Konzepte und liturgische Rituale (Brotbrechen – Herrenmahl) anzuerkennen, die nicht das Zentrum des christlichen Glaubens betreffen. Trotz der immer stärker werdenden Globalisierung gibt es Ungleichzeitigkeiten in der Erkenntnis theologischer Wahrheiten und ihrer praktischen Umsetzung.

In der Praxis zeigt sich: Auch unter Papst Franziskus als Südamerikaner war ökumenisch das Papstamt mit seinem Absolutheitsanspruch (Papst hat das Vetorecht, er hat das letzte Wort) das größte Hindernis in einer versöhnten Vielfalt der christlichen Kirchen. Zwar wurden die Bischofskonferenzen im Zweiten Vatikanischen Konzil theologisch aufgewertet, hat Papst Franziskus 2024 in der Abschlusserklärung der Vatikanischen Synode, „den Wert des abgeschlossenen synodalen Weges" anerkannt, „dieses Dokument dem heiligen Volk Gottes" übergeben und auf das übliche nachsynodale Apostolische Schreiben verzichtet,[397] hat den Text aber nicht formell approbiert; erst dann hätte der Text gemäß der Apostolischen Konstitution „Episcopalis communio" vom 15. September 2018 „Anteil am ordentlichen Lehramt des Nachfolgers Petri."

Die Problematik von Unterschieden im Bekenntnis und in der Pastoral ist dem christlichen Glauben inhärent. Wenn Christen nach Lukas bekennen „Jesus ist der Retter" (Lk 2,11; Apg 4,12; 5,31; 13,23) oder nach Matthäus „er ist Immanuel, das heißt Gott mit uns" (1,23) oder nach Paulus „er wurde auferweckt" (1 Kor 15,4), dann bezeugen diese Bekenntnisse den Glauben bestimmter Menschen und der gilt für sie absolut oder sollte es. So sind in der Regel neutestamentliche Glaubensbekenntnisse zu verstehen, da die Texte innergemeindliche Schreiben sind, ob Evangelien oder Briefe. Sie zielen auf die Erweckung oder Stärkung des Glaubens der jeweiligen Adressaten. Wenn mit diesem *Zeugnis* der Anspruch verbunden ist, für alle Menschen und Religionen verbindlich und absolut gültig zu sein, alle anderen Über-

---

[397] https://www.vaticannews.va/de/vatikan/news/2024-10/synode-schlussdokument-vatikan-papst-laien-frauen-kirche-mission.htm (abgerufen am 14.05.2025).

2. Hermeneutische Grundprobleme kirchlicher Zukunft

zeugungen dabei für überholt erklärt werden oder sogar als gottlos oder „teuflisch", dann spricht man von Antijudaismus. Einen Anfang dafür dürfte das Johannesevangelium bieten. Dazu einige Hinweise:

Von Anfang an stehen höchste christologische Bekenntnisse (vgl. die Rede von Jesus als dem fleischgewordenen Logos/Wort Gottes, von der Einheit des Sohnes mit dem Vater und die Bildworte Licht, Wasser, Brot des Lebens, Wahrheit ...) und die ungläubige, gottfeindliche Welt einander dualistisch gegenüber (Joh 1,1–5.10). Dies wiederholt sich auf menschlicher Ebene: Während in den anderen Evangelien Jesus und verschiedene jüdische Gruppen auftreten, sind es im Johannesevangelium an 67 Stellen „die Juden" als ungläubige Gegner Jesu, denen er im Streitgespräch über die Abrahams-Kindschaft (8,30–47) bescheinigt: „Ihr habt den Teufel zum Vater" (8,44). Ähnlich negativ sind die Aussagen über deren falsche Gottes- und Schriftdeutungen (5,31–47). Die Gegnerschaft ist dualistisch, einander von der Gemeinschaft mit Gott ausschließend. Wie die johanneische Gemeinde aus der pharisäischen Synagoge durch einen Bann ausgeschlossen wurde (9,22; 12,42f; 16,2f), so schließt Johannes jene aus – erzählerisch mit Hilfe der Autorität Jesu, faktisch mit seiner hohen Christologie.[398] Entscheidend ist der Glaube an Jesu einzigartige Stellung zum Vater. Daher heißt es siebenmal „viele glaubten an ihn" und seinen „Namen" wie Prophet, Messias/Christus, Sohn Gottes, Menschensohn, Wort/Logos Gottes (2,23; 7,31; 8,30; 10,42; 11,45; 12,11.42). In Joh 8,30f; 11,45 und 12,11 glauben sogar „Juden".

Diese Konzeption zeigt: Noch geht es um eine innerjüdische Auseinandersetzung zwischen rivalisierenden Gruppen. Dies gilt auch für die sieben Weherufe gegen Pharisäer und Schriftgelehrte in Mt 23,13–39, wie vielfache Parallelen in jüdischen Traditionen belegen.[399] Diese Texte sind historisch-kritisch aus ihrer Ent-

---

[398] Vgl. K. Wengst, Bedrängte Gemeinde und verherrlichter Christus, München ⁴1992.
[399] Zur Begründung: H. Frankemölle, „Pharisäismus" in Judentum und Kirche. Zur Tradition und Redaktion in Matthäus 23, in: Ders., Biblische Handlungsanweisungen, Mainz 1983, 133–190; zur „großen Gerichts-Rede

stehungszeit auszulegen und in ihrem literarischen Charakter als Glaubenszeugnisse zu deuten.

Anders steht es um ihre Rezeption in nachneutestamentlicher Zeit, als dieses Evangelium „auch negative Folgen" freisetzte. Grund waren Worte wie „Ich bin der Weg, die Wahrheit und das Leben; niemand kommt zum Vater außer durch mich." (Joh 14,6) Man verstand sie nicht als Bekenntnisse einer Glaubensrichtung, sondern als absolute dogmatische Aussagen. „Heute ist die strikte Christozentrik des Joh problematisch. Sie scheint in ihrer Absolutheit den theologisch selbstverständlich gewordenen Respekt vor Gotteserfahrungen in anderen Religionen in Frage zu stellen. Gefordert ist ein kritischer Umgang mit dem Buch, im Wissen um seine historischen Entstehungsbedingungen" und im Wissen um unterschiedliche literarische Gattungen, deren damaliger Sinn für heute zu erschließen ist. Auch die Worte des johanneischen Jesus sind nur als Zeugnis zu verstehen. Nach Michael Theobald besteht die „bedeutendste Leistung" des Johannes um 100 n. Chr. darin, „in neuer Situation und aufgrund neuer Erfahrungen" ein Evangelium neu zu verfassen, im „Mut zu eigener Glaubensartikulation im Generationsumbruch".[400]

Die Verbindlichkeit von Glaubenszeugnissen ruht in ihnen selbst und in der jeweiligen Gemeinschaft dieses Glaubens. Alt- und neutestamentlich fehlt ein wichtiges Kriterium: dem Zeugnis des Glaubens muss ein entsprechendes Handeln entsprechen.

2.7 Werdet Täter des Glaubens, nicht nur Hörer!

So stabilisierend ein Bekenntnis nach innen für die Gemeinschaft der Glaubenden und nach außen für Andersgläubige ist, es bleibt „tot" – vor allem nach Jesus in der Deutung des Lukas und nach Jakobus, dessen Brief ihn als nächsten Verwandten im Geiste Jesu belegt, wie die Vielzahl an Parallelen mit Jesu Lehre auf dem

---

gegen Israel und Kirche" in Mt 23 vgl. Ders., Matthäus. Kommentar 2, Düsseldorf 1997, 360–390.
[400] M. Theobald, Das Evangelium nach Johannes, in: Die Bibel. Einheitsübersetzung. Kommentierte Studienausgabe, Stuttgart 2018, 339.

2. Hermeneutische Grundprobleme kirchlicher Zukunft

Berg in Mt 5–7 bestätigen.[401] Beide fordern einen durch das Tun beglaubigten Glauben, ein lebendiges und praktiziertes Zeugnis. „Werdet Täter des Wortes und nicht nur Hörer!" (Jak 1,22) „Was nützt es, wenn einer sagt, er habe Glauben, aber es fehlen die Werke? Kann etwa der Glaube ihn retten? [...] Der Glaube für sich allein ist tot." (Jak 2,14.17) An Gott glauben ohne Auswirkungen im Leben, ist „dämonisch" (Jak 2,19: „Du glaubst: Es gibt nur einen Gott. Damit hast du Recht; das glauben auch die Dämonen"). Dieser Glaube bleibt folgenlos, vor Gott und für die Mitmenschen.

Die Erzählungen über den Glauben Jesu an Gott und über seine Verkündigung der „Herrschaft", des Wirkens Gottes und die vielen Wundergeschichten körperlich und sozial stehen in Wechselwirkung zueinander. Jesus fasst im Doppelgebot der Gottes- und Nächstenliebe die Gebote der Tora zusammen (Mk 12,28–34), ebenso Paulus (Röm 13,8–10). Martin Luthers These zum Römerbrief, der Mensch werde „allein durch Glauben, allein durch Gnade" gerechtfertigt (siehe oben III 1.5), kann nicht als dogmatische, abstrakte Lehre verstanden werden, sondern als Bekenntnis in einer bestimmten Situation der Auseinandersetzung (siehe oben 2.3) mit rivalisierenden Überzeugungen.

Dies gilt für alle Glaubensaussagen im Credo: Der Glaube an Gott als Schöpfer erfordert ein schöpfungsgemäßes, umwelt- und klimabewusstes Verhalten der Christen. Sonst ist er leer und nichtig. Der Glaube an Jesus Christus erfordert eine konkrete Nachfolge in der Versöhnung von Menschen, der Heilung von seelisch und körperlich Kranken. Sonst ist er nichts wert. Auch das Bekenntnis zur Auferweckung ist sinnlos, wenn es nicht die Jünger wie im Neuen Testament auf den Weg, in Bewegung setzt zu einem Leben in der Nachfolge Jesu. Das Bekenntnis zu Jesus fordert, „einen Glauben zu haben, der in der Liebe wirksam ist" (Gal 5,6; vgl. das Hohelied über Glauben, „der Berge versetzen könnte", Hoffnung und Liebe in 1 Kor 13,1–13). Alles Bekennen ohne liebevolles Tun, ist „nichts" (13,2f).

---

[401] Vgl. F. Mußner, Der Jakobusbrief, Freiburg ⁵1987; H. Frankemölle, Der Brief des Jakobus I–II, Gütersloh 1994, ebd. II, 376–387.

Wenn nicht alles täuscht, sind das wahre Bekenntnis und das sakramentale Leben in der katholischen Kirche weit wichtiger als ein soziales und solidarisches Leben mit der Liebe zum Nächsten. Spricht man katholisch von Theologie oder fragt, wer im Sinne der Kirche glaubt, ist das Bekenntnis gemeint, die Praxis ist immer noch nicht elementar Theologie. Das praktische Tun aber ist gemäß der Bibel grundlegend Theologie im Sinne Jesu, nicht nur nach Lukas und Jakobus. Das Bekenntnis zu Jesus Christus zählt in der Erzählung vom großen Weltgericht nach Matthäus nichts (Mt 25,31–46). Diese Überzeugung ist ganz biblisch, wie die Rezeption von Jes 58,1–14 und Ps 82,3–6 dort belegt. Die katholische Kirche versteht sich immer noch nur als eine sakramental verfasste Kirche – universal und hierarchisch gegliedert (auch noch in der Kirchenkonstitution des Zweiten Vatikanischen Konzils) und vor Ort in den Pfarrgemeinden (in der jährlichen Statistik werden nur Sakramente gezählt).

Nimmt man die Bibel zum Maßstab, gehören Diakonie, Zeugnis und Liturgie zusammen: Was im Handeln, im Dienst an den Mitmenschen und an der Schöpfung gelebt und geglaubt wird, wird verkündet und in den Ritualen der Kirche in der Liturgie gefeiert. Dieser Dreischritt in dieser Abfolge ist grundlegend.

2.8 „Ihr alle seid Geistliche" oder: Die Suche nach Synodalität

Was in den vergangenen Jahren bei der Synode in Deutschland und bei der Weltsynode im Vatikan heftig diskutiert wurde, das Verhältnis aller Getauften zu Diensten in der Kirche, besonders das Verhältnis von Papst und Bischofskonferenzen und einzelnen Bischöfen, hat der katholische Exeget Karl Hermann Schelkle 1964 mit einem kleinen Buch mit der Überschrift dieses Unterkapitels[402] mit Berufung auf Paulus geklärt. Alle Getauften sind „vom Geist erfüllt" (Gal 6,1). Andere Theologen im Neuen Testament sprechen von einer heiligen Priesterschaft der Christen (1 Petr 2,9; Offb 1,6; 5,10; 20,6). Durch die Taufe sind alle erleuchtet (Eph 1,18), haben alle den Sinn Christi (1 Kor 2,16),

---

[402] Einsiedeln 1964.

2. Hermeneutische Grundprobleme kirchlicher Zukunft

brauchen von niemandem eine Belehrung (1 Joh 2,20.27). Alle sind Hörer und Verkünder des Wortes Gottes (1 Kor 14,24; Apg 4,31; 1 Petr 5,13), alle haben den Auftrag zu taufen (Mt 28,19). Auch Wort und Kult (Eucharistie und Buße) sind der ganzen Kirche aufgetragen, ob in einer Haus- oder Stadtkirche (1 Kor 16,19; Röm 16,3f; Phlm 2). Alle Aussagen gelten für Männer und Frauen, was auch zwei vom Papst eingesetzte Kommissionen festgestellt haben. Es ist ein Gebot der „Zeichen der Zeit", die schöpfungsbedingte und gesellschaftliche Gleichwertigkeit der Frauen kirchlich zu realisieren. Der Pastoraltheologe Paul Zulehner aus Wien fordert seit Jahren eine Zeitenwende der Kirche, die nicht mehr klerikal, sondern synodal sein wird, die sich nicht mehr von der Priesterweihe her entwirft, sondern von der Taufe her.

Die Feier der Eucharistie ist ein Auftrag Jesu und gilt für die Evangelisten wie für Paulus nach Karl Hermann Schelkle „der Kirche, nicht nur den zwölf Aposteln. Die ganze priesterliche Kirche hat die Vollmacht, das Mahl zu feiern, nicht nur ein engerer Kreis von Priestern. [...] Paulus muss in Korinth Missbräuche beim Herrenmahl abstellen und Ordnung schaffen (1 Kor 11,17-34). Die Korinther haben das Mahl profaniert. Paulus wendet sich nun nicht etwa an einen einzelnen Amtsträger, indem er ihn auffordert, für Ordnung Sorge zu tragen, sondern er spricht die ganze Gemeinde an. Daraus wird man folgern, dass es solche Amtsträger, die das Mahl als ‚Priester' vollzogen hätten, noch nicht gab. Propheten – Männer und Frauen – sprachen Verkündigung und Liturgie (1 Kor 11,4f; 14,24f ...). Noch in der Didache feiern Propheten die Eucharistie als die ‚Hohenpriester' (13,3). Das Wir der Kirche begeht das Mahl. ‚Wir segnen den Kelch ... Wir brechen das Brot' (1 Kor 10,16). Damit wird der Stiftungswille Christi vollzogen, der die Feier des Mahles der ganzen Kirche aufgetragen hat (1 Kor 11,24f ...)."[403]

In einer solchen Gemeinde ohne heilige Hierarchie gibt es verschiedene Gaben und Begabungen zum Wohle der Gemeinden (1 Kor 12), aber sie sind nicht Grund für Ämter wie in der römischen Kirche.

---

[403] K. H. Schelkle, Theologie des Neuen Testaments. IV. 2. Jüngergemeinde und Kirche, Düsseldorf 1976, 144.151 f.

VI. Wege der Kirche in den kommenden Jahren

Heute fehlen nicht das Wissen um vergangene Gemeindeformen und die Einsicht in gegenwärtige Erfordernisse für die Mitbeteiligung aller, von Frauen und Bischöfen, am Aufbau der Gemeinde Jesu Christi. Es fehlt der Mut zur Umsetzung der Erkenntnisse.

2.9. Die systemische Sünde der Heuchelei

Die Glaubwürdigkeit der Kirchen, auch der katholischen und des Papstes vor Christen, den anderen Religionen und den Menschen hängt davon ab, ob die strukturelle Schizophrenie bzw. systemische Heuchelei überwunden werden kann. Kein anderer hat wie Papst Franziskus seit seinem Amtsantritt im März 2013 die Missstände in der Kurie beklagt. Besonders in seiner Aufsehen erregenden Weihnachtsansprache 2014 vor den Kardinälen hat er 15 systemische Krankheiten der Kurie benannt wie: Machtstreben, Geldgier, Eitelkeit, Arroganz, Terrorismus des Geschwätzes, Schizophrenie, mentale Erstarrung, eine spirituelle Alzheimer-Erkrankung. Die Kurie sei ein „Orchester, das schief spielt".[404] Diese Offenheit fand nicht nur bußwillige Ohren im Vatikan, sondern bestätigte auch das mediale Bild des Vatikans in der Öffentlichkeit.

Nach der am 15. Oktober 2024 veröffentlichten jüngsten Shell Jugendstudie 2024 stand es um die Glaubwürdigkeit der Kirchen noch nie so schlecht. Beim Vertrauen in gesellschaftliche Institutionen stehen die Kirchen auf dem letzten Platz; vor ihnen rangieren die Bundesregierung, die Europäische Union, Banken und sogar politische Parteien.

Anspruch und Wirklichkeit fallen in der katholischen Kirche auseinander, theoretisch und praktisch. Die tief eingewurzelte Gefahr der Heuchelei bei „Amtstheologen", den Widerspruch zwischen frommen Worten und Taten kritisierte auch Jesus: „Tut und befolgt alles, was sie sagen, aber richtet euch nicht nach ihren Taten; denn sie reden nur, tun es aber nicht" (Mt 23,3; vgl. auch

---

[404] Vaticannews vom 22. 12. 2024.

2. Hermeneutische Grundprobleme kirchlicher Zukunft

die Auslegung der Tora-Gebote in 5,17–48, die Jesus in den Alltag der Adressaten übersetzt).

Diese Sünde der Heuchelei wurde für viele Christen und Nichtchristen offenbar durch die seit 2010 bekannt gewordenen Missbrauchsfälle durch Priester und Bischöfe und durch deren kirchenamtliches Vertuschen. Seither spricht man von systemischem Versagen, von struktureller Sünde.

Bereits Jakobus kritisiert in seinem Brief die Diastase zwischen Hören und Tun (1,19–27), zwischen Glauben und Tat (2,14–26), zwischen Freundschaft und Zwietracht mit Gott und der Welt, zwischen Teufel und Gott (4,1–12). Jakobus begründet diesen Zwiespalt anthropologisch: Die Adressaten sind „Menschen mit zwei Seelen" (4,8). Schon im Prolog (1,2–18) wird der Zweifler, der Kleingläubige und der, der sich sozial als minderwertig versteht und der Versuchung verfällt, als „dípsychos/zweiseelig/mit zwei Seelen" gedeutet. Heilung gibt es nur im Vertrauen auf Gott. Er schenkt Weisheit und Glauben, durch die alle Versuchungen, auch sozialer Art im Verhalten von Armen und Reichen (2,1–13), von übler Rede, die Gemeinschaften zerstört (3,1–12), überwunden werden können. Jakobus ist von der Macht des Gebetes überzeugt (3,13–18). Er will auch seine Adressaten dazu bewegen.

Der Mensch ist nicht vollkommen, weder nach Jakobus noch nach Matthäus. „Bekennt einander eure Sünden und betet füreinander, damit ihr geheilt werdet!" (Jak 5,16) Die geschwisterliche Zurechtweisung geschehe nach Matthäus „unter vier Augen", falls notwendig in einer größeren Kleingruppe oder durch die ganze Gemeinde (Mt 18,15–20). Falls alle Bemühungen scheitern, „sei der Sünder für dich wie ein Heide oder Zöllner" (18,17). Nach Paulus kann ein solcher im schweren Fall auch ausgeschlossen werden (1 Kor 5,1–5; 1 Tim 1,19f).

Systemische Heuchelei bestimmt auch die Rede vom „Dienst" in Bezug auf kirchliche Ämter und der „Mitwirkung" der Laien in der Kirche, worunter oft die Mitbeteiligung am priesterlichen Amt verstanden wird, obwohl die Zahl der Priester beständig abnimmt. Von „Heuchelei" war auch der von Papst Franziskus im Oktober 2021 ausgerufene synodale Prozess für die Weltkirche affiziert. Für die zweite Sitzung vom 2. bis 27. Oktober 2024

VI. Wege der Kirche in den kommenden Jahren

hatte Papst Franziskus vorsorglich die „heißen Eisen" (Begrenzung der bischöflichen Gewalt, Priesterweihe der Frau, Zölibat der Priester, Segnung homosexueller Paare) an zehn Arbeitsgruppen zur weiteren Abklärung gemäß dem in der Politik und Wirtschaft bekannten Spruch „Wenn man nicht mehr weiterweiß, bildet man einen Arbeitskreis" delegiert. Vor allem der Vorschlag der deutschen Synode, dass Laien nicht nur beratend, sondern entscheidend an der Leitung der Diözese und der Gesamtkirche mitwirken dürfen, war vom Vatikan abgelehnt und von den deutschen Bischöfen nach etlichen Gesprächen mit dem Vatikan zurückgestellt worden. Auch wenn man den Unterschied zur „Demokratie" deutlich betont, ist das Programm „synodale Struktur", „Synodalität" und auch die „neue synodale Kultur", nur noch ein Etikett, so sehr man national und international die Beteiligung der „Laien" an den innerkirchlichen Prozessen begrüßen muss. Wenn Pfarrer, Bischof oder Papst ein generelles Veto-Recht haben, die „Laien" als kompetente Fachleute (in vielen Dingen kompetenter als Priester) nicht mitentscheiden dürfen, bleibt das systemische Grundproblem der katholischen Kirche erhalten. „Die Erfindung des Katholizismus im 19. Jahrhundert" durch Pius IX.[405] mit dem 1870 verkündeten Dogma der päpstlichen Unfehlbarkeit und seines Jurisdiktionsprimates, dem zufolge der Papst volle, höchste, universale und nicht einklagbare Gewalt über die gesamte Kirche hat, wurde durch die Lehre des Zweiten Vatikanischen Konzils über die Bischöfe und Bischofskonferenzen in der „Konstitution über die Kirche/Lumen gentium" (18–29) in ihrem Verhältnis zum Papst nicht gelöst, auch wenn ihr Verhältnis neu betont wurde. Diese offene Frage über die deutsche Synode lösen zu wollen, verdient Respekt, hat aber angesichts des Systems der globalen Kirche keine Chance, es sei denn, sie ändert sich von Grund auf. Der langjährige Korrespondent der FAZ aus Rom, Matthias Rüb, bringt das Problem auf den Punkt: „Das Unterfangen, mit einer Weltsynode die katholische Weltkirche zu reformieren, ähnelt dem Versuch der Quadratur

---

[405] So der provokante, aber zutreffende Buchtitel von H. Wolf, Der Unfehlbare. Pius IX. und die Erfindung des Katholizismus im 19. Jahrhundert, München 2020.

des Kreises. Eine absolutistische Wahlmonarchie soll demokratischer oder wenigstens partizipativer werden, ohne die Machtarchitektur anzutasten. Ihr unverrückbares Fundament ist das Papstamt, ausgestattet mit weltlicher Macht und göttlicher Autorität."[406]

Die Lebenswelt heute ist anders als im 19. Jahrhundert. Damals erklärte Pius IX. (1846–1878) analog zum monarchischen Selbstverständnis Ludwig XIV., 1643 bis 1715 König von Frankreich, seinen „Dienst". Dessen Selbstverständnis kulminierte im Spruch „l'état, c'est moi/der Staat bin ich". Ebenso das des Papstes: „Ich bin die Tradition, ich bin die Kirche." Pius IX. veröffentlichte 1864 das „Verzeichnis der Irrtümer/Syllabus errorum" mit 80 Thesen, die bis heute, auch von Papst Franziskus nicht zurückgenommen wurden. Demnach sind alle Katholiken automatisch exkommuniziert, die sich für die Demokratie einsetzen. Spätestens seit dem Zweiten Vatikanischen Konzil verkündet auch die katholische Kirche, dass nicht nur die Offenbarung Gottes in den heiligen Schriften „in menschlicher Sprache" vorliegt (Dogmatische Konstitution über die Göttliche Offenbarung *Dei Verbum* Nr. 11–12), sondern ebenso die Dogmen, die geschichtlich gebunden, einem Wandel unterliegen.[407]

Mit den Erfahrungen einer von demokratischen Strukturen geprägten Gesellschaft des Westens heute, in der Frauen in Deutschland formell nach dem Grundgesetz seit Mai 1949 gleichberechtigt sind, ist das Dogma von 1870 nicht vereinbar. Selbst der Codex Iuris Canonici der lateinischen Kirche von 1983 formuliert in Kanon 208: unter allen Getauften „besteht […] eine wahre Gleichheit in ihrer Würde und Tätigkeit", was aber theologisch-abstrakt bleibt. In der Wirklichkeit der Politik, der Medien, der Arbeitswelt oder im Sport hingegen haben Frauen sich eine Gleichberechtigung erkämpft, während sie ihnen in der Kirche weiter verwehrt bleibt. Man tut so, als würde sich dies auf der Orts-, Diözesan- und Weltkirche-Ebene langsam verändern, bleibt aber heuchlerisch, da das System erhalten bleibt.

---

[406] FAZ vom 11. Juli 2024, 8.
[407] S. Seewald, Dogma im Wandel. Wie Glaubenslehren sich entwickeln, Freiburg 2018.

VI. Wege der Kirche in den kommenden Jahren

2.10 Ökumenische Schritte zu einer synodalen Kirche

In der innerchristlichen Ökumene wurden in den letzten Jahren mutigere Schritte getan als im innerkirchlich katholischen Bereich. Hier gibt es noch zu wenig Bewegung, zu zögerlich und zu langsam.

Wenn man von der Geschichtlichkeit aller Glaubensaussagen überzeugt ist, kann das monarchisch absolutistische Papsttum neu gedacht werden. Zwei Zitate von Joseph Ratzinger, ab 2005 Papst Benedikt XVI., deuten eine Lösung an. Das Papstamt bindet er an die grundlegenden Vorgaben des Neuen Testaments: „Alle späteren Stadien bleiben dem vom Herrn gesetzten Ursprung als dem einen Richtmaß unterworfen."[408] Unbeschadet der Überzeugung aller christlichen Kirchen, dass Petrus im Neuen Testament „der Erste an Ehre unter uns" und die römische Gemeinde mit den beiden Aposteln Petrus und Paulus „den Vorrang hat in der Liebe/den Vorsitz führt in der Liebe" (so um 100 Bischof Ignatius von Antiochien in seinem Brief an die Römer 3,1), bleibt diese Erkenntnis bei Ratzinger nicht abstrakt-theologisch, sondern hat konkrete ökumenische Folgen im Verhältnis mit den orthodoxen Kirchen: „Rom muss vom Osten nicht mehr an Primatslehre fordern, als auch im ersten Jahrtausend formuliert und gelehrt wurde." Für das Verhältnis der lateinisch-römischen Kirche zu den orthodoxen Kirchen war dies ökumenisch eine beachtliche Entscheidung, die aber im folgenden Satz deutlich eingeschränkt wird: „Wenn Patriarch Athenagoras […] beim Besuch des Papstes im Phanar diesen als Nachfolger Petri, als den Ersten an Ehre unter uns, als den Vorsitz der Liebe benannte, findet sich im Munde dieses großen Kirchenführers der wesentliche Gehalt der Primatsaussagen des ersten Jahrtausends, und mehr muss Rom nicht verlangen. Die Einigung könnte hier auf der Basis geschehen, dass einerseits der Osten darauf verzichtet,

---

[408] J. Ratzinger, Primat, in: LThK 8, ²1963, 761–763, ebd. 763; zustimmend W. Beinert, Primat, in: LThK 8, ³1999, 588–591, ebd. 590: „Eine ein für allemal vorgezeichnete Gestalt des Primates gibt es mithin nicht, vielmehr nur eine bleibende Aufgabe: ‚das immer neue Maßnehmen am Ursprung für Begriff und Wirklichkeit des Primates' (Ratzinger 761)."

2. Hermeneutische Grundprobleme kirchlicher Zukunft

die westliche Entwicklung des zweiten Jahrtausends als häretisch zu bekämpfen, und die katholische Kirche in der Gestalt als rechtmäßig und rechtgläubig akzeptiert, die sie in dieser Entwicklung gefunden hat, während umgekehrt der Westen die Kirche des Ostens in der Gestalt, die sie sich bewahrt hat, als rechtgläubig anerkennt."[409] Der Grundsatz lautet: Einheit im Notwendigen, im Respekt vor den geschichtlichen unterschiedlichen Entwicklungen in verschiedenen Kirchenprovinzen.

Die „Vielfalt der Ortskirchen" ist nicht nur innerchristlich im ökumenischen Gespräch wegweisend, sondern war auch in der vatikanischen Synode (2023–2024) das Leitmodell, demzufolge verschiedene lokale, kontinentale Kirchen in theologisch weniger wichtigen Fragen innerhalb der Einheit der römisch-katholischen Kirche bleiben (so bei der Ablehnung der Segnung gleichgeschlechtlicher Paare durch die afrikanischen Bischöfe).

Der Sonderweg der lateinisch-römischen Kirche bis zum Dogma von 1870 ist neutestamentlich nicht zu belegen. Darin sind sich alle Bibeltheologen und Kirchenhistoriker einig.[410] Nach den Evangelien gibt es nur einen Lehrer, Jesus Christus (vgl. Mt 23,8–11), alle Christen sind seine Schüler. Sein bis heute von den Kirchen nicht eingelöstes Programm lautet, den Menschen die Freundlichkeit Gottes in Verkündigung und Tun ohne verbeamtete Hierarchie zu vermitteln und erfahrbar zu machen.[411] Dem steht das traditionelle Verständnis des Jurisdiktionsprimates und der Unfehlbarkeit des Papstes im Dogma von 1870 entgegen.

Da man Dogmen historisch aus ihrer Entstehungszeit interpretieren muss, kann man sie nicht aufheben, sondern gemäß den „Zeichen der Zeit" weiterentwickeln. Im Hinblick auf das Papstamt wurden seit der bahnbrechenden Enzyklika *Ut unum sint* von Papst Johannes Paul II. aus dem Jahre 1995 im von ihm gewünschten „brüderlichen, geduldigen Dialog" entscheidende

---

[409] J. Ratzinger, Theologische Prinzipienlehre, München 1982, 209; vgl. auch ebd. 229.
[410] Vgl. etwa K. Schatz, Der päpstliche Primat. Seine Geschichte von den Ursprungen bis in die Gegenwart, Wurzburg 1990.
[411] Vgl. H. Frankemölle/H. Heinz, Jesus 279–314.

VI. Wege der Kirche in den kommenden Jahren

Schritte getan.[412] Höhepunkt ist das neue vatikanische Dokument „Der Bischof von Rom – Primat und Synodalität in den ökumenischen Gesprächen und den Antworten auf die Enzyklika Ut unum sint" vom 13. Juni 2024, veröffentlicht mit Billigung von Papst Franziskus, der sich selbst immer „Bischof von Rom" nennt. Herausgegeben wurde das Dokument durch das Dikasterium zur Förderung der Einheit der Christen. Wenn auch nicht alle Probleme gelöst sind, wird als Fazit der über 30 Jahre dauernden Gespräche ein großer Konsens festgestellt. Die lateinisch-römische Kirche verzichtet anders als Papst Benedikt XVI. auf den mittelalterlichen Machtanspruch. Sie deutet das Dogma von 1870 „im Lichte der historischen Kontexte", nennt das Neue Testament und das erste Jahrtausend als Maßstab und sieht den Primat des Papstes als „Dienst an der Einheit auf universaler Ebene", wobei „die Macht des Bischofs von Rom nicht über das hinaus gehen sollte, was für die Ausübung seines Dienstes der Einheit auf universaler Ebene notwendig ist." Die Verfasser sind sich einig, dass dieser Dienst an der Einheit in Vielfalt „ein ausreichendes Maß an Autorität benötigt, um mit den vielen Herausforderungen und komplexen Verpflichtungen seines Dienstes umzugehen."[413] Diese neuen Akzente bedeuten in der Tat eine „Auflösung" der mittelalterlich geprägten hierarchisch „römischen" Kirche mit dem universalen Machtanspruch und der Unfehlbarkeit des Papstes,[414] eröffnen aber gleichzeitig einen Weg zur „katholischen/allumfassenden" Kirche im Sinne Jesu und der biblischen Autoren.

---

[412] Vgl. H. Schütte (Hrsg.), Im Dienst der einen Kirche. Ökumenische Überlegungen zur Reform des Papstamts, Paderborn 2000, 170.191.
[413] https://www.vaticannews.va/de/vatikan/news/2024-06/vatikan-oekumene-dokument-primat-bischof-rom-diener-einheit-text.html (abgerufen am 07.05.2025); zur Stellungnahme durch den Vorsitzenden der Ökumenekommission der DBK Bischof G. Feige vgl. die Pressemeldung der DBK vom 13.06.2024: https://www.dbk.de/presse/aktuelles/meldung/vatikanisches-dokument-der-bischof-von-rom-1 (abgerufen am 07.05.2025).
[414] Vgl. auch G. M. Hoff, In Auflösung. Über die Gegenwart des römischen Katholizismus, Freiburg 2023.

2. Hermeneutische Grundprobleme kirchlicher Zukunft

2.11 Päpstliche Visionen und die Realität der Kirche

Im Folgenden kann es nicht einmal ansatzweise um eine Analyse der Theologie und der Visionen von Papst Franziskus gehen. Angesichts der unbestreitbaren Probleme vieler Christen mit der Sprache, Theologie und der Liturgie der katholischen Kirche geben seine Lehrschreiben und Enzykliken einige wichtige Hinweise. Nicht in Bezug auf seine Herzensanliegen Armut, Krieg und Leiden der Migranten, die mit seiner Herkunft „vom Ende der Welt", Argentinien, zu tun haben. Diese Themen bilden einen roten Faden von der ersten Predigt im März 2013 bis in sein letztes Lehrschreiben *Dilexit nos/Er hat uns geliebt* von Oktober 2024.

Es geht um einen anderen Aspekt seiner „weltlichen" bzw. seiner „weltorientierten" Theologie, um Verständlichkeit im interreligiösen Gespräch. Ausgeschlossen sind damit alle innertheologischen, römisch-katholischen und dogmatischen Themen, auch strukturelle Probleme, wie sie im „synodalen Prozess" in Deutschland und auf kirchlicher Weltebene diskutiert werden wie Mitbestimmung der neu eingerichteten Kardinalskommission, der Bischofskonferenzen, der Diözesanräte oder Mitbestimmung der Laien in allen Fragen und das Diakonat der Frau.[415] Dogmatisch hält Papst Franziskus an tradierten Antworten fest. In Ansprachen und Interviews reagiert der Papst aber wie ein guter Pfarrseelsorger mit Barmherzigkeit (Segnung homosexueller Paare, Anerkennung homosexueller Frauen und Männer im kirchlichen Dienst), ohne die theologischen Grundfragen geklärt zu haben. An dogmatischen Fragen und ihren Neuformulierungen ist Franziskus nicht interessiert. Er spricht unreflektiert vom Faktum des Teufels und der Hölle. In moraletischen Fragen rekurriert er allgemein auf die „unendliche Würde des Menschen", wonach der Mensch „nach dem Bild und Gleichnis Gottes" erschaffen ist. Ob er damit das Gespräch mit den säkularen Gesprächspartnern erleichtert?

---

[415] Zum Stand der Diskussion und zu praktikablen Ansätzen vgl.: Diakonat der Frau, in: Diakonia. Internationale Zeitschrift für die Praxis der Kirche, Freiburg Heft 3/2024.

Bei allen Einschränkungen wird es sein großes Verdienst bleiben, dass er auf der Basis der Schöpfungstheologie neue Akzente gesetzt hat. Diese Ausweitung bedingt einen Paradigmenwechsel in der katholischen Theologie. Hat Papst Johannes Paul II. eine „Reinigung des Gedächtnisses" der Christen im Hinblick auf den ungelösten, ewigen Bund Gottes mit den Juden geleistet und den Dialog „auf Augenhöhe" mit den gläubigen Schwestern und Brüdern im Judentum gefördert, so öffnete Papst Franziskus die katholische Theologie um einen elementaren anderen Aspekt. Ihm geht es vor allem im Gespräch mit den beiden anderen monotheistischen Religionen Judentum und Islam um das von Gott in der Schöpfung gestiftete „Lebenshaus" aller Menschen, um eine „weltliche" Theologie, in der gemäß den biblischen Schriften die Bewahrung der Schöpfung, das Klima, der Frieden und die Brüderlichkeit aller Menschen thematisiert werden. Dies sind nach Papst Franziskus genuine theologische Grundthemen, auf deren Basis erst Menschen Gott „Dank/Eucharistie" abstatten können.

Wenn nicht alles täuscht, will oder kann er (wegen Widerständen durch konservative Kardinäle im Vatikan) die dogmatischen, lehrhaften Satzwahrheiten der scholastischen Theologie nicht in eine von Erfahrungen gesättigte Theologie verändern. Das konsequente Insistieren auf weltlichen Themen in seinen Lehrschreiben belegt seine Überzeugung, dass in ihnen gelebter christlicher Glaube die Mitte ist. Was darin lebendig wird, Menschen glücklich macht, Natur leben lässt, kann dann gemeinsam mit allen Glaubenden in der Eucharistie gefeiert werden. Erst so lässt sich von ganzem Herzen am Anfang der Hochgebete in der Eucharistie beten: „Lasset uns Dank sagen dem Herrn, unserem Gott!"

Damit ist die Sprache des Betens und der Liturgie angesprochen. Auch hier löst der Papst schwierige Grundfragen durch den praktischen Vollzug. Darf man als katholischer Christ mit Christen der nicht mit Rom unierten orthodoxen Kirchen, darf man mit Juden und Muslimen beten? Darf man bei getrennten Glaubenszeugnissen gemeinsam theologische Fragen behandeln? Der Papst tut es und leidet zugleich an den tradierten sprachlichen Formulierungen und Traditionen seiner Kirche.

2. Hermeneutische Grundprobleme kirchlicher Zukunft

Vermutlich hat die philosophisch-theologische Fachsprache, die das sakramentale Handeln der Kirche seit der Antike prägt, Papst Franziskus zu einem erstaunlichen Geständnis und zu einem unerwarteten Aufruf angeregt. Neu sind seine Gedanken nicht, wie ein Blick auf seine Enzykliken bestätigt.

In einem Vorwort zu dem Buch von Antonio Spadaro SJ „Una trama divina. Gesu nel controcampo" fordert der Papst, Jesu Botschaft neu zu entdecken: „Lernen wir den Staub, der sich auf den Seiten des Evangeliums angesammelt hat, zu entfernen und seinen intensiven Geschmack wiederzuentdecken. [...] Sonst wird der Gottessohn, der Meister, zu einer Abstraktion, einer Idee, einer Utopie, einer Ideologie." Es geht um „die Rauheit der Evangelien". Dies zielt auf die nachneutestamentliche Entwicklung, wie auch der weitere Satz: „Die Kirche muss sich davor hüten, in die Falle einer banalen Sprache zu tappen, in Phrasen, die mechanisch und müde wiederholt werden."[416] Theologie ist nach Papst Franziskus „Dienst am lebendigen Glauben der Kirche". So wichtig die wissenschaftliche Theologie zur Ausbildung der zukünftig in der Seelsorge Tätigen ist, „die Gemeinschaft braucht die Arbeit derer, die versuchen, den Glauben zu interpretieren, zu übersetzen, verständlich zu machen, auch mit neuen Worten."[417]

Diese Sorge ist kein spontaner Einfall, wie das Statut „Ad theologiam promovendam/Zur Erneuerung der Theologie" der Päpstlichen Akademie der Theologie vom 1. November 2023 belegt. Darin ruft der Papst die Beteiligten zu einer „mutigen Kulturrevolution" auf, damit sie im Licht der Offenbarung „prophetisch und dialogfähig" bleiben. Notwendig sei eine „grundlegend kontextuelle Theologie", wobei Kontext nicht andere Texte sind (so das Verständnis der Theologen bis in die 70er-Jahre des letzten Jahrhunderts), sondern die Bedingungen, „unter denen Männer und Frauen täglich leben, in den verschiedenen geographischen, sozialen und kulturellen Umgebungen". Franziskus geht

---

[416] https://www.vaticannews.va/de/papst/news/2023-01/papst-vorwort-jesus-buch-spadaro-trama-divina.html (abgerufen am 07.05.2025).
[417] https://www.vaticannews.va/de/papst/news/2022-06/papst-franziskus-theologie-kirche-ausbildung-priester-mailand.html (abgerufen am 14.05.2025).

VI. Wege der Kirche in den kommenden Jahren

es um die Zusammenführung „aller Erkenntnisse im Raum des Lichts und des Lebens" (siehe oben II), um eine „Volkstheologie", die sich „barmherzig an die offenen Wunden der Menschheit und der Schöpfung wendet und die in den Falten der menschlichen Geschichte die Hoffnung auf eine endgültige Erfüllung prophezeit". Auf allen Ebenen des kirchlichen Lebens müsse die Theologie eine „pastorale Prägung" haben; sie müsse „von den verschiedenen Kontexten und konkreten Situationen ausgehen, in die die Menschen eingebettet sind". Daher müsse sich die Theologie „neuer Kategorien bedienen, die von anderen Wissensformen entwickelt wurden, um die Glaubenswahrheiten zu durchdringen und mitzuteilen und die Lehre Jesu in den Sprachen von heute mit Originalität und kritischem Bewusstsein zu vermitteln." Biblisch bedeutet „Lehre" nicht nur Vermittlung von abstraktem Wissen, sondern meint wie jüdisch Halacha „Gehen/Wandel/Gebot/Weisung".

Heutige Christen verstehen ihren im Credo bekannten antiken, philosophisch formulierten, statisch, ontologischen Glauben nicht mehr (siehe oben I). Es wäre daher für das Verhältnis der Christen untereinander, für ihr Zeugnis vor der Welt, elementar, den Glauben so zu formulieren, dass im neuen „Sprachspiel" der im 4. Jahrhundert formulierte Glaube in einer dynamischen Äquivalenz festgehalten wird. Dieser Begriff aus der Linguistik bedeutet den Versuch, das in einer fremden Sprache Gesagte in einer neuen Sprache möglichst identisch (was nicht geht), daher gleichwertig, angemessen zu übersetzen – dynamisch, voll innerer Kraft des Einfühlens. Modelle für Transformationen finden sich in der Bibel: Die vielfältige, biblisch bezeugte Vorstellung von „Erlösung", von der Einheit Gottes und seiner Beziehung zur Welt und zu den Menschen, neutestamentlich gesprochen als Vater zu seinem Sohn, wird nicht in abstrakten Begriffen, sondern in *Beziehungssprache* formuliert. Christen glauben, *dass wirklich Gott in Jesus begegnete*, wie es Bischof Klaus Hemmerle vorgeschlagen hat. Dieser Entwurf scheint für systematische Theologen einen Ausweg aus dem sprachlichen Dilemma zu bieten: Hemmerle „klagt die Theologiegeschichte keineswegs der Glaubensvergessenheit an, er beklagt vielmehr die Fessel des metaphysischen Substanzdenkens, das auf das Unveränderliche, stets Bleibende abhebt, aber den Blick verstellt für das Dynamische, für Bewegung, Beziehung, Leben, Liebe".[418]

Papst Franziskus formuliert seine Wünsche angesichts der sprachlichen Krise ebenso radikal: „Wir brauchen das Genie einer neuen Sprache" durch Schriftsteller, Dichter und Künstler, deren „kraftvolle Geschichten und Bilder" Jesu Anliegen für heutige Menschen „in die Welt hinausschreien."[419] Dies ist sein Grundanliegen in den Enzykliken.

Die Wiederbelebung eines alten Rituals, das von Gläubigen nachvollzogen werden kann, gehört „zur Rauheit der Evangelien"[420] als „Dienst am lebendigen Glauben der Kirche"[421] in der Zukunft.

2.12 Brotbrechen

Überträgt man die hermeneutischen Prinzipien auf die Frage nach der Rechtmäßigkeit des „Brotbrechens" ohne Wandlungsworte, ließe sich über die partikulare Anerkennung des Hochgebetes von Addai und Mari (siehe oben V 7) in Zukunft eine universale Lösung finden – sicherlich erst nach einem langen Prozess des Einübens und unter der Voraussetzung einer angemessenen theologischen Deutung im Glauben an das Wirken des Heiligen Geistes. Das alltägliche Ritual des „Brotbrechens", Brotteilens oder allgemein des „gemeinsamen Mahles" hat in der Praxis Jesu (vgl. Lk 15,2), in der Urgemeinde (Apg 1,4; 10,41) und in den gemischten Gemeinden des Petrus (Apg 11,3) und des Paulus mit ehemaligen Juden und Christen aus den Völkern, das heißt mit Beschnittenen und Unbeschnittenen und abtrünnigen Christen (1 Kor 5,9.11) eine elementare theologische Bedeutung.

---

[418] So H. Heinz, Vorwort zu: Klaus Hemmerle, Thesen zu einer trinitarischen Ontologie, hrsg. W. Hagemann, Würzburg 2020, 11.
[419] https://www.vaticannews.va/de/papst/news/2023-01/papst-vorwort-jesus-buch-spadaro-trama-divina.html (abgerufen am 14.05.2025).
[420] Ebd.
[421] https://www.vaticannews.va/de/papst/news/2022-06/papst-franziskus-theologie-kirche-ausbildung-priester-mailand.html (abgerufen am 14.05.2025).

VI. Wege der Kirche in den kommenden Jahren

Der Streit in den Gemeinden ging um wirklich existentielle Fragen. Franz Mußner schloss seinen 1974 erschienenen Kommentar zum Galaterbrief mit dem Satz: „Man darf, belehrt durch den Galaterbrief, sagen: *das Wesen des Christentums ist synesthiein*" (zusammen essen).[422] Dieses gemeinsame Mahl ist das Zeichen der Einheit im Glauben.

Das eigentliche Ziel der „Wiedervereinigung" der christlichen Kirchen ist nach dem „Dekret über den Ökumenismus" des Zweiten Vatikanischen Konzils von 1964, dass „alle Christen zur selben Eucharistiefeier/in una Eucharistiae celebratione [...] versammelt werden". (I 4) Geeint im Glauben und in der Liebe – verschieden in den Ritualen „Abendmahl/Messe" und „Brotbrechen". Auch wenn die Konzilsväter dies nicht im Sinne hatten, sollte die Vielfalt in Einheit in Zukunft wie im ersten Jahrtausend eine theologisch begründete Möglichkeit sein. Papst Franziskus spricht semantisch offener – so zu Beginn der zweiten Sitzungsperiode der Weltsynode Anfang Oktober 2024 – von „Harmonie in der Vielfalt".

Anders als sein Vorgänger Benedikt XVI., der dogmatisch der abstrakten Ideenlehre Platons im Denken verpflichtet war, ist Papst Franziskus, hermeneutisch von südamerikanischen Erfahrungen mit der sozialen und politischen Not der Bevölkerung geprägt, auf die die „Theologie der Befreiung" eine Antwort zu geben suchte, auf dem richtigen Weg. Auf die systemische, hierarchische Struktur der lateinisch-römischen Kirche hat diese Theologie nur in Ansätzen gewirkt, die man – was die Mitbeteiligung von Laien, auch Frauen auf allen Ebenen der Kirche betrifft, – nur als kosmetisch bewerten darf. Dennoch hat sich in den letzten 70 Jahren die lateinisch-römische Kirche mehr verändert, als man sich vorher vorstellen konnte.

---

[422] Zur Erklärung vgl. seinen Aufsatz „Das Wesen des Christentums ist synesthiein". Ein authentischer Kommentar, in: Ders., Dieses Geschlecht wird nicht vergehen. Judentum und Kirche, Freiburg 1991, 131–143.

3. Die Zukunft der Kirche in der Nachfolge Jesu

Für säkulare Menschen ohne (enge) kirchliche Bindung bietet Lukas ein Evangelium, das – was „Theorie" und Praxis betrifft – gerade heute zustimmungsfähig erscheint. Er hat es für seine Zeit geschrieben, ob in kritischer Reaktion auf Paulus ist bis heute umstritten. Seine Übereinstimmung mit der von Paulus belegten Abendmahlstradition (1 Kor 11,24f) lässt keine Abhängigkeit, wohl eine gemeinsame Tradition vermuten. Ist Lukas weniger christlich als Paulus? Auch sein Evangelium wurde als „maßgebend/kanonisch" von den Gemeinden der ersten Jahrhunderte anerkannt, ergänzt um die Apostelgeschichte als sein zweites Werk.

Die Kirchen müssten in einer radikalen Besinnung auf Jesu Botschaft nach Lukas vermitteln, dass das Wirken Gottes in der Schöpfung und im sozialen Miteinander der Menschen als Befreiung und Erlösung erfahren werden kann. Dies müsste als genuiner locus theologicus erkannt und vermittelt werden. Die Enzykliken *Laudato si'* (2015) und *Fratelli tutti* (2020) von Papst Franziskus haben dieses Anliegen „ins Heute" übersetzt.

Der Glaube, dass die Erlösung allein durch den Tod Jesu (ohne jegliche Verbindung zu seinem Wirken in Worten und Taten) erfolgt sei, ist biblisch unangemessen. Auch Paulus betont in einem übernommenen Lied diesen Zusammenhang, wenn er schreibt:

> „Er war Gott gleich, hielt aber nicht daran fest, Gott gleich zu sein,
> sondern er entäußerte sich und wurde wie ein Sklave
> und den Menschen gleich. Sein Leben war das eines Menschen;
> er erniedrigte sich und war gehorsam
> bis zum Tod, bis zum Tod am Kreuz." (Phil 2,6–8)

Paulus hat nicht erzählerisch wie die Evangelisten das Leben Jesu glaubend gedeutet, sondern als hellenistischer, studierter Pharisäer im Lichte biblischer Vorgaben sich auf den Tod Jesu konzentriert, wobei das von ihm hinzugefügte „Kreuz" das Faktum des Todes Jesu festhält. Sonst könnte man das Lied gnostisch oder wie der Koran (vgl. Sure 4,157f) deuten, so als habe der von Gott Kommende nur zum Schein einen Leib angenommen, wäre zum

VI. Wege der Kirche in den kommenden Jahren

Schein Mensch geworden und zum Schein gestorben. Auch bei Paulus ist der Tod eine Konsequenz seiner Sendung und seines Lebens als „Sklave" Gottes. Worin das irdische Sklavesein noch besteht, lässt er offen.

Nach den Evangelien ist der Tod Jesu die Konsequenz seines Wirkens für Gottes „Herrschaft". Er kann aber, wie ein Vergleich von Lukas mit Markus und Matthäus sowie der drei synoptischen Evangelien mit dem des Johannes belegt, unterschiedlich gedeutet werden. Eine Berufung auf einen einzigen Aspekt, einen einzelnen Vers in einem Brief des Paulus, wie Luther es mit Röm 3,28 tat, erweist sich durch den ganzen Römerbrief des Paulus als Irrweg.

Den Tod Jesu kann man heute nicht mehr wie der Jude Paulus durch kultische Praktiken im Tempel durch sühnendes Blut erklären (Röm 3,25), zumal Sühne auch im modernen Strafrecht fehlt, Menschen sie als Strafmaß nicht verstehen. Paulus konnte so bei seinen Adressaten vorgehen, da in der hebräischen Bibel und im Tempelkult das Blut der Opfertiere bei bestimmten Sünden zur Sühne diente (Lev 6,17 - 7,7). Im Polytheismus der Griechen und Römer bildete der staatliche Kult mit den blutigen Opfern von „reinen" fehlerlosen Rindern, Schafen, Schweinen und Ziegen den Anknüpfungspunkt und in den orientalischen Religionen vor allem der Mithras-Kult, in dem durch die Tötung des kosmischen Stiers die Welt erschaffen wurde. Lange stand der Mithras-Kult in Konkurrenz mit dem Christentum und rang im 3./4. Jahrhundert um die Vormachtstellung als Weltreligion. Diese archaisch-mythische Welt ist nicht die unsrige. Für uns ist (mit Lukas) Jesus Christus eher das Paradigma eines gerechten Menschen, was die stellvertretende und Befreiung/Erlösung/Heil bewirkende Hingabe im Tod nicht ausschließt. Auch Paulus stellt die Kapitel über das ethisch angemessene Handeln in Röm 12-15 unter die Maxime: „Christus hat nicht sich selbst zu Gefallen gelebt." (15,3) Die systematischen Gedanken in Röm 1-11 verdrängen allerdings diesen Gedanken.

Daher erscheint der Evangelist Lukas als *der* Theologe einer säkularen Zeit, dessen Evangelium Menschen heute zustimmen könnten. Lukas lässt vom Beginn seines Evangeliums an keinen Zweifel an seinem Glauben an die absolute Bedeutsamkeit Jesu

3. Die Zukunft der Kirche in der Nachfolge Jesu

als „Retter" der Welt (2,11). Die jüdisch-christlich sozialen Werte, die Lukas in Erinnerung an Jesu Taten und Worte seinen Zeitgenossen als Kontrastevangelium in der römischen Ständegesellschaft mit Patriziern, Plebejern, Klienten und Sklaven verkündet, werden heute verstanden. Sie werden sogar immer noch von vielen Menschen hierzulande gelebt, ohne Mitglied einer Kirche als Institution zu sein. Dieses „weltliche" solidarische Verhalten beweist in einer Welt, die wirtschaftlich von Kapitalismus, von „Gier ist geil", von Umweltzerstörung, Rechtspopulismus und Antisemitismus geprägt ist, die Notwendigkeit, Angemessenheit und Attraktivität des lukanischen Evangeliums. Um diese Ethik lebendig zu erhalten, muss die katholische Kirche leben, was sie lehrt (vgl. die Kritik Jesu in Mt 23,2–12). Menschen werden in einer demokratisch geprägten Gesellschaft nur dann den Lehren der Kirche zustimmen, wenn die Vorstellung von Kirche gemäß dem Grundtext des Synodalen Weges von der deutschen Synodalversammlung „Macht und Gewaltenteilung in der Kirche – Gemeinsame Teilnahme und Teilhabe am Sendungsauftrag" vom 3. Februar 2022 umfassend in das pastorale Leben umgesetzt wird – im Sinne neutestamentlicher Vorgaben (zu Lukas siehe oben III 2.4).

Die Bischöfe der katholischen Kirche verstehen sich bis heute als „Nachfolger der Apostel", jeder autonom in seinem Bistum. Von Nachfolgern der Evangelisten ist bei der „successio apostolica/apostolische Nachfolge" nicht die Rede, ebenso wenig von der Nachfolge der prophetisch und charismatisch Begabten. Die Entwicklung, möglichst historisch eine Nachfolge jedes Bischofs von einem Apostel nachzuweisen, ist dem römischen und germanischen Rechtsdenken zu verdanken. Das Zweite Vatikanische Konzil betont zum einen das Bischofskollegium als Nachfolger der Apostel (gegen die Überbetonung des Papstamtes), zum andern die Apostolizität der gesamten Kirche, „die im Glauben nicht irren kann", wenn sie im Ganzen im Glauben der im Neuen Testament überlieferten Traditionen bleibt und danach handelt.[423] Kein einzelner Evangelist oder Apostel ist allein maß-

---

[423] H. Vorgrimler, Apostolizität der Kirche, in: Worterbuch 56 f.; Successio apostolica, in: ebd. 596 f.

gebend, auch Paulus nicht. Liest man die paulinischen Briefe mit Bedacht, wird man feststellen, dass er in der Wahrnehmung heute zu Unrecht als „Einzelkämpfer" gilt. Das Gegenteil ist der Fall: Paulus hatte viele Mitapostel und Mitarbeiter (siehe oben II 4). Zu Beginn seines Briefes an die ihm unbekannte Gemeinde in Rom vertritt er sogar ein kommunikatives Gemeindemodell, wenn er schreibt: „Ich sehne mich danach, euch zu sehen; ich möchte euch ein wenig mit geistlicher Gnadengabe beschenken, damit ihr gestärkt werdet, oder besser: damit wir, wenn ich bei euch bin, miteinander Zuspruch empfangen durch den gemeinsamen Glauben, euren und meinen." (Röm 1,11f)

Voraussetzung einer solchen Gemeindepastoral ist die „Taufe auf den Namen Jesu Christi" (Röm 6), durch deren Empfang sich der Getaufte bereit erklärt, sein Leben nach dessen Weisungen zu gestalten. Sie sind die Weisungen Gottes, auf die auch Jesus sich (Mk 1,9 parr) hat taufen lassen.[424] Taufe verändert das bisherige Leben, was man bei Kindertaufen nicht sagen kann (die Deutung Augustins ist eine Notlösung und kann nicht überzeugen; siehe oben III 1.3). Die „Taufe ganzer Häuser" (1 Kor 1,16; Apg 16,15.30–34; 18,8) kann wie im Neuen Testament nur begründet werden durch die Gemeinschaft der Glaubenden als „Familie", in der korporativ die Kinder und der andersgläubige Ehepartner eingebunden sind (1 Kor 7,14). Aus der Erziehung der Kinder kann die religiöse nicht ausgeklammert werden.

Der familiäre Ritus des „Brotbrechens" steht exemplarisch auch für die Einheit der Gemeinde als „Familie" des Glaubens. Theologisch hat nach Paulus die Taufe einen vergangenheitsbezogenen Aspekt („wir starben mit Christus"), einen zukunftsbezogenen („wir werden mit Christus leben") und einen gegenwärtigen („wir leben für Gott in Christus Jesus").[425] Den „Wandel in einem neuen Leben" (Röm 6,4) versteht Paulus als einen prak-

---

[424] Diese Verschränkung mit den Weisungen der Tora wird in der Taufliturgie, nicht aber im Credo betont; vgl. F. Crüsemann/U. Theissmann (Hrsg.), Ich glaube an den Gott Israels. Fragen und Antworten zu einem Thema, das im christlichen Glaubensbekenntnis fehlt, München ²2001.
[425] Zu diesen drei Aspekten in Röm 6 vgl. H. Frankemölle, Das Taufverständnis des Paulus. Taufe, Tod und Auferstehung nach Röm 6, Stuttgart 1970, 98–124.

3. Die Zukunft der Kirche in der Nachfolge Jesu

tisch-ethischen Dienst für Gott und die Mitmenschen (Röm 6,13; 7,4.6; 12,1 – 15,13). Es geht in Kirche und Welt um „einen Glauben, der in der Liebe wirksam ist." (Gal 5,6) Wo solche Kommunikation glückt, werden Erfahrungen mit der Wirklichkeit Gottes möglich wie bei Jesus.

Die Taufe ist das grundlegende Sakrament der Kirche, durch die Menschen „wie durch eine Türe eintreten" (*Lumen gentium* 14) und teilhaben an dem durch Jesus Christus bewirkten Heil, das sie in der Eucharistie und im Herrenmahl feiern. Durch die Taufe erhalten sie wie Jesus bei seiner Taufe Anteil am Heiligen Geist. Nach Paulus sind alle Christen „Geistliche" (siehe oben VI 2). Alle anderen Sakramente erschließen sich von diesen Grundsakramenten. Dies gilt auch für alle theologischen Begründungen für die pastoralen, in der Geschichte gewachsenen Gestaltungsformen des Lebens und der „Ämter" in den Gemeinden, über die seit Jahrzehnten seit dem Zweiten Vatikanischen Konzil (1962–65), in Deutschland seit der Würzburger Synode (1971–75) und ab 2010 nach Aufdeckung der Missbrauchsfälle in Deutschland immer intensiver diskutiert wird[426] – bis zur Synode in Deutschland (2020–24) und im Vatikan (2021–24). Alle Strukturen sind relativ, auch die des Weiheamtes.[427] Aber ohne zustimmungsfähige Strukturen schweben theologische Konzepte in der Luft.

Es geht in der Zukunft nicht um Fragen der Kirchenverfassung, sondern bei der sakramental und priesterlich strukturierten katholischen Kirche um die Zeitenwende von der „Priesterkirche" und „Amtskirche" zu einer „Taufberufungskirche" (Paul Zulehner). Basis ist die Taufwürde aller; dies meint theologisch

---

[426] Vgl. M. Heimbach-Steins u. a. (Hrsg.), Kirche 2011: Ein notwendiger Aufbruch. Argumente, Freiburg 2011; R. Zerfass, Zeitenwende. Aufgaben und Chancen kirchlicher Strukturreformen, Mainz 2025; Ders./O. Fuchs/ Ch. Bauer, Zuerst das Reich Gottes. Umrisse einer neuen pastoralen Kultur, Mainz 2015.
[427] Zu historischen und systematischen Aspekten des „Priesters" in der katholischen Kirche vgl. G. Greshake, in: LThK 8, ³1999, 564–567, zum „Weihesakrament" in biblischer und dogmengeschichtlicher Hinsicht vgl. K. Scholtissek und G. L. Müller, in: LThK 10, ³2001, 1006–1011. Zu neuen Überlegungen M. Striet, Priester (m/w/d) gesucht. Ein anderes Verständnis des Weiheamtes ist möglich, Mainz 2024.

Synodalität: die grundsätzliche Gleichheit aller Getauften in Fragen des Glaubens, bei der Beratung und bei Beschlüssen. Dies schließt verschiedene „amtliche" Dauerfunktionen auf örtlicher und überörtlicher Ebene nicht aus – aufgrund von Begabungen, von Charismen (vgl. 1 Kor 12–14) und von erworbenem Wissen im Studium und in pastoraler Ausbildung (auch dazu braucht es Begabung), um den Glauben vor der „Welt" angemessen vertreten zu können. Der Personal- und Geldmangel kann Impuls für die Bereitschaft sein, pastorale Strukturen zu erneuern, was man zurzeit in allen christlichen Kirchen erlebt. Den Ruf nach einer Taufberufungskirche und nach Abbau des Klerikalismus vertritt wie kein anderer Papst Franziskus in Rezeption der fünften Generalversammlung der Bischöfe aus Lateinamerika und der Karibik von 2007, auch wenn durch vatikanische Lektoren Hinweise auf „Klerikalismus" und „Sinn für Selbstkritik" im Druck gestrichen wurden. Brasilianische Bischöfe formulierten: „Ebenso verhindert dieser Klerikalismus die führende Rolle der Männer und Frauen im Laiendienst, indem er dem Weihesakrament eine Vorrangstellung gibt vor dem Sakrament der Taufe und vor der radikalen Gleichheit aller getauften Frauen und Männer in Christus."[428]

In Zukunft geht es nicht darum, die Eucharistiefeier mit Priester durch einen Wortgottesdienst ohne Priester zu ersetzen, sondern das „Herrenmahl" und „Brotbrechen" als Ritual für die Gläubigen theologisch so zu deuten, dass es unterschiedliche Formen von Eucharistie gibt – unter Leitung von Frauen und Männern, von Verheirateten und Zölibatären. Einheit in der rituellen Verschiedenheit ist auch jetzt schon ein innerkatholisches Prinzip, denkt man an die mit Rom unierten Ostkirchen. Entscheidend sind die Rückbesinnung und die Aktualisierung biblischer, jesuanischer Vorgaben, um das Evangelium von der „Wirklichkeit/Herrschaft Gottes" zu verkündigen und vor allem im solidarischen Miteinander erfahrbar zu machen und dafür zu danken.

---

[428] N. Arntz, Pastorale Umkehr. Das Programm des Franziskus-Pontifikats, München 2014, 15. Zu Äußerungen des Papstes vgl. Ph. Müller, Franziskus' Kampf gegen Klerikalismus, Narzissmus und Machtstreben in der Kirche, in: Stimmen der Zeit 143, 2018, 237–244.

3. Die Zukunft der Kirche in der Nachfolge Jesu

Dieser Entwurf des Christseins entspricht der Maxime des Paulus „Gleicht euch nicht dieser Welt an, sondern wandelt euch und erneuert euer Denken!" (Röm 12,2) Dieses Christsein entfaltet Lukas erzählerisch eindrucksvoll in seinem Evangelium und in der Apostelgeschichte. Trotz aller Auseinandersetzungen, von denen Lukas erzählt, „war die Gemeinde ein Herz und eine Seele." (Apg 4,32) Dieses Evangelium war in der antiken Welt attraktiv, wie Tertullian, der erste Kirchenvater der lateinischen Kirche und Verteidiger des christlichen Glaubens, am Ende des 2. Jahrhunderts bestätigt. Als „Sache der Christen" (Apol 1,1) sagt er im Verlauf seiner Apologie/Verteidigung des christlichen Glaubens und ihrer Lebenspraxis: Christen sind vorbildliche Staatsbürger, haben eine höhere Ethik und hängen nicht philosophischen Spekulationen an, sondern einem geoffenbarten Glauben und leben danach. Keine Flucht aus der Welt, etwa in den Kult, keine Vertröstung auf das Jenseits, sondern Weltverantwortung. – Dies könnte aktuell von Bedeutung sein, wenn man die Logik nicht nur bedenkt, sondern auch Konsequenzen ziehen würde.

Epilog

Das Thema „Eucharistie/Danksagung" kann wissenschaftlich als Reflexion behandelt werden, ist aber von seinen biblischen Vorgaben Gebet – gemäß der berachá. Jüdisch ist dies ein Lob- und Dankgebet (zum Brot: „Gepriesen seist du, Herr, der Brot aus der Erde hervorbringt"), lateinisch meint dies der Begriff Benediktion. Die Frage, warum das Evangelium, das Jesus verkündet und gelebt hat, für antike Menschen und für „westlich/europäisch" orientierte Menschen fremd war und ist, kann für verschiedene Menschen zu unterschiedlichen Zeiten unterschiedlich beantwortet werden (siehe oben VI 2.3). Spezifische Anliegen Jesu fehlen in dogmatischen Lehrsätzen und in Formulierungen des Credos. Das Credo enthält kein Bekenntnis zum Wirken Jesu, durch das er Menschen ein neues Gottesbild vermittelte, eine neue Beziehung zu Gott eröffnete.

Durch die griechisch-philosophisch geprägten Reflexionen bzw. Spekulationen zu Wesenseigenschaften Gottes und Jesu Christi in ihrem Verhältnis zum Heiligen Geist erhielt das christliche Glaubensbekenntnis eine Tendenz, die mit dem Leben der Bekennenden nichts oder kaum mehr etwas zu tun hat. Davon ist die gesamte Liturgie der Sakramente, das „Abendmahl" und die „Messe" nicht nur beeinflusst, sondern entstellt.

Ein Bekenntnis, wie es der Evangelist Matthäus in der Lehre auf dem Berg (Mt 5–7), in den Seligpreisungen (Mt 5,3–12) und meisterhaft in der Erzählung vom großen Weltgericht (Mt 25,31–46) formuliert, bildet dazu eine Antithese. Nach Matthäus ist Maßstab „für alle Völker", um in die Wirklichkeit Gottes, in den Himmel zu gelangen, das solidarische Handeln an Mitmenschen in Not, nicht das Bekenntnis zu dem Weltenrichter als „Menschensohn". Als Maßstab rezipiert Matthäus einen Katalog jüdischer Ethik (Jes 58,1–14; vgl. Ps 82,3–6; 146). In Notzeiten haben Theologen diesen Widerspruch festgestellt, die Gleichung vom Leben zum Glauben, vom Glauben zum Leben deutlich formuliert – auch in Widerspruch zu antijüdischen, unchristlichen

Verhaltensmustern. Zugleich ist Matthäus der Theologe im Neuen Testament, der in seinem Evangelium keinen Zweifel daran aufkommen lässt, dass sich den Menschen in dem neu geborenen Kind (im griechischen Namen „Jäsous" hebräisch JHWH/Josua/Jehoschua) „Rettung" (1,21) offenbart und „Immanu-el/mit uns ist Gott", was für griechische Leser mit einem Zitat aus Jes 7,14f; 8,8.10 LXX eigens gedeutet wird.[429] Einen höheren Glauben an Jesus Christus hat kein Theologe (auch nicht der Evangelist Johannes in 1,1–18) formuliert. In diesem Jesus ist Gott präsent, in seiner Person und in seinem Handeln. Für die Nachfolger sind Gottes- und Nächstenliebe ein Zweigespann, wobei sich in der Liebe zum kranken, einsamen, ausgebeuteten, gesellschaftlich nicht akzeptierten Mitmenschen (dazu gehörten nicht nur zu Zeiten Jesu auch Angehörige fremder Religionen und Kulturen, Kinder und Frauen) der Glaube an Gott zeigt. Es gilt, die zwei Brennpunkte der Ellipse „Bekenntnis und Tun" im Leben zum Leuchten zu bringen, sie zu verschränken.

Es wäre an der Zeit, diese Erkenntnis in private und liturgisch verwendete Gebete zu fassen und entsprechende Rituale zu entwickeln. Neu ist diese Erkenntnis nicht. Die Mitte des 19. Jahrhunderts entstehenden liturgischen Erneuerungsbewegungen in Theologie und gottesdienstlicher Praxis wurden in der römisch-katholischen Kirche erst im Zweiten Vatikanischen Konzil (1962–65) als dringlich angesehen. Auch wenn von „Brotbrechen" nicht die Rede ist, heißt es in der Konstitution über die heilige Liturgie *Sacrosanctum Concilium* in Nr. 21:

> „Damit das christliche Volk in der heiligen Liturgie die Fülle der Gnaden mit größerer Sicherheit erlange, ist es der Wunsch der heiligen Mutter Kirche, eine allgemeine Erneuerung der Liturgie sorgfältig in die Wege zu leiten. Denn die Liturgie enthält einen kraft göttlicher Einsetzung unveränderlichen Teil und Teile, die dem Wandel unterworfen sind. Diese Teile können sich im Laufe der Zeit ändern, oder sie müssen es sogar, wenn sich etwas in sie eingeschlichen haben sollte, was der inneren Wesensart der Liturgie weniger entspricht oder wenn sie sich als weniger geeignet herausgestellt haben.

---

[429] Zu JHWH, El und anderen Gottesnamen in der Bibel vgl. H. Frankemölle, Gott glauben 82–195.

Bei dieser Erneuerung sollen Texte und Riten so geordnet werden, dass sie das Heilige, dem sie als Zeichen dienen, deutlicher zum Ausdruck bringen, und so, dass das christliche Volk sie möglichst leicht erfassen und in voller, tätiger und gemeinschaftlicher Teilnahme mitfeiern kann."

Im Hinblick auf die skizzierte Glaubensverdunstung in Westeuropa (siehe oben I) wie angesichts der neutestamentlichen und nachneutestamentlichen Quellenlage zum „Brotbrechen" (siehe oben V) erscheinen die Sätze in Nr. 50 noch dringlicher:

„Der Mess-Ordo soll so überarbeitet werden, dass der eigentliche Sinn der einzelnen Teile und ihr wechselseitiger Zusammenhang deutlicher hervortreten und die fromme und tätige Teilnahme der Gläubigen erleichtert werde. Deshalb sollen die Riten unter treulicher Wahrung ihrer Substanz einfacher werden. Was im Laufe der Zeit verdoppelt oder weniger glücklich eingefügt wurde, soll wegfallen. Einiges dagegen, was durch die Ungunst der Zeit verlorengegangen ist, soll, soweit es angebracht oder nötig erscheint, nach der altehrwürdigen Norm der Väter wiederhergestellt werden. Auf dass den Gläubigen der Tisch des Gotteswortes reicher bereitet werde, soll die Schatzkammer der Bibel weiter aufgetan werden, so dass innerhalb einer bestimmten Anzahl von Jahren die wichtigsten Teile der Heiligen Schrift dem Volk vorgetragen werden."

Auch wenn der Ritus in seiner Vielfalt „nach der altwürdigen Norm der Väter […] unter treulicher Wahrung der Substanz" bis jetzt nicht weiter geklärt wurde, ist „Brotbrechen" als möglicher Ritus grundsätzlich biblisch möglich, wenn die Hochgebete und die Epiklese, die Herabrufung des Heiligen Geistes auf die Gaben entsprechend den Vorgaben in den orthodoxen Liturgien für die römische Messe in der Sprache unserer Zeit entfaltet würden.

Was beim Ritus und bei den ihn deutenden Gebeten bislang nicht gelungen ist, wurde in Neuformulierungen des Credos und in Gebeten vielfach erprobt.

Ein gelungenes Beispiel ist das im 20. Jahrhundert weit verbreitete „Friedensgebet", das dem heiligen Franz von Assisi (1182–1226) zugeschrieben wurde, aber 1915 anonym mitten im Ersten Weltkrieg entstand.[430] Die erste Strophe unter dem

---

[430] Vgl. https://de.wikipedia.org/wiki/Gebet_des_heiligen_Franziskus (abgerufen am 07.05.2025).

Titel „Frieden und Gerechtigkeit" wird im Katholischen Gebet- und Gesangbuch „Gotteslob" (2013, Nr. 19,4) nach dem französischen Originaltext wie folgt übersetzt. Alternative Lebensmodelle stehen einander gegenüber:

> Herr, mach mich zu einem Werkzeug deines Friedens,
> dass ich liebe, wo man hasst;
> dass ich verzeihe, wo man beleidigt;
> dass ich verbinde, wo Streit ist;
> dass ich die Wahrheit sage, wo Irrtum ist;
> dass ich Glauben bringe, wo Zweifel droht;
> dass ich Hoffnung wecke, wo Verzweiflung quält;
> dass ich Licht anzünde, wo Finsternis regiert;
> dass ich Freude bringe, wo der Kummer wohnt.

Wenn nicht nur der einzelne Christ, sondern die Kirchen sich so christlich-human verhalten, strahlen sie, sind sie „Salz der Erde und Licht der Welt" (Mt 5,13f) – gemeinsam mit allen, die an den einen einzigen Gott, an JHWH, den Gott der Juden, an den Vater Jesu Christi, an Allah (= Gott), den Gott der Muslime, glauben. Papst Franziskus ist, wie seine Lehrschreiben belegen, davon überzeugt. Seine „Schritte auf dem Weg des Friedens" (Lk 1,79) in der Nachfolge Jesu können der Kirche, den Kirchen und allen Religionen der Welt eine Zukunft geben.

Jesus selbst steht in der langen Glaubenstradition Israels, hat im Elternhaus, in den Synagogen und in der Öffentlichkeit den Glauben gelernt, nicht zuletzt von den Gebeten in der Synagoge und den Psalmen.[431] Das Psalmenbuch mit den 150 Liedern, Gebeten und Gedichten ist „das Gebet-, Lese- und Lebensbuch Israels und der Kirche." Mit ihm „haben Generationen von Menschen ihr Leben im Angesicht ihres Gottes gelebt – in Freude und im Leid, im Kampf für Gerechtigkeit und im Widerstand gegen Unterdrückung, im Erleben festlicher Gemeinschaft und im geschwisterlichen Ertragen von Unglück, mit Klage und Lobpreis, mit Bitte und Dank."[432]

---

[431] Zur Begründung vgl. H. Frankemölle/H. Heinz, Jesus 56–109; zu den Psalmen als Vorgabe vgl. ebd. 71–81.
[432] E. Zenger/E. Ballhorn, Die Psalmen, in: EÜ. Kommentierte Studienausgabe Stuttgarter Altes Testament Bd. 2, Stuttgart 2016, 1230.

Epilog

Die Psalmen der Bibel sind auch für Christen die Schule des Betens als Antwort auf Erfahrungen mit der Wirklichkeit Gottes. Ohne das heilige Buch der Juden wäre christlicher Glaube wie eine Pflanze ohne Wurzeln, die zum Austrocknen verurteilt ist. In ihm geht es um Weisungen für ein gelingendes Leben gemäß der Tora im Kontrast zu anderen Konzeptionen, wie Psalm 1 als „Tor" zu den Psalmen formuliert:

> „Selig der Mann, der nicht nach dem Rat der Frevler geht,
> nicht auf dem Weg der Sünder steht,
> nicht im Kreis der Spötter sitzt,
> sondern sein Gefallen hat an der Weisung des Herrn,
> bei Tag und bei Nacht über seine Weisung nachdenkt.
> Er ist wie ein Baum, gepflanzt an Bächen und Wasser,
> der zur rechten Zeit seine Frucht bringt
> und dessen Blätter nicht welken.
> Alles, was er tut, wird ihm gelingen." (Ps 1,1–5 EÜ)

Die Frage der Jünger nach der Auferweckung Jesu: „Herr, stellst du in dieser Zeit das Reich/die Herrschaft für Israel wieder her?" (Apg 1,6) wird von ihm nicht mit einer Vertröstung auf das Jenseits beantwortet, sondern mit dem Auftrag, „Zeugen" von Jesu Wirken „bis an die Grenzen der Erde" zu sein. Das Evangelium des Lukas sagt jedem Leser, wie dieses „Wirken" aussehen soll. Zentrales, Gemeinschaft stiftendes, Kirche gründendes Element dieser Praxis nach Lukas ist das „Brotbrechen". Mehr als das „Herrenmahl" in der Tradition des Paulus ist das „Brotbrechen" auch eine kräftige Wurzel für die gemeinsame Weggemeinschaft von Juden und Christen vor Gott.

In nichttheologischer Sprache haben der Kabarettist Hanns Dieter Hüsch und der Pfarrer Uwe Seidel in einer weiterführenden Meditation zu Psalm 1 und zu den Seligpreisungen Jesu in der Lehre auf dem Berg im Glauben an Gottes Geleit jetzt und zukünftig die Hoffnung auf eine erneuerte Kirche formuliert:

Epilog

Glücklich die Kirche,
die nicht sitzt im Rat der Ratlosen;
die sich nur um sich selber dreht.
Glücklich die Kirche,
die nicht die Wege geht der Sünde und Schande –
ohne Sinn und Verstand;
in der sich alles um das Geld dreht.
Glücklich die Kirche,
die kein Risiko scheut;
die sich selber aufs Spiel setzt –
die die Güte Gottes austeilt an die Armen
mit vollen Händen.
Glücklich die Kirche,
die Lust hat an den Geboten Gottes;
die das Leben auf Erden schützt
auf allen Kontinenten.
Glücklich die Kirche,
in der Menschen zusammenkommen
ohne Angst und Furcht;
sie wird zum Ort der Befreiung.
Glücklich die Kirche,
die hungert und dürstet nach Gerechtigkeit;
ihre Sehnsucht wird gestillt.
Glücklich die Kirche
die durchschaubar ist für Jung und Alt;
in ihr werden wir Gott schauen!

(Hanns Dieter Hüsch/Uwe Seidel, Ich stehe unter Gottes Schutz. Psalmen für Alletage, Düsseldorf ⁷2003, 64)

Abkürzungen

Did	Didache/Lehre der zwölf Apostel.
EÜ	Die Bibel. Einheitsübersetzung der Heiligen Schrift. Gesamtausgabe, Stuttgart 2016.
EWNT	Exegetisches Wörterbuch zum Neuen Testament I–III, Stuttgart 1980–1983.
HGANT	Handbuch theologischer Grundbegriffe zum Alten und Neuen Testament, A. Berlejung/Chr. Frevel (Hrsg.), Darmstadt ⁴2015.
Ign	Die sieben Ignatius-Briefe, in: J. A. Fischer (Hrsg.), Die Apostolischen Väter, Darmstadt ⁶1970, 111–225.
KKK	Katechismus der Katholischen Kirche, München/Leipzig 1993.
LACL	Lexikon der antiken christlichen Literatur, hrsg. v. S. Döpp/W. Geerlings, Freiburg 1998.
LB	Lexikon der Begegnung. Judentum – Christentum – Islam, hrsg. v. J. J. Petuchowski/C. Thoma/L. Hagemann/A. Th. Khoury, Freiburg 2009.
LThK	Lexikon für Theologie und Kirche, hrsg. v. W. Kasper u. a., I–XI, Freiburg ³1993–2001.
LXX	Septuaginta. Griechische Übersetzung bzw. Ergänzung des hebräischen Alten Testaments, der Legende nach von 70 Verfassern zwischen dem 3. und 1. Jahrhundert v. Chr. geschrieben. Sie war die Bibel der Verfasser der neutestamentlichen Schriften.
LXX D	Septuaginta Deutsch. Das griechische Alte Testament in deutscher Übersetzung, hrsg. v. M. Karrer/W. Kraus, Stuttgart 2009.
LRP	Lexikon der Religionspädagogik I–II, hrsg. v. N. Mette/F. Rickers, Neukirchen-Vluyn 2001.
Nidda	b.Nidda, in: L. Goldschmidt, Der babylonische Talmud, 12 Bde., Berlin 2002 [Nachdruck der Ausgabe von 1930–1936].

NTJ	Das Neue Testament jüdisch erklärt. Lutherübersetzung, hrsg. W. Kraus/M. Tilly/A. Töllner (original Englisch hrsg. A. J. Levine/M. Z. Buttler, Oxford 2011) Stuttgart 2021.
par	diese Stelle hat nur eine Parallele bei Matthäus oder Lukas.
parr	diese Stelle hat Parallelen bei Matthäus und Lukas.
RGG	Religion in Geschichte und Gegenwart, Tübingen ^{4}2005.
TRE	Theologische Realenzyklopädie, Berlin 1976 ff.
WA	Martin Luther, Werke. Kritische Gesamtausgabe. [Weimarer Ausgabe].

Literatur

Im Buch werden die Titel bei der ersten Zitierung vollständig, im weiteren Verlauf nach dem ersten Hauptwort zitiert. Literatur zu den einzelnen Texten wird an Ort und Stelle genannt.

B. Acklin Zimmermann/F. Annen (Hrsg.), Versöhnt durch den Opfertod Christi? Die christliche Sühnopfertheologie auf der Anklagebank, Zürich 2009.
F. Avemarie, Das Paulusbild der Apostelgeschichte, Berlin 2011.
M. Bachmann (Hrsg.), Lutherische und Neue Paulusperspektive, Tübingen 2005.
K. Backhaus, Das lukanische Doppelwerk. Zur literarischen Basis frühchristlicher Geschichtsdeutung, Berlin 2022.
J. Betz, Eucharistie. In der Schrift und Patristik, Freiburg 1979.
J. Beumer, Die ältesten Zeugnisse für die römische Eucharistiefeier bei Ambrosius von Mailand, in: Zeitschrift für Katholische Theologie 95, 1973, 311–324.
J. Blank, Paulus und Jesus. Eine theologische Grundlegung, München 1968.
M. Buber, Zwei Glaubensweisen. Mit einem Nachwort von David Flusser, ²Gerlingen 1994.
H. Buchinger, Liturgiegeschichte im Umbruch – Fallbeispiele aus der Alten Kirche, in: Gerhards/Kranemann, Dynamik 152–184.
J. Dunn, The New Perspective on Paul. Collected Essays, Tübingen 2007.
M. Ebner (Hrsg.), Herrenmahl und Gruppenidentität, Freiburg 2007.
G. Fischer/K. Backhaus, Sühne und Versöhnung. Perspektiven des Alten und Neuen Testaments, Würzburg 2000.
A. Fürst, Die Liturgie der Alten Kirche. Geschichte und Theologie, Münster 2008, 21–98.
A. Gerhards/B. Kranemann (Hrsg.), Dynamik und Diversität des Gottesdienstes. Liturgiegeschichte im neuen Licht, Freiburg 2018.
G. Greshake, Erlöst in einer unerlösten Welt? Mainz 1987.
H. Halbfas, Tischgemeinschaft. Die Mahlzeiten Jesu und was daraus geworden ist, Ostfildern 2022.
J. Hartenstein u.a. (Hrsg.), „Eine gewöhnliche und harmlose Speise?" Von den Entwicklungen frühchristlicher Abendmahlstraditionen, Gütersloh 2008.
D. Hellholm/D. Sänger (Hrsg.), The Eucharist – Its Origins and Contexts. Sacred Meal, Communal Meal, Table Fellowship in Late Antiquity, Early Judaism, and Early Christianity I–III, Tübingen 2017.

H. Hoping, Mein Leib für euch gegeben. Geschichte und Theologie der Eucharistie, Freiburg ³2022.
R. Hoppe/R. Köhler (Hrsg.), Das Paulusbild der Apostelgeschichte, Stuttgart 2009.
T. Jantsch, Jesus, der Retter. Die Soteriologie des lukanischen Doppelwerks, Tübingen 2017.
K. P. Jörns, Notwendige Abschiede. Auf dem Weg zu einem glaubwürdigen Christentum, Gütersloh ⁴2008.
Ders., Lebensgaben Gottes feiern. Abschied vom Sühnopfermahl: eine neue Liturgie, Gütersloh 2007.
Josephus Flavius, Über die Ursprünglichkeit des Judentums. Contra Apionem, hrsg. v. V. Siegert, 2 Bde, Göttingen 2008.
J. A. Jungmann, Missarum Solemnia. Eine genetische Erklärung der römischen Messe I–II, Freiburg ⁵1962.
Ders., Der Gottesdienst der Kirche auf dem Hintergrund seiner Geschichte, Innsbruck ³1962.
Ders., Liturgie der christlichen Frühzeit bis auf Gregor den Großen, Freiburg 1967.
H. Kessler, Erlösung als Befreiung, Düsseldorf 1972.
H.-J. Klauck, Herrenmahl und hellenistischer Kult. Eine religionsgeschichtliche Untersuchung zum ersten Korintherbrief, Münster 1982.
Ders., Heil ohne Heilung? Zu Metaphorik und Hermeneutik der Rede von Sünde und Sündenvergebung im Neuen Testament, in: H. Frankemölle (Hrsg.), Sünde und Erlösung im Neuen Testament, Freiburg 1996, 18–52.
M. Klinghardt, Gemeinschaftsmahl und Mahlgemeinschaft. Soziologie und Liturgie frühchristlicher Mahlfeiern, Tübingen 1996.
U. H. J. Körtner, Zur Einführung: Das Herrenmahl, Gemeinschaftsmähler und Mahlgemeinschaft im Christentum. Ursprünge, Kontexte, Bedeutung und Praxis in Geschichte und Gegenwart aus systematisch-theologischer Sicht, in: D. Hellholm/D. Sänger (Hrsg.), Eucharist I 1–21.
B. Kollmann, Ursprung und Gestalten der frühchristlichen Mahlfeier, Göttingen 1990.
G. Kretschmar/H. B. Meyer/A. Niebergall, Abendmahlsfeier I–IV, in: TRE 1, 1977, 229–338.
P. Lampe, Die stadtrömischen Christen in den beiden ersten Jahrhunderten, Tübingen 1989.
D. Lanzinger, Der Ratschluss Gottes. Erzählanalytische Untersuchungen zu einem theologischen Zentralmotiv des lukanischen Doppelwerks, Tübingen 2025.
H. Lietzmann, Messe und Herrenmahl. Eine Studie zur Geschichte der Liturgie, Berlin ³1955.
M. Limbeck, Abschied vom Opfertod. Das Christentum neu entdecken, Mainz 2012.
H. Löhr (Hrsg.), Abendmahl, Tübingen 2012.

R. Meßner, Einführung in die Liturgiewissenschaft, Paderborn ²2009, 150–226: Die Eucharistiefeier.
C. Mesters, Vom Leben zur Bibel, von der Bibel zum Leben. Ein Bibelkurs aus Brasilien für uns, Bd. 1–2, Mainz 1983.
H. B. Meyer, Eucharistie. Geschichte, Theologie, Pastoral, Regensburg 1989.
F. Mussner, Verschiedene Erlösungsauffassungen? Der „Verheißungsüberschuss", in: Ders., Traktat über die Juden, Göttingen 2009, 374–378.
P. Neuner, Kleines Handbuch der Ökumene, Düsseldorf 1984.
Th. Pröpper, Erlösungsglaube und Freiheitsgeschichte. Eine Skizze zur Soteriologie, München 1985.
R. Rouwhorst, Die Rolle des Heiligen Geistes in der Eucharistie und der Taufe im frühjüdischen Christentum, in: B. Groen/B. Kranemann (Hrsg.), Liturgie und Trinität, Freiburg 2008, 161–184.
Ders., Frühchristliche Eucharistiefeiern. Die Entwicklung östlicher und westlicher Traditionsstränge, in: Hellholm/Sänger II, 771–786.
D. Sattler, Erlösung? Lehrbuch der Soteriologie. Freiburg 2011.
K. H. Schelkle, Ihr alle seid Geistliche, Einsiedeln 1964.
A. Schmemann, Sakrament des Gottesreichs, Einsiedeln 2005.
J. Schröter, Das Abendmahl. Frühchristliche Deutungen und Impulse für die Gegenwart, Stuttgart 2006.
Ders., Nehmt – esst und trinkt. Das Abendmahl verstehen und feiern, Stuttgart 2010.
M. Seewald, Dogma im Wandel. Wie Glaubenslehren sich entwickeln, Freiburg 2018.
H. J. Sellner, Das Heil Gottes. Studien zur Soteriologie des lukanischen Doppelwerks, Berlin 2007.
M. Striet/J. H. Tück (Hrsg.), Erlösung auf Golgota? Der Opfertod Jesu im Streit der Interpretationen, Freiburg 2014.
M. Theobald, Paschamahl und Eucharistiefeier. Zur heilsgeschichtlichen Relevanz der Abendmahlsszenerie bei Lukas (22,14–38), in: Ders./R. Hoppe (Hrsg.), „Für alle Zeiten zur Erinnerung" (Jos 4,7). Beiträge zu einer biblischen Gedächtniskultur, Stuttgart 2006, 133–180.
Ders., Eucharistie als Quelle sozialen Handelns. Eine biblisch-frühkirchliche Besinnung, Neukirchen-Vluyn ²2014.
H. Vorgrimler, Neues Theologisches Wörterbuch, Freiburg ²2000.
P. Wick, Die urchristlichen Gottesdienste. Entstehung und Entwicklung im Rahmen der frühjüdischen Tempel-, Synagogen- und Hausfrömmigkeit, Stuttgart ²2003.
B. A. Zimmermann/F. Annen (Hrsg.), Versöhnt durch den Opfertod Christi? Die christliche Sühnetheologie auf der Anklagebank, Zürich 2009.

Eigene Vorarbeiten

Jahwe-Bund und Kirche Christi. Studien zur Form- und Traditionsgeschichte des „Evangeliums" nach Matthäus, Münster ²1984.

Jüdische Wurzeln christlicher Theologie, Bodenheim 1998.

Frühjudentum und Urchristentum. Vorgeschichte – Verlauf – Auswirkungen (4. Jahrhundert v. Chr. bis 4. Jahrhundert n. Chr.), Stuttgart 2006.

Das Evangelium des Neuen Testaments als Evangelium aus den heiligen Schriften der Juden, Münster 2013.

Vater im Glauben? Abraham/Ibrahim in Tora, Neuem Testament und Koran, Freiburg 2016.

Gott glauben – jüdisch, christlich, muslimisch, Freiburg 2021.

Bei Jesus in die Schule gehen. Wegweiser für Kirchen und Christen, Freiburg 2023 (mit H. Heinz).

Sachregister

Ablass 196, 205, 207
Abraham 130–137
Absolutheit 326, 370, 372 f., 380 f.
Adam 176
Addai und Mari 115, 319–327
Adoptianismus 193, 255
allein durch Glauben 133, 208, 375
Altes Testament 11 f., 121–127, 179
Amen 23, 117, 127
Anselm von Canterbury 37, 44, 200–205
Antijudaismus 35 f., 59
apokryphe Schriften 162 f., 309, 320
Arkandisziplin 286
„Atheisten" 93
Attraktivität des Evangeliums 82–96
Auferweckung 66, 74, 96 f., 177–189, 282 f.
– jüdisch 67 f.
Augustinus 35, 44 f., 187, 196–200
Austritt aus der Kirche 51 f.
Azymenstreit 287

Basilika 255
Bekenntnis 357, 370–374
Beziehungssprache 388 f.
„Bischof" 87, 89
Bischof von Rom 90 f., 383 f.
Blut 43, 183–185, 266 f., 276, 306, 311, 392
Brot 268, 281 f.
Brotbrechen als Sakrament 30, 32, 107 f., 389–391
Buber, Martin 121–124, 130, 192, 365

Credo 358, 370–374
Christen/christianoi 51–53, 72, 168, 296

Christologie
– Christus/Messias 97 f.
– Beziehungs-Christologie 115 f., 388 f.
– Präpositionen-Christologie 190–196
– Wesenschristologie 95, 113 f.

Diakoninnen 20 f.
Didache 298–302
Dogmenentwicklung 115, 368 f.
Doketismus 304–306
Dura Europos 287 f.

Einsetzungsbericht 249–280
– katechetisch-liturgisch 259, 275 f.
Emmausjünger 11 f., 38 f.
emuná und pístis 121–124, 364–366
Entsakralisierung 333
Enzykliken/Lehrschreiben 343 f.
Epiklese/Herabrufung 293 f., 316
Erbsünde 44 f., 196–200
Erlösung/Befreiung 21 f., 28, 230, 366
– jüdisch 171–173, 177
– Metaphern 171, 177–187, 282
– nach Lukas 213–248
– nach Paulus 173–213
Eucharistie
– Danksagung 12, 25, 31, 39, 204, 210, 299–303
– liturgisches Ritual 30–32, 65, 189
Evangelium: Wort und Taten 221 f.
– hörerbezogen 97 f.
– als Kontrast 103–108, 219 f.
– evangelisieren 221 f.

Sachregister

filioque 116
Frauendiakonat 20f.
Fußwaschung 279, 345

Gattungen, literarische 369f.
Geistliche 138, 141, 376f.
Gemeindemodelle 126
Genugtuung/satisfactio 44, 200–205
Gewissen 62f.
Glaube/glauben 110, 121–170, 264
– und handeln 344–376
– Glauben verstehen 108–120
– Glaubenslehre (Röm) 116, 144
– Glaubensverlust 61–66
Glaubenssymbole, frühe 186f.
Glaubenswege 123, 127
Glauben und Erfahrungen 118, 147
gnostisch 45, 147, 197, 305, 391f.
Gott
– *ein* Gott 93, 190–194, 215
– in drei Hypostasen 193
– Gottes Wirkweisen 192f.
– Gottesherrschaft 36, 73, 135
– als Erlöser 77, 171–175, 177, 210
– „durch" Jesus Christus 190–196
Götzendienst 92f.
Grab Jesu 69
Gruppenidentität 32, 233, 321

Häresie 79
Hausgemeinden 286
Haustafeln 86–88
„Heiden" 81, 91, 292, 360
Heil, im Kreuz ist Heil 43, 174, 186
Heiligung des Alltags 209
Hermeneutik 362–378
Herz-Jesu-Frömmigkeit 361f.
Heuchelei 378–381
„heute" 215, 224, 237
Hierarchie 371, 376–378
Hochgebete 325f., 335–340
Hostieneisen 287

Hostienschändungen 306
Hypostase 191, 193f., 245f., 278
hypostatische Union 194

Inkarnation 281f., 304f., 311
interreligiöser Dialog
– Islam 351–356
– Judentum 29f., 336, 348–351, 383, 386

Jak – Röm 164f., 379
JHWH/Ex 3,15f. 27, 35, 99, 129, 135, 259, 400
Johannesevangelium 280–284, 373
Juden – Christen 29
Jungfrauengeburt 100, 216f., 369f.

Kanon 112f., 391
Katakombenpakt 46, 106
„katholische" Kirche 19, 32f., 49f., 113, 115, 125, 303
Kindertaufe/limbus 22, 44f., 199
Kirche – Staat 51–53, 94
Kirchenaustritt 51f., 71
Kirchensteuer 51–54, 62
Klerikalismus 204, 376–382, 396
Königsherrschaft/basileia Gottes 25, 99f., 216, 249
– gegenwärtig, „ist da" 135, 233–237
Kommunion unter einer Gestalt 275, 331f.
Konstantin, Kaiser 69f., 94f., 259, 288f.
Kontext
– innersprachlich 162, 387
– sozialgeschichtlich 100, 387f.
– adressatenorientiert 367f.
Kontrastgesellschaft 71f., 75–78
Kreuz als Symbol 43, 174, 186f., 190

Laienkelch 328–332
Lamm Gottes 185, 280–284

Sachregister

Laster-/Tugendkatalog 91
Leib/ sōma 96 f., 262, 270 f., 304 f.
- Leib Christi 85 f., 334
- Leib – Fleisch 146, 170, 204, 303–306
- Fleischwerdung/Inkarnation 281 f., 305, 311
Liebesmahl/agápä 259, 263, 295, 309
Lösegeld/lýtron 172, 178, 227–229
Lossprechung von Sünden 240, 254 f.
lukanisches Doppelwerk 213
Luther, Martin 35, 154–157, 205–210

Mahlgeschichten 30 f.
Manna 259 f.
Messe 174, 400 f.
Mess-Opfer-Theologie 177
Messstipendien 196, 205
Monepiskopat 302
Mose 127–130
muss/„dei" 242–246
Mysterienreligionen 92 f.

Nachfolge nach Lukas 233–242

Ökumene 382–385
Opfer/hostia 306, 326 f., 330
Opfertheologie 129, 184 f.
Ostkirchen 90, 313–316, 322, 396

Papst – Primat 90
- im 1. Jtd. 288
- in der Ökumene 383 f.
Papst Franziskus
- Bischof von Rom 90 f.
- Kirchenvisionen 107 f., 385–389
Pascha, Paschalamm 155, 251 f., 271, 280, 283
Patriarchate 314
Paulus
- 1 Kor – Synoptiker 261–280

- in der Apg 241 f.
- Jakobus 212 f.
- neue Deutungen 210–213
Pharisäer 74 f., 80
Präpositionen-Christologie 193 f.
Presbyter 271, 287
Priester 89, 159
profan – religiös 119

Ratschluss Gottes 242–248
Realpräsenz 204 f.
Rechtfertigung 165, 205–210
Reich Gottes 25, 99 f., 135, 233, 235, 249
religiös 41 f., 60 f., 71, 76
Retter 158, 210, 213–233
Rezeptionen 161, 285–297
Ritual/Sakrament 20, 30, 63, 65, 376
Röm als Lehre 116, 125

Sabbatmahl 255–261
Säkularisation 48–66, 99, 109 f.
Schöpfung 369
- aramäisch-griechisch 216 f.
- aus dem Nichts 101, 216 f.
Stellvertretung 181–183, 202 f.
Subordination/Unterordnung
- heilsgeschichtlich 245
- ontologisch 193 f., 245
Substanztheologie 115, 268
Symposien 296
Synodalität 371, 376–378, 382–384
Sühne, Sühnemal 43, 392
Sühnetod 177
syrische Tradition 320–324
systemisches Versagen 45 f., 378–381, 390

Taufe 180
- Taufberufungschristentum 395
Tempelzerstörung 157–160
Text-Leser/Hörer 366–368
Theologie der Befreiung 136, 362
Theologie im Gespräch 139–145

Theozentrik 190–196
– Jak – Röm 164–166
Tod Jesu
– Deutung nach Lukas 213–247
– Deutung nach Paulus 173–196
– in der Logienquelle 263–266
– durch Judenchristen 266
– durch hellenistische Juden 267
– Geschick der Propheten 227 f.
– nicht zur Vergebung 230
– als Lamm Gottes 185, 280–284
– als Opfer 36 f., 43 f., 183, 283
Todesangst Jesu 269
Toleranzedikt 69 f.
Transsubstantiation 28, 204 f., 268
tridentinische Messe 331 f.
Typologie 184 f., 199 f.
– Adam – Christus 176, 196–200
– Christus als Antitypus 176, 189, 199 f., 203 f.

Übersetzen 325, 388
Unfehlbarkeit des Papstes 107, 370 f., 380 f., 384
Urchristentum 73–82

Verheißungsüberschuss 185 f.

Versöhnung 43, 173, 180, 183
Vielfalt 40 f., 56 f., 73 f., 160–170, 259, 313–319
– in der Antike 72 f.
– im Judentum 175
– der Ortskirchen 112–115, 165 f., 317
– der Traditionen 160–169

Wandlung 313, 315, 318
„Wandlungsworte" 256, 277, 292 f., 294, 297, 310, 320–322, 332 f., 334
Weg 75, 78, 123, 127
Wesensverwandlung 28, 268
Westrom – Ostrom 314
Wiedergutmachung/satisfactio 201–205
Wiederholungsbefehl 270 f.
Wiedervereinigung 326 f., 390
„Wort des lebendigen Gottes" 18, 368

Zeichen der Zeit 333 f., 363, 377, 383
zwei Glaubensweisen 121–124, 365
zwei Traditionsstränge 39, 171–248, 290–298